ESQUISSES LITTÉRAIRES : RHÉTORIQUE DU SPONTANÉ ET RÉCIT DE VOYAGE AU XIXe SIÈCLE

WENDELIN **GUENTNER**

ESQUISSES LITTÉRAIRES : RHÉTORIQUE DU SPONTANÉ ET RÉCIT DE VOYAGE AU XIXe SIÈCLE

LIBRAIRIE NIZET
37510 SAINT-GENOUPH
1997

A ma mère,
Sara Kukolsky Guentner,
et en souvenir de mon père,
Charles Wendelin Guentner

Remerciements

La préparation de ce volume a été favorisée par des bourses de la «National Endowment for the Humanities,» la «Newberry Library,» la «Society for Eighteenth-Century Studies» et l'Université d'Iowa. Qu'on veuille trouver ici mes vifs remerciements.

Cet ouvrage a également bénéficié de la sympathie et de l'aide matérielle du centre «Obermann» à l'Université d'Iowa. Que le directeur, M. Jay Semel, et son assistante, Mme Lorna Olson, en soient remerciés.

Je suis redevable à de nombreuses institutions — bibliothèques, archives et musées — qui ont mis leurs précieuses collections à ma disposition, notamment la Bibliothèque Nationale à Paris, les bibliothèques de l'Université d'Iowa et de l'Université de Chicago; le Département des Arts graphiques du Musée du Louvre; l'Institut des Textes et Manuscrits Modernes (ITEM-CNRS) ; la Maison Chateaubriand et la Maison de Victor Hugo.

Je remercie tous ceux qui ont eu la bonté de lire ces pages, en entier ou en partie, et qui m'ont aidée avec leurs précieux conseils. Je tiens à mentionner Monique Jung et Elisabeth Launay, et, tout spécialement, Alec Hargreaves et Michel Laronde. Je ne saurais omettre de mentionner l'obligeance des spécialistes du traitement de texte, Melanie Glenn et Rosemary Stenzel.

Je tiens, enfin, à noter que certaines parties de cette étude ont paru précédemment dans *Les Amis de Flaubert*, le *Bulletin* de la Société Chateaubriand, *L'Information littéraire*, *Nineteenth-Century French Studies*, la *Revue d'histoire littéraire de la France*, *Romantisme* et *Studies on Voltaire and the Eighteenth-Century*.

INTRODUCTION

Nombre d'oeuvres des Anciens sont devenues
fragments. Nombre d'oeuvres des Modernes
le sont dès leur naissance.

Friedrich Schlegel
Fragments de l'*Athenaeum*[1]

L'édifice achevé enferme l'imagination dans
un cercle et lui défend d'aller au delà.
Peut-être que l'ébauche d'un ouvrage ne plaît
tant que parce que chacun l'achève à son
gré.

Delacroix
Journal[2]

Tenons pour acquis qu'un fragment implique et appelle le tout.
Or, la richesse de l'aphorisme de Friedrich Schlegel que nous avons
mis en exergue à notre essai réside dans sa capacité d'identifier deux
types de fragments qui résument deux attitudes envers l'inachevé:
celle d'une vision nostalgique qui régit les fragments du passé, existant par rapport à une unité perdue, et celle d'une vision utopique
qui régit les fragments modernes, existant par rapport à une unité
future. Pour saisir toutes les résonnances du sens originel de cet
aphorisme qui évoque le fragment comme vestige et comme germe

[1] Ph. Lacoue-Labarthe et J.-L. Nancy, *L'absolu littéraire* (Paris : Seuil, 1978),
p. 101. (« Viele Werke der Alten sind Fragmente geworden. Viele Werke der Neuern
sind es gleich bei der Entstehung. ») Friedrich Schlegel, *Werke in Zwei Bänden*, 2 vol.
(Berlin et Weimar : Aufbau-Verlag, 1980), I, 192 (No. 24).

[2] Eugène Delacroix, *Journal* (Paris : Union Générale d'Editions, 1963),
p. 133.

il faudrait le remplacer dans le contexte historique tout particulier du romantisme allemand.[3] Mais si ces mots continuent à exercer sur nous une grande fascination, c'est parce que le fragment se situe au centre de la création et de la théorie littéraires du XXe siècle. Point n'est besoin de souligner que le fragment est le signe d'une problématique culturelle générale. Il ne peut être question ici d'énumérer les raisons socio-historiques qui pourraient expliquer pourquoi le fragment nous séduit, mais il est incontestable que le fragment a attiré l'intérêt de nombreux écrivains de notre siècle. Les manifestations artistiques du fragment sont d'ailleurs multiples. Qu'il suffise de mentionner, en peinture, l'inachèvement qui résulte du Cubisme et de l'esthétique du geste instantané de l'«Action painting,» et en musique, la musique nouvelle qui, comme le fait justement remarquer Maurice Blanchot, «compromet la notion d'oeuvre, alors que la culture veut des oeuvres finies qu'on puisse admirer comme parfaites et contempler, dans leur immobilité de choses éternelles...»[4]

Dans le domaine littéraire, Charles Du Bos constate dès 1923 l'existence d'un public pour le fragment qu'il caractérise comme «presque avide.»[5] Pour expliquer ce phénomène, il trace un développement qui va de Novalis à Mallarmé et enfin à Valéry. Selon Du Bos, ces deux poètes français, à l'instar des romantiques alle-

---

[3] Friedrich Schlegel dit aussi, par exemple, « Il y a tant de poésie, et rien pourtant n'est plus rare qu'un poème ! Cela fait cette masse d'esquisses, d'études, de fragments, de tendances, de ruines et de matériaux poétiques. » Ph. Lacoue-Labarthe et J.-L. Nancy, p. 81. (« Es gibt so viel Poesie, und doch ist nichts seltner als ein Poem ! Das machte die Menge von poetischen Skizzen, Studien, Fragmenten, Tendenzen, Ruinen, and Materialien. ») (No. 4) Friedrich Schlegel, I, 165. Pour d'autres réflexions sur le fragment et l'esquisse, voir aussi les aphorismes 206, 208, 220 et 225. Le fragment est surtout l'expression privilégiée de l'ironie et du *Witz* romantiques. Dans une abondante bibliographie, voir Ernst Behler, *German Romantic Literary Theory* (Cambridge : Cambridge University Press, 1993), p. 141-154, Georges Gusdorf, *Fondements du savoir romantique* (Paris : Payot, 1982), p. 447-463 (« Fragment ») et Ph. Lacoue-Labarthe et J.-L. Nancy, p. 74-80.

[4] Maurice Blanchot, *L'Entretien infini* (Paris : Gallimard, 1969), p. 511. Pour une discussion du *non finito* dans les différentes manifestations artistiques du XXᵉ siècle, voir Claude Lorin, *L'inachevé* (Paris : Grasset, 1984), surtout p. 200 sq. et Guy Robert, *ART et non finito* (Montréal : Editions France-Amérique, 1984), p. 192, sq.

[5] Charles Du Bos, *Journal (1921-1923)* 9 vol. (Paris : Corrêa, 1946), I, 361.

mands, ne croyaient qu'à l'existence de deux choses, des «fragments innombrables» et «le Livre.»[6] En dépit de leur insistance sur le travail et la perfection formelle, Mallarmé et Valéry participent en effet tous les deux à l'élaboration d'une poétique du fragment. Dans le cas de Mallarmé, à part le rêve totalisant du «Livre,» il faut citer le nouvel accent mis sur la suggestion, et sur la conception particulière de la «lecture» qui en découlait. En effet, ses poèmes sont censés faire appel à la rêverie créatrice du lecteur, qui devient collaborateur dans la création d'une totalité qui n'est que suggérée. Car n'a-t-il pas dit: «*Nommer* un objet, c'est supprimer les trois quarts de la jouissance du poëme qui est faite de deviner peu à peu: le *suggérer*, voilà le rêve.»[7] On sait quelle attirance exerce l'inachevé sur la sensibilité valérienne, lui qui est à la fois auteur de poèmes minutieusement «finis» et d'un corpus de cahiers sans égal. Reconnaissant que ses cahiers ne sont «qu'une ébauche,» Valéry affirme qu'«[e]n ce qui concerne la «pensée,» les *oeuvres* sont des falsifications, puisqu'elles éliminent le provisoire et le non-réitérable, l'instantané, et le mélange pur et impur, désordre et ordre.»[8] Dans une étude des oeuvres de Bataille, de Leiris et de Michaux parue en 1973, soit cinquante ans après les observations de Du Bos, Germaine Brée étend cette division générique entre une multiplicité de fragments et l'unicité du livre à toute la littérature contemporaine.[9] Enfin, dans le domaine de la théorie littéraire, Roland Barthes, Maurice Blanchot, Gilles Deleuze, Jacques Derrida, Michel Foucault, et les différentes voix de la théorie féministe contestent, chacun à sa manière, l'idéal de la continuité et de la totalité.[10] D'où aussi l'intérêt porté par la critique génétique contem-

[6] Charles Du Bos, I, 361.

[7] Stéphane Mallarmé, *Œuvres complètes* (Paris : Gallimard, 1945), p. 869 («Sur l'évolution littéraire, Enquête de Jules Huret»).

[8] Paul Valéry, *Cahiers*, éd. Judith Robinson, 2 vol. (Paris : Gallimard, 1973), I, 38 et II, 12.

[9] Germaine Brée. « The Break-up of Traditional Genres : Bataille, Leiris, Michaux, » *Bucknell Review*, Vol. XXI, no. 2-3 (1973), p. 3-13.

[10] Jacques Derrida, par exemple, étend le fragment en dehors d'un seul genre quand il écrit : « le fragment n'est pas un style ou un échec déterminés, c'est la forme même de l'écrit.» Jacques Derrida, *L'écriture et la différence* (Paris : Seuil, 1967). Pour une discussion de l'écriture fragmentaire chez Blanchot et chez Barthes, voir Ewa Sroka, « L'écriture fragmentaire ou la discontinuité de la pensée après

poraine à l'écriture des versions autres que définitives, ces textes «à l'état naissant» que sont les «avant-textes.»[11]

Mais le fragment littéraire n'est pas un. Au contraire, il s'en dégage, nous semble-t-il, deux types principaux, le «fragment centrifuge» et le «fragment centripète.» Miracle de simplification et de condensation, le «fragment centrifuge,» sous ses manifestations les plus habituelles de maxime, d'aphorisme et de sentence, implique un processus de création et de réception particulier.[12] Dans le «fragment centrifuge,» structurellement achevé bien que laconique, l'énergie dépensée par l'auteur dépasse le plus souvent celle exigée du lecteur. C'est ce que résume Chamfort quand il écrit: «Les maximes, les axiomes sont, ainsi que les abrégés, l'ouvrage des gens d'esprit qui ont travaillé, ce semble, à l'usage des esprits médiocres ou paresseux.»[13] Ces rapports existant entre auteur et lecteur dans la réception du «fragment centrifuge» sont renversés dans celle du «fragment centripète.» L'écrivain «esquisse» spontanément sa sensation ou son idée: au lecteur de l'achever.

Le «fragment centrifuge,» qui est expression condensée visant la totalité, a été de même décrit par Nietzsche quand il déclare: «L'aphorisme, la sentence [...] sont des formes de l'«éternité»: mon ambition est de dire en dix phrases ce que cet autre dit en un

1968 » dans *Discontinuity and Fragmentation in French Literature*, éd. Freeman G. Henry (Amsterdam-Atlanta, GA : Rodopi, 1994), p. 171-181. Ginette Michaud discute le fragment et la théorie de la lecture chez Barthes dans *Lire le fragment* (Québec : Hurtubise, 1989).

[11] Ainsi, Henri Mitterand affirme à propos des cahiers, auxquels il accorde un « statut d'*œuvre*, ethnographique et littéraire, » que l'on « peut même préférer leur lecture [...] à celle des pages qui les ont mis en œuvre, évidemment plus apprêtées et plus 'écrites' et moins 'détaillées.' » Emile Zola, *Carnets d'enquête* (Paris : Plon, 1986), p. 16 et p. 15 (« Avant-Propos »).

[12] Pour une discussion des différences qui distinguent la sentence, la maxime, l'aphorisme et le proverbe voir Alain Montandon, *Les formes brèves* (Paris : Hachette, 1992), p. 15-76.

[13] Chamfort, *Œuvres complètes de Chamfort*, 5 vol. (Genève : Slatkine Reprints, 1968), I, 337. Toutefois, notez que pour Vauvenarges les « saillies » sont le produit d'un élan spontané. Voir C. Rosso, *La « Maxime »* (Naples : E.S.I., 1968), p. 47-59. De plus, Alain Montandon souligne que malgré leur densité et leur concision, certaines maximes obscures ou énigmatiques invitent la participation active du lecteur. Alain Montandon, *Les formes brèves*, p. 44-45.

livre — ce qu'un autre *ne dit pas* en un livre...»[14] Soulignons que
si chaque aphorisme est bien construit, clos et autonome, un recueil
d'aphorismes, lui, est par définition fragmentaire. En effet, les vides
séparant les aphorismes créent une textualité fortement morcellée.
Ainsi, même si le style de chaque composant du recueil est continu,
suivi, leur donnant ainsi l'aspect d'une totalité complète, leur juxtaposition produit une textualité lacunaire qui engage le lecteur à
créer un tissu sémantique uni. Dans un texte «esquissé,» en
revanche, non seulement l'absence de liens entre chaque composant crée une textualité discontinue, mais le style, fruit du «premier
jet,» est lui-aussi moins «fini» et souvent fragmentaire.

Nous avons choisi le verbe «esquisser» délibérément, car le
«fragment centripète» semble transposer en écriture une esthétique propre à l'esquisse picturale. Les historiens d'art ont reconnu
l'importance au XIXe siècle d'une «esthétique de l'esquisse» dans
le domaine des beaux-arts.[15] Nous voudrions pour notre part examiner son importance dans le domaine de l'écrit. Dans les pages
qui suivent, nous proposons d'étudier la «rhétorique du spontané,»
à savoir l'inachèvement textuel qui résulte d'un processus de création apparemment spontané, telle qu'elle se manifeste dans un
genre exemplaire, le récit de voyage. Au niveau formel, la «rhétorique du spontané» se caractérise par une juxtaposition de fragments, produisant ainsi une textualité discontinue. Le même effet
de discontinuité et d'inachèvement se produit au niveau stylistique, tantôt par une syntaxe simple, tantôt par une syntaxe elliptique et souvent nominale. La «rhétorique du spontané,» qui se
trouve aux antipodes d'une rhétorique du travail volontaire, est ainsi
marquée par une forme et un style fragmentaires et inachevés.

Notre propos est donc double. En soumettant un certain nombre
de ces «esquisses littéraires» du XIXe siècle à une lecture atten-
tive nous espérons à la fois identifier une source du nouveau para-

---

14 Friedrich Nietzsche, *Crépuscule des Idoles*, trad. Jean-Claude Hemery
(Paris : Gallimard, 1974), p. 142. («Der Aphorismus, die Sentenz [...] sind die For-
men der 'Ewigkeit' ; mein Ergeiz ist, in zehn Sätzen zu sagen, was jeder Andre in
einem Buche sagt, — was jeder Andre in einem Buche nicht sagt...,» Friedrich
Nietzsche, *Götzen-Dämmerung* in *Werke*, 8 vol. (Berlin : Walter de Gruyter,
1967 sq.), VI ; 6, 147 (1969).

15 Voir Albert Boime, *The Academy & French Painting in the Nineteenth Century* (New Haven : Yale University Press, 1986), p. 127-132.

digme littéraire, le fragment, et contribuer à une meilleure compréhension de la poétique du récit de voyage.[16] De la sorte, la notion d'«esquisse littéraire» met en lumière la dimension historique, à la fois d'un nouveau paradigme esthétique, le fragment, et d'un genre, le récit de voyage.[17] Avant d'examiner le récit de voyage, quelques remarques liminaires s'imposent. Il importe tout d'abord de définir avec plus de précision deux termes fondateurs de notre thèse, «l'esthétique de l'esquisse» et l'«esquisse littéraire.» Rappelons tout d'abord que la tradition académique divisait le processus créateur en deux temps, celui plus spontané et instinctif de l'esquisse et celui plus raisonné et contrôlé de l'achèvement.[18] Cette division devait rester le fondement de la pédagogie académique en France jusqu'à la réforme de 1863, et c'est précisément sur la question de l'achèvement du tableau que va porter une bonne partie des discussions critiques et théoriques du siècle.[19] En matière d'exécution, les théoriciens conservateurs de l'Académie et de l'Ecole des Beaux-Arts militaient pour une élaboration poussée, car celle-ci prouvait l'intervention du jugement et de la raison.[20] Pour les artistes néo-classiques, qui prônaient le «noble contour» et une exécution léchée, la facture libre que les peintres plus novateurs de l'avant-garde avaient tendance à adopter révélait de leur part une léthargie et un

[16] Certains critiques vont jusqu'à accorder au fragment le statut de genre littéraire. Voir, par exemple, Ph. Lacoue-Labarthe et J.-L. Nancy, p. 58 et Alain Montandon, *Les formes brèves*, p. 78. Adrien Pasquali discute « des genres du récit de voyage » dans Adrien Pasquali, *Le Tour des horizons* (Paris : Klincksiech, 1994), p. 91-109.

[17] Rappelons que dans la conclusion de son excellente étude du récit de voyage au XIXᵉ siècle, *Partir sans partir*, Andreas Wetzel évoque le fragment comme pratique discursive dominante du genre à l'époque romantique. Voir Andreas Wetzel, *Partir sans partir* (Toronto : Paratexte, 1992), p. 183-187).

[18] Albert Boime appelle ces deux étapes « generative stage » et « executive stage. » Voir Albert Boime, surtout p. 87-88.

[19] Les choses se passent autrement en Angleterre où la tradition académique était plus récente. Voir notre étude « British Aesthetic Discourse 1780-1830, The Sketch, the *Non Finito* and the Imagination, » *Art Journal*, Vol. 52, no. 2 (été 1993), p. 40-47.

[20] Pour des reproductions de tableaux dont la correction et le fini étaient approuvés par l'Académie, voir Philippe Grunchec, *The Grand Prix de Rome* (Washington, D.C. : International Exhibitions Foundation, 1984).

manque de respect pour le public. Selon l'Académie, l'esquisse était donc chose imparfaite et privée; la rendre publique était enfreindre à la fois les lois du bon goût et de la pudeur. Mais dans la mesure où la vérité était considérée comme quelque chose de relatif et d'individuel, tout moyen d'expression favorisant la transcription immédiate des sensations primitives de l'âme se trouvait valorisé. Telle était l'optique romantique. Rien d'étonnant donc à ce que les peintres et les critiques d'avant-garde — ceux favorables aux peintres de ce que l'on appelait à l'époque «la nouvelle école,» ou encore les «indépendants» — aient accordé un grand prix à cet *opus in statut nascendi* qu'est l'esquisse.

De Roger de Piles à Diderot et de Delacroix aux impressionnistes se développe un discours très riche qui identifie les différences entre les valeurs associées aux étapes préparatoires d'une oeuvre d'art, d'une part, et de l'autre, l'oeuvre d'art elle-même.[21] Dans son «Salon» de 1765 Diderot, par exemple, résume l'idée que la spontanéité de l'esquisse traduit mieux que le tableau fini le côté instinctif et irrationel de l'artiste:

> Les esquisses ont communément un feu que le tableau n'a pas. C'est le moment de chaleur de l'artiste, la verve pure, sans aucun mélange de l'apprêt que la réflexion met à tout; c'est l'ame [sic] du peintre qui se répand librement sur la toile. La plume du poète, le crayon du dessinateur habile, ont l'art de courir et de se jouer. La pensée rapide caractérise d'un trait.[22]

Ayant décrit le processus de création spontanée propre à l'esquisse, Diderot se tourne ensuite vers le processus de réception qui lui est propre: «Or, plus l'expression des arts est vague, plus l'imagination est à l'aise.»[23] Pour lui l'expérience de l'esquisse, on le voit, est ouverte, et dépend de l'accueil que lui accorde chaque spectateur dans un moment de réception particulier. Il en va autrement chez le peintre Watelet. S'il partage avec Diderot l'idée que l'imagination est la «maîtresse absolue» de l'esquisse, tant pour l'artiste que pour le spectateur, Watelet reprend en effet

---

[21] Pour une discussion plus étendue de l'esquisse, voir notre livre *The Sketch in Nineteenth-Century Cultural Discourse in France* (à paraître).

[22] Denis Diderot, *Salons*, éd. Jean Seznec et Jean Adhémar, 3 vol. (Oxford : Clarendon Press, 1975-1983), II, 153-154 (1979).

[23] Denis Diderot, II, 154 (1979).

la conception néo-classique de l'esquisse quand il affirme la nécessité d'un deuxième temps de création pour la parfaire.[24] Contrairement à la conception de l'esquisse de Diderot, pour Watelet l'esquisse doit être soumise au «tribunal de la raison et du jugement,» entendons, aux «règles d'une exécution et d'une composition soignées.»[25] C'est ainsi que l'oeuvre serait «achevée.» L'artiste doit donc «se précautionner contre la séduction des idées nombreuses, vagues, & peu raisonnées que présentent ordinairement les *esquisses*,» que Watelet appelle aussi des «productions libertines.»[26] Les réserves faites par Watelet résument l'orientation générale de la pensée académique sur l'esquisse.

Contentons-nous d'un dernier exemple, celui d'Artaud qui en 1948 offre la définition suivante de l'ébauche. On verra qu'il tend à confondre les mots «ébauche,» «esquisse» et «croquis»:[27]

> On appelle ébauche, dans les arts, le premier jet dans lequel un artiste esquisse les parties principales d'un sujet, qu'il se propose de traiter ensuite et d'achever à loisir. Il est de ces moments, en effet, où l'esprit, comme illuminé de vives lueurs, entrevoit un sujet dans toute son étendue, y découvre des faces nouvelles, et le saisit sous l'aspect le plus propre à émouvoir. Alors sa pensée bouillonne, pour ainsi dire, elle déborde, et il éprouve le besoin de la produire au dehors, de la réaliser sous des formes visibles. C'est ce qu'on appelle l'inspiration; c'est le travail de la pensée créatrice prise sur le fait. Si l'artiste avait la force de réaliser toute son idée, telle qu'il l'aperçoit, de la traduire incontinent et sans lacune, telle qu'elle s'offre à lui, il enfanterait des oeuvres pleines de chaleur, marquées au coin du génie, fidèles représentations de l'idéal. Mais l'inspiration est fugitive, et l'imagination sujette à se refroidir. Il faut donc saisir cet instant unique, et arrêter la radieuse apparition dans son vol, avant qu'elle ne s'évanouisse. C'est pour cela que les ébauches et les esquisses des grands maîtres ont tant de prix aux yeux des connaisseurs. C'est dans ces ébauches que se trahit le faire spon-

---

[24] Watelet dans *Encyclopédie, ou Dictionnaire Raisonnée des Sciences, des Arts et des Métiers*, éd. M. Diderot et M. D'Alembert, 36 vol. (Lausanne : Chez les Sociétés Typographiques, 1778-1779), XIII, 47-48 (1779) ; (« Esquisse »).

[25] Watelet, XIII, 49.

[26] Watelet, XIII, p. 49.

[27] Pour la distinction entre ces termes, voir infra. Chapitre V, p. 178-179.

tané, l'originalité naïve, indépendante de tout procédé technique de
la manière des écoles.[28]

Et Artaud de résumer de façon concise un certain nombre de différences entre l'ébauche (l'esquisse) et l'oeuvre achevée:

> L'une est fille de l'inspiration spontanée: l'autre est le produit de
> la réflexion; l'une procède par masses, et vise à reproduire l'effet
> général de l'ensemble: l'autre s'arrête avec complaisance sur les
> détails; la première tracée de verbe, enfantée avec fougue, trahit un
> laisser aller presque toujours incorrect: la seconde s'attache davan-
> tage à la pureté des formes, mais souvent elle achète le fini au prix
> de la froideur.[29]

Ainsi se profile une nouvelle esthétique où création spontanée
et inachèvement ont partie liée. Le schème suivant résume les
valeurs associées à l'esquisse et à l'oeuvre d'art achevée que Diderot, Watelet et Artaud viennent de décrire pour nous:

esquisse	*œuvre d'art*
première idée	version finale
instantanéité, spontanéité, rapidité de l'exécution	durée de l'effort
individuel	collectif (influencée par les conventions, peut-être par un mécène)
chose privée	chose publique
jeunesse	maturité
révèle le génie du peintre	révèle sa compétence technique
énergie (chaleur, vigueur, vivacité)	pédant, lourd
nature (inspiration, feu, instinct, imagination, sensation, naïveté, franchise)	culture (raison, jugement, travail, discipline, froideur, imitation)
facilité	paresse

---

[28] Artaud, « Ebauche » dans *Encyclopédie moderne, Dictionnaire abrégé des sciences, des lettres, des arts, de l'industrie, de l'agriculture et du commerce*, éd. Léon Renier, 27 vol. (Paris : Firmin Didot, 1847-1884), XIII, 214-215 (1848).

[29] Artaud, XIII, 215.

imperfection	perfection
désordre	ordre, composition
inachèvement (limitée aux traits essentiels, suggestion, infini, ouverture)	achèvement (détails, correction, fini, clôture)
fragment	tout
réception active: «achevée» par le spectateur en imagination	réception passive: contemplée par le spectateur

Comme ce schème le suggère, les valeurs associées à l'esquisse arrivent à constituer une esthétique nouvelle. Cette «esthétique de l'esquisse» se distingue de l'esthétique classique qui prônait, elle, la création raisonnée, et dans la beauté recherchée, ordre, achèvement et perfection. En effet, dans l'optique classique, la vérité — impersonnelle, éternelle — résidait dans les croyances partagées par une société que des conventions formelles traduisaient, et non pas, comme pour la «nouvelle école» du romantisme, dans la relativité de la perception individuelle. Privilégiant les valeurs associées à l'esquisse identifiées plus haut, «l'esthétique de l'esquisse» constitue dans le domaine pictural une manifestation privilégiée de l'énergie romantique. En effet, les notions d'«esquisse» et d'«oeuvre finie» crystallisent une série de notions esthétiques et philosophiques de la période romantique qui réside dans un jeu d'oppositions apparentes telles que fragment/tout, nature/culture, désordre/ordre, inspiration/travail, activité/passivité, émotion/raison, dionysiaque/apollonienne, devenir/être, instant/durée, ouvert/fermé, infini/fini. Voilà pourquoi l'esquisse constitue une idée capitale pour l'élaboration de la nouvelle esthétique romantique.[30]

[30] C'est ce qu'a reconnu d'ailleurs Georges Gusdorf : « Dans la perspective classique, l'œuvre ne prend sa mesure et sa valeur qu'achevée. Les ébauches, les brouillons, les esquisses des grands textes n'ont été conservés que par hasard, exceptionnellement. Les fragments, les notes griffonnées à la hâte, matériaux à l'état brut, ou encore ruines de quelques entreprises, ne méritent pas de retenir l'attention. Le romantisme a découvert la beauté des ruines, auxquelles il a donné une valeur sacrée. La ruine, le fragment peuvent d'ailleurs se lire comme des débris, la retombée d'un mouvement achevé, soit comme une étape, une coupe dans l'essor d'un projet en voie de réalisation vivante, dans le sens de la croissance de la composi-

C'est par l'application de l'«esthétique de l'esquisse» à la littérature que l'on arrive à cette métaphore si riche en résonnances, «esquisse littéraire.» Dès l'époque classique la notion de littérature (belles lettres) était associée le plus souvent à des valeurs telles que la raison et la création volontaire; dans la formule «esquisse littéraire» l'adjectif «littéraire» suggère ainsi l'achèvement de la forme et le fini du style. De même que le mot «esquisse» implique une «rhétorique du spontané,» caractérisée par l'inachèvement formel et stylistique, tandis que le mot «littéraire» s'associe au travail, à l'achèvement et à la perfection formelle, des tensions profondes sous-tendent la métaphore «esquisse littéraire.» La présente étude propose d'examiner les différentes manifestations de cette tension inhérente à «l'esquisse littéraire» telle qu'elle se révèle dans les récits de voyage français au XIXe siècle. Le récit de voyage a offert en effet aux auteurs du XIXe siècle un espace discursif où ils pouvaient s'essayer aux pratiques d'écriture spontanée. Voilà pourquoi leurs récits de voyage annoncent la notion qu'un texte littéraire puisse être définitif sans pour autant être continu et achevé.

Dans cette application d'une métaphore picturale au récit de voyage il faut toutefois faire une distinction entre une «esquisse littéraire» et une «esquisse verbale.» Tout récit de voyage — et en fait tout texte — mérite l'épithète «esquisse verbale» quand son inachèvement suggère qu'il résulte d'un processus de création au moins apparemment spontané et que le texte n'intéresse ni par le style, ni par la composition. Nous en offrons deux exemples. Le premier est ce bref extrait du carnet écrit par Victor Hugo lors de son voyage en Bretagne en 1834:

18 août - partie d'Amboise pour Blois à 3 h. 1/4 par l'affreuse patache Maloiseau arrivé à Blois à 9 h. du s.

19 août - à 10 h. 1/2 vu le château de Blois - dévastation turque - le concierge bredouille comme celui du bagne de Brest - a montré autrefois le château à la duchesse de Berry, dit que c'était *une petite dame très curieuse*.

---

tion, et non dans le sens de la décomposition, du pourrissement des structures. L'interprétation romantique découvre la montée de la sève adolescente là où l'analyse classique verrait seulement l'insuffisance des formes, l'imperfection des formes.» Georges Gusdorf, *Fondements du savoir romantique*, p. 461-462.

au concierge du château	1 F
barbe	0,20
dîner, coucher, déjeuner	8,40
place pour Orléans dans la malle-poste	10,50[31]

Quoiqu'écrire équivaille à donner une forme, force est de constater que l'application d'une lecture esthétisante à ce sommaire porterait peu de fruits. Tout porte à croire que ces notes ont été jetées sur le papier sans la moindre intention de faire du style; elles constituent donc l'équivalent verbal d'une esquisse picturale. C'est l'aspect sténographique de ce «premier jet» qui sert de garant de la sincérité de l'écrivain en voyage. Les blancs dans ce texte apparemment improvisé révèlent un rythme de l'écriture et sollicitent de la part du lecteur une lecture «participatrice.» En effet, le non-dit entre les entrées de journal laisse un creux par lequel le lecteur s'introduit dans le récit.[32] Quand celui-ci fournit en imagination les détails qui manquent, et «achève» ainsi le «portrait» du voyage narré, il participe à l'acte créateur. L'inachèvement de l'«esquisse verbale,» avec son style fragmentaire et la rupture dans la progression narrative, implique ainsi un inachèvement sémantique. Stimulant chez le lecteur le désir de cohérence, l'«esquisse verbale» fonctionne par allusion. La notion d'«esquisse verbale» doit donc être associée à la métonymie: elle exprime le tout à travers la partie, signifiant plus en exprimant moins. Attirons l'attention sur un fait, à savoir que c'est le manque d'élaboration stylistique ou formelle de ces indications rapides, et non la banalité de leur contenu, qui détermine leur statut d'«esquisse verbale.»

Le deuxième exemple est celui du carnet d'un voyage en Algérie entrepris par Eugène Fromentin de janvier jusqu'en avril 1848, le seul, en fait, qui nous soit parvenu de tous ses voyages en Algérie. Fromentin s'est servi de ces notes spontanées — comme de ses esquisses picturales — lorsqu'il composait ses deux récits de

---

[31] Victor Hugo, *Voyages, France et Belgique (1834-1837)* (Grenoble : Presses Universitaires de Grenoble, 1974), p. 119.

[32] C'est là le sujet de la réflexion sur la théorie centrée sur la réception de Wolfgang Iser et de Hans Robert Jauss entre autres. Pour un résumé de cette théorie, voir notre *Stendhal et son lecteur* (Tübingen : Gunter Narr Verlag, 1990), p. 15-58 et p. 148-150.

voyage en 1857 et 1859. Vers la fin du passage daté du 11 mars 1848 on trouve les notes suivantes:

> Nous allons tous ensemble visiter à deux lieues dans le sud une oasis abandonnée. Impression entièrement nouvelle.
>
> Rencontre d'une caravane faisant halte, qui vient de *Suf.* Au retour on nous offre des dattes. Le cheikh *Si Ahmeth* avec son père, puis son fils ensuite viennent au galop à notre encontre; hospitalité offerte. Nous ne pouvons l'accepter. Ils nous escortent longtemps. On se sépare. Nous nous séparons aussi des Ahmeth-bey. Nous rentrons au camps à la nuit. Souper. Si Ahmeth nous apporte des cadeaux; promesses d'amitié durable, émotion très vive, attendrissement.
>
> Si Ahmeth porte aujourd'hui un burnouss en drap gris perle sur deux burnouss blancs. Les bottes en maroquin jaune et un turban de cachemire jaune au lieu /?/ de la corde de chameau.
>
> Physionomie intéressante des jeunes fils des cheikhs.
>
> Projets, rêveries sans fin. Vraie nuit du désert. Plénitude extraordinaire de l'esprit. 10 heures.[33]

De nouveau nous avons affaire au premier jet propre au carnet. Le style nominal et l'ellipse des mots de liaison au sein des phrases révèlent un texte improvisé. Le passage ne comporte que deux notations temporelles précises, «la nuit,» et l'indication du moment de l'énonciation, «10 heures.» Le fait que le récit suive une simple organisation temporelle qui, de surplus, est floue, suggère que l'auteur ne s'intéressait pas à la composition. L'absence de composition s'ajoute donc à la textualité fragmentaire pour suggérer au lecteur la spontanéité de sa production. Le texte gagne par là en crédibilité. Loin de s'intéresser au général, à l'éternel, Fromentin rend compte ici du particulier, du transitoire. Au lieu d'être un oeil qui décrit et qui compose, le narrateur est ici un participant, limité par sa subjectivité. Avec le narrateur, le lecteur saisit au vol des détails fugitivement entrevus. Toutefois, certains éléments évoqués sont plus fragmentaires que d'autres. Par exemple, tout le pittoresque oriental du repas partagé avec Si Ahmeth est représenté par un seul mot, «Souper,» et la conversation lors de ce repas est résu-

---

[33] Eugène Fromentin, *Œuvres complètes*, éd. Guy Sagnes (Paris : Gallimard, 1984), p. 940.

mée en quelques mots. Si le costume de Si Ahmeth est décrit en
détail, Fromentin se contente de qualifier la physionomie des
jeunes filles par une épithète subjective et vague, «intéressante.»
Ces perceptions, toutes fragmentaires et imprécises qu'elles soient,
et peut-être du fait même de cette imprécision, sont propres à
éveiller l'imagination du lecteur. Les blancs qui les séparent servent aussi d'invitations au lecteur à les combler. Tout propre qu'il
soit à stimuler l'imagination du lecteur, ce texte est dépourvu de
tout intérêt stylistique ou formel: il constitue ainsi une «esquisse
verbale.»

Une «esquisse littéraire,» en revanche, est un texte fragmentaire et apparemment improvisé où se distingue néanmoins un
certain nombre de techniques qui mettent en scène l'écriture. Pour
nous, la valeur esthétique intrinsèque ou «littérarité» d'un récit de
voyage dépend principalement de deux éléments, le style, d'une part,
et de l'autre, l'ordonnance formelle d'un récit impliquant une mise
en rapport des segments textuels. Joubert évoque comment le travail stylistique contribue à faire entrer un texte dans le domaine
du littéraire quand il écrit: «Le poli et le fini sont au style ce que
le vernis est aux tableaux; ils le conservent, le font durer, l'éter-
nisent en quelque sorte.»[34] Avec un travail d'écriture c'est donc
un travail de composition — arrangement et liaison — qui distingue
une «esquisse littéraire» d'une «esquisse verbale.» Nous espérons
illustrer dans cet essai l'intérêt esthétique d'un certain nombre de
ces textes discontinus et d'un style souvent fragmentaire que nous
appelons des «esquisses littéraires.» Soulignons que l'inachèvement et la disposition souvent aléatoire d'éléments de l'«esquisse
verbale,» tout autant que de l'«esquisse littéraire,» constituent une
«rhétorique du spontané» qui suggère une volonté de faire coïncider l'écrit et le vécu.

Rappelons, toutefois, qu'en réalité la notion qu'un ouvrage
littéraire puisse former un tout «achevé» est illusoire. En fait, même
le roman réaliste, qui se propose de rendre compte de façon complète et exacte de la réalité externe, résulte, non moins qu'une pièce
de théâtre classique, d'un choix d'éléments. Ressemblant plus à
Boileau qu'à un représentant de l'avant-garde littéraire, dans l'étude
intitulée «Le Roman» (1888) Maupassant a reconnu que le roman-

---

[34] Joseph Joubert, *Pensées et lettres* (Paris : Bernard Grasset, 1954), p. 209.

cier réaliste devait souvent «corriger les événements au profit de
la vraisemblance et au détriment de la vérité.»[35] Maupassant met
en outre l'accent sur le fait que même dans le texte le plus apparemment complet et composé le romancier n'a pu que choisir certains éléments qui donnent l'impression d'un tout: «Raconter tout
serait impossible, car il faudrait alors un volume au moins par journée, pour énumérer les multitudes d'incidents insignifiants qui
emplissent notre existence.»[36] Que les romanciers réalistes
devaient être appelés des «Illusionnistes» a été suffisamment
confirmé par les expériences du «nouveau roman.» Ici, grâce aux
inconséquences dûes à une focalisation narrative incertaine, même
une description très détaillée et prétendue complète d'un objet crée
souvent chez le lecteur l'impression de se mouvoir dans un monde
irréel. Comme le dit à juste titre Blanchot, l'«excès de continuité
gêne le lecteur et gêne, chez le lecteur, les habitudes de la
compréhension régulière.»[37] Ainsi, reconnaissons que le fragmentaire et le discontinu, loin d'être limités à ce que nous
appelons l'«esquisse littéraire,» existent en réalité, quoiqu'à un
degré moindre, dans tout texte littéraire. Pour citer encore Blanchot, la «prétendue continuité» de l'écriture de l'essai ou du
roman n'est, «en fait, qu'un agréable entrelacs de pleins et de
déliés.»[38]
        Soulignons aussi le fait que si la forme d'un texte existe en tant
que telle, l'attribution de sa valeur littéraire dépend à la fois des
actes de l'écrivain et du lecteur. Pour trancher entre le statut
d'«esquisse verbale» ou d'«esquisse littéraire,» il faut tout d'abord
tenir compte de la perception qu'un auteur pourrait avoir de son
texte. Par exemple, la décision d'un auteur littéraire de signer un
manuscrit et de le publier suggère le plus souvent qu'à ses yeux il

---

[35] Guy de Maupassant, « Le Roman » dans *Pierre et Jean* (Paris : Gallimard,
1982), p. 51.

[36] Guy de Maupassant, p. 51. Jacques Dubois démontre d'ailleurs que la « préoccupation du fait menu, isolé, pris en soi » chez les romanciers réalistes et natu-
ralistes a créé une forte « tendance au morcellement et à l'inachèvement. » Jacques
Dubois, *Romanciers français de l'instantané au XIX* siècle* (Bruxelles : Palais des
Académies, 1963), p. 88.

[37] Maurice Blanchot, *L'Entretien infini*, p. 10.

[38] Maurice Blanchot, *L'Entretien infini*, p. 9.

possède une valeur esthétique.[39] Encore plus important que la perception d'un texte par son auteur dans la détermination de son statut littéraire est le simple fait qu'il ait été publié. En effet, par ce geste le texte change de statut artistique, quittant le domaine du privé, de l'auto-destination propre à l'esquisse, pour entrer dans le domaine du social, de l'intersubjectivité propre à l'objet d'art. Une prise de conscience de ces deux domaines ressort clairement de l'extrait suivant, qui traite de la réception d'un tableau de Daubigny, «Entrée de village.» Mécontent de voir ce tableau, à ses yeux inachevé, paraître au Salon, un critique anonyme affirme que les ébauches ne devraient pas quitter les ateliers des peintres: «c'est là seulement qu'elles devraient être montrées aux amis et aux amateurs; comme ces pensées ou ces lettres intimes, dont on aime à faire confidence à quelques-uns, mais qu'on ne voudrait pas montrer à tous.»[40] Pareille à l'esquisse picturale qui, une fois exposée au public, fait partie de cette institution culturelle qu'est l'«art,» une fois qu'une «esquisse verbale» est publiée, elle rentre dans le système collectif de communication et de réception qu'est la littérature.[41] La publication d'un texte discontinu et fragmentaire considéré «en deça» de la littérature, qu'elle soit accomplie par son auteur ou par autrui, modifie ainsi son statut. En fait, plus important que rendre public un seul ouvrage «esquissé» est le fait que la publication d'un tel texte par un auteur littéraire respecté entraîne d'autres auteurs à publier d'autres textes du même genre. Comme nous le verrons dans le Chapitre VII, il s'agit là d'une manière d'effacer les frontières entre «esquisse verbale» et «esquisse litté-

---

[39] Évidemment on peut imaginer des exceptions, un auteur à court d'argent, par exemple, réduit à faire paraître tout produit de sa plume pour des raisons financières, ou, encore, un auteur qui voit l'intérêt historique — et non pas littéraire — de son texte.

[40] Anon, « Salon de 1853, » *L'Illustration*, Vol. XXII (23 juillet 1853), p. 51-52.

[41] Ce que dit Gérald Rannaud à propos de la publication des journaux intimes est pertinent : « Fait fondateur et fait critique, la publication ne se borne pas à faire entrer ces textes dans l'ordre du littéraire mais les introduit dans l'ordre de la « littérature », c'est-à-dire les constitue comme objets propres d'un mode de communication spécifique, à l'intérieur d'un système institutionnel spécifique. » Gérald Rannaud, « Le journal intime : de la rédaction à la publication, essai d'approche sociologique d'un genre littéraire » dans *Le journal intime et ses formes littéraires*, éd. V. Del Litto (Genève : Droz, 1978), p. 278.

raire.» C'est le cas au XXe siècle de Gide, Leiris et Tournier qui publient des carnets de voyage dépourvus de toute élaboration stylistique ou formelle.

Enfin, le statut d'un texte dépend aussi du type de réception que le lecteur lui accorde. Ainsi, quoiqu'un écrivain décide de garder son manuscrit dans le domaine du privé de son vivant, le croyant trop «inachevé» ou trop peu «littéraire,» il arrive qu'à un moment ultérieur un lecteur, en lui appliquant une lecture esthétisante, peut y reconnaître une dimension littéraire. Ce qui est «esquisse verbale» pour un auteur puisse donc être «esquisse littéraire» pour un lecteur. Il existe de la sorte une «littérarité» auctoriale et une «littérarité» lectoriale.

Puisque sans unité il ne peut y avoir de sens, au XXe siècle comme aux siècles précédents, un ouvrage est considéré «littéraire» quand il forme un tout. La différence réside dans le fait qu'au XXe siècle ce tout peut être très atténué, voire difficilement perceptible. Les remarques de Roland Barthes concernant *Mobile* de Michel Butor sont à ce propos éclairantes. Après avoir identifié tout ce qui fait de *Mobile* un texte si discontinu qu'il constitue un attentat à la notion de «Livre,» et même à la notion de littérature, Barthes affirme que «ce discours arhétorique, brisé, énumératif» retrouve «une unité d'objet au niveau [...] de l'histoire.»[42] Cette remarque illustre comment la recherche de l'unité et de la totalité signifiantes n'a pas disparu au XXe siècle. La différence qui sépare le goût littéraire dominant de notre siècle de celui des siècles précédents réside ainsi non pas dans la recherche de l'unité, mais dans le *degré* d'unité qui est exigé de l'écrivain. En effet, plus habitué à la lecture d'une variété de textes fragmentaires et inachevés, le lecteur au XXe siècle accepte de jouer un rôle beaucoup plus actif dans la création d'un ordre et d'une plénitude.[43] De la sorte, même un ouvrage doté d'un très faible degré d'unité et d'achèvement peut être considéré comme «littéraire.»[44] L'extrait

---

[42] Roland Barthes, « Littérature et discontinu, » *Essais critiques* (Paris : Seuil, 1964), p. 182.

[43] Roland Barthes se sert des notions de « texte scriptible » et de « texte de jouissance » pour décrire la lecture active impliquée par le côté fragmentaire et discontinu du texte moderne. Voir Roland Barthes, *S/Z* (Paris : Seuil, 1970), p. 10 sq. et *Le plaisir du texte* (Paris : Seuil, 1973), p. 22-26.

[44] Que le lecteur du XXe siècle est particulièrement ouvert à entrevoir la valeur

suivant des *Cahiers* de Valéry illustre de manière exemplaire à la fois la persistance d'une recherche d'unité et un processus de lecture plus actif. Il y écrit:

> Si je prends des fragments dans ces cahiers et que les mettant à la suite avec * * * je le publie, l'ensemble fera quelque chose. Le lecteur — et même moi-même, en formera une *unité*. Et cette formation sera, fera autre chose, imprévue de moi jusquelà, dans un esprit ou le mien.[45]

Un des buts de notre étude est de démontrer comment un genre, le récit de voyage, a préparé cette nouvelle conception de la littérature et de sa réception.

Si la tension entre le fragment et la totalité est inhérente à tout texte littéraire, elle caractérise en effet plus particulièrement le récit de voyage. Ceci parce que le voyage est une activité souvent inspirée par un désir de voir le monde pour le comprendre ou le dominer, tandis que l'expérience du voyage, en esprit sinon en fait, a tendance à aboutir à la réalisation de l'incohérence foncière du réel. Ainsi, la structure narrative d'un récit de voyage est d'habitude plus discontinue que celle de la majorité des genres dans la mesure où sa fonction est de rendre compte d'une expérience ponctuelle qui souvent aiguise notre compréhension de la discontinuité foncière de toute perception humaine. De là le fait qu'à part l'ordre déterminé par la progression spatio-temporelle du voyageur, le principe structurant dominant d'un récit de voyage est la simple juxtaposition.

Puisque plusieurs fonctions assumées par le roman et par le récit de voyage se recouvrent, comparons un instant ces deux genres.

---

littéraire potentielle d'un texte qui n'est qu'« esquissé, » on le voit dans les études littéraires de textes fragmentaires, parus à titre posthume. Voir, par exemple, l'étude du *Voyage en Orient* de Flaubert dans Jacques Neefs, « L'écriture des confins » dans *Flaubert, l'autre*, éd. F. Lecercle et S. Messina (Lyon : Presses Universitaires de Lyon, 1989), p. 55-72. D'où aussi la multiplicité d'études sur le caractère fragmentaire de la littérature du passé. Voir, par exemple, Lucien Dällenbach, « Du fragment au cosmos (*La Comédie Humaine* et l'opération de lecture I »), *Poétique*, No. 40 (1979), p. 420-431 ; Ralph Heyndels, *La pensée fragmentée* (Bruxelles : Pierre Mardaga, 1985) ; *Fragments : Incompletion and Discontinuity*, éd. Lawrence Kritzman (New York : New York Literary Forum, 1981) et William R. Paulson, « Fragment et autobiographie dans l'œuvre de Ballanche : étude et textes inédits, » *Nineteenth-Century French Studies*, Vol. 15 (1986-1987), p. 14-28.

[45] Paul Valéry, *Cahiers*, I, 10-11.

Tout d'abord, ces genres valorisent le singulier et le particulier, et expriment le devenir d'un être en traduisant la perception directe et personnelle de la réalité.[46] Mais le récit de voyage permet une liberté d'allure encore plus importante que le roman. Certes, il a son caractère propre, celui de rendre compte de l'expérience d'un individu au cours d'un voyage véridique, d'où une organisation qui suit le plus souvent la contiguïté spatiale et la succession temporelle du voyage. Mais outre les contraintes d'ordre spatio-temporel imposées par l'expérience du voyage, presque tout est permis.

Un écrivain peut intervenir pour introduire dans son récit de voyage un degré variable d'organisation rhétorique ou thématique et de fini stylistique. Avec l'ordonnance et la liaison de segments textuels, c'est en effet le travail stylistique qui contribue à doter le récit de voyage d'un intérêt littéraire. Citons en exemple le narrateur du *Voyage en Orient* de Nerval qui affirme à son correspondant son intention de

mander au hasard tout ce qui m'arrive, intéressant ou non, jour par jour, si je le puis, à la manière du capitaine Cook, qui écrit avoir vu un tel jour un goéland ou un pingouin, tel autre jour n'avoir vu qu'un tronc d'arbre flottant: ici la mer était claire, là bourbeuse.[47]

---

[46] Notons que dans le développement parallèle de ces deux genres, il y a parfois interférence. Il est intéressant de noter, par exemple, que dans sa recherche de l'authentique, le roman a souvent nié son statut de fiction. C'est surtout le cas pour le roman par lettres au XVIIIe siècle que l'auteur présente souvent comme un document trouvé. Ce faisant, l'auteur cherche à satisfaire le goût du public pour les livres vécus. Benjamin Constant s'est servi de cette même convention pour son roman, *Adolphe* (1816). Or, c'est précisément ce goût d'authenticité que satisfait le récit de voyage. Il y a d'autres types d'emprunts aussi. De par son côté descriptif, *Corinne* de Madame de Staël, par exemple, s'apparente à la fois au récit de voyage et au guide. *Les Pléiades* de Gobineau pour sa part commence par la narration à la première personne d'un voyage en Italie, et glisse peu à peu à la narration à la troisième personne par un narrateur omniscient. Dans tous ces cas la distinction entre roman et récit de voyage tend à s'effacer. Pour une discussion détaillée des rapports entre le roman et le récit du voyage anglais, voir Percy Adams, *Travel Literature and the Evolution of the Novel* (Lexington, Ky. : University Press of Kentucky, 1983).

[47] Gérard de Nerval, *Le Voyage en Orient*, 2 vol. (Paris : Garnier-Flammarion, 1980), I, 84-85.

Toutefois, la critique a démontré de façon convaincante que la
thématique très riche de ce récit de voyage l'a doté d'une unité certaine, et l'écriture est beaucoup plus soignée que celle de Cook[48].
Rappelons que les arts poétiques classiques valorisaient une
séparation rigide des oeuvres en genres dont les frontières étaient
considérées comme strictes et immuables. L'épopée, l'ode, l'élé-
gie, l'idylle, et, au théâtre, la comédie et la tragédie, étaient toutes
régies par des règles précises et distinctes. Dans son poème «L'In-
vention,» André Chénier résume cette conception de la littérature:

> La nature dicta vingt genres opposés
> D'un fil léger entre eux chez les Grecs divisés;
> Nul genre, s'échappant de ses bornes prescrites,
> N'aurait osé d'un autre envahir les limites.[49]

Or, rien n'était plus contraire aux tendances et aux goûts de maints
écrivains à l'aube du XIXe siècle, bénéficiaires du triomphe des
Modernes dans la Querelle des Anciens et des Modernes. Au lieu
de se fier à un système abstrait établi par la raison, ces écrivains
s'intéressaient à des genres et à des formes aptes à traduire l'exemple
concret découvert par l'observation naïve tant du moi que du
monde extérieur. Comme les genres littéraires ainsi codifiés
avaient résisté aux efforts de réforme, ces écrivains avaient tendance
à choisir des genres — tel le roman — qui avaient été négligés par
le système classique. Le nouveau statut littéraire qu'acquiert le récit
de voyage au début du XIXe siècle s'explique par cette confluence
d'une intention expressive et d'une forme — ou pour mieux dire,
de formes — d'une valeur littéraire virtuelle. En même temps ce
nouveau statut prépare la mise en question encore plus radicale du
genre littéraire en tant que pratique ou institution au XXe siècle,
siècle où le genre est devenu un concept hybride et flou, et ou le
«texte,» le «récit,» et le «fragment» semblent avoir remplacé la division aristotélienne en épopée, lyrisme et poésie dramatique.
Le récit de voyage revêt trois formes principales: la forme du

[48] Voir, par exemple, Ross Chambers, *Gerard de Nerval et la poétique du
voyage* (Paris : Corti, 1969), Laurence M. Porter, « Le voyage initiatique de Gérard
de Nerval, *Œuvres & Critiques*, Vol. IX, no. 2 (1984), p. 61-73 et Gerard Schaeffer, *Le Voyage en Orient de Nerval : Études de structures* (Neuchâtel : La Baconnière, 1967).

[49] André Chénier, *Œuvres complètes* (Paris : Gallimard, 1958), p. 124.

journal, celle de la lettre, et celle du récit épisodique structuré en chapitres. Or, ces formes sont toutes marquées par une souplesse interne importante. Le voyageur est ainsi libre de consigner son expérience de voyage sans souci de liaison ou de proportion. Les manifestations les plus extrêmes de l'«esquisse verbale» tendent à être le premier jet du carnet de voyage, et l'écriture épistolaire faite *in situ* et «d'après nature,» sans élaboration aucune. Le carnet de voyage milite pour la confiance du lecteur, car la forme du journal est associée à la pratique instantanée d'une écriture quotidienne. Sans être d'habitude aussi inachevés que dans un carnet de voyage, le style et la forme épistolaires impliquent néanmoins une spontanéité d'expression. Or, c'est précisément la liberté stylistique et formelle de la lettre qui permettait aux voyageurs d'être — ou de paraître — plus sincères. En effet, la lettre, même retravaillée, crée le plus souvent une impression d'improvisation naturelle. Toutefois, malgré cette «rhétorique du spontané» les lecteurs de maints récits de voyage épistolaires subissent souvent le charme d'un langage qui se donne en spectacle. De tels récits de voyages méritent le statut ambigu d'«esquisses littéraires.»

Par sa division en chapitres, le récit semblerait comporter une liberté formelle moins grande que le journal ou la lettre. Mais malgré le point de vue panoramique d'un texte rédigé dans un moment postérieur à l'expérience du voyageur, le récit de voyage structuré en chapitres ne garantit ni une vision totalisante, ni l'imposition d'un ordre logique. Le souvenir, en effet, peut être aussi fragmentaire que l'expérience du moment présent. De même, certains récits de voyage parus sous forme de journal ou de lettres font preuve, nous venons de le suggérer, d'un travail stylistique ou formel considérable.

Il y a aussi souvent des médiations entre ces trois formes. Ainsi, la *Promenade de Dieppe aux Montagnes d'Ecosse,* que Charles Nodier caractérise comme «un journal brusquement improvisé,» prennent la forme d'une série de lettres adressées à sa femme et qui se métamorphose en récit continu, divisé en chapitres avec des en-têtes.[50] En voici un autre exemple dans le *Voyage en Orient*

---

[50] Charles Nodier, *Promenade de Dieppe aux Montagnes d'Ecosse* (Paris : Firmin-Didot, 1821), p. 330. Le *Voyage en Italie* de Goethe offre un autre exemple d'un récit de voyage hybride où la forme épistolaire glisse aisément vers le journal.

de Nerval, récit de voyage épistolaire qui est néanmoins divisé en petits chapitres entrecoupés parfois de fragments de journal. Son narrateur interroge son destinataire: «Quel intérêt auras-tu trouvé dans ces lettres heurtées, diffuses, mêlées à des fragments de journal et à des légendes recueillies au hasard?»[51] La réponse à cette interrogation réside en partie dans l'impression d'authenticité qui est créée par cette «rhétorique du spontané.» Il reste que de telles formes hybrides mettent en cause la notion de genre.

Dès le seizième siècle, il est commun de voir l'auteur d'un récit de voyage passer un «pacte de sincérité» avec son lecteur. Un style simple, naïf, est souvent offert comme le garant de cette sincérité. Etant donné que nombre de récits de voyage des XVIe et XVIIe siècles ont été écrits par des hommes sans formation littéraire — tels des marins ou des marchands — ces ouvrages restent le plus souvent des «esquisses verbales.» Comme nous le verrons dans notre premier chapitre, c'est au XVIIIe siècle qu'a lieu la prise de conscience des virtualités littéraires du genre de la part des éditeurs de recueils de récits de voyage, tels La Harpe et Prévost. Mais les écrivains eux-mêmes tardent à exploiter le potentiel littéraire du récit de voyage. En effet, à l'exception de Bernardin de Saint-Pierre aucun grand écrivain avant le début du XIXe siècle n'a fait paraître son récit de voyage pour servir de modèle littéraire du genre.[52] Ce n'est donc qu'au XIXe siècle que les grands écrivains se saisissent de ce genre pour l'exploiter, chacun à sa guise. Il est remarquable, en effet, qu'au XIXe siècle les récits de voyage soient rédigés par les meilleurs écrivains de plusieurs générations, tels que Chateaubriand, Nodier, Lamartine, Stendhal, Gautier, Sand, Hugo, Nerval, Flaubert, Fromentin, Maupassant, Loti, Bourget, les frères Goncourt et Barrès.

Comment expliquer l'attrait qu'exerce ce genre sur tous ces écrivains et leur public, surtout pendant la première moitié du siècle? Contentons-nous de quelques réponses à cette question. Rappelons tout d'abord que la passion des voyages se développe avec les guerres napoléoniennes. Alfred de Musset parle éloquemment du désir chez les Français de son époque de voir les pays lointains dont les pères ou grands-pères avaient décrit les attraits exotiques:

[51] Gérard de Nerval, *Le Voyage en Orient*, II, 363.

[52] Bernard de Saint-Pierre lui-même a déploré cette lacune. Voir la citation mise en exergue au Chapitre I.

Tous ces enfants étaient des gouttes d'un sang brûlant qui avait inondé la terre; ils étaient nés au sein de la guerre, pour la guerre. Ils avaient rêvé pendant quinze ans des neiges de Moscou et du soleil des Pyramides. Ils n'étaient pas sortis de leurs villes, mais on leur avait dit que, par chaque barrière de ces villes on allait à une capitale d'Europe. Ils avaient dans la tête tout un monde...[53]

Leur imagination aiguisée par les récits des exploits militaires des campagnes napoléoniennes, les jeunes Français cherchaient autour d'eux les cadres où réaliser leurs rêves héroïques. Mais souvent ils ne trouvaient qu'une société bourgeoise où le gain matériel semblait être le plus grand mérite. Dans l'oeuvre que nous venons de citer, Musset explique comment le fameux «mal du siècle» a découlé du décalage perçu entre le rêve et la réalité, entre les désirs et les possibilités offertes par la société de l'époque. Or, ce malaise a constitué l'un des principaux motifs du voyage au cours des premières décennies du siècle.

Le goût du voyage et l'essor des récits de voyage ont été stimulés de même par cette aventure intellectuelle collective qu'est l'historicisme. Si l'histoire a été «découverte» par les hommes du XVIIIe siécle, ce n'est qu'au XIXe que les Français ont pris conscience de leur passé national, inspirés en partie par le relativisme historique et culturel prêché par Madame de Staël dans De la littérature et De l'Allemagne. Théophile Gautier, dans un article intitulé «Voyages littéraires,» associe ainsi les prestiges du lointain à ceux de l'autrefois: «la fièvre du *moyen âge* [...] a engendré la *couleur locale*, qui a engendré les *voyages*.»[54] La création du Musée des Monuments historiques est un autre indice de ce nouvel intérêt porté à l'histoire nationale.[55]

---

[53] Alfred de Musset, *La Confession d'un enfant du siècle* dans *Œuvres complètes en prose*, éd. Maurice Allem et Paul Courant (Paris : Gallimard, 1960), p. 67.

[54] Théophile Gautier, « Voyages littéraires » dans *Fusains et Eaux-fortes* (Paris : G. Charpentier et Cⁱᵉ, 1890), p. 35. Cet article nous offre des renseignements précieux sur la perception du genre à l'époque. Curieusement, Gautier, qui devait devenir un des auteurs de récits de voyage les plus prolixes du siècle, s'en prend ironiquement ici à l'exploitation littéraire du voyage.

[55] Rappelons que Mérimée, dans sa fonction d'inspecteur général de cet organisme, a publié des notes de voyage d'un intérêt presque exclusivement archéologique et historique.

Le voyage a été de même stimulé par une manifestation particulière de l'historicisme, le primitivisme. Afin de trouver une société qui ressemble à la société originelle et d'étudier les êtres dont la vie est à la fois antérieure et contemporaine, point n'est besoin d'aller en Amérique, aux Indes ou à Tahiti.[56] Par leur retard sur le développement industriel, l'Italie, l'Ecosse, la Suisse, l'Afrique du Nord, et, en France, la Bretagne et les Pyrénées, offraient au voyageur des sociétés propres à satisfaire sa curiosité à l'égard de «l'homme primitif.» Dans son voyage en Franche-Comté paru en 1845, le voyageur invétéré qu'est Xavier Marmier étend le sentiment primitiviste pour l'appliquer à la province en général:

> Pour retrouver quelque chose qui ressemble à ces bonnes, saines coutumes du temps passé, que nous connaissons par quelque livre naïf, si nous n'avons eu le bonheur de les observer nous-mêmes, il faut aller jusqu'aux frontières de la France, là où l'atmosphère de Paris n'a point encore exercé toute son action, là où l'on n'attend pas chaque soir, par le chemin de fer ou par la malle-poste, le cours de la Bourse et le *Journal des modes*. Les provinces s'en vont, et quelle que soit la puissance de ceux qui voudraient leur conserver leur pur et mâle caractère d'autrefois, ils n'arrêteront point ce char qui est sur la pente, cette eau qui coule vers l'océan de l'industrie moderne, cette population qui marche par les canaux, par les grandes routes, en criant: Paris! Paris! comme au temps des croisades les pieux soldats criaient: Jérusalem! Jérusalem! Ce que l'avenir réserve à un tel mouvement, nous ne le savons, et les journalistes qui, chaque jour, poussent l'ardente locomotive de ce wagon, et les députés qui l'escortent [...] n'en savent pas plus que nous [...] Dans un tel état de choses, c'est un devoir pour tout homme qui aime sa vieille province d'en dire la beauté, d'en dépeindre les monuments et les mœurs primitifs.[57]

Marmier exprime ainsi le désarroi collectif d'une société qui se modernise, et qui voit dans la nostalgie des «bons vieux jours» une compensation tranquillisante.

---

[56] Rappelons que sous l'influence de Rousseau les voyageurs à la fin du XVIIIe siècle ont fait preuve de sensibilité primitiviste comme l'atteste le *Supplément au Voyage de Bougainville* (1972) de Diderot et le *Voyage dans les Pyrénées françoises* (1789) de Ramond de Carbonnières.

[57] Xavier Marmier, *Nouveaux souvenirs de Voyages, Franche-Comté* (Paris : Charpentier, 1845), p. ii-iv.

Le succès du genre tient aussi à l'extension du voyage liée au développement des moyens de transport plus sûrs et plus commodes que Marmier vient d'évoquer, notamment les bateaux à vapeur et les chemins de fer.[58] Toutefois, il s'agit surtout d'un phénomène dont l'éclosion n'est pas séparable du nouveau statut accordé au moi.[59] Préparée par les théories empiriques de la connaissance au siècle des Lumières, une littérature fondée sur l'introspection fleurit dès le début du siècle. La naissance d'un nouveau genre, celui du journal intime, nous fournit la preuve la plus éclatante de cette nouvelle conception de la subjectivité individuelle dont le récit de voyage subit l'influence. Nerval reconnaît cette nouvelle coïncidence de l'*homo viator* et de l'*homo interior* quand il rapproche le récit de voyage d'autres genres d'écriture intime:

L'intérêt des mémoires, des confessions, des autobiographies, des voyages mêmes, tient à ce que la vie de chaque homme devient ainsi un miroir où chacun peut s'étudier dans une partie du moins de ses qualités ou de ses défauts.[60]

Pour ne citer qu'un deuxième exemple, dans la préface à ses *Lettres d'un voyageur* (1834-1836) George Sand lui fait écho, expliquant pourquoi elle a tenu à publier un récit de voyage où la narration d'aventures s'accompagne d'une incursion dans l'intimité de la conscience:

Si je l'ai fait, si je me suis dévouée à ce supplice, sans honte et sans effroi, c'est que je connaissais bien aussi les plaies qui rongent les hommes de mon temps, et le besoin qu'ils ont tous de se connaître, de s'étudier, de sonder leurs consciences, de s'éclairer eux-mêmes,

---

[58] Le premier chemin de fer français qui transportait des voyageurs a été ouvert en juillet 1832 ; les premiers services de paquebots sur des distances importantes ont été organisés à partir de 1837. Pour une discussion de ces moyens de transport au XIX° siècle, voir, entre autre, Elphonse Esquiros, « Les chemins de fer des environs de Paris, » *Revue de Paris*, No. 135 (13 mars 1845), p. 374-402, E. Lamé Fleury, « Les Voyageurs et les chemins de fer en France, *Revue des Deux Mondes*, Vol. 27 (1er octobre 1858), p. 619-647, et C. Lavolée, « Les paquebots transocéaniens, » *Revue des Deux Mondes*, Vol. 71 (15 octobre 1868), p. 984-1014.

[59] Voir à ce sujet Alain Girard, « Evolution sociale et naissance de l'intime » dans *Intime, intimité, intimisme*, éd. Raphaël Molha et Pierre Reboul (Lille : Editions universitaires, 1976), p. 47-55.

[60] Cité par Henri Bonnet dans son Introduction à George Sand, *Lettres d'un voyageur* (Paris : Garnier-Flammarion, 1971), p. 32.

par la révélation de leurs instincts et de leurs besoins, de leurs maux et de leurs aspirations. Mon âme, j'en suis certain, a servi de miroir à la plupart de ceux qui y ont jeté leurs yeux.[61]

Sa capacité de rendre compte de ce double voyage extérieur et intérieur s'ajoute aux autres raisons données plus haut pour expliquer l'engouement pour le récit de voyage au XIXe siècle. Nous aurons à revenir sur ces causes dans le contexte de notre discussion de l'évolution du genre. Retenons ici pour l'instant l'essentiel, à savoir que pour la première fois dans l'histoire littéraire française le récit de voyage présentait un attrait pour un grand nombre d'auteurs qui l'ont adapté à des fins littéraires.

Or, nombreux sont les auteurs qui soit qualifiaient d'esquisses leurs récits de voyage, soit employaient un vocabulaire associé à l'«esthétique de l'esquisse» pour les caractériser. Nous nous contenterons de quelques exemples. Ainsi Charles Nodier affirme que sa *Promenade de Dieppe aux montagnes d'Ecosse* (1821) est moins un livre qu'une «légère brochure» qui ne peut donner que «l'esquisse à peine ébauchée d'une promenade rapide.»[62] C'est en fait en rédigeant spontanément sa «première pensée» qu'il arrive à présenter avec naïveté ses «impressions libres et naturelles.»[63] Stendhal pour sa part ouvre sa «Préface» à *Rome, Naples et Florence en 1817* (1817) en affirmant: «Cette esquisse est un ouvrage *naturel*. Chaque soir j'écrivais ce qui m'avait le plus frappé. J'étais souvent si fatigué, que j'avais à peine le courage de prendre mon papier. Je n'ai presque rien changé à ces phrases incorrectes, mais inspirées par les objets qu'elles décrivent...»[64] Ici, l'incorrection de la prose, fruit de la fatigue, témoigne d'un affaiblissement du contrôle rationnel, lequel, à son tour, plaide pour la naïveté de sa vision. Il en va de même pour Lamartine qui refuse d'accorder à son *Voyage en Orient* (1835) le statut de livre, vu qu'il n'a pas «classé, ordonné, éclairé, résumé» ses impressions fragmentaires.[65] Ici c'est le refus de

---

[61] George Sand, *Lettres d'un voyageur*, p. 39.

[62] Charles Nodier, p. 10 et p. 7-8.

[63] Charles Nodier, p. 10 et p. 7-8.

[64] Stendhal, *Voyages d'Italie*, éd. V. Del Litto (Paris : Gallimard, 1973), p. 3.

[65] Alphonse de Lamartine, *Souvenirs, impressions, pensées et paysages pendant un Voyage en Orient 1832-33 ou Notes d'un Voyageur* dans *Œuvres complètes*, 41 vol. (Paris : Chez l'Auteur, 1860-1866), VI, 10 (1861).

«réunir,» de «proportionner» et de «composer» ses sensations et pensées qui, pour lui, fait de son récit de voyage un corpus de notes préparatoires plutôt qu'une oeuvre finie.[66] Aussi ces auteurs nient-ils souvent avoir remanié ou embelli leurs récits de voyage. En prétendant livrer au public des observations ou impressions prises sur le vif, sans souci de style «poli» ou d'enchaînement narratif, ils cherchent à prouver à la fois leur propre sincérité et l'authenticité de leurs récits. A l'instar des partisans de l'esquisse picturale, ces écrivains voyageurs privilégient l'impression immédiate, l'instantané, l'improvisation et le fragmentaire. Ils cherchent donc à transposer en mots, par une technique apparamment spontanée, la même vision naïve qui aurait pu être communiquée par une esquisse picturale.

Toutefois, le récit de voyage tel qu'il est conçu par ces auteurs — et il ne serait pas difficile de multiplier les exemples — est marqué par plusieurs tensions. En effet, à la différence des voyageurs écrivains que nous étudierons dans le Chapitre I, chez ces auteurs du XIXe siècle qui voyagent une quête esthétique, proprement formelle, sous-tend ces quêtes extra-textuelles du Moi et de l'Autre inhérentes au récit de voyage. On les voit en effet partagés entre leur désir de rester fidèles à une esthétique spontanée semblable à celle qui régit l'esquisse picturale, et la volonté de créer une oeuvre d'art résultant d'habitude d'un travail plus soutenu. Chaque écrivain a dû décider pour lui-même dans quelle mesure il livrerait au public le premier jet, et dans quelle mesure il publierait un texte soigneusement revu et corrigé.

Nous venons de constater que les auteurs de récits de voyage comparent souvent leurs ouvrages à une esquisse. Or, le discours critique portant sur le récit de voyage n'hésite pas non plus à comparer ce genre à une esquisse, ainsi dans l'accueil d'*Allemagne et Italie* (1839) d'Edgar Quinet par Xavier Marmier. La division de l'ouvrage en deux parties, les récits de voyage d'une part, et de l'autre les études de critique, reproduit les deux étapes de la création d'un tableau: esquisse préparatoire et ouvrage achevé. C'est ce que reconnaît Marmier quand il emprunte le terme pictural, «esquisse,» pour qualifier les descriptions et les tableaux de moeurs rapidement tracés d'Edgar Quinet:

[66] Alphonse de Lamartine, VI, 10.

S'il est en face d'un monument, il en saisit le côté le plus pittoresque, il en indique par quelques traits rapides et précis le caractère réel ou symbolique, puis il s'en va, laissant l'âme du lecteur se prendre à l'émotion qu'il lui a donnée et poursuivre son rêve. S'il visite une nouvelle contrée, il l'observe dans son ensemble, il en trace d'un coup de pinceau habile la physionomie générale, et cette esquisse souvent plus large, plus profondément marquée que ne le serait un dessin mieux nuancé, se fixe dans le regard, se grave dans la mémoire par quelques points essentiels et quelques longues lignes.[67]

Ainsi, dans le récit de voyage proprement dit Quinet combine les ressources de la condensation et celles de l'ellipse propre à l'esquisse. S'il a pu laisser libre jeu à l'écriture pendant le voyage lorsqu'il consignait à la hâte ses impressions, de retour dans sa retraite, Quinet se consacre à la deuxième étape, plus raisonnée, de la création: «il mûrit par la réflexion les idées recueillies dans leur première spontanéité; il achève par l'étude des livres l'étude de la nature et des hommes.»[68] Le deuxième volume du livre est donc plus abstrait, et se consacre à l'analyse et à la critique rédigées toutefois souvent dans un registre poétique.

Pour n'en prendre qu'un autre exemple, en parlant des récits de voyage en 1861 le critique Eugène Lataye approuve la rédaction «à la hâte» de

quelques notes rapides où les choses observées accusent forcément la véritable impression qu'elles ont produites. C'est ainsi, dans cette simple et sincère recherche, qu'on juge le mieux des influences qu'exerce sur notre esprit la variété de tous les spectacles successivement entrevus, moeurs de toute une contrée, certaine figure apparue, certain mot saisi au vol.[69]

Pour lui l'avantage de cette notation rapide de détails à la fois incomplets et précis est la sincérité. Se tournant vers *la Malle de l'Inde* de M. E. de Valbezen, le critique explique que le voyageur n'a essayé ni d'analyser, ni de

[67] Xavier Marmier, « *Allemagne et Italie* par M. Edgar Quinet, » *Revue de Paris*, Tome 4 (avril 1839), p. 60.

[68] Xavier Marmier, « *Allemagne et Italie* par M. Edgar Quinet, » p. 49-50.

[69] Eugène Lataye, « Revue littéraire, romans et voyages, » *Revue des Deux Mondes*, Vol. 35 (15 septembre 1861), p. 515-516.

rassembler les différentes variations du site et à en faire saillir par un artifice de style le caractère dominant. Il dit les choses comme elles se sont présentées à lui et dans l'ordre où il les a vues. Que ce soit à Calcutta ou à Madras, sur les cimes de l'Himalaya ou même sur les bords du lac d'Enghien, à Java, à Damas ou dans le golfe d'Aden, c'est toujours la même rapidité, la même fermeté de l'esquisse, que des contours plus estompés ne feraient qu'amoindir.[70]

Basé sur le refus de choisir et de composer, son procédé est donc à la fois «rapide,» «familier» et «naturel.»[71] Selon Lataye dans le récit de voyage de de Valbezen on trouve

> en quelques lignes des portraits et des descriptions qui prouvent par leur seule manière d'être qu'il y a là une fidèle et complète peinture de l'Orient. Un seul point éclairé à propos donne souvent à un tableau plus de couleurs que les oppositions les plus savantes ou les tons les plus violens.[72]

Et il conclut: «Il est facile de se convaincre une fois de plus que les écrivains voyageurs doivent naturellement à la sincérité de leurs impressions une originalité véritable.»[73] Ainsi, selon le critique la naïveté d'impression traduite par l'esquisse picturale va de pair avec celle exigée de l'écrivain voyageur.

C'est en partie cette comparaison entre le récit de voyage et l'esquisse picturale trouvée à la fois sous la plume des écrivains voyageurs et sous celle de leurs critiques qui justifie notre considération des récits de voyage comme des «esquisses littéraires.»[74]

Voici l'organisation de notre essai. Le premier chapitre tracera l'histoire du récit de voyage à partir du XVIe siècle et démontrera comment une exploitation littéraire du genre devient possible à partir du XVIIIe siècle. Sans viser à l'exhaustivité qui serait d'ailleurs illusoire, par le biais de l'étude détaillée d'un certain nombre de récits de voyage représentatifs du XIXe siècle nous chercherons dans

---

[70] Eugène Lataye, p. 516.

[71] Eugène Lataye, p. 516.

[72] Eugène Lataye, p. 516.

[73] Eugène Lataye, p. 517.

[74] Pour une discussion plus étendue de l'habitude des auteurs de récits de voyage et de leurs critiques de caractériser ces ouvrages d'«esquisses» voir notre *The Sketch in Nineteenth-Century Cultural Discourse in France* (à paraître).

les chapitres qui suivent à explorer les différentes manières dont les auteurs littéraires de l'époque ont tenté de résoudre les tensions inhérentes à l'«esquisse littéraire.» En effet, nous examinerons dans quelle mesure ces écrivains se révèlent sensibles aux possibilités esthétiques du discontinu et du fragmentaire, et dans quelle mesure ils semblent vouloir rester fidèles à la conception traditionnelle de la littérature comme un tout continu et achevé. Les récits de voyage que nous soumettons à une étude détaillée couvrent tout le XIXe le siècle, allant de 1827 (le *Voyage en Italie* de Chateaubriand) jusqu'en 1894 (*L'Italie d'hier* des frères Goncourt). Les Chapitres II et III étudieront deux formes privilégiées de l'«esquisse littéraire,» le journal et la lettre, à partir de deux récits de voyage exemplaires, le *Voyage en Italie* de Chateaubriand et *Le Rhin* de Victor Hugo. Un examen des écrits en voyage de Flaubert dans le Chapitre IV, surtout le récit structuré en chapitres, *Par les champs et par les grèves*, nous permettra d'étudier les réserves les plus sérieuses émises par un auteur du XIXe siècle quant au potentiel littéraire du récit de voyage. Dans le Chapitre V on s'attachera à l'écriture des récits algériens de Fromentin pour explorer comment tout en adoptant une «rhétorique du spontané» il est arrivé à doter ses récits de voyage d'une dimension littéraire par un travail stylistique et formel soutenu. L'analyse de *L'Italie d'hier* des frères Goncourt dans le Chapitre VI cherchera à démontrer comment ce récit de voyage paru dans les dernières années du XIXe siècle annonce le triomphe du discours fragmentaire au siècle suivant. Au terme de notre étude, nous examinerons brièvement la fortune du récit de voyage littéraire au XXe siècle, siècle dominé par une culture de l'image.

Les textes et les auteurs retenus illustrent ainsi un éventail de manifestations de l'«esquisse littéraire.» Nous verrons le plus souvent une tension entre «esquisse,» qui connote discontinuité et inachèvement, et «littéraire,» qui véhicule le plus souvent continuité et achèvement. Toutefois, nous verrons aussi que parfois des textes sont littéraires non pas en dépit de la «rhétorique du spontané,» mais précisément grâce à elle. Tel est l'objet de la présente étude, qui tentera donc une approche globale de l'«esquisse littéraire» à l'aide de récits de voyages précis. Après ces quelques remarques, nous sommes prêts à nous tourner vers la convention du style simple qui influence l'évolution du genre du XVIe au XVIIIe siècle et prépare l'épanouissement du récit de voyage comme «esquisse littéraire» au XIXe siècle.

CHAPITRE I

Du style simple à l'«esquisse littéraire»:
Le récit de voyage du XVIe au XVIIIe siècle

> Il est assez singulier qu'il n'y ait eu aucun
> voyage publié par ceux de nos écrivains qui
> se sont rendus les plus célèbres dans la lit-
> térature et la philosophie. Il nous manque un
> modèle dans un genre si intéressant, et il
> nous manquera longtemps, puisque mes-
> sieurs de Voltaire, d'Alembert, de Buffon et
> Rousseau ne nous l'ont pas donné. [...] Je
> crois que ce genre si peu traité est rempli de
> grandes difficultés. Il faut des connais-
> sances universelles, de l'ordre dans le plan,
> de la chaleur dans le style, de la sincérité et
> il faut parler de tout. Si quelque sujet est
> omis, l'ouvrage est imparfait; si tout est dit,
> on est diffus et l'intérêt cesse.
>
> Bernardin de Saint-Pierre
> *Voyage à l'île de France*[1]

> La chose que je regrette le plus dans les
> détails de ma vie dont j'ai perdu la mémoire
> est de n'avoir pas fait des journaux de mes
> voyages. Jamais je n'ai tant pensé, tant
> existé, tant été moi, si j'ose ainsi dire, que
> dans ceux que j'ai faits seul et à pied.
>
> Jean-Jacques Rousseau,
> *Les Confessions*[2]

[1] Bernardin de Saint-Pierre, *Voyage à l'île de France* (Paris : La Décou-
verte/Maspero, 1983), p. 251-252.

[2] Jean-Jacques Rousseau, *Les Confessions*, 2 vol. (Paris : Gallimard, 1972),
I, 247-248 (« Livre quatrième »).

L'expression d'une prise de conscience des propriétés constitutives d'un genre exerce un effet tout autant sur la production que sur la réception générique ultérieures. En effet, comme le fait remarquer Tzvetan Todorov, la réflexion sur un genre fournit à la fois des «modèles d'écriture» pour les auteurs, et des «horizons d'attente» pour les lecteurs à venir.[3] C'est ainsi que le discours traitant d'un genre — le métadiscours — révèle l'existence historique de ce genre. Les préfaces et les dédicaces constituent une source privilégiée de ce type de réflexion générique. L'examen suivant du métadiscours traitant des récits de voyage français datant du XVIe au XVIIIe siècle trouvé dans leurs préfaces — et plus rarement dans les textes eux-mêmes — nous permettra donc d'esquisser une histoire littéraire de ce genre.[4] Nous verrons que de genre existant en marge des belles lettres, le récit de voyage devient au XVIIIe siècle un genre avec des ambitions littéraires. Tout en respectant la «rhétorique du spontané,» on passe ainsi de la réalité des «esquisses verbales» à la possiblité d'«esquisses littéraires.» Nous nous pencherons surtout sur les commentaires faits par des préfaciers à propos du style des récits de voyage, car c'est là l'aspect de sa spécificité littéraire ou «littérarité» qui revient le plus souvent sous la plume de certains préfaciers dès le XVIe siècle.[5] Nous verrons apparaître au XVIIIe siècle d'autres critères tels que le choix d'épisodes et l'agencement du récit.

L'éclosion du récit de voyage au XVIe siècle s'explique par la multiplication des voyages de découvertes et par le développement de l'imprimerie. La nouvelle pratique de rédiger les récits de

---

[3] Tzvetan Todorov, *Les genres du discours* (Paris : Seuil, 1978), p. 51. Tout en voulant dépasser cette conception formaliste de l'« horizon d'attente » (« Erwartungshorizont »), Hans Robert Jauss cite néanmoins l'« expérience préalable que le public a du genre dont elle relève » comme un des facteurs qui le détermine. Il va sans dire que le discours qui traite d'un genre serait compris dans cette « expérience » du genre. Voir Hans Robert Jauss, *Pour une esthétique de la réception*, trad. Claude Maillard (Paris : Gallimard, 1978), p. 49. Voir aussi Hans Robert Jauss, « Littérature médiévale et théorie des genres, » *Poétique*, No. 1 (1970), p. 97. A cause des contraintes matérielles de cette étude, nous négligerons l'influence que pourrait exercer le contexte culturel sur l'évolution des genres.

[4] Sans prétendre à l'exhaustivité, notre discussion se base sur un recensementt d'environ quatre cents récits de voyage.

[5] Pour une discussion de ce terme voir B. Eikhenbaum, « La théorie de la méthode formelle, » *Théorie de la littérature* (Paris : Seuil, 1965), p. 37.

voyage en français au lieu du latin en fait un nouveau genre et entraîne une discussion à propos de son statut générique et du style qui lui serait approprié. Il faut tout de suite noter qu'aux yeux des écrivains et des éditeurs du XVIe siècle, la valeur des récits de voyage de l'époque ne réside jamais dans la beauté du style, mais se trouve plutôt dans la satisfaction de la curiosité du lecteur ou dans son utilité pour le royaume ou l'Eglise.[6] L'absence d'un style soigné dans certains récits de voyage est parfois perçue comme une faiblesse qui les écarte des belles lettres. Par exemple, dans l'«Advertissement av Lectevr» qui ouvre un récit de voyage du Frère André Thevet paru en 1557, l'éditeur, M. de la Porte, apostrophe le lecteur pour expliquer que «s'il y a quelques dictions Francoises qui te semblent rudes ou mal acco~modées,» il faut accuser la fièvre dont souffre l'auteur depuis son retour qui l'avait empêché de revoir son texte avant de l'envoyer à l'imprimeur.[7] On précisera encore que le premier éditeur du récit de voyage, Ambroise de la Porte, «hôme studieux & bien entendu en la langue Françoise» est mort, l'empêchant de «prendre en charge» le livre.[8] Cette préface reconnaît un bon style comme trait constitutif de tout genre appartenant aux belles lettres. Or, selon le préfacier le lecteur risque d'apporter à sa lecture du récit de voyage de Thevet des «attentes» appropriées à la littérature. C'est en effet à cause du style dépouillé et même maladroit du récit de voyage en question que le préfacier prévoit pour lui une mauvaise réception. C'était sans doute pour adoucir la déception de ces «attentes» littéraires anticipées chez le lecteur, qu'il a fourni ces détails biographiques sur l'auteur et sur l'éditeur. Dans le dernier paragraphe de son voyage au Levant paru trois ans auparavant, en 1554, le voyageur Thevet lui-même s'était excusé si son style «ne trouue lieu d'aucune louenge, vrai nour-

---

[6] Voir par exemple Gerard de Vera, *Trois Navigations admirables faictes par les Hollandois & Zelandois au Septentrion* (Paris : Chez Guillaume Chaudiere, 1599) et *Lettres dv Iappon, Pery, et Brasil*, Enuoyees au R. P. General de la Societé de Iesus (Lyon : Par Benoist Rigavs, 1580).

[7] F. André Thevet, *Les singvlaritez de la France antarctiqve, avtrement nommé Amerique : & de plusieurs Terres & Isles decouuertes de nostre temps* (Paris : Chez les heritiers de Maurice de la Porte, 1557), sig. a viiiᵛ (« Advertissement av Lectevr »).

[8] F. André Thevet, *Les singvlaritez de la France antarctiqve*, sig. a. viiiᵛ (« Advertissement av Lectevr »).

rissement & asseuré entretien de tous Arts & Sciences.»[9] N'ayant pas un style suffisamment soigné, comme le voudraient les discours littéraire et scientifique, Thevet s'en excuse auprès de ses lecteurs. Ces excuses de la part de ces auteurs et de ces éditeurs de récits de voyage suggèrent qu'ils partagent avec leur public anticipé la notion que le récit de voyage possède un potentiel esthétique qui, exploité, fera appartenir le genre aux belles lettres. Au XVIe siècle, d'autres voix proposent une interprétation différente du style simple dans ses rapports avec le récit de voyage. En 1555, par exemple, Pierre Belon associe la simplicité formelle, la vérité et l'emploi de la langue française:

> un bien est d'autant plus louable, qu'il est plus commun: j'ay traicté ceste mienne obseruation en nostre vulgaire François, & redigé en trois liures, le plus fidelement qu'il m'a esté possible: n'usant d'autre artifice ou elegance d'oraison, sinon d'une forme simple, narrant les choses au vray ainsi que les ay trouuées es pays estranges: rendant à chacune son appellation Françoise ou il m'a esté possible de luy trouuer vn nom vulgaire.[10]

Anthoine Regnaut pour sa part essaie en 1573 de transformer en un avantage ce que certains perçoivent comme une faiblesse. Il admet que son style n'est «orné de belle paincture, n'y enrichi de quelques ornemens doux, n'y de langage affecté...»[11] Regnaut espère toutefois que les fidèles lui accorderont bon accueil pour «la verité de l'ordre» qu'il a suivi «sans rien farder, adiouter, ne diminuer dudit voyage.»[12] L'agencement du récit naturel s'ajoute au style simple comme sources potentielles d'un agrément générique. Mais ici, l'argument dépasse le domaine esthétique et a affaire au domaine moral: la vérité remplace le style et l'ordonnance du récit comme sources d'un agrément générique qui est nullement litté-

[9] F. André Thevet, *Cosmographie de Levant* (Lyon : par Ian de Tovrmes et Gvil Gazeav, 1554), p. 214.

[10] Pierre Belon, *Les observations de pluvieurs singularitez et choses memorables, trovvés en Grece, Asie, Judé, Egypte, Arabie, & d'autres pays estranges* (Anvers : Christof le Plantin, 1555), sig. 4r-4v («Epistre»).

[11] Anthoine Regnault, *Discovrs Du Voyage d'Outre Mer Av Sainct Sepvlcre de Iervsalem Et Avtres lieux de la terre Saincte* (Lyon : aux despens de l'Autheur, 1573), s.p. («Dédicace»).

[12] Anthoine Regnault, s.p. («Dédicace»).

raire. Le dédicacier du récit de voyage du Capitaine Bruneau, Lois D. L. Blachiere, fait écho à Regnaut en 1599.

Il explique que le capitaine n'avait jamais «estudié en la cognoissance des bo~nes lettres, qui font les hommes Historiographes» parce qu'il avait «passé son temps à l'exercice des guerres intestines de ce Royaume...»[13] A ce premier moment de concession, où Blachiere avertit le lecteur que le récit qui suit n'aura pas les attraits stylistiques du discours historique, succède une autre concession qui transforme cette faiblesse apparente en un atout. L'auteur n'ayant pas reçu la formation d'historiographe, on verra «reluire en son la~ngage une grande candeur & fidelité, desirant de reciter choses vraies à la postérité...»[14] Si les historiographes de métier partagent le désir de raconter fidèlement la vérité, le récit de Bruneau, grâce à sa simplicité, réussira là où le récit des écrivains de métier risque de faire défaut.[15] Ici c'est apparemment l'existence du récit de voyage en dehors des belles lettres — l'histoire autant que la littérature — qui fait son intérêt. En fait, nous assistons à la naissance d'une nouvelle convention discursif qui prise une «rhétorique du spontané.»

Cette attitude hésitante à propos du style du récit de voyage que l'on vient de voir chez les préfaciers du XVIe siècle apparaît de façon exemplaire dans la préface à l'*Histoire d'un voyage fait en la terre dv Bresil* de Jean de Lery. En effet, son identification de trois publics pour son récit de voyage souligne de façon on ne peut plus claire l'ambiguïté du statut littéraire de ce genre au XVIe siècle. Lery s'excuse tout d'abord auprès d'un groupe de lecteurs «pour n'auoir vsé de phrases ni de termes assez propres & signifians pour

[13] Le Capitaine Bruneau, *Histoire veritable de certains voiages perillevx & hazardeux sur la mer* (Niort : Thomas Porteau, 1599), p. 8 (« Dédicace à Monseigneur Messire Philippes de Mornay »).

[14] Le Capitaine Bruneau, p. 8.

[15] Il est intéressant de comparer le propos de Blachiere à ce qu'avait dit Marguerite de Navarre au même sujet dans le « Prologue » de *L'Heptaméron* : « Et prosmirent les dictes dames et monseigneur le Daulphin avecq d'en faire chascun dix et d'assembler jusques à dix personnes qu'ilz pensoient plus dignes de racompter quelque chose, sauf ceulx qui avoient estudié et estoient gens de lettres ; car monseigneur le Daulphin ne voulloit que leur art y fut meslé, et aussy de paour que la beauté de la rethoricque feit tort en quelque partye à la verité de l'histoire. » Marguerite de Navarre, *L'Heptaméron* (Paris : Garnier Frères, 1950), p. 9.

bien representer & expliquer l'art de nauigation...»[16] Il anticipe
par là un public de marins et de navigateurs. Ensuite, il s'excuse
auprès des «François qui ayans les oreilles tant delicates, & aymans
ta~t les belles fleurs de Rhetorique n'admettent ni ne reçoyue~t nuls
escrits, sinon auec mots nouueaux & bien pindarisez.»[17] Ce sont
les lecteurs qui apporteront à la lecture de son récit de voyage «l'horizon d'attente» associé aux belles lettres et qui envisageront les
effets littéraires auquel le genre se prête. Lery promet de satisfaire
un troisième public, «ceux qui ayment mieux la verité dit sim-
pleme~t, que le mensonge orné & fardé de beau langage...»[18] Au
lieu de faire l'apologie du style du récit de voyage, comme l'ont
faite certains des préfaciers que nous avons évoqués, Lery cherche
à répondre aux «attentes» d'un public constitué par les remarques
de ses prédécesseurs qui ont valorisé le naturel de l'expression. La
«rhétorique du spontané» formée par le style simple et l'agencement naturel du récit ainsi établie par les préfaciers du XVIe siècle
deviendra, comme nous le verrons maintenant, l'«attente» générique
principale au siècle suivant.

Encore plus que leurs prédécesseurs, les préfaciers des récits
de voyage parus au XVIIe sont conscients de la qualité esthétique
discutable de leurs récits de voyages. En effet, tout en prônant le
style simple, ces préfaciers prennent souvent soin de prévenir leurs
lecteurs que l'ouvrage qu'ils liront n'est pas une oeuvre littéraire.
En 1608, Henry de Beauuau exprime l'avantage d'un style simple
ainsi: «car n'esta~t pas trop elabouré en mon stile il me sera
beaucoup plus facil de monstrer tout ce que i'ay veu simpleme~t
en son naturel que de le desguiser auec le rare traict d'une riche
eloquence.»[19] De Beauuau développe un thème annoncé au siècle
précédent: l'éloquence, loin d'être connotée positivement pour le
plaisir esthétique auquel elle donne naissance, est connotée néga-
tivement. Il suggère que tout travail sur le signifiant masque le
signifié. D'une manière semblable, le Seigneur D. C. [Louis

[16] Jean de Lery, *Histoire d'un voyage fait en la Terre dv Bresil, avtrement dite Amerique* (La Rochelle : Pour Antoine Chuppin, 1578), sig. i~r (« Préface »).

[17] Jean de Lery, sig. i~5r (« Préface »).

[18] Jean de Lery, sig. i~6r (« Préface »).

[19] Messire Henry de Beauuau, *Relation journaliere Du Voyage au Leuant* (Toul : francois Du bois, 1608), sig. a4r-a4v (« Préface »).

Deshayes de Courmenin] admet en 1621 que certains trouveront
sa façon d'écrire «trop simple & trop basse» mais il leur rappelle
qu'il écrit «vne Relation, qui ne demande point ce me semble
d'autre ornement que celuy de la verité.»[20] Comme De Beauuau,
le Seigneur D. C. distingue le récit de voyage des genres littéraires
traditionnelles: un ornement du signifié — la vérité — remplace
ici les ornements du signifiant.

Les remarques qui ouvrent la première édition du *Journal du
Voyage fait a la mer de Sud avec les Flibustiers de l'Amérique en
1684* (1689) attestent que cette attitude envers le style du récit de
voyage persiste à la fin du XVIIe siècle. Comme De Beauuau, Raveneau de Lussan anticipe certaines attentes formelles de la part de
son public. Dans un premier temps, il a peur que la «forme» et «le
tour simple» de son journal ne le rendent «moins estimable» aux
yeux du lecteur.[21] Mais il affirme que son ambition «n'est point
de passer pour Auteur...»[22] S'il n'a pas demandé «un secours
étranger» quant à l'expression c'est parce qu'il avait peur de
«perdre la creance, en quittant la naiveté.»[23] Une fois encore, aux
yeux de l'auteur — et d'au moins une partie de son public anticipé
— la transparence de l'expression a l'avantage de militer pour sa
propre crédibilité et par là pour l'authenticité de son récit. En admettant qu'il soit un voyageur qui écrit, et non pas un «auteur,» Raveneau de Lussan implique que son récit de voyage n'est pas une
oeuvre littéraire telle que l'on la conçoit traditionnellement, à
savoir marquée par une recherche de perfection stylistique et
formelle.

Maints préfaciers au XVIIe siècle maintiennent que leurs récits
de voyage satisfont ce désir de vérité, source d'un *dulce* apparenté
à la fois à la curiosité et aux avantages du style simple. Les deux

---

[20] Le sʳ D. C. [Louis Deshayes de Courmenin], *Voiage de Levant Fait par
le Commandement dv Roy en lanneé 1621* (Paris : Chez Adrian Tavpinart, 1624),
sig. Aiiiʳ («Advertissement»).

[21] Raveneau de Lussan, *Journal du Voyage fait à la mer de Sud avec les Flibustiers de l'Amérique en 1684, & années suivantes* (Paris : Chez Jacque Le
Febvre, 1705), sig. aˉiⱽ («Epitre à Monseigneur le Marquis de Seignelay»).

[22] Raveneau de Lussan, sig. aˉiiʳ («Epitre à Monseigneur le Marquis de Seignelay»).

[22] Raveneau de Lussan, sig. aˉiⱽ et aˉiiʳ («Epitre à Monseigneur le Marquis de Seignelay»).

exemples que nous allons considérer maintenant nous permettront d'examiner le problème plus en détail. Melchisedec Thevenot, éditeur d'un recueil de récits de voyage paru en 1681, affirme que les récits de commerçants sont prisés autant que ceux de marins, et ceci aux dépens des voyageurs plus cultivés. Ce qui est significatif, c'est que cette préférence existe non pas seulement chez les marins eux-mêmes, mais aussi chez les «gens de lettres de l'Europe.»[24] Le public lettré se méfie des récits de voyageurs, et attend «avec une impatience curieuse ce qu'ils en devoient croire, & principalement quelque Relation de ces Marchands qu'on a trouvées si souvent veritables, qui les écrivent sans déguisement...»[25] Cette méfiance à l'égard du style soigné est partagée par les voyageurs écrivains plus cultivés. Dans la préface à son *Voyage en Italie* (1678) le médecin lyonnais, Jacob Spon, cite les avantages du style naturel, «non-littéraire» de son récit et, fait significatif, l'identifie comme un trait qui distingue son récit du roman: «Pour ce qui est de toute la relation de ce Voyage, je ne crains pas qu'on m'accuse d'être menteur, comme la plûpart de ceux qui viennent de loin, n'y ayant pas dit des choses fort difficiles à croire, & la maniere simple sans politesse dont je les debite, ne les fera jamais passer pour des Romans...»[26] Cette simplicité stylistique, on le voit, a l'avantage d'inspirer confiance au lecteur qui prend plaisir, suggère-t-il, quand son «attente» générique de partager des expériences véridiques, non-inventées, est satisfaite. De la sorte, un *dulce*

---

[24] *Voyage des Ambassadevrs de la Compagnie Hollandoise des Indes Orientales enuoyés l'an 1656, en la Chine vers l'Empereur des Tartares* dans *Relations de divers voyages curieux qui n'ont point esté publiées*, éd. Melchisedec Thevenot, 2 vol., nouvelle édition (Paris : Chez Thomas Moette, 1696), II, sig. a˜ii^r («Avis»).

[25] *Voyage des Ambassadevrs de la Compagnie Hollandoise des Indes Orientales*, II, sig. a˜ii^r («Avis»).

[26] Jacob Spon et George Wheler, *Voyage d'Italie, de Dalmatie, de Grece, et dv Levant, Fait aux années 1675. & 1676*, 4 vol. (Lyon : Antoine Cellier le fils, 1678), I, sig. a˜8^v («Préface»). C'est à ce propos que Jacque Chupeau a attiré l'attention sur la contribution faite par le récit de voyage au XVIIe siècle à la création d'un «nouveau roman» qui se distinguait du roman héroïque, basé, lui, sur l'épopée à la fois dans le ton et dans les sujets. Voir Jacques Chupeau, «Les récits de voyage aux lisières du roman,» *Revue d'Histoire littéraire de la France*, No. 3-4 (mai-août 1977), p. 536. Ici Spon veut sans doute distinguer son récit du roman héroïque.

moral l'emporte sur un *dulce* esthétique: le récit de voyage reste
en marge des belles lettres telles qu'elles sont traditionnellement
conçues.[27]
   On vient de voir que dans une stratégie de *captatio benevolentiae*, les préfaciers des récits de voyage du XVIIe siècle cherchent à fixer les «attentes» de leurs lecteurs et à les convaincre des
bienfaits du style simple. L'anticipation auprès du public d'un plaisir esthétique associé au style soigné que nous avons discernée dans
les remarques d'André Thevet et de Jean de Lery au XVIe siècle
n'apparaît que rarement au XVIIe siècle. La préface d'un récit de
voyage écrite en 1645 par Guillaume Coppier est une de ces exceptions. Selon Coppier, certains lecteurs apporteront à leur lecture
de récits de voyage les «attentes» semblables à celles associées aux
genres littéraires canoniques. Ces lecteurs risquent de ne pas trouver «ces periodes carrées, qui ne seruent qu'à flatter l'oreille, &
endormir l'esprit, & lesquellles d'ordinaire se practiquent dans le
grand monde, plustost que parmy les montagnes, rochers & pre-
cipices des Isles & contrées...»[28] Mais Coppier exprime ses
réserves à l'égard de l'éloquence traditionnelle. En effet, il n'offre
au public que le témoignage d'un ingénu sincère «contenté de dire
le bien, sans le bien dire» et avertit son lecteur: «ie ne suis, ny flat-
teur, ny satyrique, mais ie veux estre syncere; c'est pourquoy,
vous n'y verrez pas des fards d'eloquence, & des industrieux ornemens...»[29] Toutefois, Coppier ne veut pas offenser la sensibilité
esthétique du lecteur qui est habitué au style soigné. Il l'invite donc
à suppléer aux manques dans son récit: «si mon stil n'est bien net,
ains un peu rude et mal polly, pour un esprit delicat comme le vostre,
écrit-t-il, vous le corrigerés...»[30] Coppier identifie ici deux types
de narrataires, celui qui apporte l'«attente» d'un style plus traditionnellement littéraire, et qui risque d'être déçu, et celui qui
apporte la nouvelle «attente» du style simple que la plupart des pré-

---

[27] Il ne faudra pas oublier le fait, que nous ne saurions discuter en détail ici,
que le style simple se trouve au centre des débats classiques sur la nature. A ce sujet
voir Bernard Tocanne, *L'Idée de nature en France dans la seconde moitié du XVIIᵉ
siècle* (Paris : Klincksieck, 1978).

[28] Gvillavme Coppier, *Histoire et voyage des indes occidentales* (Lyon :
Chez Jean Hvgvtan, 1645), sig. a 8ʳ (« Au Lecteur »).

[29] Gvillavme Coppier, sig. a 8ʳ et sig. a 7ʳ (« Au Lecteur »).

[30] Gvillavme Coppier, sig. a 8ʳ (« Au Lecteur »).

faciers de récits de voyage — tant au XVIe siècle qu'au XVIIe siècle — ont essayé de créer. Cette anticipation d'un public qui apporte une multiplicité d'«attentes,» atteste la persistence au XVIIe siècle d'une perception de l'instabilité générique du récit de voyage et de l'instabilité dans la perception de la «littérarité,» ou valeur littéraire,» d'un ouvrage. Résumons-nous.

Un examen des préfaces des récits de voyage des XVIe et XVIIe siècles révèle qu'à l'encontre des genres littéraires traditionnels le plaisir du récit de voyage ne réside pas, aux yeux des gens de l'époque, dans un travail opéré sur le signifiant. Fruits d'une «rhétorique du spontané» et dépourvus de tout intérêt traditionnellement littéraire, ils restent aux yeux de beaucoup des «esquisses verbales» existant «en deça» des belles lettres. Or, les préfaces du début du XVIIIe siècle ne marquent aucune rupture avec celle de leurs prédécesseurs. Ainsi, dans l'«Epitre» qui précède son récit, *Nouveaux voyages dans l'Amérique septentrionale* (1703), le Baron de Lahontan refuse, comme ses prédécesseurs, l'épithète d'«auteur»: «je raconte mes Avantures en Voyageur, & non point en Auteur qui ne cherche qu'à plaire.»[31] Il leur fait écho de nouveau quand il suggère que l'absence même de beautés formelles peut apporter du plaisir, moral, pourrait-t-on ajouter, et non pas esthétique: «J'écrivois tout simplement ce qui m'arrivoit a un de mes parens qui l'avoit exigé de moi, & cette manière naturelle plaira peut-être plus que si j'avois écrit avec plus d'étude & plus d'art.»[32] Un peu plus loin, le préfacier revient au type de plaisir offert par le style simple de son récit: «Son stile ne paroîtra peut-être pas des plus pûrs ni des plus châtiez; mais cela même doit le rendre moins suspect d'affectation, & d'ailleurs que peut-on attendre d'un jeune Officier de Marine! ce qui est fort certain, & pas un Lecteur judicieux n'en disconviendra, c'est que l'Auteur s'est uniquement attaché à exposer simplement les choses...»[33] Une fois de plus, pour le lecteur anticipé par l'écrivain de récit de voyage, le plaisir réside non pas dans les effets littéraires de sa prose, mais

---

31 Le Baron de Lahontan, *Nouveaux voyages de Mr. le Baron de Lahontan dans l'Amérique septentrionale*, 2 vol. (La Haye : Chez les Frères l'Honoré, 1703) I, sig. *3ʳ («Epitre»).

32 Le Baron de Lahontan, I, sig. *3ʳ («Epitre»).

33 Le Baron de Lahontan, I, sig. *6ᵛ («Préface»).

dans la conviction de lire un ouvrage écrit de bonne foi et, selon les mots du préfacier, dans «le plaisir de ne se croire point abusé.»[34] Mais une réaction se dessine. Si les préfaciers au XVIe siècle hésitent à propos du style souhaitable pour un récit de voyage, et si les préfaciers du XVIIe siècle prônent presque à l'unanimité un style dépouillé, ceux du XVIIIe siècle vont critiquer l'écrivain qui répugne aux retouches. Petit à petit on voit apparaître dans le discours traitant du récit de voyage des références au style et à la forme qui constituent des éléments d'une poétique littéraire. En effet, la simplicité du style, tant louée dans les préfaces des siècles précédents, commence à être perçue comme problématique. C'est ce que démontre la préface ironique au récit de voyage intitulé, *Voyages et avantures de François Leguat & de ses Compagnons en des isles désertes des Indes Orientales* (1708).[35] Le préfacier exprime une réserve à l'égard du style naturel dont pour lui la prose de l'abbé de Choisy est exemplaire. Un échantillon du *Journal du Voyage de Siam* (1687) de l'abbé de Choisy peut illustrer pour nous jusqu'où peut mener la valorisation de la simplicité d'expression: «5 mars. Toujours bon vent. Je n'ai veu que de l'eau; & si les aven-

---

[34] Le Baron de Lahontan, I, sig. *5^r (« Préface »).

[35] La critique hésite quant à l'authenticité de ce récit et du rôle joué par Maximilien Misson dans son élaboration. *Le Grand Dictionnaire Universel du XIXe Siècle* (Vol. X, p. 336, 1873) le reconnaît comme récit véridique écrit par François Leguat. En revanche, l'éditeur de la traduction anglaise de 1891 conclut : « either Misson must have been the compiler and collaborator of Leguat's book, or Leguat must have repeatedly referred to Missons' publications. » (*The Voyage of François Leguat of Bresse to Rodriguez, Mauritius, Java and the Cape of Good Hope*, éd. Captain Pasfield Oliver, 2 vol. (London : The Hakluyt Society, 1891), I, xxii.) La cinquantaine de pages que Geoffroy Atkinson consacre à ce sujet en offre la discussion la plus complète. Réfutant la thèse d'Oliver sur l'authenticité du récit de voyage, il le place dans la catégorie des « récits extraordinaires. » Reconnaissant Misson comme le préfacier, il suggère que Misson est aussi l'auteur du récit. (Geoffroy Atkinson, *The Extraordinary Voyage in French Literature from 1700 to 1720* (Paris : Honoré Champion, 1922), surtout p. 64 et p. 143.) Philip Babcock Gove, pour sa part, suit Atkinson en considérant ce récit comme fictif et écrit par Misson. Voir Philip Babcock Gove, *The Imaginary Voyage in Prose Fiction* (New York : Columbia University Press, 1941), p. 195 et p. 207-210. A l'oppositon d'Atkinson et de Gove, l'éditeur de l'édition française datant de 1934 reconnaît François Leguat comme auteur des *Voyages et Aventures de François Leguat* et ne fait même pas mention de Misson.

tures ne viennent, le Journal sera bien sec.»[36] Pour remplir son journal il se décide de «parler marine.»[37] Comme nous voyons, le style elliptique de l'abbé de Choisy est aux antipodes de l'éloquence. D'ailleurs, son style est l'aboutissement logique des «modèles d'écriture» décrits par les préfaciers de récits de voyage au XVIe et surtout au XVIIe siècle. Si l'on sent que l'abbé lui-même s'inquiétait d'avoir promis de dire sans exagérer l'exacte vérité, il est évident que pour le préfacier des *Voyages et Avantures de François Leguat* l'abbé de Choisy est allé trop loin dans sa fidélité à l'idéal de la simplicité. Ainsi, sans «rien diminuer du prix de la Simplicité *rare*» de l'abbé de Choisy, le préfacier espère trouver les lecteurs qui accepteront aussi sa propre «Simplicité *commune*.»[38] Par un renversement de valeurs ce préfacier fait la satire du style simple. Ce n'est plus ce que signifie le style simple — l'authenticité du récit — qui est source de plaisir: c'est le style lui-même. Il écrit: «Une Relation bien écrite est lûë avec plaisir, quand même elle seroit un peu badine, ou un peu Romanesque.»[39] L'exactitude de la vérité est donc considérée comme moins importante que le style ou encore l'intérêt de l'histoire. Sur un ton ironique le préfacier résume les attentes génériques telles qu'elles ont été formées aux siècles précédents, et essaie de les modifier:

> On demande aujourd'hui une perfection de Langage, avec plus d'empressement, & avec plus de sévérité que jamais. Les petits *Riens* de M. l'Abbé de *Choisi*, par exemple, dans son *Voyage de Siam*, ont une grace incomparable; ils ont des agrémens préférables à beaucoup de Matériaux précieux. *Nous mouillons. On appareille. Le vent prend courage. Robin est mort. On dit la Messe. Nous vomissons.* Ces petits mots, qui font la moitié du Livre, sont d'un prix que ne se peut dire: ce sont des Sentences. Cela est si fin, si joli, qu'on le doit plus aimer que des Découvertes. Et vous, gentilhomme Campagnard qui racontez vos affaires *grosso modo*; qui dites tout

---

[36] M. l'Abbé de Choisy, *Journal du Voyage de Siam fait en 1685 & 1686,* 2ᵉ éd. (Paris : Chez Sebastien Marbre-Cramoisy, 1687), p. 6.

[37] M. l'Abbé de Choisy, p. 7.

[38] *Voyages et avantures de François Leguat & de ses Compagnons en deux isles désertes des Indes Orientales,* 2 vol. (Londres : Chez David Mortier, 1708), I, x.

[39] *Voyages et avantures de François Leguat & de ses Compagnons en deux isles désertes des Indes Orientales,* I, vii.

bonnement ce que vous avez vû, ou ce que vous avec entendu, sans fard, & sans façon; est-ce que vous iriez vous imaginer que vôtre Histoire, veritable, singuliere, morale même, & politique tant qu'il vous plaira, doive entrer en comparaison d'un Livre bien écrit? J'avoüe le fait. Je ne suis ni Auteur poli, ni Auteur, du tout; & je n'ai jamais crû que je le deviendrois, jusqu'à ce que j'aye été comme forcé de céder à des importunitez qui ont duré cinq ou six ans. Il est vrai, & très vrai, que je suis bien éloigné d'avoir le rare talent de M. l'Abbé de *Choisi*, sa délicatesse est extrème sans doute: il écrit poliment, & la fine naïveté de son *Pâques aproche*; de ses, *Calme tout plat; Je ne voi que de l'eau; La même chanson; Rien à vous dire*; est un ragoût nouveau qui plaît, & qui captive; au lieu que ces sortes d'assaisonnemens exquis me sont inconnus. La simple VERITE, toute nue, & la SINGULARITE de nos Avantures font le corps & l'ame de ma Rélation.⁴⁰

Le préfacier de ce voyage imaginaire le présente comme véridique, mais à l'encontre de ses prédécesseurs, il ne cite plus le style simple comme preuve. Par l'antiphrase, il cherche plutôt à instaurer le style comme source d'un plaisir littéraire. Ce faisant, il fournit un autre «modèle d'écriture» pour les écrivains futurs et crée un autre «horizon d'attente» pour les lecteurs à venir.

Au XVIIIe siècle, la question du mot juste et du niveau de langue joue un rôle important dans le débat sur le style naturel et franc. Si en 1619 le préfacier d'un récit de voyage a pu affirmer que l'art et la science de naviguer intéressent «[c]eux mesmes qui ne font profession ni de marine, ni de negoce» et même «tous gentils esprits,»⁴¹ et si en 1687 l'abbé de Choisy n'hésite pas à «parler marin» pour remplir ses carnets, au XVIIIe siècle d'autres préfaciers s'ajoutent à celui des *Voyages et avantures de François Leguat* pour témoigner d'un changement d'attitude. Citons l'exemple d'un récit de voyage paru en 1708 du père Laval, prêtre jésuite, mais aussi «Professeur Royal de mathématiques, & Maître d'Hydrographie des Officiers & Gardes de la Marine du Port de Toulon.» Se servant de la notion horatienne de l'*utile*

---

⁴⁰ *Voyages et avantures de François Leguat & de ses Compagnons en deux isles désertes des Indes Orientales*, I, vii-x.

⁴¹ *Le grand Rovtier de mer de Iean Hvgves de Linschot*, traduit de Flameng en François (Amsterdam : Chez Iean Evertsz Cloppenburch, 1619), sig. S 3ʳ (« Préface sur le contenu de ce Livre »).

52   ESQUISSES LITTÉRAIRES

dulci[42] pour évaluer son récit de voyage, le père Laval demande:
«Le Journal que je donne ici est une espece d'Ouvrage des plus
difficiles à exécuter; car comment y joindre l'utile à l'agréable?»[43]
Dans la suite on voit que l'agréable dont il parle est esthétique,
et non moral. La difficulté pour lui réside dans le fait qu'un voyage
entrepris par bateau entraîne l'inclusion des termes de marine,
nécessaires pour la véracité et aussi pour l'utilité aux marins
mais qui, n'ayant «rien de fort gracieux,» rebuteront ceux qui ne
sont pas «du mêtier.»[44] D'ailleurs, le public général ne comprendra
même pas les termes de marine: ce sera «de l'Arabe pour eux...»[45]
Une solution au problème serait de soigner son style et de donner à ces termes techniques «une autre tournure» par l'emploi de
la périphrase. Toutefois, il reconnaît deux inconvénients à cette
solution. D'une part, les périphrases font «languir le discours»
même pour le lecteur ordinaire, et, d'autre part, les marins ne par-
donneraient pas à l'auteur, car le connaissant comme membre
«de leur profession depuis longues années,» ils le regarderaient
«comme un déserteur, & mépriseroient son Ouvrage.»[46] Le père
Laval résoud le dilemme en gardant les termes de marine, et en
ajoutant un glossaire. Anticipant deux «horizons d'attente» différents, il crée ainsi pour son récit deux narrataires, les marins,
qui ne cherchent que l'*utile*, et puis tous les autres lecteurs, qui
désirent un *dulce* littéraire. Toutefois ceci n'implique pas un
retour à l'éloquence:

> La varieté des Fleurs répanduës dans une Prairie ne laisse pas de
> plaisir, quoiqu'on n'y trouve pas l'arrangement d'un beau Parterre,

---

[42] « Omne tulit punctum, qui miscuit utile dulci, Lectorem delectando pari-
terque monendo ; » (« Trouvez donc le secret de plaire en instruisant ; L'art suprême
est d'unir l'utile à l'agréable,» Horace, *Les Epîtres d'Horace*, trad. E. de Jonquières
(Orléans : H. Herluison, 1879), p. 200-201. Pour une discussion de ce *topos* voir notre
« Aspects du récit de voyage français : l'*utile dulci*,» *Australian Journal of French Studies*, Vol. XXXII, No. 2 (1995), p. 131-154.

[43] P. Laval, *Voyage de la Louisiane* (Paris : Chez Jean Mariette, 1728),
p. vii.

[44] P. Laval, p. vii. Voir aussi Guillaume Dampier, *Nouveau Voyage autour du
monde*, 4 vol. (Amsterdam : Chez Paul Marret, 1701), I, sig. *3ᵛ (« Préface ») et
Charles de Brosses, *Histoire des navigations aux Terres Australes*, 2 vol. (Paris :
Chez Durand, 1761), I, viii.

[45] P. Laval, p. vii.

[46] P. Laval, p. vii.

ou d'un magnifique Jardin. C'est que le naturel a son agrément, & quelquefois plus que ce qui est fait avec beaucoup d'Art, contre lequel on est sur ses gardes.[47]

Par sa dernière remarque, le père Laval exprime la méfiance traditionnelle à propros de l'éloquence. Tout en valorisant le naturel, le père Laval se distingue de ses prédécesseurs en ce qu'il est sensible à la beauté esthétique de son récit. Admettant l'oxymoron du «beau désordre» et aussi, pourrait-on ajouter, de l'«esquisse littéraire,» il espère que son récit sera une occasion de plaisir esthétique pour ses lecteurs.

Pendant tout le reste du siècle d'autres préfaciers identifieront deux types de narrataires, chacun avec ses «attentes» particulières: le lecteur spécialisé, et puis le lecteur plus généraliste. Cette tendance reflète en partie la nature de plus en plus technique de la science. En effet, les jours sont passés où le lecteur cultivé moyen pouvait espérer comprendre en entier le discours scientifique du jour. En relevant ce dilemme du destinataire, les préfaciers étendent la discussion de la dimension esthétique du récit de voyage au-delà de la seule considération du style pour inclure aussi l'organisation du récit. Par leurs remarques les préfaciers se révèlent sensibles au fait que le récit de voyage — ouvrage utile pour les navigateurs et les scientifiques — est capable d'offrir à la majorité des lecteurs la même sorte de plaisir que des genres plus traditionnellement littéraires. Dans son «Avant-propos,» l'éditeur du *Journal historique du voyage fait au cap de Bonne-Espérance*, par exemple, supprime «le détail des longitudes & des latitudes, comme pouvant être ennuyeux et désagréable au commun des Lecteurs.»[48] Il vise par là un public général et écarte celui des marins. En revanche, d'autres voyageurs vont sacrifier le lecteur non spécialisé afin de mieux satisfaire les navigateurs. Dans leur «Discours préliminaire,» les auteurs d'un voyage paru en 1796, par exemple, avouent avoir oeuvré «beaucoup plus pour les voyageurs que pour les Lecteurs de cabinet.»[49] Ils conviennent que l'«aridité,» le caractère

---

[47] P. Laval, p. viii.

[48] M. l'abbé de la Caille, *Journal historique du voyage fait au cap de Bonne-Espérance* (Paris : Chez Guillyn, 1763), p. xvii.

[49] *Voyage de Deux Français en Allemagne, Danemarck, Suède, Russie et Pologne*, 5 vol. (Paris : Dessenne, 1796), I, iv.

«monotone et fastidieux» des sujets qu'ils traitent et le manque de variété dans leur style vont leur coûter la gloire.[50] Ils sacrifient le «grand nombre de Lecteurs» au profit des quelques marins à qui ils veulent servir de guide.[51]

Un deuxième problème formel évoqué par les préfaciers du XVIIIe siècle découle de la nature souvent monotone d'un voyage en mer. Déjà en 1703 Lahontan identifiait la variété et le suspens comme sources d'un plaisir littéraire quand il a écrit: «Le nombre & la diversité des faits surprendra l'attention, & la doit tenir agréablement en haleine.»[52] Un peu plus tard le père Laval offre un autre exemple de ce nouvel intérêt porté au suspens. Selon lui, si ceux «qui ont voïagé par Terre peuvent répandre dans leurs Relations la même varieté qu'ils ont trouvée dans les Païs dont ils parlent; & par-là rendre leur Ouvrage agréable» la situation est autre pour les marins: «Ils ont beaucoup à souffrir à la Mer; &, ce qui est encore pire, ils font quelquefois souffrir des Lecteurs, qui pour le moins plaignent l'argent que leur a couté le Livre, dont ils sautent volontiers des vingt & trente pages.»[53] Pour remédier à cette situation, le père Laval décide d'introduire la variété dans son récit en insérant des réflexions personnelles, des descriptions de lieux, des «évenemens propres à éguaïer la matiere» et des circonstances qui «pourront donner de l'agrément à ce Journal.»[54] A l'instar de l'abbé de Choisy et du préfacier des *Voyages et avantures de François Leguat,* inquiétés tous les deux de la sécheresse d'un trajet marin sans aventures, le père Laval cite la variété comme source d'un plaisir littéraire. Comme l'attestent tous ces exemples, les préfaces au XVIIIe siècle témoignent d'une prise de conscience du potentiel proprement littéraire du récit de voyage.

Cette nouvelle sensibilité aux effets littéraires que le genre est susceptible de produire n'est nulle part plus évidente que chez les traducteurs ou auteurs d'abrégés de récits de voyage. Nous allons

---

[50] *Voyage de Deux Français en Allemagne, Danemarck, Suède, Russie et Pologne,* I, iv.

[51] *Voyage de Deux Français en Allemagne, Danemarck, Suède, Russie et Pologne,* I, iv.

[52] Le Baron de Lahontan, I, sig. *6ʳ (« Préface »).

[53] P. Laval, p. vii-viii.

[54] P. Laval, p. viii.

donc examiner avec quelque attention les remarques de l'abbé Prévost et de J. F. La Harpe, car ce sont eux qui ont présenté au public les deux recueils de récits de voyage les plus importants du XVIIIe siècle. Ils ont donc joué un rôle particulièrement important dans l'établissement de «modèles d'écriture» pour les voyageurs et d'«horizons d'attente» pour les lecteurs de récits de voyage futurs: au fait, ils préparent le récit de voyage comme «esquisse littéraire.»

L'abbé Prévost, traducteur d'une compilation anglaise de récits de voyage, exprime souvent ses hésitations à l'égard du style, comme à l'égard du choix et de l'ordre des épisodes, dans les avertissements qui ouvrent les seize tomes que comporte son recueil.[55] Les éditeurs anglais ont déjà dû faire face aux répétitions qui entraînent à leurs yeux «autant d'ennui que de longueur,» et ils ont réglé ce problème en créant un système de «réductions.»[56] L'abbé Prévost estime que ces résumés sont des sources d'un *dulce* formel: «Les réductions forment des corps réguliers, qui portent toujours le double caractère de l'agrément & de l'instruction.»[57] Mais dans l'«Avertissment» au cinquième volume du recueil, l'abbé Prévost commence à se distancier des décisions prises par les éditeurs anglais. Selon lui, les Anglais, comme les Hollandais, pèchent par leur fidélité exagérée au document. Les Anglais et les Hollandais «ne font point difficulté de lui sacrifier les plus simples ornemens du stile & toutes les regles du bon goût.»[58] Pour respecter le français, «une Langue qui ne souffre ni desordre dans les idées, ni barbarie dans les expressions,» l'abbé Prévost admet avoir pris certaines libertés dans la traduction.[59] Sans toucher au fond des récits, il retranche ce qu'il appelle les «superfluités» — les détails de navigation, par exemple, qui fatiguent au lieu de stimuler la curiosité du lecteur — et les «indécences» — les «obser-

---

[55] Pour un autre exemple des problèmes posés par la traduction, voir *Voyage à la mer du sud fait par quelques officiers commandants le vaisseau le Wager*, trad. de l'anglois (Lyon : Chez les Freres Duplain, 1716), p. vii.

[56] *Histoire générale des voyages*, trad. l'abbé Prévost, 16 vol. (Paris : Chez Didot, 1746-1757), I, v (1746).

[57] *Histoire générale des voyages*, III, iii (1747).

[58] *Histoire générale des voyages*, V, iv (1748).

[59] *Histoire générale des voyages*, V, v (1748).

vations choquantes» surtout par le nationalisme qui les inspire.[60] Dans le même «Avertissement,» l'abbé Prévost répond aux objections de certains «censeurs» qui ont trouvé trop de «sécheresse» dans les volumes parus.[61] Il explique qu'éviter cette difficulté aurait été facile pour quelqu'un de plus indifférent à la vérité que lui:

A qui auroit-il été difficile de répandre les ornemens de l'imagination dans un sujet tel que des Relations de Voyages? Quel champ plus fécond pour toutes sortes d'avantures & de fictions amusantes! Un Pilote, qui a publié simplement les circonstances de sa navigation, pour l'utilité de ceux qui tiendroient la même route après lui; un marchand qui a pris soin d'écrire avec la même simplicité ce qui s'est présenté à ses yeux dans les Régions où son Commerce l'a conduit, pouvoient être transformés en Héros de Roman. On pouvoit annoblir leur caractere & leurs entreprises par des suppositions imaginaires; ou, sans blesser directement la verité, on pouvoit remedier à la sécheresse de leurs Relations en y joignant ce qui se trouve dans d'autres sources, & leur prêter ainsi des agrémens qui ne seroient pas de leur propre fond. Mais ces emprunts appartiendroient-ils à l'Histoire des Voyages? Qui reconnoîtroit sous cette parure la verité des faits & le caractere du Voyageur? Que deviendroient l'instruction & l'utilité, qui ne peuvent naître, dans un Ouvrage sérieux, que de la représentation fidelle des experiences?[62]

Ainsi, pour l'abbé Prévost le style, tout comme le choix et l'ordre des épisodes, peut s'ajouter au contenu véridique pour offrir au lecteur un plaisir esthétique. A l'encontre des préfaciers du XVIIe siècle, il accepte donc la notion d'«ornements» au niveau du style et de la forme. Toutefois, selon lui un traducteur n'a pas le droit d'embellir les récits de voyage avec les «ornements» de l'imagination. Il semble dire que si l'expression dans un récit de voyage doit suivre des modèles fournis par des genres littéraires, c'est le contenu (véridique et non inventé) plus que l'élaboration formelle du récit de voyage qui fait sa spécificité générique.

Plus il avance dans son travail, plus les réserves de l'abbé Prévost se multiplient. Arrivé au dixième volume de son histoire des voyages, il regrette d'avoir accepté les choix faits par les édi-

[60] *Histoire générale des voyages*, V, v-vi (1748).

[61] *Histoire générale des voyages*, V, iv (1748).

[62] *Histoire générale des voyages*, V, iv (1748).

teurs anglais et s'accorde un rôle encore plus actif dans l'agencement formel des récits de voyage.   Il se décide donc à mettre «plus
de rapport & de dépendance entre les articles, pour les faire servir mutuellement, comme dans un tableau bien ordonnée, à se prêter du jour & des ombres.»[63] De plus, il supprime «les détails
inutiles, les ennuieuses répétitions,» et tout ce qu'il ne juge pas
«capable de plaire ou instruire.»[64] Dans l'«Avertissement» au
volume suivant, sa frustration s'intensifie.   Selon l'abbé Prévost,
la méthode suivie par les éditeurs anglais «blessoit les meilleures
loix de l'ordre & du goût» par les «longueurs inutiles,» les
«ennuieuses répétitions,» les «inégalités continuelles,» les «inter-
ruptions,» les «renversements» et les «obscurités» qu'elle entraî-
nait.[65] Sa frustration est au comble dans l'«Avertissement» au trei-
zième volume où il affirme avec M. le Chancelier d'Aguesseau que
les Anglais «n'ont jamais entendu la vraie forme d'un Livre.»[66]
    Cette nouvelle préoccupation pour la dimension stylistique et
formelle du genre est encore plus évidente chez l'auteur d'un
abrégé du recueil de l'abbé Prévost, J. F. La Harpe. En fait, l'éditeur d'une édition de son abrégé parue en 1825 appelle La Harpe
le «Quintilien français.»[67] Dans la préface à son abrégé écrite en
1780, La Harpe situe son propre ouvrage par rapport à la traduction française de la compilation anglaise de récits de voyage faite
par l'abbé Prévost.   La Harpe est sensible à «l'agrément» que ce
genre offre au lecteur car, demande-t-il, quel type d'ouvrage est
«plus susceptible d'une lecture suivie et agréable qu'une relation
de voyages?»[68]   Toutefois, il est conscient de la déception éprou-
vée par les lecteurs du recueil de l'abbé Prévost: «ils vous diront
tous que le livre leur est tombé cent fois des mains» et affirment
que le livre est «plus fait pour être consulté que pour être lu de
suite.»[69]   La Harpe offre trois explications du fait que malgré l'in-

[63] *Histoire générale des voyages*, X, iv (« Avertissement ») ; (1752).

[64] *Histoire générale des voyages*, X, iv (« Avertissement ») ; (1752).

[65] *Histoire générale des voyages*, XI, sig. aʳ (« Avertissement ») ; (1753).

[66] *Histoire générale des voyages*, XIII, iv (1756).

[67] J. F. La Harpe, *Abrégé de l'histoire générale des voyages*, 24 vol., nouvelle édition (Paris : Chez Ledentu, 1825), I, v.

[68] J. F. La Harpe, I, xi.

[69] J. F. La Harpe, I, xi.

térêt de certaines parties, la traduction de l'abbé Prévost soit «si
fastidieuse et si pénible à lire.»[70] Il lui reproche tout d'abord le
manque de discernement dans le choix. Pour chaque relation qui
intéresse par «une découverte importante, par des connaissances
exactes, par des détails attachans» il y en a dix «qui ne contien-
nent que des aventures communes, des vues superficielles, des
descriptions rebattues.»[71] Avec ces mots il instaure la nouveauté
comme composante du genre. Revenant aux thèmes du vocabulaire et du ton, La Harpe évoque les détails maritimes intéressants
pour quelqu'un qui «voudrait apprendre le pilotage,» mais capables
d'augmenter «le dégoût et l'ennui» chez la plupart des lecteurs.[72]Deuxièmement, il critique le désordre et le manque de
méthode qui caractérisent à ses yeux l'ouvrage de l'abbé Prévost.
La division par pays n'est pas satisfaisante étant donné que la juxtaposition des récits ayant trait à un pays crée des répétitions qui
«fatiguent» le lecteur et des contradictions qui l'«embarrassent.»[73]
La Harpe s'en prend enfin au style de l'ouvrage: «Quoique la prose
de l'abbé Prévost ait en général du nombre, de la variété, les plus
grandes choses y sont racontées du même ton que les plus communes...»[74] Il semble également regretter la trop grande fidélité
des traductions de Prévost. Selon lui, Prévost aurait dû réécrire —
et non pas seulement traduire — ces récits.

La Harpe se propose de remédier à ces inconvénients dans
son propre ouvrage «pour le présenter au public sous une forme plus
agréable.»[75] Il décide tout d'abord d'éliminer toutes les répétitions,
toutes les «superfluités» et les «aventures vulgaires.»[76] Citant de
nouveau l'idéal horatien de l'*utile dulci*, il commence par déclarer son intention de rendre son ouvrage lisible au plus grand
nombre: «D'abord on a voulu rendre propre à toutes les classes
de lecteurs un livre qui est en effet de nature à être lu par quiconque

---

[70] J. F. La Harpe, I, xii.
[71] J. F. La Harpe, I, xii.
[72] J. F. La Harpe, I, xii.
[73] J. F. La Harpe, I, xiii.
[74] J. F. La Harpe, I, xiii.
[75] J. F. La Harpe, I, xiii.
[76] J. F. La Harpe, I, xv.

veut s'amuser ou s'instruire.»[77] Il supprime donc tous les détails ayant trait à la navigation, éliminant par là un narrataire, les marins. De la sorte, chez La Harpe le lecteur anticipé des récits de voyage ne se différencie plus du public anticipé pour les genres plus traditionnellement littéraires tels que le théâtre, l'essai ou le roman. La Harpe s'efforce enfin de mettre plus d'ordre et plus de clarté dans la matière qui reste, pour que le lecteur ne se perde pas dans ses lectures. Il essaie donc de varier le récit, plaçant «un voyage d'aventures après des descriptions de moeurs et de lieux.»[78] Par contre, trouvant le style des descriptions de l'abbé Prévost pur et clair, La Harpe n'y touche pas.

Faisons le bilan. Développant les idées de l'abbé Prévost quant au *dulce*, la vision de La Harpe se distingue de celle d'autres préfaciers des XVIe et XVIIe siècles dans la mesure où le plaisir provient des effets proprement littéraires du récit: le style, le ton, le choix d'épisodes et l'agencement du récit. Les remarques de La Harpe constituent en fait une poétique du récit de voyage. Ici l'idée d'une création volontaire l'emporte sur la tradition du style simple dont la spontanéité assurait l'authenticité.

C'est donc au XVIIIe siècle que le récit de voyage acquiert un statut proprement littéraire et les préfaciers des collections de récits de voyage sont pour beaucoup dans ce changement de statut générique. En effet, par leurs commentaires, ils fixent de nouveaux «modèles d'écriture» et «horizons d'attentes.» En rédigeant en 1773 une description du *Voyage d'Italie* de M. le marquis de ***, Mme de Genlis résume les transformations que le genre a subies au XVIIIe siècle. Le marquis organise son récit de voyage autour du principe de contraste qui produit les binômes suivantes: ville/campagne, société/solitude, présent/passé, érudition/sensation, joie/mélancolie, raison/émotion et satire/poésie. Il juxtapose donc des chapitres mélancoliques et sentimentaux — où priment la description poétique de la nature teintée de misanthropie — à des chapitres rendant compte de sa présentation à la cour. C'est

---

[77] J. F. La Harpe, I, xv.

[78] J. F. La Harpe, I, xv. Pour l'importance de la variété voir aussi [Edmond Martène], *Voyage littéraire de deux religieux bénédictins*, 2 vol. (Paris : Chez Florentin Delaulne, 1717, sig. a~ iiᵛ (« Préface ») et *Voyages du Sʳ. A. de la Motraye en Europe, Asie & Afrique*, 2 vol. (La Haye : Chez T. Johnson & J. Van Duren, 1728), I, sig. *2ᵛ (« Avis au lecteur »).

en appliquant le principe du contraste qu'il «ose croire que cet ouvrage, aussi instructif qu'agréable et varié [...] sera placé par le public au rang des ouvrages les plus célèbres que nous ayons dans ce genre.»[79] Dans les chapitres consacrés à la vie sociale, il propose d'inclure des épigrammes sur les prêtres et des anecdotes «piquantes, gaies et malignes» qu'il composerait «à tête reposée.»[80] Le fait qu'il n'a pas eu le temps de recueillir une seule anecdote ne le gêne pas, car des «Anecdotes un peu libres sur les dames romaines» sont plus faciles à «inventer» qu'à «broder avec agrément.»[81] Ici la fidélité à l'expérience disparaît en faveur du respect d'un idéal littéraire. En effet, la disposition formelle du récit est censée fournir un agrément au lecteur. De plus, en introduisant de la variété, l'imagination s'ajoute à l'observation comme faculté capable d'assurer au lecteur un plaisir esthétique.

Les écrivains et les lecteurs de récits de voyage au XIXe siècle héritent de l'idéal générique plus ancien du style simple, élaboré au XVIe et surtout au XVIIe siècle. Mais ils sont également les héritiers de cette notion plus récente, élaborée seulement au XVIIIe siècle, selon laquelle le style, l'agencement du récit et l'intérêt des épisodes du récit de voyage fournissent au lecteur un type de plaisir associé aux genres canoniquement littéraires. Avec le goût de l'ailleurs caractéristique de l'époque romantique, c'est aussi sans doute en raison de cette nouvelle perception du genre que les auteurs littéraires du début du XIXe siècle — Chateaubriand, Nodier, Lamartine, Hugo, Gautier, Sand, Nerval et Flaubert, entre autres — ont écrit des récits de voyage. D'ailleurs, en prétendant que leurs oeuvres sont des brochures et non pas des livres, ils cherchent à participer à une tradition datant du XVIe siècle selon laquelle l'intérêt du récit de voyage ne réside pas dans l'élaboration formelle du récit.

Il nous faut cependant faire ici une distinction. Le style simple des récits de voyage des XVIe et XVIIe siècles résulte en grande

---

[79] Mme de Genlis, *Souvenirs de Félicie, suivis de Souvenirs et portraits par M. le Duc de Lévis* (Paris : Firmin-Didot, 1882), p. 35. L'effet de contraste créé par l'insertion d'anecdotes est aussi loué dans J. Long, *Voyages chez différentes nations sauvages de l'Amérique septentrionale*, trad. J. B. L. J. Billecocq (Paris : Chez Prault, 1794), p. xv.

[80] Mme de Genlis, p. 33.

[81] Mme de Genlis, p. 34.

partie du fait qu'ils ont été rédigés par des voyageurs écrivains, et non pas, comme ce sera le cas au XIXe siècle, par des auteurs qui voyagent. En effet, de leur propre aveu, la grande majorité des voyageurs des XVIe et XVIIe siècles n'avaient ni le talent ni la formation nécessaires pour soigner leur style. Mais si, comme Paul Hazard le fait remarquer, les grands classiques étaient «stables,» leurs successeurs étaient «errants.»[82] Aux voyages officiels, faits «par l'ordre du Roi» des XVIe et XVIIe siècles, s'ajoutent au XVIIIe siècle ceux entrepris par des particuliers fascinés par les questions philosophiques soulevées par la relativité culturelle. Aidés par le progrès des moyens de transports, les auteurs romantiques se déplacent encore plus volontiers. Suivant le principe cicéronien, *ars artem celare est*, nous verrons dans les chapitres suivants qu'ils restent en partie fidèles dans leurs récits de voyage à la tradition générique du style simple, tout en créant des oeuvres littéraires qui intéressent néanmoins par leur forme: ils écrivent des «esquisses littéraires.»

Une discussion du nouveau statut littéraire du récit de voyage au XVIIIe siècle ne saurait laisser de côté le rôle joué par des genres apparentés. Citons tout d'abord des récits de voyages réels, mais dont l'ambition esthétique est indéniable. Tels sont les récits «en vers et en prose» dont *Le Voyage de Chapelle et Bachaumont* (1663) forme l'exemple le plus connu.[83] Jouissant d'un grand succès au XVIIe siècle, il connaîtra une trentaine de rééditions au XVIIIe siècle. Sans disparaître complètement, les récits de voyage «en prose et en vers» diminuent en importance au XIXe siècle.[84] Les voyages extraordinaires et imaginaires qui prolifèrent surtout aux XVIIe et XVIIIe siècles constituent un autre genre apparenté à l'objet de notre étude.[85] Dans ces récits, où l'imagination

82 Paul Hazard, *La crise de la conscience européenne (1680-1715)* (Paris : Fayard, 1961), p. 5. En fait tout son premier chapitre, « De la stabilité au mouvement, » est intéressant à ce propos.

83 Voir Fritz Neubert, *Die französichen Versprosa-Reisebrieferzählungen und der kleine Reiseroman des 17. und 18. Jahrhunderts* (Jena : Verlag von Wilhelm Gronau, 1923).

84 Voir par exemple le *Voyage sentimental mêlé de prose et de vers, ou les souvenirs d'un jeune émigré rentré dans sa patrie* (Paris : s.l., 1803).

85 Outre les études de Geoffroy Atkinson et de Philip Babcock Gove déjà mentionnées, voir Geoffroy Atkinson, *The Extraordinary Voyage in French Literature*

s'ajoute à l'observation dans la création du récit, la frontière entre récit de voyage et roman devient floue. Le titre d'une collection de récits éditée par Charles Garnier entre 1787 et 1789, *Voyages imaginaires, songes, visions et romans cabalistiques* attestent cette confusion générique.[86] Non moins que le métadiscours trouvé dans les préfaces que nous venons d'examiner dans notre étude, ces genres apparentés ont fourni des «modèles d'écriture» pour les auteurs et ont formé certains des «horizons d'attente» de leurs lecteurs.

L'amélioration du statut générique du récit de voyage du XVIe au XIXe siècle ressemble à celle du roman en ce que chez les deux la transformation passe par l'idéal horatien de l'*utile dulci*.[87] Mais insistons sur la différence essentielle. Les premiers apologistes du roman — tel le critique Huet ou le romancier Lesage — ont dû insister sur son caractère utile, le plaisir de la fiction ayant été présumé.[88] Les choses se passent autrement pour le récit de voyage. Genre utilitaire dès ses origines, c'est l'ambition artistique des éditeurs et des écrivains au XVIIIe siècle et des écrivains de métier au début du siècle suivant qui a ajouté au genre un *dulce* proprement littéraire.[89] Le plaisir ne provient plus uniquement, comme au XVIe

---

before 1700 (New York : Columbia University Press, 1920) et, plus récemment, H. Gaston Hall, « Observation and Imagination in French Seventeenth-century Travel Literature,» *Journal of European Studies*, XIV (1984), p. 117-139.

[86] *Voyages imaginaires, songes, visions et romans cabalistiques*, éd. Charles Garnier (Paris : Rue et Hôtel Serpente, 1787-1789).

[87] Le même phénomène se passe en Angleterre : « ...the application of *utile dulce* to travel literature during the eighteenth century elevated the genre to the rank of poesy, an artistic category that traditionnally had included, among others, such genres as epic, tragedy, and comedy.» Charles L. Batten, Jr., *Pleasurable Instruction : Form and Convention in Eighteenth-Century Travel Literature* (Berkeley : University of California Press, 1978), p. 25. Il faut toutefois préciser qu'en France l'application de l'*utile dulci* au récit de voyage ne commence pas au XVIIIᵉ siècle. En effet, on le trouve dès le XVIᵉ siècle. Ce qui change au XVIIIᵉ en France est que le *dulce* implique pour la première fois le plaisir esthétique.

[88] Voir Pierre-Daniel Huet, *Lettre-traité de Pierre-Daniel Huet sur l'origine des romans* (1666), éd. Fabienne Gégou (Paris : Nizet, 1971), p. 47 et Alain-René Lesage, *Histoire de Gil Blas de Santillane* (1715), 2 vol. (Paris : Société les Belles Lettres, 1935), I, 6 (« Au lecteur »).

[89] Evidemment les récits de voyage qui ne visent que la seule utilité ne disparaissent pas au XIXᵉ siècle. George Sand reconnaît ce fait dans un compte-rendu

ou au XVIIe siècles, de la satisfaction d'une curiosité ou de la joie du dépaysement: il découle des effets littéraires. Avec la prise de conscience qu'un récit de voyage régi par une «rhétorique du spontané» peut comporter néanmoins une dimension littéraire, ils contribuent à créer une nouvelle esthétique: celle de l'«esquisse littéraire.»

Dans les chapitres suivants nous examinerons comment les auteurs qui voyagent fournissent aux lecteurs de leurs récits de voyage un plaisir formel, proprement littéraire tout en le cachant derrière un naturel affiché. Commençons avec Chateaubriand et la forme du journal pour voir jusqu'où sa prose, toute poétique qu'elle soit, arrive à participer par son caractère souvent fragmentaire à la tradition générique qui privilégie une spontanéité d'expression.

d'*Une année dans le Sahel* de Fromentin quand elle contraste les « voyages d'art, de poésie » et « d'études de mœurs » aux « voyages de découvertes et de dangers, » auxquels on ne demande pas « des beautés de la forme » mais plutôt « l'exactitude et la simplicité » et une « instruction sérieuse. » George Sand, « *Une année dans le Sahel, Journal d'un absent* par M. Eugène de Fromentin, » *La Presse* (le 10 mars 1859), s.p.

CHAPITRE II

Le journal comme «esquisse littéraire»: Chateaubriand

> Je ne peux donner de moi, de mon moi entier, nul autre échantillon de qu'un tel système de fragments, parce que j'en suis un moi-même.
>
> Friedrich Schlegel
> Lettre à August Wilhelm Schlegel[1]

> Le style continu n'est naturel qu'à l'homme qui écrit pour les autres. Tout est jet et coupure dans l'âme.
>
> Joseph Joubert
> *Carnets*[2]

Comme nous venons de le voir, du XVIe au XVIIIe siècle le caractère artificiel du «beau style» a été perçu comme un indice de la fausseté du récit de voyage. En fait, dans les préfaces de leurs récits de voyage, maints voyageurs de cette période ont cité la familiarité naturelle de leur style comme preuve de leur sincérité et, par extension, de la crédibilité de leurs ouvrages. Le «style simple»

---

[1] C'est nous qui traduisons. « Ich kann von mir, von meinem ganzen Ich gar kein andres echantillon geben, als so ein System von Fragmenten, weil ich selbst dergleichen bin.» Friedrich Schlegel, *Kritische Friedrich-Schlegel-Ausgabe, Die Periode des Athenäums*, éd. Ernst Behler, 35 vol. (Paderborn : Schöningh, 1958 sq.), XXIV, 67 (1985) ; (Lettre du 18 décembre 1797).

[2] Joseph Joubert, *Carnets*, 2 vol. (Paris : Garnier, 1938), I, 463.

si typique du récit de voyage du XVIe au XVIIIe siècle allait souvent de pair avec la forme du journal. Ceci n'est pas fait pour nous
surprendre, car prendre des notes au jour le jour est la seule
contrainte de cette forme informe. Or, la forme du journal qui n'est
pas destinée à être lue et qui est structurée librement pour épouser l'expérience de l'instant, connote la même authenticité qu'un
style apparemment improvisé. Rappelons qu'en 1689 Raveneau de
Lussan explique son refus de toute suggestion de remaniement
stylistique ou formel de son journal de voyage par sa peur «de perdre
créance en quittant la naïveté» et par son manque d'ambition de
«passer pour Auteur.»[3] A la même époque, la volonté d'expression naturelle chez l'Abbé de Choisy — excessive aux yeux de certains — l'a sans doute motivé à choisir le journal pour narrer ses
impressions de voyage[4]. A cause de l'incapacité — ou du refus —
de ces voyageurs de remanier leurs notes consignées à la hâte afin
de produire un effet littéraire leurs récits de voyage restent des
«esquisses verbales.» Ecoutons enfin l'éditeur d'un récit de voyage
paru une centaine d'années plus tard, le *Voyage en Sicile* (1788)
de De Non:

> Ce journal, ayant été envoyé à mesure qu'il a été écrit, et imprimé
> tel qu'il a été envoyé, on lui reprochera peut-être des négligences
> de style et des répétitions inséparables d'un ouvrage dont on n'a pas
> revu l'ensemble: mais il nous a paru que ces négligences mêmes
> portent un cachet de vérité précieux à conserver; que ce mérite pou-
> vait lui servir d'intérêt, et lui faire pardonner des incorrections que
> M. de Non n'auroit pas laissé subsister, si, au plaisir qu'il nous a
> fait de nous de nous envoyer son journal, il eût été dans le cas d'ajou-
> ter celui de le soigner.[5]

Il est notable que cet éditeur accepte de publier une «esquisse verbale» quand bien même son auteur aurait pu le «finir,» tant le
«style simple» connotait pour lui la véracité du récit.

---

3 Raveneau de Lussan, sig. a ~i^v et a ~ii^r («Epître à Monseigneur le marquis de Seignelay »).

4 En guise de « préambule » à son récit il affirme : « Je vous ai promis un Journal de mon voyage [...] J'écrirai tous les soirs ce que j'aurai veu [...] j'écrirai ce qu'on
m'aura dit, et marquerai le nom & les qualitez de ceux qui m'auront dit quelque chose,
afin que vous ayez plus ou moins d'égard à leur témoignage. Je n'exagererai point :
toujours devant les yeux l'exacte vérité... » M. l'abbé de Choisy, p. 1-2.

5 M. De Non, *Voyage en Sicile* (Paris : Didot l'Aîné, 1788), p. 248.

Au XIXe siècle, la tradition du journal de voyage comme
«esquisse verbale» continue. Citons l'exemple du Citoyen Cambry, qui essaie de faire accepter par ses lecteurs le désordre narratif de son journal de voyage, *Voyage pittoresque en Suisse et en
Italie* (1801), désordre qu'il caractérise, à l'instar de Raveneau de
Lussan, de «naïf»:

> De l'ordre, de la méthode n'en attendez pas dans un journal: tout
> s'y mêle; à côté du froid raisonnement, je trouve une description
> du lever du soleil, le rire est à côté des larmes, les palais de Flo-
> rence à côté des ruines de Fesole: c'est une image naïve de la vie,
> c'est une lanterne magique.[6]

Un certain Gondinet, auteur d'un *Voyage en Normandie et en Bretagne* (1830), nous offre un autre exemple. Gondinet a peur que
ses «pairs» ne lui reprochent

> le défaut de profondeur dans les réflexions, de liaison dans les
> faits historiques, de développement dans les descriptions locales,
> l'absence des transitions, le décousu dans la narration, la dispro-
> portion des parties, le vide du sujet, l'incorrection du style, et mille
> choses encore.[7]

Gondinet trouve ces reproches concernant le style, la disposition
formelle et le contenu de son récit de voyage bien fondées, et
pour s'en défendre, essaie d'orienter les attentes du lecteur: il
n'offre pas à celui-ci «une oeuvre scientifique ou littéraire» mais
plutôt un recueil de ses «souvenirs à mesure qu'ils se reproduisent.»[8]
Gondinet affirme d'ailleurs n'avoir «nulle envie» d'aller s'ense-
velir au fond d'un cabinet «dans l'unique désir de faire un bon
livre.»[9] Pour respecter le «premier jet,» il rejette ainsi l'idée d'un
deuxième moment de création, volontaire, raisonné, par rapport à
la spontanéité première.

A première vue un écrivain comme Chateaubriand semblerait
faire exception à l'idéal de l'écriture spontanée, du désordre et de
l'inachèvement formel qui caractérisent l'«esquisse verbale.» En

[6] Citoyen Cambry, *Voyage pittoresque en Suisse et en Italie*, 2 vol. (Paris :
H. J. Jansen, 1801), I, 12.

[7] Gondinet, *Voyage en Normandie et en Bretagne* (Paris : Sédillot, 1830), p. iii.

[8] Gondinet, p. iii.

[9] Gondinet, p. iii.

effet, si Chateaubriand était qualifié d'»Enchanteur,» c'était bien pour ses longues périodes soigneusement architecturées qui sont aux antipodes de cette ruine lexicale qu'est la textualité discontinue et fragmentaire. Mais sa propre conception de l'écriture du récit de voyage est en fait ambiguë, comme l'atteste la «Préface» à la première édition de l'*Itinéraire de Paris à Jérusalem* (1811). L'auteur y semble tout d'abord accepter la conception du *v*oyageur comme témoin reporter sincère qui est censé «tout dire»:

> Enfin, j'aurai atteint le but que je me propose, si l'on sent d'un bout à l'autre de cet ouvrage une parfaite sincérité. Un voyageur est une espèce d'historien: son devoir est de raconter fidèlement ce qu'il a vu ou ce qu'il a entendu dire; il ne doit rien inventer, mais aussi il ne doit rien omettre; et quelles que soient ses opinions particulières, elles ne doivent jamais l'aveugler au point de taire ou de dénaturer la vérité.[10]

Là où les éditeurs de récits de voyage du XVIIIe siècle ont commencé à vouloir entraver cette spontanéité d'expression par l'ordonnance du récit, Chateaubriand accepte l'idée de rester fidèle à la fragmentation et au discontinu propres à l'expérience humaine:

> Dans un ouvrage du genre de cet Itinéraire, j'ai dû souvent passer des réflexions les plus graves aux récits les plus familiers: tantôt m'abandonnant à mes rêveries sur les ruines de la Grèce, tantôt revenant aux soins du voyageur, mon style a suivi nécessairement le mouvement de ma pensée et de ma fortune. Tous les lecteurs ne s'attacheront donc pas aux mêmes endroits: les uns ne chercheront que mes sentiments; les autres n'aimeront que mes aventures; ceux-ci me sauront gré des détails positifs que j'ai donnés sur beaucoup d'objets; ceux-là s'ennuieront de la critique des arts, de l'étude des monuments, des digressions historiques.[11]

A cause de la liberté de sa démarche, c'en est fait apparemment une fois pour toutes de la continuité, de l'ordre et de l'unité de ton. Il est d'ailleurs notable que Chateaubriand insiste sur la rapidité de la rédaction de ses notes de voyage en se servant d'une comparaison

---

[10] Chateaubriand, *Itinéraire de Paris à Jérusalem* dans Chateaubriand, *Œuvres romanesques et voyages*, éd. Maurice Regard, 2 vol. (Paris : Gallimard, 1969), II, 702.

[11] Chateaubriand, *Itinéraire de Paris à Jérusalem* dans *Œuvres romanesques et voyages*, II, 702.

picturale: «Un moment suffit au peintre de paysage pour crayonner un arbre, prendre une vue, dessiner une ruine; mais les années entières sont trop courtes pour étudier les moeurs des hommes, et pour approfondir les sciences et les arts.»[12] L'écrivain explique aussi ce qui a motivé son voyage: la plupart des livres des *Martyrs* «étaient ébauchés»; il lui fallait chercher des images.[13] Son journal de voyage était donc comme un carnet où un peintre esquisserait *in situ* des détails qu'il devait intégrer plus tard dans son tableau. De plus, Chateaubriand reconnaît que divers poètes lui ont fait l'honneur «de perfectionner [s]es ébauches» en écrivant des poèmes à partir de ses descriptions. Retenons donc tout d'abord ceci, que dans un premier temps Chateaubriand semble admettre qu'il a livré au public un carnet d'esquisses préparatoires au lieu d'une oeuvre achevée.

Nous savons toutefois que Chateaubriand était hautement conscient de sa réputation de grand écrivain et soucieux de la place qu'il occuperait dans l'histoire littéraire. Nous connaissons d'ailleurs la pudeur de Chateaubriand. Il n'est donc pas surprenant quand dans cette même «Préface» il suggère que l'écrivain qui fait paraître ses carnets au lieu des oeuvres achevées manque à ses devoirs d'écrivain: «je sais respecter le public, et l'on aurait tort de penser que je livre au jour un ouvrage qui ne m'a coûté ni soins, ni recherches, ni travail: on verra que j'ai scrupuleusement rempli mes devoirs d'écrivain.»[14] La «Préface» à l'*Itinéraire* est ainsi significative, car elle montre Chateaubriand tiraillé entre, d'une part, une «rhétorique du spontané» qui implique l'inachèvement stylistique et formel, et, de l'autre, une conception traditionnelle de l'écriture littéraire qui prône le travail et l'artifice d'une composition et d'un style poli. Or, c'est là la tension de l'«esquisse littéraire.»

Retenons aussi le fait que la «Préface» illustre comment le nouvel intérêt porté au moi va influencer le développement du journal de voyage. Chateaubriand n'y avoue-t-il pas «je parle éter-

12 Chateaubriand, *Itinéraire de Paris à Jérusalem* dans *Œuvres romanesques et voyages*, II, 701.

13 Chateaubriand, *Itinéraire de Paris à Jérusalem* dans *Œuvres romanesques et voyages*, II, 769 et 701.

14 Chateaubriand, *Itinéraire de Paris à Jérusalem* dans *Œuvres romanesques et voyages*, II, 701.

nellement de moi»?[15] Or, il existe au début du XIXe siècle un développement du journal intime qui naît de la nouvelle valorisation du
moi préparée par les débats philosophiques du siècle passé. Selon
la vision du monde romantique la vérité était chose relative et
intime. L'auteur qui voulait communiquer *sa* vérité était amené à
adopter des procédés de création et des formes qui étaient capables
de saisir et de traduire naïvement les moindres mouvements de sa
subjectivité. L'essor du journal intime est dû à ce souci de sincérité. Toutefois, le plus souvent on date la prise de conscience du
journal intime comme genre littéraire du début du XXe siècle.[16]
Comme le remarque Béatrice Didier, par exemple, se référant sans
doute au journal intime, «Le journal ne sera considéré, comme genre,
que du moment où de grands écrivains comme André Gide le livre-
ront au public de leur vivant.»[17] Or, la décision de Chateaubriand
de livrer au public un journal de voyage marqué par une subjectivité réservée souvent au journal intime contribue à la fois à fonder une vision du monde qui privilégie l'individu et à préparer l'avènement de ce nouveau genre littéraire. Plus important pour notre
propos, il établit une fois pour toutes que le voyage à raconter est
autant intérieur qu'extérieur.

Insistons sur le fait que si, à l'aveu de Chateaubriand, l'*Itinéraire de Paris à Jérusalem* est basé sur les réflexions de son «journal de route» et qu'il n'a «rien retranché de [ses] notes originales»
ce récit de voyage est écrit au passé simple et s'organise de façon
systématique en parties et en chapitres. Tout imprégné qu'il soit
du moi intime du voyageur c'est donc un récit de voyage fortement

---

[15] Chateaubriand, *Itinéraire de Paris à Jérusalem* dans *Œuvres romanesques et voyages*, II, 702.

[16] L'intérêt critique porté au journal intime, surtout dans la période qui va à peu près de 1950 à 1980 témoigne aussi de cette prise de conscience. Voir, par exemple, Maurice Blanchot, « Recherches sur le récit de voyage, » *La Nouvelle Revue Française*, No. 28 (1ᵉʳ avril 1955), p. 683-691 et dans *Le livre à venir* (Paris : Gallimard, 1959), p. 224-230 ; *Le journal intime et ses formes littéraires*, éd. V. Del Litto (Genève : Droz, 1978) ; Alain Girard, *Le journal intime et la notion de personne*, Actes du Colloque de septembre 1975 (Paris : Presses Universitaires de France, 1963) et dans « Le journal intime, un nouveau genre littéraire ?, » *Cahiers de l'Association Internationale des études françaises*, No. 17 (mars 1965), p. 99-109 et Michèle Leleu, *Les journaux intimes* (Presses Universitaires de France, 1952).

[17] Béatrice Didier, *Le journal intime* (Paris : Presses Universitaires de France, 1976), p. 139-140 et Alain Girard, *Le journal intime*, p. 88.

ordonné et ainsi éloigné de la sincérité de l'immédiateté. Mais il n'est point besoin de rappeler que l'*Itinéraire* n'est pas l'unique récit de voyage que Chateaubriand ait écrit. Il faut citer aussi le *Voyage en Italie* (1826) et le *Voyage en Amérique* (1827).[18] A nos yeux autant et même encore plus que la publication de l'*Itinéraire*, c'est celle du *Voyage en Italie* qui marque une étape importante dans l'histoire à la fois du récit de voyage comme écriture intime et comme genre littéraire. En effet, le *Voyage en Italie*, récit de voyage d'un grand mérite littéraire, illustre néamoins à bien des égards cette «rhétorique du spontané» qui suggère que le voyageur a épousé le moment présent et par là a traduit de la façon la plus sincère les moindres mouvements de son esprit et de sa sensibilité. C'est donc le *Voyage en Italie*, récit de voyage très riche, mais négligé, qui sera l'objet de notre étude dans cet essai.[19] Par le biais d'une analyse de morceaux de journal tantôt discontinus, tantôt suivis de ce récit de voyage, nous verrons comment Chateaubriand a renouvelé l'écriture du récit de voyage. Ce faisant, il a contribué à l'idée moderne que littérature et inachèvement ne doivent pas s'opposer radicalement.

Dans ce qui suit, nous chercherons tout d'abord à démontrer que derrière l'indifférence apparente qui préside à la composition du *Voyage en Italie* se cache un effort pour douer ce texte d'une certaine cohérence. Après avoir examiné l'ordonnance des morceaux qui composent le *Voyage en Italie*, nous aborderons la question du style du récit de voyage. Nous verrons que ce récit de voyage comprend des morceaux fragmentaires qui, à cause de leur style, ne dépassent pas le stade de l'«esquisse verbale.» Mais nous identifierons par la suite deux manières dont le style des morceaux de journaux contribuent à faire de ce récit de voyage une

---

[18] Rappelons que Chateaubriand a aussi écrit en 1805 deux récits de voyages de quelques pages, « Cinq jours à Clermont (Auvergne) et « Voyage au Mont-Blanc, paysages de montagnes. »

[19] La critique a souvent remarqué le caractère discontinu de son œuvre, en particulier des *Mémoires d'Outre-Tombe*. Voir, par exemple, Charles A. Porter, *Chateaubriand, Composition, Imagination and Poetry* (Saratoga, Calif. : Anma Libri, 1978), p. 5-44 ; ; J.-P. Richard, *Paysage de Chateaubriand*, p. 17-21 et p. 139 ; C.-A. Sainte-Beuve, *Chateaubriand et son groupe littéraire sous l'Empire*, 2 vol. (Paris : Michel Levy Frères, 1872), I, 153, 158 et II, 295, 396 ; et Bernard Sève, « Chateaubriand, la vanité du monde et la mélancolie, » *Romantisme*, Vol. 23 (1979), p. 39.

«esquisse littéraire.» Un examen de quelques fragments textuels tirés du morceau de journal intitulé «Tivoli et la Villa Adriana» illustrera comment le style soigné crée des effets esthétiques. Ensuite, par l'étude du morceau de journal «Promenade dans Rome au clair de lune» nous verrons une deuxième manière, plus innovatrice, pour laquelle le *Voyage en Italie* mérite l'appellation, «esquisse littéraire»: l'emploi esthétique d'un style fragmentaire. Le présent chapitre a donc pour but de démontrer que Chateaubriand, pour scrupuleux qu'il soit d'acccorder à son récit un certain ordre et de soigner son écriture, semble n'être pas resté insensible aux ressources expressives d'une textualité lacunaire. En faisant paraître son *Voyage en Italie* il offre à tous les écrivains voyageurs qui lui succéderont l'exemple magistral d'une «esquisse littéraire.»

En ce qui touche à l'ordonnance du récit de voyage, le *Voyage en Italie* a ceci de particulier qu'il ne comprend qu'un morceau définitivement travaillé: la lettre intitulée «A M. de Fontanes.» Chateaubriand nous renseigne sur sa propre perception de son récit de voyage quand il écrit à la fin du fragment du *Voyage en Italie* intitulé «Promenade dans Rome au clair de lune»: «J'ai dans la tête le sujet d'une vingtaine de lettres sur l'Italie, qui peut-être se feraient lire, si je parvenais à rendre mes idées telles que je les conçois, mais les jours s'en vont, et le repos me manque.»[20] Dans une note en bas de page qui suit ce morceau, Chateaubriand reconnaît explicitement la division entre les notes à l'état brut et les parties rédigées de son récit de voyage:

> De cette vingtaine de lettres que j'avais dans la tête, je n'en ai écrit qu'une seule, la Lettre sur Rome à M. de Fontanes. Les divers fragments qu'on vient de lire et qu'on va lire, devaient former le texte des autres lettres...[21]

A cette lettre à M. de Fontanes, achevée aux yeux de Chateaubriand, s'opposent des lettres inachevées à Joubert qui ouvrent le récit de voyage, et des morceaux de journal, esquisses plus ou moins élaborées, qui forment la matière brute des lettres que Chateaubriand n'a jamais rédigées.[22] Certains morceaux de journal, tels «Tivoli

[20] Chateaubriand, *Voyage en Italie* dans *Œuvres romanesques et voyages*, II, 1458.

[21] Chateaubriand, *Voyage en Italie* dans *Œuvres romanesques et voyages*, II, 1458.

[22] Nous étudions les lettres du *Voyage en Italie* dans « L'art épistolaire de Chateaubriand : les lettres à Joubert » (à paraître).

et la Villa Adriana» et «Le Vésuve,» par exemple, sont plus rédigés, sans pour autant atteindre le degré d'élaboration littéraire qui caractérise la lettre «A M. de Fontanes.» Des morceaux plus courts —»Le Vatican,» «Musée Capitolin,» «Galéria Doria,» «Pouzzoles et la Solfatara» et «Baies» — apparaissent à l'état de notes fragmentaires qui caractérisent souvent le carnet ou l'aide-mémoire. Traditionnellement, la structure du récit de voyage partage avec celle de l'autobiographie et du journal intime un enchaînement linéaire des expériences de l'auteur. Rien d'étonnant, donc, que les composants textuels du *Voyage d'Italie* semblent s'organiser selon le seul ordre chronologique. Pourtant un examen plus attentif révèle que l'auteur ne s'est pas soumis entièrement à l'ordre du calendrier, mais qu'il a plutôt interverti l'ordre des événements vers la fin de son récit de voyage. En effet, le dernier morceau de journal intitulé «Herculanum, Portici, Pompeïa» est daté du 11 janvier, tandis que la lettre à M. de Fontanes est datée du jour précédent, le 10 janvier 1804. L'inversion de la chronologie crée un double effet esthétique, tout d'abord celui de clore l'ouvrage comme il s'ouvre, par la forme épistolaire et, d'autre part, celui de le terminer par une somme qui résume les étapes du voyage déjà décrites par les divers morceaux (la lettre à Fontanes). Un mode de production littéraire caractéristique de Chateaubriand se décèle ici. On a souvent relevé le fait que Chateaubriand reprenait sans gêne dans ses divers ouvrages des fragments d'écriture déjà parus dans ses autres ouvrages. Dans cette optique, les *Mémoires d'Outre-Tombe* seraient la somme de toute sa vie littéraire comme de toute sa vie biographique, car cette oeuvre comporte des bribes de plusieurs de ses autres écrits. Un seul exemple nous suffira. L'expérience de la nuit passée dans les forêts du Nouveau Monde est narrée dans l'*Essai historique sur les révolutions*, dans le *Génie du christianisme*, et dans l'*Itinéraire de Paris à Jérusalem*, avant d'être reprise dans les *Mémoires d'Outre-Tombe*. C'est d'une manière semblable que certains morceaux du *Voyage en Italie* reviennent dans la somme qu'est la lettre à M. de Fontanes, pour être repris ensuite dans *Les Martyrs*, avant de paraître une dernière fois dans les *Mémoires*. Si faute d'avoir les brouillons du *Voyage en Italie* il nous est impossible de suivre la genèse de cet ouvrage et donc de déterminer dans quelle mesure Chateaubriand a retouché les détails de ses notes primitives, il est hors de doute que dans la disposition des morceaux (un acte artistique tout autant que leur remaniement) l'auteur a agi dans une optique manifestement esthétique.

Le même souci traditionnel de symétrie et d'unité qui semble avoir poussé Chateaubriand à intervertir l'ordre chronologique des morceaux de journal et des lettres paraît avoir également motivé l'insertion au milieu de l'ouvrage de l'unique morceau non-daté, «Promenades dans Rome au clair de lune,» que nous étudierons plus loin dans ce chapitre. Les onze morceaux datés s'organisent ainsi autour d'un centre de gravité. Qui plus est, puisque Chateaubriand y traite de plusieurs monuments romains au lieu d'un seul, ce morceau de journal non daté constitue une petite somme qui annonce la grande somme de la fin du voyage, la lettre à Fontanes. Nous verrons plus loin que ce morceau résume aussi tout le *Voyage en Italie* par son mélange de style fragmentaire et de style suivi.

Avec la construction symétrique du *Voyage en Italie*, c'est la thématique qui accorde au récit de voyage son ordonnance littéraire. En effet, un examen des moments d'ouverture et de clôture de chaque texte révèle l'existence d'un autre ordre caché dans les annonces et les rappels d'un certain nombre de thèmes qui fonctionnent comme transitions entre les divers morceaux du récit de voyage. Ainsi, les blancs et les ruptures temporelles entre les morceaux sont en partie comblés par la progression parallèle des thèmes qui obsèdent l'auteur. Nous verrons la pensée de Chateaubriand se cristalliser tout d'abord autour du thème privilégié du temps avec d'autres thèmes qui s'y rattachent (la mort, le voyage, la nature éternelle) et des motifs qui les traduisent (la trace, la ruine, le monument, le fragment). Ce qui l'occupe surtout, ce n'est pas la simple successivité du temps, mais l'idée de la dissolution inévitable et rapide de toutes choses terrestres.[23] Les

---

[23] Nous rappelons que dans le *Génie du Christianisme* Chateaubriand explique ainsi l'importance des ruines : « Tous les hommes ont un secret attrait pour les ruines. Ce sentiment tient à la fragilité de notre nature, à une conformité secrète entre ces monuments détruits et la rapidité de notre existence. » Chateaubriand, *Génie du christianisme*, éd. Pierre Reboul, 2 vol. (Paris : Garnier-Flammarion, 1966), II, 40 (« Troisième partie, livre Cinquième, Chapitre III, « Des ruines en général »). Nous signalons aussi sa réaction à la rapidité de la dégénérescence dans l'*Itinéraire de Paris à Jérusalem*, où lors de sa visite en Grèce, le voyageur constate : « Les destructions se multiplient avec une telle rapidité dans la Grèce, que souvent un voyageur n'aperçoit pas le moindre vestige des monuments qu'un autre voyageur a admirés quelques mois avant lui. » Chateaubriand, *Itinéraire de Paris à Jérusalem* dans *Œuvres romanesques et voyages*, II, 810.

manifestations de ces thèmes de prédilection sont multiples, mais ils s'articulent sur deux plans, l'événementiel et le profond. Ainsi un thème lié à un détail trivial de l'expérience quotidienne du voyage annoncé au début d'un morceau sera repris le plus souvent à un niveau approfondi à la fin. Pour apprécier la densité thématique qui accorde au *Voyage en Italie* une structure rhétorique rhapsodique nous proposons d'examiner de près un moment particulièrement riche, la visite à la Villa Adriana narrée dans le troisième fragment du morceau «Tivoli et la Villa Adriana.» Ce fragment, daté du «12 décembre,» est en fait régi par un grand nombre de thèmes et motifs qui se font écho dans le *Voyage en Italie* tels que le temps, la mort, le voyage, la nature éternelle, la ruine, le singulier et le fragment. La Villa Adriana fascine Chateaubriand, car elle sert d'emblème à sa tendance à se perdre dans le vertige des époques successives. S'interrogeant sur le nombre étonnant de ruines qu'il voit se déployer devant lui, il affirme: «il est probable que ces monuments furent, dès l'époque de leur érection, de véritables ruines et des lieux délaissés.»[24] Le voyageur s'arrête tout d'abord au théâtre romain. Cet épisode s'organise à partir d'un balancement entre le jadis et le maintenant et entre l'architecture et la végétation. L'hippodrome antique, apprenons-nous, est converti en un champ de vignes, et la loge et les chambres d'acteurs en entrepôt d'outils de labourage. Quant à l'intérieur du théâtre, il sert maintenant de basse-cour et de jardin à une ferme. Les détails qui frappent l'oeil du voyageur sont tous ceux qui mettent en relief le grand thème du temps destructeur. La vue du tronc d'une statue d'Hercule trouvé parmi des outils de labourage l'émeut, par exemple, et le voyageur cède brièvement à son goût de l'introspection pour en tirer une leçon morale: «les empires naissent de la charrue, et disparaissent sous la charrue.»[25]

---

[24] Sa fascination pour l'âge le pousse à concevoir un univers vieux dès sa naissance. Dans le *Génie du christianisme* nous lisons l'affirmation suivante : « *Dieu a dû créé, et a sans doute créé le monde avec toutes les marques de vétusté [...] que nous voyons.* » Il soutient son argument avec ce raisonnement quelque peu curieux : « Sans cette vieillesse originaire, il n'y aurait eu ni pompe, ni majesté dans l'ouvrage de l'Eternel ; et, ce qui ne saurait être, la nature, dans son innocence, eût été moins belle qu'elle ne l'est aujourd'hui dans sa corruption. Une insipide enfance de plantes, d'animaux, d'éléments eût couronné une terre sans poésie. » Chateaubriand, *Génie du christianisme*, I, 147-148 (« Jeunesse et vieillesse de la terre »).

[25] Chateaubriand, *Voyage en Italie* dans *Œuvres romanesques et voyages*, I, 1444.

Une prise de conscience angoissée et encore plus aiguë de la disparition inévitable des oeuvres humaines est provoquée tout de suite après par la vue d'un objet banal de date récente, un pilier composé de boue séchée. Dans le détail qu'il insère par la suite, Chateaubriand semble discerner de nouveau le sourire ironique de la nature éternelle. Tout se passe comme si la nature avait couvert la colonne magnifique de lierres exprès pour abaisser l'homme. Puis dans la dernière phrase du paragraphe, l'écrivain souligne une fois encore la vanité des desseins de l'homme:

> ...pour ébranler les sièges des maîtres de la terre, la Providence n'avait eu besoin que de faire croître quelques racines de fenouil entre les jointures de ces sièges, et de livrer l'ancienne enceinte de l'élégance romaine aux immondes animaux du fidèle Eumée.[26]

Le renversement est maintenant total. Les plus faibles créations de la nature («quelques racines de fenouil») et les plus basses (les cochons) sortent victorieuses de leur rivalité avec les efforts les plus élevés de l'homme.

Ce thème de la disparition des oeuvres humaines est intériorisé plusieurs paragraphes plus loin quand la chute d'un fragment de voûte suscite une rêverie sur l'homme/ruine. Nous citons ce passage en entier:

> Un fragment, détaché tout à coup de la voûte de la Bibliothèque, a roulé à mes pieds, comme je passais. Un peu de poussière s'est élevé; quelques plantes ont été déchirées et entraînées dans sa chute. Les plantes renaîtront demain; le bruit et la poussière se sont dissipés à l'instant: voilà ce nouveau débris couché, pour des siècles, auprès de ceux qui paraissaient l'attendre. Les empires se plongent de la sorte dans l'éternité où ils gisent silencieux. Les hommes ne ressemblent pas mal aussi à ces ruines qui viennent tour à tour joncher la terre: la seule différence qu'il y ait entre eux, comme entre ces ruines, c'est que les uns se précipitent devant quelques spectateurs, et que les autres tombent sans témoins.[27]

Un événement trivial du monde externe provoque une réflexion morale générale sur la futilité des efforts humains pour fixer le mou-

[26] Chateaubriand, *Voyage en Italie* dans *Œuvres romanesques et voyages*, II, 1444.

[27] Chateaubriand, *Voyage en Italie* dans *Œuvres romanesques et voyages*, II, 1445.

vement du temps et la défaite inévitable des desseins de l'homme par la nature éternelle. Le mouvement et le bruit, tous les deux passagers, servent de repoussoirs à l'immobilité et au silence quasi-éternels. Creusant son sujet dans une progression qui se tourne toujours plus vers l'intérieur, le voyageur passe du destin des empires à celui des hommes. Mais pour le moment il s'arrête là, et réserve pour la fin du fragment le stade d'intériorité du moi individuel.

Un peu plus loin, le voyageur tourne son attention vers le créateur de la Villa Adriana, l'Empereur Adrien. Si Chateaubriand admire ce Romain, c'est parce que son destin fait écho au sien, et s'il voit à Tivoli l'emblême de ses obsessions, il voit en Adrien une âme soeur. Tout d'abord cet empereur était voyageur, fait significatif pour quelqu'un qui a écrit: «Voyage! grand mot! il me rappelle ma vie entière.»[28] Ainsi, l'écrivain précise que sa promenade à travers ses terres était «beaucoup plus longue qu'on ne la fait ordinairement» parce qu'il devait «cet hommage à un prince voyageur.»[29] L'Empereur Adrien mérite son attention non pas seulement parce qu'il était un voyageur, mais aussi parce qu'il était, comme Chateaubriand lui-même, un être d'exception.[30] C'est ici le moment de souligner la valeur d'archétype de l'être «singulier» ou «particulier» chez Chateaubriand. Partout dans le *Voyage en Italie* comme dans le reste de son oeuvre, Chateaubriand se présente en être unique au monde, prisant tout ce qui lui ressemble. Pour ne donner qu'un exemple, l'ouverture du premier fragment de «Tivoli et la Villa Adriana» insiste sur le caractère individuel, unique, de son aventure quand le voyageur confie à son journal: «Je suis peut-être le premier étranger qui ait fait la course de Tivoli dans une disposition d'âme qu'on ne porte guère en voyage.»[31]

[28] Chateaubriand, *Essai sur la littérature anglaise* dans *Œuvres complètes*, 20 vol. (Paris : Dufour, Mulat et Boulanger, 1857-1858), XIII, 250 (1858) ; («Voyages. Le Capitaine Ross. Jacquemont. Lamartine.»).

[29] Chateaubriand, *Voyage en Italie* dans *Œuvres romanesques et voyages*, II, 1449.

[30] D'une manière semblable, c'est la destinée «singulière» du Mole-Adriani qui pousse le voyageur à se détacher de tous les monumentss qu'il vient d'évoquer. Voir Chateaubriand, *Voyage en Italie* dans *Œuvres romanesques et voyages*, II, 1450.

[31] Chateaubriand, *Voyage en Italie* dans *Œuvres romanesques et voyages*, II, 1439. Être le dernier s'ajoute à être le premier dans la perception de sa singularité. Il écrit dans son *Itinéraire* : « Je serai peut-être le dernier Français sorti de mon pays pour voyager en Terre-Sainte, avec les idées, le but et les sentiments d'un ancien pèlerin. » Chateaubriand, *Itinéraire de Paris à Jérusalem* dans *Œuvres romanesques et voyages*, II, 769-770.

Enfin, l'Empereur Adrien est «remarquable» aux yeux du voyageur par le fait qu'il a partout laissé ses traces.[32] Or, le voyageur s'associe aussi à l'action de laisser une trace.[33] Comme l'extrait suivant l'illustre, le nom est un des motifs de ce maître thème:

> Beaucoup de voyageurs, mes devanciers, ont écrit leurs noms sur les marbres de la *villa Adriana*; ils ont espéré prolonger leur existence, en attachant à des lieux célèbres un souvenir de leur passage; ils se sont trompés. Tandis que je m'efforçais de lire un de ces noms nouvellement crayonné et que je croyais reconnaître, un oiseau s'est envolé d'une touffe de lierre; il a fait tomber quelques gouttes de la pluie passée: le nom a disparu.[34]

L'effort des voyageurs de crayonner leurs noms, tout comme celui de l'Empereur Adrien de reproduire les chefs-d'oeuvre des civilisations disparues, ou encore, va-t-on voir plus loin, comme celui de Chateaubriand d'achever son récit de voyage, est futile.[35] Le résultat néfaste du mouvement insignifiant de l'oiseau souligne ici la victoire du banal, du petit, de l'aléatoire sur le noble, le grand et l'humain. Les masses décroissantes des propositions de la dernière phrase imitent le glissement graduel mais inéluctable de l'être vers le néant, et résument ainsi le sens de tout ce morceau.

[32] Chateaubriand, *Voyage en Italie* dans *Œuvres romanesques et voyages*, II, 1449.

[33] Chateaubriand a souvent désespéré de la capacité du nom tracé d'emporter une victoire sur le temps. Voici un beau passage tiré de son *Essai sur la littérature anglaise* qui ressemble à maints égards à celui qui nous intéresse ici. C'est lors d'une discussion du voyage dans les régions arctiques du Capitaine Ross que Chateaubriand écrit : « le sentiment de patrie exprimé au milieu de ces souffrances inouïes et de ces affreux climats ; ces noms confiés à un monument de neige, et qui ne seront pas retrouvés ; cette gloire inconnue reposant sous quelques pierres, s'adressant du fond d'une solitude éternelle à une postérité qui n'existera jamais ; ces paroles écrites qui ne parleront point dans ces régions muettes, ou qui s'éteindront sous le bruit des glaces par une tempête qu'aucune oreille n'entendra ; tout cet ensemble de choses étonne. Mais la première émotion passée, on trouve, en dernier résultat, que la mort est au bout de tout : la vie et la mémoire de l'homme se perdent sur tous les rivages, dans le silence et les glaces de la tombe. » Chateaubriand, *Essai sur la littérature anglaise* dans *Œuvres complètes* (édition Dufour, Mulat et Boulanger), XIII, 254 (1854).

[34] Chateaubriand, *Voyage en Italie* dans *Œuvres romanesques et voyages*, II, 1450-1451.

[35] C'était cependant son habitude de prendre des souvenirs pendant ses voyages afin de se lier physiquement aux lieux visités. Voir Chateaubriand, *Itinéraire de Paris à Jérusalem* dans *Œuvres romanesques et voyages*, II, 876-877.

L'écrivain confirme sa conclusion que tout est vanité à l'aide d'un autre exemple à l'opposé du thème de la trace, mais qui est néanmoins lié à la vie de l'Empereur Adrien: la collecte de souvenirs. Aux anecdotes biographiques ayant trait à l'Empereur Adrien, âme soeur du voyageur, fait pendant une anecdote autobiographique. Dans son effort de lier le souvenir personnel au souvenir historique, Chateaubriand remplit ses poches de petits fragments de porphyre et de mosaïque pour les jeter ensuite. Evoquant le thème du voyageur qui passe mais ne reviendra plus, il explique ainsi sa décision de jeter les «souvenirs» qu'il venait à peine de ramasser:

> Elles ne sont déjà plus pour moi ces ruines, puisqu'il est probable que rien ne m'y ramènera. On meurt à chaque moment pour un temps, une chose, une personne, qu'on ne reverra jamais: la vie est une mort successive.[36]

Ce geste est symbolique. Il manifeste la conviction profonde de Chateaubriand que le temps est une éternelle déchirure, et que tout effort humain de franchir les siècles, et par là de s'affranchir du joug du temps, est futile. La prise de conscience de la disparition inévitable des oeuvres humaines est vécue profondément par l'auteur dans ses moindres expériences de voyage.

L'importance des thèmes clef du temps et de la mort et la récurrence d'autres thèmes et motifs lient ce morceau au reste du *Voyage en Italie*. Par exemple, l'évocation de la trace que nous venons d'analyser dans le troisième fragment de «Tivoli et la Villa Adriana» ne fait que reprendre le même thème déjà apparu dans le deuxième fragment. Ici, après avoir copié quelques inscriptions funéraires sur les pierres sépulcrales qui ornent les murs de la cour de son auberge, Chateaubriand écrit:

> Que peut-il y avoir de plus vain que tout ceci? Je lis sur une pierre les regrets qu'un vivant donnait à un mort; ce vivant est mort à son tour, et après 2000 ans je viens moi, barbare des Gaules, parmi les ruines de Rome, étudier ces épitaphes dans une retraite abandonnée, moi indifférent à celui qui pleura comme à celui qui fut pleuré, moi qui demain m'éloignerai pour jamais de ces lieux, et qui disparaîtrai bientôt de la terre.[37]

---

[36] Chateaubriand, *Voyage en Italie* dans *Œuvres romanesques et voyages*, II, 1450.

[37] Chateaubriand, *Voyage en Italie* dans *Œuvres romanesques et voyages*, II, 1442.

Ici, les thèmes clef — le présent toujours éphémère et l'inévitable décadence de toutes choses, la mort, somme toute — prennent de nouveau leur plein développement. Dans cet extrait, le seul dénominateur commun est le lieu. Tous les autres éléments changent et disparaissent, emportés par la puissance destructrice du temps. Ici, comme ailleurs, le voyageur se montre vivement conscient de sa participation ontologique au processus de détériorisation générale. En effet, la répétition du pronom «moi» ponctue la liste des choses et des êtres disparus et sous-tend le processus d'intériorisation. Ce sont donc les rapports de succession et de transformation des thèmes et des motifs de prédilection de Chateaubriand, comme les gradations de leur profondeur, qui enchaînent les différents morceaux de journal et les lettres du *Voyage en Italie* et instituent à travers sa discontinuité textuelle un ordre d'échos et de symétries. Paradoxalement, la conscience littéraire exerce son pouvoir organisateur, quand bien même elle est fascinée par le flux des formes périssables, et semble elle-même à jamais menacée par le vertige. C'est donc en partie grâce à cette dynamique thématique cachée derrière une suite apparemment non-liée de morceaux rédigés souvent en style discontinu que ce récit de voyage acquiert le statut ambigu d'«esquisse littéraire.» Il va sans dire qu'en l'absence de brouillons, nous ne saurions dire si Chateaubriand a réellement vécu certaines expériences comme la chute du fragment de voûte ou encore la collecte de souvenirs, ou s'il les a inventés. Mais dans notre optique, que les expériences relatées soient autobiographiques ou fictives, l'effet reste le même, la création de thèmes qui accordent au récit de voyage lacunaire qu'est le *Voyage en Italie* une unité thématique certaine.

Avec l'ordonnance des morceaux et des lettres et une structure thématique discrète, le style soigné constitue une troisième manière selon laquelle ce récit de voyage acquiert une dimension littéraire. Avant de poursuivre, soulignons que la prose fragmentaire de certains morceaux de journal ne dépasse pas le stade d'«esquisse verbale.» Cet extrait typique est tiré du morceau intitulé «Musée Capitolin»:

Statue de Virgile: contenance rustique et mélancolique, front grave, yeux inspirés, rides circulaires partant des narines et venant se terminer au menton, en embrassant la joue.

Cicéron: une certaine régularité avec une expression de légèreté; moins de force de caractère que de philosophie, autant d'esprit que d'éloquence.
L'Alcibiade: ne m'a point frappé par sa beauté; il a du sot et du niais.
Un jeune Mithridate ressemblant à un Alexandre.
Fastes consulaires antiques et modernes.
Sarcophage d'Alexandre Sévère et de sa mère.   Bas-relief de Jupiter enfant dans l'île de Crète: admirable.
Colonne d'albâtre oriental, la plus belle connue.
Plan antique de Rome sur un marbre: perpétuité de la Ville Eternelle.
Buste de Cracalla: oeil, nez et bouche pointus, nez contracté; l'air féroce et fou.[38]

De toute évidence, on a affaire ici à des notes de carnet prises spontanément sur place. Des bribes descriptives juxtaposées parfois à de brèves appréciations créent des ébauches d'*ekphrasis*. Ces notations nous renseignent plus sur les sensations fugitives de Chateaubriand qu'elles ne nous incitent à les compléter en imagination. Dépourvu d'intérêt littéraire, le morceau «Musée Capitolin» ne dépasse pas le stade d'«esquisse verbale.»

A d'autres moments, la prose du *Voyage en Italie* ne reste plus entièrement à l'état de projet, et semble révéler de la part de l'auteur des préoccupations stylistiques. Le premier fragment du morceau de journal «Tivoli et la Villa Adriana,» dont nous avons étudié le troisième fragment plus haut, nous servira d'exemple des effets littéraires produits par le style continu et soigné. Les trois paragraphes du premier fragment de journal, qui rend compte des impressions et des rêveries du voyageur au moment de son arrivée à Tivoli, forment les volets d'un triptyque:

10 décembre 1803

Je suis peut-être le premier étranger qui ait fait la course de Tivoli, dans une disposition d'âme qu'on ne porte guère en voyage. Me voilà seul arrivé à sept heures du soir, le 10 décembre, à l'auberge du *Temple de la Sibylle*. J'occupe une petite chambre à l'extrémité de l'auberge, en face de la cascade que j'entends mugir. J'ai essayé d'y jeter un regard; je n'ai découvert dans la profondeur de

[38] Chateaubriand, *Voyage en Italie* dans *Œuvres romanesques et voyages*, II, 1454.

l'obscurité que quelques lueurs blanches produites par le mouvement des eaux. Il m'a semblé apercevoir au loin une enceinte formée d'arbres et de maisons, et autour de cette enceinte un cercle
de montagnes. Je ne sais ce que le jour changera demain à ce paysage de nuit. Le lieu est propre à la réflexion et à la rêverie: je remonte dans
ma vie passée; je sens le poids du présent, et je cherche à pénétrer
mon avenir. Où serai-je, que ferai-je, et que serai-je dans vingt ans
d'ici? Toutes les fois que l'on descend en soi-même, à tous les
vagues projets que l'on forme, on trouve un obstacle invincible, une
incertitude causée par une certitude: cet obstacle, cette certitude,
est la mort, cette terrible mort qui arrête tout, qui vous frappe,
vous ou les autres.
Est-ce un ami que vous avez perdu? En vain avez-vous mille
choses à lui dire: malheureux, isolé, errant sur la terre, ne pouvant
confier vos peines ou vos plaisirs à personne, voux appelez votre
ami, et il ne viendra plus soulager vos maux, partager vos joies; il
ne vous dira plus: «Vous avez eu tort, vous avez eu raison d'agir
ainsi.» Maintenant il vous faut marcher seul. Devenez riche, puis-
sant, célèbre, que ferez-vous de ces prospérités sans votre ami? Une
chose a tout détruit, la mort. Flots qui vous précipitez dans cette
nuit profonde où je vous entends gronder, disparoissez-vous plus
vite que les jours de l'homme, ou pouvez-vous me dire ce que
c'est que l'homme, vous qui avez vu passer tant de générations sur
ces bords?[39]

Chacun de ces paragraphes marque une étape dans une progression
qui va de l'extérieur à l'intérieur, d'une intériorité moins grande
à une intériorité plus profonde, de l'absence à la présence, du
silence à la parole. Dans le premier paragraphe on a surtout affaire
au voyageur témoin. Il y note fidèlement ses perceptions visuelles,
si incomplètes qu'elles soient: «J'ai essayé d'y jeter un regard,»
«Il m'a semblé apercevoir au loin,» «Je ne sais ce que le jour
changera à ce paysage de nuit.» La forte proportion de pronoms
à la première personne donne même à ce paragraphe «externe» un
caractère fortement égocentrique. De fait, tout le paragraphe est
basé sur les variations lexicales du «je.» Chacune des phrases, par
exemple, débute par un pronom qui maintient la présence du voyageur au premier plan: «je suis peut-être...,» «Me voilà seul...,» «J'ai

---

[39] Chateaubriand, *Voyage en Italie* dans *Œuvres romanesques et voyages*, II,
1439-1440.

occupé...,» «J'ai essayé...,» «Il m'a semblé...,» et «Je ne sais ce que...» Quoiqu'il soit possible que le manque de variété de ces débuts de phrase ait été le résultat d'un acte conscient, l'essentiel est le sens qu'il connote: l'authenticité de notes naïvement tracées. Aux impressions apparemment recueillies à la hâte du premier paragraphe répondent donc des phrases bien articulées selon le rythme ternaire et surtout binaire du deuxième paragraphe, rythme qui s'avère hautement symbolique. Quoiqu'on ne puisse le prouver de façon incontestable, le manuscrit faisant défaut, il semblerait que Chateaubriand ait travaillé son journal de voyage afin de produire les effets littéraires que nous venons d'identifier. Ainsi s'instaure la tension entre «rhétorique du spontané» et rhétorique du «fini» stylistique qui caractérise l'«esquisse littéraire.» Mais retenons ce point: la genèse exacte de ces paragraphes est moins importante que l'effet littéraire qu'ils produisent.

Le deuxième paragraphe de ce fragment de journal accomplit le glissement du silence à la parole qui annonce la communication dans le troisième paragraphe. Même si le deuxième paragraphe comprend lui aussi une question, il s'agit toujours du discours égocentrique. En effet, l'interrogation de la deuxième phrase du deuxième paragraphe («Où serai-je,» «que ferai-je,» «que serai-je»), fait toujours partie de la réflexion. Cette réflexion semble dirigée vers le locuteur lui-même. Notons en passant, toutefois, qu'il est également possible que Chateaubriand se serve sciemment de ce vocabulaire égocentriste pour inciter le lecteur à se poser les mêmes questions. A l'inverse, les nombreuses questions du troisième paragraphe s'adressent à des lecteurs divers dont l'identité n'est pas toujours évidente. Le premier lecteur n'existe dans l'écriture que par le vous «impersonnel.» L'identité exacte de son référent est incertaine, et il est même concevable que le voyageur s'adresse toujours à soi-même.

L'impression de désespoir qui se dégage des appels persistants du troisième paragraphe provient de nouveau en grande mesure du rythme binaire. A l'interrogation toute brève de la première phrase viendra la réponse à la troisième phrase, de nouveau très courte. Après la dimension importante de la deuxième phrase, dont les membres multiples sont liés par des marques de ponctuation diverses, la brièveté de la troisième se fait particulièrement remarquer, ajoutant ainsi à sa force expressive.

L'orchestration savante des longues et des brèves dessinée par les trois premières phrases se poursuit dans les deux dernières phrases. La quatrième phrase est composée d'une accumulation d'éléments brefs, la cinquième, comme la première et la troisième, frappe par sa brièveté comme par la simplicité de sa syntaxe. Quand Chateaubriand réserve le moment fort à la fin de chacune de ces phrases courtes aux mots clef «perdu,» «seul,» et «mort,» il exploite à fond les ressources expressives de la syntaxe.[40] Le mouvement lent mais continu du silence à la parole se poursuit dans la dernière phrase du paragraphe. Ici la parole est adressée à un locutaire nettement externe au voyageur: les flots. C'est fortuitement que le voyageur a mentionné la présence de l'eau dans le premier paragraphe où elle s'est fait remarquer par ses bruits. Dans ce premier paragraphe, le voyageur a précisé que sa chambre se trouvait en face de la cascade qu'il entendait «mugir.» Dans le dernier paragraphe, en revanche, Chateaubariand personnifie les flots pour les interroger. Remarquons de plus que dans le premier paragraphe, la présence de l'eau se laissait sentir non seulement par ses bruits mais aussi par son mouvement. Sa présence pourtant n'était qu'indirecte, car le voyageur n'a vraiment pas vu l'eau, seulement quelques reflets de lumière sur sa surface: «je n'ai découvert dans la profondeur de l'obscurité que quelques lueurs blanches produites par le mouvement des eaux.» Mais cette eau qui était quasiment absente dans le premier paragraphe devient présence à la fin du troisième paragraphe où Chateaubriand est hautement conscient du mouvement de l'eau qui «se précipite.» Il y a cependant quelque chose de paradoxal dans son traitement de l'eau de la cascade. D'une part, son développement s'insère dans l'importante tradition de l'eau clepsydre: par sa coulée héraclitéenne et par sa forme souple, l'eau a toujours symbolisé la fugacité irréversible de toutes choses. Mais ici Chateaubriand renverse cette fonction traditionnelle pour s'adresser aux flots comme à autant de témoins du temps passé. S'il s'était adressé à la structure naturelle

[40] Jean Mourot a excellemment vu la signification des ressources phoniques quand Chateaubriand utilise le mot « mort » pour terminer une phrase : « Et le volume sonore du mot *mort* semble s'accroître de toutes les images spatiales qui en traduisent ou en accompagnent l'idée ; la mort apparaît comme d'autres espaces au-delà de l'espace, comme l'autre nom de l'infini, comme un cri dans ses profondeurs ou comme l'écho vague d'un appel lointain... » Jean Mourot, *Le Génie d'un style* (Paris : Armand Colin, 1969), p. 188.

des rochers de la cascade qui, elle, existe depuis des siècles, son interrogation aurait été plus logique. Cependant c'est bien en cette eau en fuite perpétuelle que le voyageur cherche son témoin. L'indécision de sens qui ressort de cette contradiction implicite entre le momentané et le durable, entre le statique et le mobile, constitue un lieu d'ambiguïté qui engage la conscience du lecteur. Egalement ambiguë, mais par là évocatrice, est sa manière de terminer le troisième paragraphe, et donc tout le fragment par une interrogation qui reste sans réponse. Ce paragraphe est criblé de questions, mais ces appels suscitent toujours une réponse, même si elle n'est que la constatation qu'il n'y en a pas, comme dans la première et la cinquième phrase, par exemple. En contraste avec ce procédé, le dernier appel reste dépourvu même de cette réponse qui n'en est réellement pas une. Sa question restera donc éternelle, tout comme la fuite du temps et la réalité inévitable de la mort.

Si le «Tu» dans les écrits autobiographiques d'Augustin est Dieu, dans ceux de Chateaubriand il est le double du «Je.» Toutefois, ici le réseau de communication n'est pas totalement clos. Par l'emploi de la deuxième personne, le journal de voyage, qui ne semble pas destiné à être lu, permet au lecteur d'entrer plus explicitement en dialogue avec le texte et à travers lui, avec Chateaubriand. Tout comme pour l'auteur en voyage, l'expérience du temps dans sa successivité, ou *chronos*, est muée pour le lecteur en *kairos*, un moment de signification unique. C'est ainsi par un emploi savant de la deuxième personne, tout autant que par celui de répétitions et rythmes expressifs, que ce morceau de journal acquiert une valeur littéraire.

Notre analyse de deux fragments du morceau de journal «Tivoli et la Villa Adriana» vient d'illustrer comment un ordre thématique et un «fini» stylistique contribuent à donner au *Voyage en Italie*, tout discontinu et fragmentaire qu'il soit, un intérêt littéraire certain. D'où son statut d'«esquisse littéraire.» Par l'étude d'un dernier morceau de journal, «Promenade dans Rome au clair de lune,» nous voudrions démontrer comment Chateaubriand arrive à conférer à son récit de voyage une dimension littéraire précisément grâce au style fragmentaire. En effet, à travers le style fragmentaire comme à travers le style plus continu s'élabore une fois de plus une structure thématique qui privilégie l'absence. Enfin, parallèlement à la structure superficielle de la simple progression spatiale du promeneur se dessine en filigrane la structure profonde que nous retrouvons si souvent dans le *Voyage en Italie*, un mouvement du non-moi au moi. Nous pouvons de la sorte distinguer quatre volets qui marquent les étapes d'un cheminement vers une profondeur croissante. Ainsi, la pratique instantanée de l'écriture s'allie à une volonté apparente de construction pour donner à ce morceau le statut ambigu d'«esquisse littéraire.» Nous reproduisons ce court morceau en entier:

«Promenade dans Rome au clair de lune»

1 Du haut de la Trinité du Mont, les clochers et les édifices lointains paraissent comme les ébauches effacées d'un peintre, ou comme des côtes inégales vues de la mer, du bord d'un vaisseau à l'ancre.

2 Ombre de l'obélisque: combien d'hommes ont regardé cette ombre en Égypte et à Rome?

3 Trinité du Mont déserte; un chien aboyant dans cette retraite des Français. Une petite lumière dans une chambre élevée de la villa Médicis.

4 Le Cours: calme et blancheur des bâtiments; profondeur des ombres transversales. Place Colonne: Colonne Antonine à moitié éclairée.

5 Panthéon: sa beauté au clair de la lune.

6 Colisée: sa grandeur et son silence à cette même clarté.

7 Saint-Pierre: effet de la lune sur son dôme, sur le Vatican, sur l'obélisque, sur les deux fontaines, sur la colonnade circulaire.

8 Une jeune femme me demande l'aumône; sa tête est enveloppée dans son jupon relevé; la *poverina* ressemble à une Madone: elle a bien choisi le temps et le lieu. Si j'étais Raphaël, je ferais un tableau. Le Romain demande parce qu'il meurt de faim; il n'importune pas si on le refuse; comme ses ancêtres, il ne fait rien pour vivre: il faut que son sénat ou son prince le nourrisse.

9 Rome sommeille au milieu de ces ruines. Cet astre de la nuit, ce globe que l'on suppose un monde fini et dépeuplé, promène ses pâles solitudes au-dessus des solitudes de Rome; il éclaire des rues sans habitants, des enclos, des places, des jardins où il ne passe personne, des monastères où l'on n'entend pas la voix des cénobites, des cloîtres qui sont aussi déserts que les portiques du Colisée.

10 Que se passait-il, il y a dix-huit siècles, à pareille heure et aux mêmes lieux? Non seulement l'ancienne Italie n'est plus, mais l'Italie du moyen âge a disparu. Toutefois la trace de ces deux Italies est encore bien marquée à Rome: si la Rome moderne montre son Saint-Pierre et tous ses chefs-d'oeuvre, la Rome ancienne lui oppose son Panthéon et tous ses débris; si l'une fait descendre du

Capitole ses consuls, et ses empereurs, l'autre amène du Vatican la longue suite de ses pontifes. Le Tibre sépare les deux gloires: assises dans la même poussière, Rome païenne s'enfonce de plus en plus dans ses tombeaux, et Rome chrétienne redescend peu à peu dans les catacombes d'où elle est sortie.

11 J'ai dans la tête le sujet d'une vingtaine de lettres sur l'Italie, qui peut-être se feraient lire, si je parvenais à rendre mes idées telles que je les conçois; mais les jours s'en vont, et le repos me manque. Je me sens comme un voyageur qui, forcé de partir demain, a envoyé devant lui ses bagages. Les bagages de l'homme sont ses illusions et ses années; il en remet, à chaque minute, une partie à celui que l'Écriture appelle un courrier rapide: le Temps.[41]

Attirons tout d'abord l'attention sur le fait qu'en supprimant le sujet, le titre place tout le premier volet sous le signe de l'extériorité. En effet, à l'encontre des *Rêveries d'un promeneur solitaire*, par exemple, dans «Promenade dans Rome au clair de lune» le sujet est passé sous silence. L'accent est plutôt mis sur l'activité (la promenade), sur le lieu (Rome), et sur l'éclairage et le moment de la journée (le clair de lune), au détriment de la personne du promeneur.

Cet effacement du promeneur caractérise les sept premiers paragraphes du morceau qui composent ce premier volet. Dans le premier paragraphe, un regard témoin parcourt l'horizon et évoque des monuments aux contours estompés. Mais si le poste d'observation est indiqué (la Trinité du Mont), tout comme la chose observée (le paysage urbain), l'existence de l'observateur n'est qu'implicite. Le promeneur est comme désincarné: de sa présence physique nous n'avons qu'un oeil qui perçoit. Le lecteur est amené par là à épouser le point de vue du promeneur et à s'identifier avec lui. Le lecteur sera donc participant dans le processus d'intériorisation.

La séparation de cet observateur implicite des monuments dont il rend compte renforce l'extériorité de ce segment du morceau. C'est cette distance entre sujet percevant et objet, d'une part,

41 Chateaubriand, *Voyage en Italie* dans *Œuvres romanesques et voyages*, II, 1457. Cette promenade est narrée de nouveau dans un style plus cursif et avec quelques modifications dans Chateaubriand, *Mémoires d'Outre-Tombe*, éd. Maurice Levaillant et Georges Moulinier, 3 vol. (Paris : Gallimard, 1951), II, 518 (Livre quatorzième, chap. 7).

et l'éclairage ambigu d'autre part, qui rendent les sensations visuelles imprécises et fragmentaires. Le fait que les monuments observés se dissipent dans le lointain est significatif. Le flou qui caractérise la perception visuelle suggère l'existence d'un infini spatial qui va se transmuer bientôt en infini temporel de la conscience. Mais tout comme la situation de l'observateur en surplomb ne lui permet jamais de devenir maître de l'espace, il ne saura jamais dominer le temps.

Le vide est accueillant, et dans les paragraphes 2 à 7 le promeneur commence son périple au clair de lune pour s'arrêter plus longuement devant les édifices qu'il a entrevus du haut de la Trinité du Mont. L'hypothèse que ces premiers paragraphes forment une unité est appuyée par le fait que dans le septième paragraphe tout comme dans le premier, le promeneur fait un tour d'horizon. Dans le septième paragraphe, il s'agit seulement d'une étendue moins importante: ce ne sont plus les monuments de toute la ville qu'il évoque mais seulement ceux du Vatican. Les perceptions fragmentées des paragraphes 2 à 6 sont ainsi encadrées par deux vues d'ensemble.

Tout au long de ce premier volet du morceau de journal l'extériorité est privilégiée. L'utilisation des substantifs, par exemple, souligne la radicale altérité des monuments qui surgissent dans le champ de vision du voyageur. Leur extériorité est mise en relief par le refus de l'épithète qui crée une densité nominale inattendue: «le calme» et «la blancheur» au lieu des adjectifs «calme» et «blanc,» «la beauté,» et non pas «beau,» et ainsi de suite. La résonance poétique de la prose fragmentaire est peut-être la plus intense dans le segment «Panthéon: sa beauté au clair de la lune. Colisée, sa grandeur et son silence à cette même clarté.» Par l'emploi du substantif au lieu de l'épithète, certaines caractéristiques des monuments assument une vie presque matérielle, et semblent acquérir une existence indépendante. En effet, au lieu de faire partie intégrante de l'objet perçu, ces mêmes qualités deviennent comme autant d'objets qui se dressent silencieusement devant le regard du promeneur. L'emploi de l'adjectif possessif dans les paragraphes 5 et 6 renforce l'altérité de l'objet modifié. Il y a donc fissure complète entre sujet percevant et objet.

Puisque les jeux de lumière déterminent le type de sensation que l'oeil reçoit, l'écrivain prend soin de nous donner des précisions sur l'éclairage. Mais aucun des paragraphes ne constitue à vrai dire une description des monuments qu'il voit. En effet, les attributs précis des divers monuments sont passés sous silence. Chaque monument est réduit au plus maigre indice: il suffit le plus souvent de nommer le monument et de le situer dans l'atmosphère lunaire. Chateaubriand emploie ici presque exclusivement une seule formule. Il fait suivre le monument nommé de deux points, puis d'un trait descriptif ou d'une brève réflexion. Dans un effort pour traduire la saisie instantanée de ses perceptions fragmentaires, l'écrivain recourt ici à une écriture dont la technique est analogue au créateur d'esquisses. La suppression d'articles et de verbes atteste le caractère spontané de sa vision et de son écriture: la raison et la mémoire ne semblent pas intervenir et on n'entrevoit aucun effort d'unité.[42] En rendant naïvement le choc perceptif cette écriture crée des vides dans la texture verbale qui forme une «rhétorique du spontané.» Or, c'est par l'ellipse que l'absence est introduite matériellement dans le texte. L'emploi des deux points et des points-virgules dans tout le morceau produit un effet suspensif qui sert également à incorporer le silence dans le tissu textuel. Ces moments de silence, comme des blancs sur la toile dans une esquisse, disposent l'esprit du lecteur à la rêverie qui naît un peu plus loin. L'expérience solitaire du voyageur de la vie nocturne de Rome est donc excellemment traduite par le pouvoir évocateur de cette prose fragmentaire.

Ainsi, déjà dans ce premier volet «externe» une topographie de l'intériorité commence à prendre forme. Dans le deuxième paragraphe, par exemple, la perception actuelle du moi, toujours implicite, voisine avec la vision des promeneurs disparus, à la fois «ici,» à Rome, et «là-bas,» en Egypte. Le mouvement général du texte de l'espace vers le temps est ainsi annoncé. Ce qui frappe le promeneur ici et stimule sa réflexion n'est pas la vue de l'obélisque lui-même, mais plutôt celle de son ombre. Ce fait mérite d'être signalé, car Chateaubriand nous met en présence d'une situation ontologique où l'être est en train de chanceler au bord du

---

[42] Selon Jean-Maurice Gautier, Chateaubriand se sert sciemment de la construction nominale pour ses descriptions dans les *Mémoires d'Outre-Tombe*. Voir Jean-Maurice Gautier, *Le Style des 'Mémoires d'Outre-Tombe' de Chateaubriand* (Genève : Droz, 1959), p. 130-131. Pour une étude de la discontinuité des *Mémoires d'Outre-Tombe* voir Charles A. Porter, *Chateaubriand, Composition, Imagination and Poetry* (Saratoga, Calif. : Anma Libri, 1978).

néant. Cette ontologie toute particulière sous-tend tout le morceau
et constitue en grande mesure son sens.

Cette situation ontologique se retrouve dans le troisième paragraphe où un cortège de présences situées toutes à la frontière de
l'absence suggère l'immensité du vide externe. La Trinité du
Mont est abandonnée, et l'aboiement d'un chien met en valeur le
silence général. L'obscurité des lieux est impliquée par le fait que
le spectateur ne perçoit qu'une «petite» lumière dans une chambre
lointaine. De nouveau, l'être ne semble exister que pour faire
valoir le néant. C'est sur cet arrière-fond de vacuité que le vide
intérieur du promeneur va bientôt se dessiner.

Le pronom «je» apparaît pour la première fois dans le huitième
paragraphe: le voyageur acquiert enfin une présence lexicale. Ce
paragraphe constitue le deuxième volet du voyage vers le dedans.
Pour l'instant toutefois c'est à un niveau anecdotique et pittoresque que le voyageur se situe: il rencontre une jeune Romaine.
Fidèle à sa manière elliptique, il élague les détails prosaïques de
la rencontre, et une fois encore une esquisse tient lieu de portrait.
L'écrivain n'enregistre qu'un seul détail visuel, la tête de la
Romaine enveloppée dans son jupon relevé. Ensuite il commente
que s'il était Raphaël il ferait un tableau. Il y a donc rencontre,
mais non pas communication. Semblable aux monuments des sept
premiers paragraphes, la jeune femme constitue avant tout un objet
pittoresque qui surgit dans le champ de vision du promeneur. Le
paysage est donc à peine humanisé par sa présence.

Quoique plus suivi que dans les paragraphes précédents, le style
de ce paragraphe est toujours désarticulé. Des mots de liaison qui
témoignent d'un contrôle plus rationnel — des conjonctions, des
pronoms relatifs — sont rejetés en faveur d'une simple ponctuation (points-virgules et deux points). L'effet accumulatif qui en
résulte prouve que même dans la prose suivie, le promeneur écrivain reste proche de la sensation spontanée.

Toutefois, de même que dans le deuxième paragraphe, dans le
huitième le promeneur essaie de dépasser momentanément le perçu
et d'assimiler cette altérité. La vision fournit le germe d'une
courte réflexion sur le Romain d'hier et d'aujourd'hui qui ouvre
brièvement des perspectives temporelles: «comme ses ancêtres, il
ne fait rien pour vivre: il faut que son sénat ou son prince le
nourrisse.» Que l'accent soit mis ici sur la passivité des Romains
n'est pas fait pour nous surprendre. Le thème de l'atonie a déjà

été introduit par l'éclairage lunaire, et, sur un autre plan, par l'absence totale d'effort qui caractérise la progression du promeneur de monument en monument. En effet, nous avons affaire non pas à un corps qui marche mais à un regard qui glisse d'objet en objet et, fait significatif, à une main qui glisse sur le papier. Comme on l'a vu, il esquisse plus qu'il n'écrit. Tous ces détails créent une ambiance de mollesse propre à la naissance de la méditation-rêverie dans les trois derniers paragraphes du morceau.[43]

Cette méditation-rêverie en prose non-fragmentaire dans les paragraphes 9 et 10 porte sur la Rome contemporaine et ancienne. Ces deux paragraphes constituent le troisième volet du morceau. Quoiqu'il exerce toujours ses facultés d'observation dans le neuvième paragraphe, le promeneur commence ici à méditer sur le vide externe qui l'entoure. Ce vide sera créateur d'un développement sur l'ancienne Rome et sur la caducité des civilisations dans le dixième paragraphe. Puisqu'une rêverie sur l'espace (la Rome d'aujourd'hui) sert de prélude à une rêverie sur le temps (la Rome d'autrefois), ces deux paragraphes reproduisent le mouvement global du morceau du dehors vers le dedans.

Dans le neuvième paragraphe, Chateaubriand envisage un dédoublement d'éléments qui se multiplient à l'infini. On commence par un dédoublement de la solitude, celle de Rome et celle de la lune, personnifiées toutes les deux. Mais cette solitude se met bientôt à miroiter. Rome au fond est doublement absente, donc doublement extérieure au voyageur. Si la Rome contemporaine sommeille, la Rome ancienne est représentée par des traces, des ruines. La lune incarne, elle aussi, une double solitude. Chateaubriand imagine que la lune, tout comme Rome, a été à un moment indéterminé du passé le lieu d'une civilisation aujourd'hui disparue: c'est «un monde fini et dépeuplé.» Tout ce qui reste de cette présence lunaire est la clarté. Or, cette clarté éclaire quelque chose qui n'est rien: le vide, la vacuité du paysage romain. L'énumération en cascade des lieux déserts et silencieux à la fin du paragraphe, ponctuée par «ne... personne» et «ne... plus» renforce chez le lecteur une impression d'absence.

---

[43] Nous disons « méditation-rêverie » parce que le parallélisme syntaxique, surtout dans le dixième paragraphe (« toutefois, » « si, » « et ») témoigne d'un contrôle rationnel étranger à la rêverie pure. La rhétorique de la rêverie est plus souple.

C'est donc ici que l'on peut apprécier pleinement le rôle joué par la lune: elle est, selon la belle expression de Gilbert Durand, «la grande épiphanie dramatique du temps.»[44] A la différence du soleil dont la forme reste fixe, la lune croît, décroît et disparaît. Elle semble par là être soumise non pas seulement à la temporalité, mais aussi à la mort. Doublement voyageuse, doublement absente à elle-même, elle constitue à la fois l'emblême de Rome et du promeneur.[45]

Les derniers mots du neuvième paragraphe, «des cloîtres qui sont aussi déserts que les portiques du Colisée,» fournissent le point de départ d'une rêverie historique sur la double absence de Rome — classique et chrétienne — dans le dixième paragraphe. Les traces des deux Romes, les ruines païennes et les monuments chrétiens, survivent, mais elles subissent toutes les deux le même sort: une désagrégation lente mais continue. La vue de ces ruines fait surgir dans l'imagination de l'écrivain la vision anticipée de la destruction des monuments chrétiens tels que Saint-Pierre et le Vatican. La réverbération de l'absence s'avère donc être à la fois rétrospective et prospective. C'est ainsi que le vide spatial sert de tremplin à une méditation-rêverie sur le vide temporel. L'espace devient temps à mesure qu'il est intériorisé.

Le sommet d'une courbe affective est atteint dans le onzième paragraphe du morceau qui constitue notre dernier volet. C'est ici que le lecteur découvre que le paysage urbain était en accord intime avec la conscience du promeneur, ou, peut-être, qu'il en constituait la projection. Le thème *sic transit gloria mundi*, développé longuement sur le plan des civilisations dans le dixième paragraphe, est intériorisé dans ce dernier paragraphe du morceau où la mémoire culturelle cède le pas à la temporalité intime. L'écrivain couronne le paragraphe et par là tout le morceau par une image qui reprend nombre de ses préoccupations obsédantes. Chateaubriand, voyageur dans l'espace, s'impose, par le souvenir, comme voyageur dans le temps. Voyageur, mais aussi victime, car

[44] Gilbert Durand, *Structures anthropologiques de l'imaginaire* (Paris : Bordas, 1969), p. 111.

[45] L'importance de la lune dans l'œuvre de Chateaubriand est chose connue. Voir, par exemple, *Les Natchez* dans *Œuvres romanesques et voyages*, I, 381. La lune voyageuse est souvent présentée chez Chateaubriand comme un vaisseau. Voir Chateaubriand, *René* dans *Œuvres romanesques et voyages*, I, 130.

la fuite du temps est sans répit. Le rythme haché de la dernière phrase traduit bien cette fugacité. Chateaubriand réserve au mot-clef, le temps, le moment fort du paragraphe, la finale. De plus, après les longues périodes du reste du paragraphe, le court segment «le Temps» prend du relief par le contraste. L'effet est d'autant plus marquant que cette chute brève contredit le rythme naturel du morceau: la progression par volumes croissants. Ainsi le temps dans sa fuite, la mort, somme toute, présence silencieuse à travers tout le morceau, s'extériorise par la parole vers sa conclusion.

En fait, ce paysage n'est pas présenté, explicitement du moins, comme médiateur entre l'homme et Dieu. Ici, malgré la référence à l'Ecriture, la transcendance semble plutôt vide. A travers les âges, la présence à Rome de maints édifices historiques et sacrés a constitué pour beaucoup un espoir d'éternité. Pour ce voyageur, en revanche, la ville «éternelle» n'est qu'un cimetière, où il pourrait dire avec Valéry, «Je hume ici ma future fumée.»[46] L'accent est donc mis moins sur un quelconque espoir d'éternité que sur une prise de conscience aiguë du néant intemporel. C'est ainsi que le mouvement d'un état de rupture absolue entre le sujet percevant et l'objet vers un rapport d'identification s'accomplit à travers un être qui signifie un non-être. Rome est toujours en voie de disparition: elle est ainsi éternellement absente à elle-même. Cela reproduit la situation ontologique du promeneur qui, pas plus que Rome, ne saurait jamais coïncider avec lui-même, sinon dans la mort. Paradoxalement, c'est donc par l'absence que Rome devient présence intime.

C'est dans ce dernier paragraphe qu'apparaît pour la deuxième fois seulement le pronom personnel «je.» Cependant, si la première apparition lexicale du promeneur était à un niveau superficiel et tout pittoresque (c'était la rencontre avec la jeune Romaine au huitième paragraphe), c'est ici à un niveau profond que le «je» se place. Ainsi la structure de ce texte s'avère spiroïdale. Nous avons à la fois une oscillation du non-moi au moi et une progression vers une profondeur croissante. En même temps il y a mou-

---

[46] Paul Valéry, *Œuvres*, éd. Jean Hytier, 2 vol. (Paris : Gallimard, 1957-1960), I, 148 (1957) ; (« Le Cimetière marin »). Dans le *Génie du christianisme*, en revanche, Chateaubriand distingue les tombeaux païens des tombeaux chrétiens. Voir, par exemple, la Quatrième partie, Livre second, Chapitre VI (« Tombeaux chrétiens »).

vement de l'espace au temps, de la perception à la méditation-rêverie. Cette structure peut se résumer ainsi:

ESPACE (Perception)		TEMPS (Méditation-rêverie)	
Volet 1 (19 lignes)	Volet 2 (7 lignes)	Volet 3 (21 lignes)	Volet 4 (9 lignes)
NON-MOI (Rome spatial)	MOI (anecdotique)	NON-MOI (Rome historique)	MOI (profond)

Aux moments d'extériorité plus longs (19 lignes et 21 lignes) répondent à deux reprises des moments d'intériorité plus courts (7 lignes et 9 lignes) confirmant en cela l'oscillation entre le non-moi et le moi qui s'inscrit dans le texte par le nombre de lignes des divers volets.

Il faut toutefois ajouter un cinquième volet aux quatre autres que nous venons de distinguer dans l'acheminement vers l'intérieur. C'est la rêverie du lecteur que le style fragmentaire et discontinu appelle et nourrit. Nous avons vu que cette identification du lecteur avec le promeneur a été facilitée dès le début par l'effacement de celui-ci dans le titre et dans le premier volet. Ainsi, le lecteur a été amené d'emblée à épouser la subjectivité du promeneur. Cette identification avec le promeneur est accomplie de même par la syntaxe elliptique et par une ordonnance paratactique qui appellent le lecteur à créer un ensemble cohérent à partir des bribes de sensations passagères notées. La communication passe donc par sous-entente, par suggestion. L'inachèvement qui est partie intégrale de la «rhétorique du spontané» sollicite ainsi une lecture qui redouble l'acte créateur: espace-temps tout autant intime qu'historique pour l'écrivain, Rome le devient aussi pour le lecteur.

Au-delà de la structure thématique formelle et rigoureuse qui organise ce morceau apparemment «esquissé» l'écrivain tire effet également de la musicalité latente du langage. Dans le deuxième paragraphe, par exemple, la répétion du mot «ombre» contribue à créer une expressivité sonore, la répétition des nasales, en l'occurrence. En effet, par la multiplication des voyelles sombres mais volumineuses Chateaubriand crée une ambiance sonore qui suggère l'obscurité nocturne. Il arrive parfois que l'écrivain exploite la matérialité du langage aussi dans la prose suivie. Dans le neuvième paragraphe, l'effet poétique de la prose découle de nouveau d'un usage savant de sonorités. Malgré son caractère souvent fragmentaire ce morceau de journal abonde également en phrases isométriques. On ne peut établir de façon irréfutable si les effets sonores et rythmiques proviennent d'une volonté de correction ou bien du premier jet, mais l'effet littéraire reste incontestable. Tout discontinu et fragmentaire qu'il soit, «Promenades dans Rome au clair du lune» constitue-t-il un poème en prose? On peut le penser, car la musicalité, la périodicité, la symétrie confèrent à ce morceau de journal une émotion le plus souvent réservée à la poésie. Le silence et la musique, parties intégrantes du texte, invitent le lecteur à participer pleinement à l'intériorisation subjective du paysage.

Plusieurs traits font de ce texte un microcosme du *Voyage en Italie*. Tout d'abord, il développe les thèmes et les motifs générateurs de tout le récit de voyage (et de presque toute l'oeuvre de Chateaubriand): les ruines, le temps dans sa fuite dévoratrice, la mort. Notre analyse a aussi montré comment ce morceau trace le mouvement du dehors au dedans qui caractérise ce récit de voyage. Mais c'est également par le style que ce morceau constitue une somme du *Voyage en Italie*. Comme nous venons de le voir, ce récit de voyage comporte en effet deux types de prose, l'écriture fragmentaire et l'écriture suivie. Grâce à l'enregistrement de l'instant, l'écriture fragmentaire est capable de représenter une exacte coïncidence avec le moi percevant. Mais dans le contexte d'une promenade solitaire à travers une Rome nocturne l'écriture fragmentaire sert de miroir à un des thèmes principaux du morceau, l'absence. Voilà comment cette écriture spontanée, par sa fulguration fragmentaire, parvient à créer un climat poétique riche en résonances pour l'imagination. Ainsi, tout autant que les pleins, les vides deviennent ici hautement significatifs.

Reconnaissons néanmoins qu'il y a des morceaux dans le *Voyage en Italie* qui semblent exister à la frontière entre une «esquisse verbale» et une «esquisse littéraire,» et des «esquisses littéraires» qui sont moins élaborées que d'autres. Le dernier paragraphe du morceau «Pouzolles et la Solfatara» est exemplaire à cet égard. Ici Chateaubriand esquisse un paysage à partir de la sensation pure:

Vue du golfe en revenant: cap dessiné par la lumière du soleil couchant; reflet de cette lumière sur le Vésuve et l'Apennin; accord ou harmonie de ces feux et du ciel. Vapeur diaphane à fleur d'eau et à mi-montagne. Blancheur des voiles des barques rentrantes au port. L'île de Caprée au loin. La montagne des Camaldules avec son couvent et son bouquet d'arbres au-dessus de Naples. Contraste de tout cela avec la Solfatare. Un Français habite sur l'île où se retira Brutus. Grotte d'Esculape. Tombeau de Virgile d'où l'on découvre le berceau du Tasse.[47]

Tout se passe comme si c'était l'oeil qui écrivait: entre le mot et la chose vue, il n'y a ni divorce ni distance. Comme dans l'extrait du «Musée Capitolin» et le morceau «Promenade dans Rome au clair de lune,» étudiés plus haut, l'emploi d'un style acumulatif et nominal crée une «rhétorique du spontané» qui est la garantie de l'authenticité du journal.

Par ses dernières remarques sur les habitants qui se substituent les uns aux autres, l'auteur ébauche une méditation, sur le temps, en l'occurrence. L'emploi de l'ellipse syntaxique et sémantique dans cette écriture apparemment subordonnée à l'impression immédiate du voyageur nous situe à la limite féconde de la parole et du silence. Comme des moments de pause dans le voyage réel, ces blancs sont susceptibles de libérer la pensée et l'imagination du lecteur. La prose fragmentaire de «Pouzzoles et la Solfatara» est donc apte à provoquer chez le lecteur la naissance de la rêverie. Mais en elle-même cette caractéristique ne crée pas une «esquisse littéraire.»

Si à l'exception de la répétition de «bruit» son style ne crée pas les effets de musicalité que nous avons discernés dans «Tivoli et la Villa Adriana» et dans «Promenade dans Rome au clair de lune,» ce paragraphe est néanmoins plus structuré que l'extrait que nous avons examiné du morceau, le «Musée Capitolin.» Au principe de simple juxtaposition identifié dans ce dernier morceau s'ajoutent ici des effets de contraste. On peut citer le contraste entre la Solfatare et le reste du tableau, comme entre la vie et la mort et le présent et le passé vu, entre autre, dans l'évocation du Français qui succède à Brutus. La vie prend en fait naissance dans la mort, au tombeau de Virgile répond le berceau du Tasse. Ce court extrait,

---

47 Chateaubriand, *Voyage en Italie* dans *Œuvres romanesques et voyages*, II, 1464.

apparemment non élaboré, contient ainsi un grand nombre des thèmes qui obsèdent l'auteur. De plus, les différents plans du tableau évoqué sont unifiés par les effets de lumière détaillés par l'auteur. Enfin, les deux paragraphes se terminent par une référence aux poètes. Nous avons bien affaire ici à une «esquisse littéraire,» mais les effets de symétrie et la structure thématique sont moins élaborés que dans d'autres passages que nous avons étudiés plus haut. Cet extrait éclaire bien le fait que le degré de «fini» stylistique et formel varie d'une «esquisse littéraire» à une autre.

Un examen de l'ordonnance des morceaux constitutifs du récit de voyage nous a donc révélé que le *Voyage en Italie* semble être le résultat du travail littéraire autant que de l'improvisation. Nous avons tout d'abord discerné une symétrie dans l'ordonnance des morceaux et aussi la perturbation de l'ordre chronologique à des fins littéraires. Ensuite, nous avons vu comment la cohérence de l'ouvrage, tout discontinu qu'il soit, découle aussi des trames de présences et d'échos que créent les thèmes. Un certain nombre de thèmes obsédants apparaissent brièvement et discontinûment à travers les divers morceaux du *Voyage en Italie*.[48] La vision et la pensée du voyageur, orientées par ses inclinations et ses hantises, se cristallisent tout d'abord autour du thème du temps. C'est la fuite inexorable du temps et la mobilité et l'évanescence de toutes choses qui fascinent le voyageur jusqu'au vertige. Dans l'instabilité générale qui caractérise la vie des choses, c'est la brièveté de la vie de l'homme, surtout en face de celle de la nature, qui l'angoisse tout particulièrement. L'inconsistance et le caractère éphémère de tout ce qui est soumis au joug du temps impliquent cet infini engloutissement dans le néant qu'est la mort. Son lyrisme est centré sur le vide, l'absence, l'être à la frontière du néant, l'être sur le point de disparaître. La fragilité humaine et l'inutilité de tout

---

[48] Il semble que Chateaubriand lui-même ait compris l'importance des thèmes récurrents pour la création d'une certaine unité dans ses *Mémoàires d'Outre-Tombe* comme dans sa vie. Dans « L'Avant-propos en guise de testament » il affirme : « Ces *Mémoires* ont été composés à différentes dates et en différents pays [...] Les formes changeantes de ma vie sont ainsi entrées les unes dans les autres [...] Ma jeunesse pénétrant ma vieillesse, la gravité de mes années d'expérience attristant mes années légères, les rayons de mon soleil, depuis son aurore jusqu'à son couchant, se croisant et se confondant, ont produit dans mes récits une sorte de confusion, ou, si l'on veut, une sorte d'unité indéfinissable... » Chateaubriand, *Mémoires d'Outre-Tombe*, I, 16.

effort pour échapper à son sort s'incarnent dans le vieux thème sapiential de la vanité du monde.

La même fuite temporelle qui détruit les monuments que les civilisations disparues ont bâtis pour les siècles empêchera Chateaubriand de construire son monument littéraire, un *Voyage en Italie* composé de lettres aussi soignées que celle écrite à M. de Fontanes. Rome s'efface: aux monuments qui s'enlisent toujours plus dans le sol répond le monde du silence chez le poète. Sa conviction de l'anéantissement inévitable des signes culturels faits pour vaincre le successif rend futile l'effort d'écrire. L'écriture fragmentaire, qu'elle se trouve dans des morceaux que nous avons identifiés comme «esquisse verbale» ou comme «esquisse littéraire,» réalise donc matériellement une thématique temporelle à la fois toute personnelle et aussi profondément romantique où la durée est refusée. Chateaubriand le reconnaît d'ailleurs explicitement quand il termine le morceau par une référence à ce «courrier rapide» qu'est le Temps, et quand il avoue dans une note en bas de page qu'il avait dans la tête une vingtaine de lettres qu'il pourrait écrire si le temps et le repos ne lui manquaient pas.[49] C'est dans cette perspective que nous pouvons comprendre pleinement un voyage qui se présente comme une transposition en écriture d'un tableau dont certaines parties seraient achevées tandis que d'autres seraient à peine esquissées. Composer un tout achevé, retoucher soigneusement un style, aurait constitué une mainmise sur le temps dévorateur. Mais Chateaubriand, convaincu de la vanité de tout effort pour immortaliser l'éphémère, renonce à créer une oeuvre close et achevée. Par le déroulement parcellaire du récit et par son style spontané et lacunaire, le *Voyage en Italie* fait donc éclater la syntagmatique de l'écriture traditionnelle. L'auteur paraît toutefois partagé entre la tentation de céder à la successivité et au morcellement, et sa nostalgie pour un livre rhétoriquement composé. Parfois, tout en laissant une disposition fragmentaire du récit propre au journal, il arrive que Chateaubriand soigne son style. C'est ce qu'il fait dans le morceau «Tivoli et la Villa Adriana.» Mais il y a plus. A d'autres moments, dans le contexte d'un morceau de journal la prose lacunaire attire l'attention sur elle-même pour devenir une prose non-

---

49 Chateaubriand, *Voyage en Italie* dans *Œuvres romanesques et voyages*, II, 1458.

utilitaire, une prose spectacle. C'est le cas dans «Promenade dans Rome au clair de lune» où l'ellipse acquiert un sens thématique, celui de l'absence. Ici le laconisme de sa prose traduit en même temps qu'il crée une poésie du silence.[50] La discontinuité textuelle et l'écriture fragmentaire telle que la pratique Chateaubriand nous intéresse donc également en ceci qu'elle favorise une autre réception, plus active, plus diversifiée. La disposition des blancs et des morceaux invite le lecteur à participer dans l'espace du texte à l'aventure voyageuse entreprise par l'écrivain dans l'espace concret. Les blancs, comme des moments de pause ou de détente dans le voyage réel, libèrent l'imagination du lecteur et invite ainsi le lecteur à prendre le relais et à inventer l'oeuvre à son tour. Par ce parcours non-linéaire, le lecteur peut nier la successivité et imiter la révolte contre la chronologie qu'est le voyage chateaubrianesque. La parcellisation de l'espace graphique du texte offre au lecteur une typographie à traverser. Il peut sauter de fragment en fragment à sa guise, le rythme et la durée de son parcours dépendant d'un choix personnel. Ainsi la lecture peut être flânerie, exploration ou traversée rapide. L'ordre de succession peut même varier selon les lecteurs. Le lecteur peut, par exemple, céder au flux temporel comme le fait l'auteur dans son écriture spontanée. Ou par un parcours non-linéaire, révolte contre l'enchaînement narratif, le lecteur peut nier la successivité temporelle. Le discours fragmentaire peut aussi stimuler la puissance intégratrice du lecteur. Soutiens privilégiés de son imagination, les morceaux que nous avons caractérisés comme «esquisse verbale» ou «esquisse littéraire» détiennent l'un et l'autre le pouvoir de déclencher chez le lecteur un processus d'intériorisation qui aboutit à une des multiples réalisations de l'oeuvre latente.

C'est sans doute grâce à ces richesses que le journal reste une forme de prédilection pour les voyageurs français du XIXe siècle. Dans un compte rendu d'un récit de voyage anglais, *Travels and discoveries in North and Central Africa* (1858), V. de Mars reconnaît, par exemple, que les «notes» presque quotidiennes font fonctionner le journal de voyage par allusion, et que par l'identifica-

---

[50] Dans son étude des *Mémoires d'Outre-Tombe* Jean-Maurice Gautier illustre comment la construction nominale pour traduire le silence fait partie d'un art conscient. Voir Jean-Maurice Gautier, p. 131.

tion qui s'ensuit se créent les conditions d'une lecture active et participatrice:

> La forme de journal adoptée par l'auteur, et qui aujourd'hui paraît prévaloir dans les relations sérieuses et étendues, nous semble de beaucoup préférable à toute autre: elle témoigne de notes presque quotidiennes, et fait ainsi preuve de sincérité. Si d'abord elle paraît un peu lente et monotone, elle ne tarde pas à racheter cette apparence de défaut pas l'intérêt qu'elle excite, car, en vivant tous les jours avec le voyageur, on finit par s'identifier avec lui; on partage ses émotions, ses dangers, ses craintes, ses espérances, et les conclusions qui ressortent des faits frappent d'autant plus le lecteur, qu'il croit les avoir tirées lui-même du simple récit qui a passé sous ses yeux.[51]

Dans le *Voyage en Italie*, l'inachèvement formel du journal, avec la rupture dans la progression narrative et le style souvent fragmentaire, implique un inachèvement sémantique qui invite à une telle lecture participatrice. Journal de voyage discontinu et souvent fragmentaire, le *Voyage en Italie* illustre donc une textualité liée à la métonymie: elle exprime le tout à travers la partie, disant plus en disant moins. Mais rien de ce que V. de Mars n'écrit ne suggère que par la qualité de sa prose ou par l'art de son ordonnance le récit de voyage anglais soit capable de produire des effets esthétiques. Il est donc tout à fait probable qu'il ne dépasse pas le stade d'une «esquisse verbale.»

C'est en livrant à ses lecteurs des morceaux de journal d'une extraordinaire liberté formelle et aussi d'une grande valeur littéraire — une «esquisse littéraire,» que Chateaubriand a frayé de nouvelles pistes pour les auteurs voyageurs qui le suivront. En effet, c'est sans doute grâce en partie à l'exemple de Chateaubriand que d'autres auteurs voyageurs tant du XIXe siècle que du XXe n'ont pas hésité à adopter cette forme. On pense tout de suite à Stendhal, qui l'a choisie pour tous ses récits de voyage, mais aussi plus tard dans le siècle aux *Sensations d'Italie* (1892) de Paul Bourget et au *Sicile, croquis italiens* (1893) de René Bazin. Comme nous le verrons dans le Chapitre VII, c'est vers la forme du journal que

---

51 V. de Mars, « *Travels and discoveries in North and Central Africa, by H. Barth ; t. IV and V. Longman, 1858,* » *Revue des Deux Mondes*, Vol. 20 (15 mars 1859), p. 254.

se tourneront la majorité des auteurs voyageurs au XXe siècle. Ce faisant, ils se révèlent des héritiers lointains du discours brisé et inachevé de Chateaubriand.[52] Toutefois, les écrivains voyageurs du XIXe siècle, comme nous le verrons dans le chapitre suivant, adoptent encore plus volontiers la forme épistolaire pour narrer leurs voyages. Dans quelle mesure la lettre de voyage peut elle constituer une «esquisse littéraire?» C'est à cette question que nous chercherons à répondre.

[52] Roland Barthes a bien vu que Chateaubriand a préfiguré une littérature du fragment. Voir « La Voyageuse de nuit » dans Chateaubriand, *Vie de Rancé* (Paris : Union générale d'éditions, 1965), p. 14-15. Voir aussi Jean-Pierre Richard, *Paysage de Chateaubriand* (Paris : Seuil, 1967), p. 17 et p. 139.

CHAPITRE III

La lettre de voyage
comme «esquisse littéraire»: Hugo

> Un dialogue est une chaîne ou une couronne
> de fragments. Un échange de lettres est un
> dialogue à une plus grande échelle...
>
> Friedrich Schlegel
> *Fragments de l'Athenaeum*[1]
>
> on décrit avec les mots que la chose vous
> jette
> Victor Hugo
> *Carnet de voyage*[2]
>
> quel est le voyageur qui n'orne pas un peu
> Victor Hugo
> *Album de voyage* (1840)[3]

Nous avons vu dans notre dernier chapitre que Chateaubriand
semble avoir voulu conférer à son *Voyage en Italie* l'ébauche d'un

---

[1] Ph. Lacoue-Labarthe et J.-L. Nancy, p. 107. «Ein Dialog ist eine Kette oder
ein Kranz von Fragmenten. Ein Briefwechsel ist ein Dialog in vergrössertem Mass-
tabe, und Memorabilien sind ein System von Fragmenten.» Friedrich Schlegel, I,
199 (No. 77).

[2] Victor Hugo, *Le Rhin, lettres à un ami*, éd. Jean Gaudon, 2 vol. (Paris : Les
Lettres Françaises, 1985), II, 350 (*Le Rhin*. Reliquat, Folio 49). Toute citation du
Rhin sera tirée de cette édition.

[3] Victor Hugo, *Le Rhin, lettres à un ami*, II, 377 (Album de 1840, Folio 18).

ordre et d'un achèvement, avant qu'il ne se décide de le confier tel quel au public. Homme ruine, il nous laisse un texte ruine: univers intime et univers textuel coïncident ainsi étroitement. Les morceaux de journal du *Voyage en Italie* que nous avons analysés restent à l'état de projet et constituent ainsi autant d'esquisses préparatoires destinées à une future exploitation littéraire: un recueil de lettres achevées dans la forme et finies dans le style qu'il n'a jamais écrites. Mais nous espérons avoir démontré que certains morceaux de journal, tout lacunaires qu'ils sont, font preuve d'un intérêt esthétique non déniable. Ils contribuent à faire du *Voyage en Italie* une «esquisse littéraire.»

Dans le présent chapitre, nous voudrions illustrer comment l'utilisation littéraire d'une autre forme associée à la spontanéité et au naturel, la lettre de voyage, offre un exemple privilégié de cette tension entre forme et informe, entre discours continu et discours inachevé qu'exprime la métaphore, l'«esquisse littéraire.»[4]

A l'encontre du *Voyage en Italie* une «Préface» et un certain nombre des étapes préparatoires du *Rhin, lettres d'un ami* (1842) de Victor Hugo nous sont parvenus. L'examen de ces différents textes nous permettra de comprendre l'attitude hugolienne envers la forme épistolaire et la «rhétorique du spontané.» De plus, il existe une riche collection de comptes rendus critiques ayant trait à ce récit de voyage. C'est donc par le biais d'un examen du métadiscours associé au *Rhin* — la «Préface» et des comptes rendus critiques — comme par une étude contrastive d'un album préparatoire du récit de voyage lui-même, que nous étudierons la tension entre l'improvision et le travail volontaire qui sous-tend une «esquisse littéraire.»

Avant d'aborder les lettres de voyage de Hugo, il nous sera utile de nous arrêter un instant sur le statut littéraire de la lettre. Reconaissons tout de suite que la lettre peut assumer une variété de fonctions. Certes, il existe des lettres très publiques, telle la lettre ouverte

---

4 Roger Duchêne fait à propos du destinataire de la lettre une distinction qui va dans la même direction que la nôtre quand il distingue entre « l'épistolier » (celui qui écrit à son correspondant sans tenir compte de l'existence du public général) et l'« auteur épistolaire » (celui qui se soucie d'un public éventuel autre que son seul correspondant). Roger Duchêne, « Réalité vécue et réussite littéraire : le statut particulier de la lettre, » *Revue d'Histoire littéraire de la France*, No. 2 (mars-avril 1971), p. 177.

d'un roi à son peuple. Mais la lettre est surtout de l'ordre du privé et invite la notation de la réalité quotidienne au fur et à mesure que l'écrivain la ressent. Liée au vécu et à la perception de l'instant, et privée du point de vue panoramique du récit, la lettre est aussi forcément inachevée et suggestive. Comme une esquisse, elle témoigne à la fois de l'authenticité du contenu et de la sincérité de celui ou de celle qui l'écrit.[5]

A l'inverse du journal où la rédaction est souvent journalière, dans la lettre l'intervalle temporel qui sépare l'expérience de sa narration peut varier considérablement. Une autre différence entre les deux formes réside dans le fait que le journal implique souvent la subjectivité pure, non-vouée à la communication, et par là dépourvue de contraintes extérieures, tandis que la lettre suggère l'intimité partagée. Cependant, il n'existe pas nécessairement de dichotomie entre les pouvoirs expressifs de ces deux formes, vu que l'intersubjectivité d'une lettre écrite à un ami intime, par l'absence de distance psychologique, ressemble à maints égards à celle du journal. Dans les deux formes, le plus souvent cette intimité se communique volontiers par les techniques littéraires associées à une «rhétorique du spontané.» Et qui plus est, rien ne dit qu'un journal ne soit rédigé en vue d'un échange éventuel. La lettre se distingue néanmoins du journal dans la mesure où sa destination à autrui la rend plus susceptible d'être soumise à des attentes formelles. De fait, certaines lettres, nous venons de le reconnaître en évoquant une lettre royale, sont écrites d'emblée sur un autre registre, moins intime et dans une prose plus soignée, plus conforme aux lois de l'expression littéraire. D'autre part, une correspondance privée peut acquérir le statut d'oeuvre proprement littéraire quand elle est revue et corrigée par son auteur ou par un éditeur et par la suite rendue publique. Rappelons enfin qu'une communauté de lecteurs sensibles à la dimension littéraire d'un tissu verbal discontinu et inachevé peut accorder à une lettre où à un recueil de lettres un statut littéraire que l'écrivain lui-même lui aurait refusé.

A l'opposition du journal, la lettre n'est pas un genre récent. L'interrogation sur la valeur littéraire de la lettre est donc riche par rapport à celle portant sur le journal. En effet, une tradition d'un

---

[5] Pour une comparaison détaillée du statut du journal intime et des genres voisins voir Alain Girard, *Le journal intime et la notion de personne*, p. 3-26.

«art épistolaire» existe dès l'antiquité.[6] Au Moyen Age, la lettre constituait avec le sermon un des genres littéraires principaux en prose; elle était donc régie par des conventions littéraires assez élaborées.[7] La lettre hérite surtout de la tradition de l'art oratoire antique. Dans l'*ars dictaminis* du Moyen Age au XVIIIe siècle, une lettre suivait souvent l'ordre de la rhétorique oratoire tel que Cicéron l'avait décrite: *salutatio, captatio benevolentiae, narratio, petitio, conclusio.*[8] Par l'application des conventions et usages littéraires dans un deuxième moment de création, cet «art épistolaire» assurait une certaine ordonnance et correction de style. Mais en France la lettre se libère petit à petit des régles de l'art oratoire pour devenir une «conversation par écrit.» De la lettre balzacienne, achevée dans sa structure et marquée d'un style enflé par la rhétorique, aux lettres plus «naturelles» de Madame de Sévigné et de Voiture, se dessine une évolution que la critique depuis une vingtaine d'années essaie de cerner.[9] Déjà au XVIIe siècle, on louait les charmes de l'«art caché» de la «belle négligence» du nouveau discours épistolaire. En 1628, par exemple, Dom Jean Goulu, adversaire de Balzac, se sert d'une métaphore picturale pour décrire la «rhétorique du spontané» qui régit ses lettres: «Tu dois prendre (mes lettres) comme les dessins de Michel Ange qui n'estans que

---

[6] Voir, par exemple, Alain Viala, « La genèse des formes épistolaires en français et leurs sources latines et européennes, » *Revue de littérature comparée*, Vol. 218 (1981), p. 168-183 et James J. Murphy, *Three Medieval Rhetorical Arts* (Berkeley : University of California Press, 1971), p. xv-xvi et p. 5-25.

[7] Voir Marc Fumaroli, « Genèse de l'épistographie classique : rhétorique humaniste de la lettre, de Pétrarque à Juste Lipse, » *Revue d'Histoire littéraire de la France*, No. 6 (novembre-décembre 1978), p. 886-905.

[8] Voir James J. Murphy, p. xvi. Voir aussi Alain Viala, p. 168-183.

[9] La question du statut des lettres de Madame de Sévigné a surtout fait couler beaucoup d'encre. Voir, par exemple, Bernard Bray, « Quelques aspects du système épistolaire de Madame de Sévigné, » *Revue d'Histoire littéraire de la France*, No. 3-4 (mai-août 1969) p. 491-505 et Roger Duchêne, « Madame de Sévigné et le style négligé, » *Œuvres et critiques*, No. 1 (1976), p. 113-127. Pour une discussion du débat concernant Madame de Sévigné voir Bernard Beugnot, « Débats autour du genre épistolaire, réalité et écriture, » *Revue d'Histoire littéraire de la France*, No. 2 (mars-avril 1974), p. 195-203. Janet Gurkin Altman offre un bon résumé de certains éléments de cette interrogation dans son étude « The Letter Book as a Literary Institution 1539-1789 : Toward a Cultural History of Published Correspondences in France, » *Yale French Studies*, Vol. 71 (1986), p. 17-62.

croquez encore passent et excellent tous les adoucissemens et les finissmens des tableaux et peintures des Flamands.»[10] Ici la spontanéité, on le voit, est liée explicitement à l'inachèvement propre à l'esquisse. Bussy-Rabutin lui fait écho en parlant des lettres de Madame de Sévigné: «Je n'ai pas touché à vos lettres, Madame: le Brun ne toucherait pas à un ouvrage du Titien, où ce grand homme aurait eu quelque négligence. Cela est bon aux ouvrages des petits génies d'être revus et corrigés.»[11] Comparant l'art de la négligence de Madame de Sévigné à la touche libre du Titien, Bussy identifie ici la spontanéité du moins apparente qui est au coeur du code épistolaire mondain.[12] Il n'est donc pas fait pour surprendre que dans un recensement de traités épistolaires du XVIIe fait par Bernard Beugnot, on découvre que des valeurs inhérentes à l'«esthétique de l'esquisse» — la naïveté, le naturel, la candeur, la simplicité, la brieveté — sont recommandées aux écrivains de lettres, tandis que le style oratoire et éloquent est souvent présenté comme un défaut.[13] Mais qu'on ne se trompe pas. Ce que le XVIIe siècle entendait par «naturel» — une aisance primesautière, l'enjouement, l'urbanité — est souvent loin des lettres prétendument «d'après nature» des récits de voyage épistolaires du XIXe siècle où la description du pays visité l'emporte sur l'esprit des commentaires.

Le récit de voyage épistolaire est plutôt rare en France au XVIe et au XVIIe siècle. Une exception notable est un récit de voyage paru en 1691 et qui a connu de nombreuses ré-éditions pendant la première moitié du XVIIIe siècle. Il s'agit du *Nouveau voyage d'Italie* (1691) de François-Maximilien Misson.[14] Dans

---

[10] *Lettres de Phyllarque à Ariste*, 3ᵉ éd., (Paris, 1628), p. 10 cité dans Marc Fumaroli, « Genèse de l'épistolographie classique : rhétorique humaniste de la lettre, de Pétrarque à Juste Lipse, » p. 898.

[11] Lettre datée du 17 janvier 1681. Voir Madame de Sévigné, *Correspondance*, 3 vol. (Paris : Gallimard, 1972-1978), III, 61 (1978). En réalité, on voit à la fois des suppressions et des modifications dans la forme des lettres de Madame de Sévigné que Bussy a montrées au roi. Voir Madame de Sévigné, p. 1183-1184, notes 5 et 6.

[12] Voir Roger Duchêne, *Madame de Sévigné et la lettre d'amour* (Paris : Bordas, 1970), p. 107-114.

[13] Voir Bernard Beugnot, « Style ou styles épistolaires, » *Revue d'Histoire littéraire de la France*, Vol. 6 (novembre-décembre 1978), p. 942-943.

[14] Les *Lettres dv Iappon, Perv, et Brasil. Enuoyees au R. P. General de la Societé de Iesus* (1580) et la *Relation d'un voyage de Paris en Limousin* (rédigé en 1663, paru en 1729) de Jean de Fontaine sont deux autres exceptions qui confirment la règle.

l'«Avertissement» à son récit de voyage Misson raconte l'histoire de son choix formel. A son aveu, sa première intention a été de faire pour son usage personnel «un Journal des principales choses» qu'il remarquerait.[15] Mais puisque certains de ses amis voulaient qu'il leur envoie de temps en temps ses remarques «ce Journal s'est insensiblement fait en forme de Lettres.»[16] Un ouvrage auto-destiné glisse ainsi presque insensiblement vers un ouvrage destiné à un groupe restreint, des amis intimes, pour aboutir à un ouvrage créé à l'intention d'un destinataire collectif plus important, le public. Misson affirme parler «naïvement» de ce qu'il a vu, caractérisant explicitement le style épistolaire comme «un style concis, un style libre & familier...»[17] On remarquera que les caractéristiques du style épistolaire identifiées par Misson — la naïveté, la concision et la spontanéité naturelle de la production — sont toutes associées à l'«esthétique de l'esquisse.» Or, Misson contraste la forme et le style épistolaires avec ce que l'on attend d'une description d'un pays, où l'auteur est censé viser à l'exhaustivité: «Les descriptions voudroient qu'on dît tout, & qu'on parlât de tout avec exactitude: mais la description d'un païs, & ce qu'on veut en dire dans une lettre, sont des choses bien differentes.»[18] Il précise:

> Si l'on objecte donc, que j'oublie diverses considerations assez importantes; je déclare que je n'oublie rien, puisque je ne promets rien précisément. On ne doit chercher ici que des lettres, par lesquelles je ne m'oblige à raconter tout ce qui se peut dire des lieux dont j'écris.[19]

Avec la naïveté, la spontanéité et la concision, c'est donc par l'inachèvement impliqué par la relativité de l'expérience individuelle que son récit de voyage épistolaire ressemble à une esquisse. A cause de sa grande popularité le récit de voyage épistolaire de Misson a contribué à faire de la lettre une forme de prédilection pour le genre au XVIIIe siècle, succès qui a continué pendant le siècle suivant.

[15] François-Maximilien Misson, *Nouveau voyage d'Italie*, 4 vol. (Amsterdam et Paris : Clousier, 1743), I, v.

[16] François-Maximilien Misson, I, v.

[17] François-Maximilien Misson, I, xii et v.

[18] François-Maximilien Misson, I, vi, v.

[19] François-Maximilien Misson, I, p. v-vi.

Une caractéristique de la forme épistolaire que Misson ne
traite qu'implicitement, mais qui pourtant a souvent été évoquée
au XIXe siècle autant par des voyageurs écrivains que par des
auteurs qui voyagent, est la sincérité que l'expression spontanée
connote. Ed. de Montulé, par exemple, écrit à propos de ses lettres
de voyage dans l'«Avant propos» de son *Voyage en Amérique, en
Italie, en Sicile et en Egypte* (1821):

> Je voulais d'abord refondre entièrement celles-ci. Quelques unes
> portaient trop l'empreinte des sentimens que j'avais momentané-
> ment éprouvés; mais je m'aperçus bientôt que je nuirais à la vrai-
> semblance et diminuerais le naturel des premières expressions:
> l'aspect des objets les fait naître, et le souvenir ne peut jamais les
> remplacer. Je les ai donc laissées telles à peu près que je les avais
> primitivement écrites.[20]

La vérité primitive du sentiment, découverte par l'impression
momentanée, l'emporte ici sur toute perfection stylistique ou formelle que le travail conscient aurait pu assurer.

Les *Lettres sur l'Italie, en 1785* (1788) du Président Dupaty,
ouvrage déjà marqué par la sensibilité et la mélancolie, et les
Lettres sur l'Italie (1799) du Président de Brosses, ouvrage caractérisé plutôt par une verve spirituelle et volontiers frivole, s'ajoutent au *Nouveau voyage d'Italie* de Misson pour offrir des modèles
très différents du voyage épistolaire au seuil du XIXe siècle. Vu
la variété de modèles récents à leur disposition il n'est pas étonnant que la lettre soit devenue une forme de prédilection pour les
voyageurs du XIXe siècle.

Le voyageur invétéré, Xavier de Marmier nous offre un exemple
de l'enthousiasme pour la forme épistolaire. Dans les premières
pages de ses *Lettres sur le nord* (1840), par exemple, il exprime
la même foi en l'authenticité garantie par le naturel et la spontanéité de l'écriture épistolaire que nous avons distinguée chez Ed.
de Montulé. Comme l'artiste qui refuse de retoucher son esquisse
de peur de nuire à son authenticité, selon Marmier tout effort de
remaniement stylistique ou formel de la lettre de voyage aurait été
vu comme mensonger:

---

[20] Ed. de Montulé, *Voyage en Amérique, en Italie, en Sicile et en Egypte
pendant les années 1816, 1817, 1818 et 1819*, 2 vol. (Paris : Delaunay, 1821), I,
v-vi.

Ces lettres ne sont donc que l'expression d'une pensée sincère. Je les écrivais ça et là à mesure que j'entrais dans une nouvelle contrée ou que je m'arrêtais dans un lieu intéressant [...] En les réimprimant, je n'ai point voulu changer la forme spontanée qu'elles ont reçue sous l'impression locale qui me les dictait, ni chercher à les renouer l'une à l'autre par un lien factice.[21]

La forme épistolaire garde son association avec l'authenticité jusqu'à la fin du siècle et ceci même dans les colonies françaises comme l'atteste l'aveu suivant d'un certain Père Proulx:

Ces lettres, vous le savez, Monseigneur, ont été écrites, au jour le jour, au fond du canot, sur les cailloux des grèves, sous la toile de la tente, au milieu de mille et une distractions; elles n'ont donc aucune prétention à l'élégance et à la correction du style. J'aurais peut-être pu les retoucher; mais, réflexion faite, j'ai cru qu'il était mieux de les reproduire telles qu'elles ont paru d'abord dans les colonnes du journal «Le Canada»; elles auront au moins le mérite du naturel et de la spontanéité.[22]

Les auteurs voyageurs s'ajoutent aux voyageurs écrivains pour choisir cette forme pour narrer leurs récits de voyage. De ce groupe se détachent, entre autres, Chateaubriand, Mérimée, Nodier, Sand, Hugo, Nerval, Gautier et Fromentin.[23] Si le roman épistolaire a connu son âge d'or au XVIIIe siècle, tel n'est donc pas le cas pour le récit de voyage épistolaire.[24] Soulignons le fait que l'écriture spontanée *in situ* et le refus du remaniement qui assure l'authenticité des lettres sont intimement liés au décousu du texte. Or, c'est justement une mise en forme dans un deuxième temps de réflexion qui est le plus souvent associée à la création littéraire.

---

[21] Xavier de Marmier, *Letres sur le nord. Danemark, Suède, Norvège, Laponie et Spitzberg*, 2 vol. (Paris : H. L. Delloye, 1840), p. viii.

[22] J. B. Proulx, Ptre, *Voyage au lac Abbitibi ou Visite pastorale de Mgr. J. Th. Duhamel dans le Haut de l'Ottawa* (Montréal : J. Chapleau & Fils, 1882), p. 4.

[23] Cette forme a été choisie aussi par des voyageurs moins connus. Voir, par exemple, A. L. Castellan, *Lettres sur l'Italie* (Paris : A. Nepveu, 1919).

[24] Honoré de Balzac situe la mort du roman épistolaire vers 1800 lorsqu'il écrit en 1840 que « ce mode si vrai de la pensée sur lequel ont reposé la plupart des fictions littéraires du XVIIIᵉ siècle » est devenu « chose assez inusitée depuis bientôt quarante ans. » Cité dans Jean Rousset, *Forme et signification* (Paris : Corti, 1962), p. 66.

Chez les auteurs qui voyagent, l'écriture naïve qu'exige la forme épistolaire est souvent mise en compétition avec l'écriture plus soigneusement rédigée associée à la littérature. Le défi auquel l'auteur épistolaire en voyage est confronté est d'arriver à une utilisation littéraire d'une forme associée au désordre et à l'inachèvement des sensations et des impressions intimes.

L'espace séparant les deux citations de Hugo mises en exergue à notre discussion, tirées toutes les deux de ses écrits intimes lors du voyage en Allemagne en 1840, est précisément celui qui sépare une «esquisse verbale» d'une «esquisse littéraire.» La première réflexion évoque surtout la passivité qui est associée à la production spontanée de l'esquisse. Le voyageur, loin de participer à un dialogue réfléchi avec le monde extérieur, n'est conçu ici que comme une sorte de sténographe. Selon cette réflexion, l'écriture en voyage se réduit à l'inscription de mots dictés par des «choses vues.» Dans la deuxième réflexion, en revanche, en s'excusant Hugo s'accuse d'avoir enfreint le contract de sincérité absolue qu'il passe explicitement avec son lecteur dans la «Préface» du *Rhin*, et qui est suggéré implicitement par l'écriture naturelle et spontanée associée souvent à l'écriture épistolaire. En effet, grâce au naturel de l'écriture épistolaire le discours progresse par juxtaposition; les vides sont ainsi créés entres les sujets traités. Dans un recueil de lettres, ces vides existent aussi non seulement au sein de chaque lettre mais encore entre les lettres qui composent le recueil. Mais loin d'avoir copié passivement ce qu'il a vu, l'écrivain voyageur semble dans la deuxième réflexion admettre avoir eu des préoccupations formelles et stylistiques et avoir complété les données fragmentaires de l'expérience par l'imagination et la mémoire.

Nous commencerons notre analyse du *Rhin* comme «esquisse littéraire» par son intéressante «Préface» à laquelle nous venons de faire allusion. En analysant ce métadiscours nous serons en état de mieux comprendre non pas seulement la perception que Hugo avait de son recueil de lettres, mais aussi les «attentes» qu'il a voulu créer chez ses lecteurs. Ensuite, c'est par une étude comparative de quelques extraits tirés de ses carnets ou de ses albums de voyage d'une part, et de quelques passages du *Rhin* de l'autre, que nous voudrions déterminer le statut littéraire de ce récit de voyage et explorer la mise en oeuvre de l'«esthétique de l'esquisse.» Un examen de l'accueil critique réservé au *Rhin* nous permettra de voir le statut ambigu du *Rhin* sous le prisme des lecteurs de l'époque.

On verra aussi le danger que court un voyageur qui adopte la forme épistolaire sans respecter complètement les valeurs — la spontanéité, la sincérité, le naturel et l'authenticité — qui y sont traditionnellement associées. Bref, c'est autant par un examen du métadiscours associé au *Rhin* — la «Préface» et les comptes rendus critiques — que par un examen du discours épistolaire lui-même, que nous étudierons ici la tension entre forme et informe, entre inachèvement et complétude qui sous-tend l'«esquisse littéraire.»

Que Hugo veuille que *Le Rhin* incarne les valeurs de «l'esthétique de l'esquisse» par le truchement de l'épistolarité, on le voit en effet dès sa «Préface» où l'auteur crée une histoire fictive de la genèse des lettres qui forment son récit de voyage. Selon Hugo, pendant son voyage il ramassait «des idées, des chimères, des incidents, des sensations, des visions, des fables, des raisonnements, des réalités, des souvenirs.»[25] Le soir, en attendant la soupe dans une auberge, il griffonnait des lettres à un ami. Hugo affirme avoir à peine retouché ces lettres dont la formation est selon lui «toute naturelle et toute naïve.»[26] Il présente ces lettres comme autant de pièces justificatives de la discussion historico-politique de la question du Rhin que forme la «Conclusion,» et qu'il offre au public en vue de réconcilier Français et Allemands.[27] Ce faisant, Hugo renverse l'importance relative typique des composantes d'un texte. En effet, au lieu d'avoir une conclusion qui dépend des lettres qui la précèdent, ici ce sont les lettres qui sont subordonnées à la «Conclusion.» C'est donc le vécu dont les lettres servent de témoignage qui rend crédible la «Conclusion» qu'il avait d'ailleurs l'intention de publier indépendamment sous la forme d'une brochure de deux cents pages.[28] La «Conclusion» passe ainsi au centre, gardant à bien des égards le statut d'oeuvre indépendante

---

25   Victor Hugo, *Le Rhin, lettres à un ami*, I, 74.

26   Victor Hugo, *Le Rhin, lettres à un ami*, I, 73.

27   Pour une analyse de rapports franco-allemands lors de la parution du *Rhin* voir la « Présentation » de Jean Gaudon dans Victor Hugo, *Le Rhin, lettres à un ami* dans *Œuvres complètes*, éd. Jean Massin, 18 vol. (Paris : Le Club Français du livre, 1967-1969), VI, pt. 1, 175 (1968) ; J. Bedner, *Le Rhin de Victor Hugo, Commentaires sur un récit de voyage* (Gröningen : J. B. Wolters, 1965), p. 90 sq. et Horst Wiegand, *Victor Hugo und der Rhein* (Bonn : Bouvier Verlag Herbert Grundmann, 1982), p. 96-125.

28   Victor Hugo, *Le Rhin, lettres à un ami*, I, 75.

que Hugo tenait à présenter au public; les lettres forment autant d'esquisses d'«après nature» qui la préparent et la justifient.
    La lettre, telle que nous la présente Hugo, ressemble à l'esquisse
dans la mesure où une écriture spontanée est censée attester la sincérité du voyageur et la véracité de ses impressions:

Si l'auteur avait publié cette correspondance de voyageur dans un
but purement personnel, il lui eût supprimé beaucoup de détails; il
eût fait subir de notables altérations; il eût supprimé et sarcelé
avec soin le moi, cette mauvaise herbe qui repousse toujours sous
la plume de l'écrivain livré aux épanchements familiers; il eût
peut-être renoncé absolument, par le sentiment même de son infé-
riorité, à la forme épistolaire, que les très grands esprits ont seuls,
à son avis, le droit d'employer vis-à-vis du public. Mais, au point
de vue qu'on vient d'expliquer, ces altérations eussent été des falsifications; ces lettres, quoique en apparence à peu près étrangères
à la Conclusion, deviennent pourtant en quelque sorte des pièces
justificatives; chacune d'elles est un certificat de voyage, de passage et de présence; le moi, ici, est une affirmation. Les modifier,
c'était remplacer la vérité par la façon littéraire. C'était encore diminuer la confiance, et par conséquent manquer le but.[29]

Comme dans le cas de l'esquisse picturale, c'est donc grâce à une
production naïve qui a lieu «sur place» que la lettre signifie les
valeurs de sincérité et d'authenticité. Hugo décide ainsi de publier
les lettres «telles à peu près qu'elles ont été écrites,» et s'exclame:
«...qu'importent les petites coquetteries d'arrangeur et les raffi-
nements de toilette littéraire! Leur vérité est leur parure.»[30] Ici
l'auteur présente le remaniement comme un processus artificiel qui
fausse la réalité. Il admet avoir fait quelques suppressions concernant des détails de famille pour ne pas manquer de discrétion, et
pour éviter les redites, quelques changements mineurs, tels le lieu
où s'est produit un incident. Mais selon lui, l'«essentiel pour que
l'auteur puisse dire, lui-aussi: *Ceci est un livre de bonne foi,* c'est
que la forme et le fond des lettres soient restés ce qu'ils
étaient.»[31]Comme pour rassurer le lecteur qui aurait pu s'inquié-
ter de l'aveu de ces changements — si minimes soient-ils — Hugo

29 Victor Hugo, *Le Rhin, lettres à un ami,* I, 77.
30 Victor Hugo, *Le Rhin, lettres à un ami,* I, 77.
31 Victor Hugo, *Le Rhin, lettres à un ami,* I, 78.

affirme pouvoir «au besoin montrer aux curieux [...] toutes les pièces de ce journal d'un voyageur authentiquement timbrées et datées par la poste.»[32] Produits d'un processus de création spontanée, mais à l'aveu de l'auteur dépourvues de tout intérêt littéraire, ces lettres semblent former une «esquisse verbale.»

Si, au dire de Hugo, seuls les «très grands esprits» ont le droit d'employer la forme épistolaire «vis-à-vis du public,» à savoir, avec le public comme destinataire, tel n'est en fait pas le cas ici. Hugo affirme plutôt faire paraître une série de lettres qui ont pour destinataire «un ami.» Intimes, privées, ces lettres n'appartiennent donc pas vraiment au domaine public. Puisqu'à l'encontre des «très grands esprits» qui écrivent d'emblée avec la publication en vue, Hugo n'a pas tenu compte des attentes formelles du public, il se présente comme ayant pu être totalement sincère. Comme une collection d'esquisses appartenant à l'intimité d'un peintre qui sont rendues publiques dans un deuxième temps, ces lettres sont présentées comme révélant les sensations et les idées les plus authentiques de l'écrivain.

En réalité, Hugo se sert ici des valeurs associées à l'esquisse telles que la sincérité et l'authenticité pour cacher ce qui est en fait une supercherie littéraire. Puisque le manuscrit du *Voyage en Italie* ne nous est pas parvenu, on ne sait pas de manière incontestable jusqu'à quel point les lettres de Chateaubriand ont été le fruit d'un «premier jet,» et jusqu'à quel point elles ont été remaniées. Disons entre parenthèses que la notion de «brouillon épistolaire» est en quelque sorte contradictoire, étant donné que la lettre, comme l'esquisse, est censée être le fruit d'un geste de création spontanée. Mais à l'opposé du *Voyage en Italie* de Chateaubriand, un certain nombre d'étapes préparatoires du *Rhin* nous est parvenu. Au lieu d'avoir été produites entièrement sur place, pendant un seul voyage qui se serait étendu, comme la datation du *Rhin* le suggère, de juillet 1838 à septembre 1839, les lettres résultent en réalité de trois voyages en Allemagne: un court voyage de dix jours entrepris en 1838, un autre l'année suivante où il s'agit très peu du Rhin, et un voyage plus important d'à peu près deux mois, du 29 août au 2 novembre 1840.[33] Il semble que c'est à la demande de sa

---

32 Victor Hugo, *Le Rhin, lettres à un ami*, I, 78.

33 Pour une discussion plus détaillée de la genèse du *Rhin* voir J. Bedner, p. 23 sq., l'« Introduction » de Jean Gaudon dans Victor Hugo, *Le Rhin, lettres à*

femme qu'en 1838 Hugo commence à écrire pour elle des lettres descriptives. Recopiées par Léopoldine, ces lettres sont déjà clairement destinées à être conservées.[34] En 1840, en revanche, le but même de son voyage est d'écrire un récit de voyage passible d'être publié.

Pendant ce voyage de 1840, Hugo écrit des notes dans son carnet de comptes, dans ses albums de dessins, et sur des «feuilles volantes.» La journée passée à noter des «choses vues» et à se documenter dans des bibliothèques, c'est la nuit dans des chambres d'auberge que Hugo rédige deux séries de lettres y compris celle qui forme le noyau du manuscrit du *Rhin*.[35] La première série de lettres, plus intime, est destinée à sa femme et à leurs enfants. Dans ces lettres familières envoyées à de vrais correspondants, Hugo écrit sans prétention littéraire.[36] Voici un échantillon de cette prose familière tiré d'une lettre écrite de Mayence à Madame Hugo, le 1er octobre 1840:

> Je devrais te gronder, chère amie, de ne m'avoir écrit que si peu de lignes; mais, comme ces lignes étaient douces et tendres, je te pardonne pour cette fois, à condition que tu ne recommenceras plus et que tu m'écriras, *à Trèves*, au moins une bonne et longue lettre. Tu dois comprendre qu'après une absence qui me semble déjà bien longue, j'ai besoin de savoir un peu de ce qui se passe à Paris ou du moins à St-Prix. Ainsi écris-moi sur toutes les choses que tu sais pouvoir m'intéresser, tous les détails que tu auras. Je pense que quelques-uns de nos amis viennent te voir à St- Prix. Redis-moi ce qu'ils te disent. Voici des lettres pour tous les enfants, pour Julie et pour ton bon père. J'ai appris avec bien de la joie que Julie

---

un ami, éd. Jean Gaudon, I, 9 sq. ; la « Présentation » de Jean Gaudon dans Victor Hugo, *Le Rhin, lettres à un ami*, éd. Jean Massin, VI, pt. 1, 173 sq. (1968) et le catalogue de l'exposition qui a eu lieu à la Maison Victor Hugo du 22 mars au 29 juin 1985 intitulé *Le Rhin, Le voyage de Victor Hugo en 1840* (Paris : Les Musées de la Ville de Paris, 1985), p. 66-69. Pour une présentation schématique de l'origine des lettres du *Rhin* voir J. Bedner, p. 155-156.

[34] « C'est pour t'obéir que je t'écris tout cela, mon Adèle. Tu veux que je t'envoie toutes mes rêvasseries. Je le fais. » Voir Victor Hugo, *Le Rhin, lettres à un ami*, éd. Jean Massin, VI, pt.1, 173 (1968) ; (« Présentation » de Jean Gaudon).

[35] Voir la lettre à Mme Hugo, « Heidelberg, 9 octobre 1840 » dans Victor Hugo, *Correspondance*, 4 vol. (Paris : Albin Michel, 1947), I, 580.

[36] Voir, par exemple, la lettre écrite de Mayence à Madame Hugo, le 1er octobre 1840 dans Victor Hugo, *Correspondance*, I, 576-577.

> allait tout à fait bien. As-tu reçu Mme Ménessier? Lui as-tu écrit au moins? L'as-tu invitée? N'oublie pas, chère ami, de faire quelque chose d'amical de ce côté-là; ce sont des amis de dix-sept ans! Je vais voir Manheim, Heidelberg et Francfort; puis, si le temps se soutient, je redescendrai le Rhin et je suivrai le cours de la Moselle, comme je te l'ai déjà écrit. Ma prochaine lettre te portera la suite de mon Journal.[37]

L'application d'une lecture esthétisante à cette prose écrite au fil de la plume sera peu féconde: nous avons donc affaire à une «esquisse verbale.» Hugo appelle l'autre série de lettres, qui ne contient que quelques références personnelles à sa famille, «Mon Journal.»[38] Si Hugo espère que le «Journal» «intéresse» sa famille, il est déjà destiné à la publication sous forme épistolaire.[39] C'est pourquoi à plusieurs reprises Hugo demande à sa femme de ne pas montrer les lettres du «Journal» à qui que ce soit afin d'en éviter la publication, ce qui s'était produit à son insu pour sa lettre sur Chillon l'année précédente.[40]

L'authenticité du récit de voyage, assurée en principe non seulement par une prétendue écriture spontanée, mais aussi par la présence d'un destinataire intime, l'«ami,» n'est donc qu'une feinte. Rentré à Paris après son voyage en 1840, Hugo remanie certaines lettres écrites lors de ses trois voyages, surtout celles du «Journal» rédigé pendant son voyage de 1840, écartant des parties et insérant de nouveaux passages inspirés par ses carnets, ses albums et ses dessins. Des souvenirs ou des lectures suppléent des lacunes laissées dans les lettres du «Journal» écrit lors du voyage de 1840.

[37] Victor Hugo, *Correspondance*, I, 576-577.

[38] Dans les notes écrites pour l'édition du *Rhin* parue chez Les Lettres Françaises Jean Gaudon reproduit quelques détails intimes que Hugo a élagués du « Journal » pour son récit de voyage. Selon Hugo, c'est sa femme qui aurait demandé la séparation « entre ce qui est le *voyage* et ce qui est *nous*. » Voir Victor Hugo, *Correspondance*, I, 572 (lettre du 2 septembre 1840).

[39] Voir de nouveau la lettre écrite de Mayence à Mme Hugo le 1er octobre 1840 dans Victor Hugo, *Correspondance*, I, 576-577. Voir aussi les lettres « Aix-la-Chapelle, 5 septembre 1840 » et « Heidelberg, 9 octobre, 1840 » dans Victor Hugo, *Correspondance*, I, 573-574 et 580.

[40] Voir, par exemple, les lettres envoyées à Mme Hugo de « Namur, 2 septembre 1840, » de « Saint-Goar, 15 septembre 1840 » dans Victor Hugo, *Correspondance*, I, 572-574 et de « Hausach. Forêt-Noire, 22 octobre [1840] » dans Victor Hugo, *Correspondance*, IV, 173-174.

De plus, il existe des lettres fictives composées entièrement à Paris
après le retour, afin de rendre cohérent un itinéraire accompli pendant trois voyages différents, et dont un certain nombre de jalons
manquait.[41] Le conte, «La Légende du beau Pécopin et de la belle
Bauldour,» qui forme la Lettre vingt-et-unième, a été de même rédigée à Paris. Ainsi, derrière la feinte d'une série de lettres écrites
in situ se cache la réalité des lettres composées par un travail littéraire soutenu en partie en voyage et en partie à Paris. J. Bedner
a donc raison d'appeler la notion d'une rédaction spontanée du *Rhin*
«une fable.»[42]

A l'opposé du cas présenté par Chateaubriand, cette existence
d'au moins un certain nombre d'étapes préparatoires du *Rhin* nous
permet d'identifier les différents procédés qu'adopte Hugo pour
doter son récit de voyage d'un intérêt littéraire qui manque à ses
lettres intimes. Dans la suite, nous proposons de confronter un
échantillon de fragments tirés du carnet de comptes et de l'album
de 1840, et des segments du *Rhin* qui y correspondent, afin de mieux
comprendre à la fois leur statut littéraire et celui du récit de voyage
lui-même.

Il faut bien reconnaître que certaines bribes du carnet et de l'album sont dépourvues d'intérêt littéraire. En voici un exemple:

sur le Rhin
compagnie de Cologne-19 bateaux à vapeur entre Strasbourg et Dusseldorf compagnie de Dusseldorf 6 bat. à vap. entre Mayence et Rot-
terdam[43]

Il va sans dire que nous avons affaire ici à une «esquisse verbale»
qui peut intéresser par la précision des renseignements qu'elle
offre sur les moyens de transport au XIXe siècle mais nullement
par l'expression. Elle ne sera d'ailleurs pas reprise telle quelle dans
Le Rhin. Il existe en revanche des fragments de texte plus stylistiquement achevés dans le carnet ou dans l'album qui seront repris
mot pour mot dans les lettres du récit de voyage. Considérons cet
exemple, tiré du carnet de comptes de 1840: «car les fleuves,

[41] J. Bedner, p. 23-30 et Victor Hugo, *Le Rhin, lettres à un ami* dans *Œuvres
complètes*, éd. Jean Massin, VI, pt. 1, 173-175 (1968) ; (« Présentation »).

[42] J. Bedner, p. 28.

[43] Victor Hugo, *Le Rhin, lettres à un ami*, II, 391 (Folio 30).

comme d'immenses clairons, chantent à l'océan la beauté de la terre,
la culture des champs, la splendeur des villes et la gloire des
hommes.»[44] De par son rythme et son langage imagé, ce fragment
détient une valeur littéraire incontestable. L'album et le carnet de
comptes comportent tous les deux de tels fragments de texte d'une
longueur et d'une valeur littéraire variables. Lire ces ouvrages préparatoires est donc analogue à regarder un album de peintre où les
dessins sont plus ou moins achevés.[45]

Plus conservateur que Chateaubriand qui, comme nous l'avons
vu dans le chapitre précédent, accepte de faire paraître un journal
de voyage marqué souvent par une textualité discontinue et fragmentaire, Hugo choisit la forme de lettres plus achevées pour narrer son voyage en Allemagne. Ainsi, même une bribe textuelle de
son carnet ou de son «Journal» qui sera reprise sans changements
dans une lettre a dû être néanmoins intégrée dans une structure épistolaire plus large. Par exemple, le fragment du carnet de 1840 consa-
cré aux fleuves que nous venons de citer sera inclu dans le premier
paragraphe de la Lettre Quatorzième, intitulé «Le Rhin,» datée du
17 août (1839). Dans ce court paragraphe, cette citation sera pré-
cédée par des marques caractéristiques d'une lettre: le lieu et la
date («Saint-Goar, 17 août), et une prise de contact avec le destinataire («Vous savez, je vous l'ai dit souvent, j'aime les fleuves»).[46]
De plus, Hugo prépare l'insertion du fragment par deux phrases de
transition: «Les fleuves charient les idées aussi bien que les mar-
chandises. Tout a son rôle magnifique dans la création.»[47]

A d'autres moments, au lieu d'inscrire des fragments textuels
de l'album ou du carnet de comptes dans un contexte épistolaire
sans rien changer, Hugo procède par fusion et par amplification.
La description d'un coucher de soleil illustre bien ces procédés.
Voici deux textes qui paraissent dans l'album de 1840. Nous
avons mis entre parenthèses des mots ou des segments textuels plus
importants qui ont été soit changés, soit éliminés dans la version

[44] Victor Hugo, Le Rhin, lettres à un ami, II, 327 (Folio 35).

[45] N'oublions pas ce fait remarquable, qu'à l'instar de l'album, le carnet de
comptes est envahi par les dessins de Hugo qui tantôt remplacent, tantôt précèdent
une description. Nous y reviendrons.

[46] Victor Hugo, Le Rhin, lettres à un ami, I, 202.

[47] Victor Hugo, Le Rhin, lettres à un ami, I, 202.

finale. Le premier fragment textuel est tiré du Folio 5 de l'album de 1840:

> (le soleil s'est couché, le soir vient), le crêpe (sombre) des fumées et des vapeurs efface lentement le paysage, le contour des objets prend une forme (vague) et lugubre. quelques étoiles rattach(ent) et sembl(ent) clouer au zénith le suaire noir de la nuit étendu sur une moitié du ciel et le blanc linceul du crépusule déployé sinistrement (sur l') autre[48]

Le deuxième extrait est tiré du même folio à quelques pages de distance:

> (c'était) un de ces ciels de plomb, (lourds et vagues pourtant), où plane, (aîles déployées), visible pour le poëte, cette grande chauve-souris (à tête humaine) qui porte écrit dans *son ventre ouvert (ce mot profond): Melancholia.*[49]

Ces deux fragments évocateurs sont chacun dans un état d'achèvement différent. Si le manque de lettres majuscules les rapprochent, la fréquence variable de mots de liaison les distingue. Ainsi, le premier fragment consiste en une suite juxtaposée de propositions, tandis que le deuxième fragment fait preuve d'une syntaxe plus traditionnelle. Hugo les a sans doute rapprochés parce que, mis à part leur sujet, le ciel, les deux fragments se ressemblent par leur ton et par leur lexique descriptif. En effet, grâce aux mots tels que «crêpe,» «lugubre,» «suaire,» «linceul,» «sinistrement,» et «Melancholia» les deux textes partagent un même champ lexical du spleen et de la mort. L'image visuelle de la chauve-souris du deuxième fragment offre un symbole pour l'état d'âme qui règne dans le premier texte. Pour le lecteur du XXe siècle, habitué à la lecture de textes fragmentaires, la brieveté évocatrice de ces notations s'ajoute à leur langage imagé pour en faire des «esquisses littéraires.»

Mais, malgré son talent d'improvisateur, Hugo, nous l'avons dit, a été moins sensible que Chateaubriand à une esthétique du non-fini. Il en résulte un récit de voyage plus rhétoriquement lié avec un style plus fini que ce n'était le cas avec le *Voyage en Italie.* Donc, au lieu de se contenter de juxtaposer ces deux fragments, Hugo les

---

[48] Victor Hugo, *Le Rhin, lettres à un ami,* II, 360.
[49] Victor Hugo, *Le Rhin, lettres à un ami,* II, 371.

a amplifiés pour donner dans *Le Rhin* une description très élaborée d'un coucher de soleil. Pour l'écrire Hugo s'est sans doute inspiré de ses souvenirs mais peut-être aussi de son dessin du château, «Le Chat (St Goarshausen)» qu'il a fait sur la feuille même d'une lettre envoyée «A Toto» de «Mauende, le 1er octobre 1840.» Dans l'extrait suivant de la Lettre Seizième du *Rhin* nous mettons entre parenthèses les quelques mots qui ont été repris des deux fragments de l'album de 1840:

Je me suis assis là; j'étais las.

Le jour n'avait pas encore complètement disparu. Il faisait nuit noire pour le ravin où j'étais et pour les vallées de la rive gauche adossées à de grosses collines d'ébène; mais une inexprimable lueur rose, reflet du couchant de pourpre, flottait sur les montagnes de l'autre côté du Rhin et sur les vagues silhouettes de ruines qui m'apparaissaient de toutes parts. Sous mes yeux, dans un abime, le Rhin, dont le murmure arrivait jusqu'à moi, se dérobait sous une large brume blanchâtre d'où sortait à mes pieds mêmes la haute aiguille d'un clocher gothique à demi submergé dans le brouillard. Il y avait sans doute là une ville, cachée par cette nappe de vapeurs. Je voyais à ma droite, à quelques toises plus bas que moi, le plafond couvert d'herbe d'une grosse tour grise démantelée et se tenant encore fièrement sur la pente de la montagne, sans créneaux, sans mâchicoulis et sans escaliers. Sur ce plafond, dans un pan de mur resté debout, il y avait une porte toute grande ouverte, car elle n'avait plus de battants, et sous laquelle aucun pied humain ne pouvait plus marcher. J'entendais au-dessus de ma tête cheminer et parler dans la montagne des passants inconnus dont je voyais les ombres remuer dans les tènèbres. — La lueur rose s'était évanouie.

Je suis resté longtemps assis là sur une pierre, me reposant et songeant, regardant en silence passer cette heure sombre où (le crêpe des fumées et des vapeurs efface lentement le paysage) et où (le contour des objets prend une forme) fantastique (et lugubre). (Quelques étoiles rattach)aient (et sembl)aient (clouer au zénith le suaire noir de la nuit étendu sur une moitié du ciel et le blanc linceul du crépuscule déployé sinistrement sur l'autre).

Peu à peu le bruit de pas et de voix a cessé dans le ravin, le vent est tombé, et avec lui s'est éteint ce doux frémissement de l'herbe qui soutient la conversation avec le passant fatigué et lui tient compagnie. Aucun bruit ne venait de la ville invisible; le Rhin lui-même semblait s'être assoupi; une nuée livide et blafarde avait envahi l'immense espace du couchant au levant; les étoiles s'étaient voilées l'une après l'autre; et je n'avais plus au-dessus de moi

qu'(un de ces ciels de plomb où plane, visible pour le poète, cette
grande chauve-souris qui porte écrit dans son ventre ouvert *melancholia*).

   Tout à coup une brise a soufflé, la brume s'est déchirée,
l'église s'est dégagée, un sombre bloc de maisons piqué de mille
vitres allumées, est apparu au fond du précipice par le trou qui s'est
fait dans le brouillard. C'était Saint-Goar.[50]

Ici Hugo a rapproché les deux brèves évocations de deux types de
ciel, un ciel au moment du coucher de soleil et un soleil couvert,
pour en faire une description détaillée. Tout d'abord, le début du
premier fragment, «le soleil s'est couché, le soir vient,» est ampli-
fié pour donner les deux premiers paragraphes de l'extrait du *Rhin*.
Hugo ajoute aussi un certain nombre de pronoms personnels et d'adjectifs à la première personne afin d'établir sa présence comme
témoin oculaire. C'est pour la même raison qu'il se soucie de bien
se situer dans l'espace. Pour motiver sa description l'écrivain
ajoute de plus des verbes de perception, tels «voir» et «entendre.»
Le passage progresse d'abord dans le temps. Hugo décrit en effet
l'«heure sombre» d'un lent coucher de soleil. Mais l'extrait progresse aussi de la vue et de l'ouïe dans les deux premiers paragraphes, à la vision, dans les deux paragraphes suivants, avant de
retourner à la vue dans le dernier paragraphe. C'est la disparition
des sensations visuelles et auditives et la création d'un milieu
opaque et silencieux dans les paragraphes 3 et 4 de l'extrait qui permet une plongée dans l'intérieur avec l'image de la chauve-souris
symbolique. Cet abandon de l'extériorité a déjà été annoncé par
l'adjectif que l'auteur a ajouté pour caractériser le contour des objets
qu'il discernait — «fantastique.»
   Les méditations comme dans la narration de l'histoire et des
contes, la réapparition du fantastique et du grotesque en fait des
thèmes dominants de ce récit de voyage.[51] C'était bien pour faire
régner sur *Le Rhin* cette atmosphère mystérieuse de la vie nocturne
où le fantastique peut surgir que Hugo fait se dérouler pendant la
nuit et dans une solitude complète des expériences qui se sont

[50] Victor Hugo, *Le Rhin, lettres à un ami*, I, 228-229.

[51] Ce qui a été relevé par les lecteurs de l'époque. Voir, par exemple, M. A.,
« *LE RHIN*, lettres à un ami, par Victor Hugo,» *Le Courrier Français* (14 février
1842), s.p.

déroulées en plein jour en compagnie de Juliette Drouet. Or, c'est
en grande partie grâce à cette thématique fantastique et nocturne
que Hugo arrive à doter son ouvrage d'une unité littéraire. Dans
un discours qui privilégie le procédé du grossissement, les monstres,
les spectres, les géants et les cyclopes trouvent tous leur place dans
ses aventures crépusculaires. La Lettre Vingt-huitième, consacrée à sa visite à Heidelberg, est exemplaire à cet égard. En effet,
il s'agit de la narration des visions et des rêveries lors d'une suite
de promenades toutes accomplies sous le clair de lune. Certes, on
est loin de l'esthétique classique, car l'ordre de la nuit est un
désordre. Par exemple, dans «la lueur fantastique d'un ciel cré-
pusculaire» de la cathédrale de Cologne, les aperçus ne sont que
fragmentaires et le monde semble inachevé.[52] Mais la réapparition des thèmes et des motifs ayant trait au fantastique et au grotesque crée néanmoins une unité affective qui servent à centrer le
texte. Mais comme l'extrait de la Lettre Seizième l'illustre, il existe
souvent un mouvemement contrapuntiste ou encore une alliance
entre le grotesque et le sublime. Les enlacements et les enchevêtrements de ces thèmes nés des structures antithétiques qui marquent la conscience de l'auteur contribuent ainsi à produire un effet
de cohésion littéraire.[53]

Notre examen du remaniement de deux fragments de l'album
de 1840, notations concises, mais non dépourvues d'intérêt littéraire, a montré Hugo préoccupé d'une perfection de la forme.
Quoique plus «achevées» que les fragments d'album, par le naturel apparent de leur production les lettres du Rhin suggèrent aussi,
mais à un degré moindre, les mêmes valeurs associées à la production spontanée d'une esquisse — la sincérité du voyageur et
l'authenticité de son témoignage. De la sorte, si Hugo s'est révélé
moins sensible que Chateaubriand aux possibilités expressives du
nouveau type de textualisation offert par le journal fragmentaire,
il a néanmoins accepté de rendre publiques ses impressions de
voyage sous une forme qui implique une expression naturelle et une
discontinuité inhérente, le recueil de lettres. Or, comme dans le

[52] Victor Hugo, Le Rhin, lettres à un ami, I, 165.

[53] Comme le remarque à juste titre Andreas Wetzel, la figure de l'antithèse,
si chère à l'imagination hugolienne, sous-tend maints passages du Rhin. Voir
Andreas Wetzel, p. 118-123.

cas du *Voyage en Italie*, la réapparition de thèmes obsédants, liés souvent dans *Le Rhin* au fantastique, invente un tissu interstitiel qui donne au texte un ordre rhapsodique. C'est cette dialectique entre la discontinuité et la continuité, entre la «rhétorique du spontané» et l'élaboration formelle et stylistique, qui fait du *Rhin* une «esquisse littéraire.»

L'artifice de la démarche épistolaire hugolienne se révèle peut-être le plus clairement dans les deux moments du *Rhin* où Hugo s'éloigne de la prose suivie qu'il a adoptée dans la plupart de ses lettres. Dans la Lettre Quinzième, par exemple, il semble que Hugo admette que les notes de son album traduisent mieux que la prose plus soignée de sa lettre l'aspect physique de la ruine à Vermich qu'il appelle «La Souris»:

> Maintenant, ami, si vous voulez avoir une idée complète de l'intérieur de cette ruine fameuse et inconnue, je ne puis mieux faire que de transcrire ici ce que j'écrivais sur mon livre de notes à chaque pas que j'y faisais. C'est la chose vue pêle-mêle, minutieusement, mais prise sur le fait et par conséquent ressemblante.[54]

L'auteur continue en reproduisant avec quelques changements seulement à-peu-près vingt-cinq lignes de son carnet de 1840. Il est significatif que si Hugo reconnaît que l'écriture dans son carnet de voyage est plus véridique, étant en réalité rédigée de façon spontanée sur les lieux, ces quelques lignes ne forment qu'une partie minime du récit de voyage. Ainsi, dans la tension entre l'inachèvement associé à la «rhétorique du spontané» et à l'esquisse, et la complétude et la continuité résultant d'un travail raisonné associé à une conception traditionnelle de la littérature, Hugo penche du côté de celle-ci. Contrairement à Chateaubriand, il se montre en effet plus réticent devant l'idée de rendre public un travail préparatoire.

Pour le lecteur naïf, la Lettre Trente-huitème intitulée «La cataracte du Rhin» est celle où une pratique immédiate de l'écriture est la plus sensible, et qui semble avoir été réellement prise sur l'objet. Or, elle a été rédigée entièrement à Paris. Paradoxalement, c'est donc cette lettre fictive, écrite non pas sur le motif, mais «au cabinet» lors du retour du voyage, qui ressemble le plus à une esquisse à l'état brut.[55] La frontière entre le naturel et l'ar-

---

[54] Victor Hugo, *Le Rhin, lettres à un ami*, I, 220.

[55] En parlant de cette lettre, J. Bedner appelle les notes de l'album des « esquisses d'après nature. » J. Bedner, p. 149.

tificiel s'estompe. Est-ce pour son air d'authenticité que c'est la
seule lettre du *Rhin* que *L'Artiste* ait décidé de reproduire en entier
pour ses lecteurs? On peut le penser.[56]
Il est significatif que dans la rédaction de sa Lettre Trente-huitième, Hugo reste remarquablement fidèle au premier jet des notes
d'album. Toutefois, il ne se contente pas de les reproduire mot pour
mot. Par exemple, il est notable que les marques de la première
et de la deuxième personne présentes dans la lettre soient quasiment absentes dans l'album. C'est sans doute afin de donner à son
récit de voyage l'air d'une «conversation par écrit» que Hugo s'est
mis en scène dans sa lettre comme témoin oculaire et a introduit
des références à un destinataire. Ces références qui rendent crédible son projet épistolaire sont ajoutées surtout aux moments
d'ouverture et de clôture de la lettre. Considérons, par exemple,
les deux premiers paragraphes de la «lettre» qui ont été également
fabriqués après coup à Paris:

> Mon ami, que vous dire? Je viens de voir cette chose inouïe. Je
> n'en suis qu'à quelques pas. J'en entends le bruit. Je vous écris
> sans savoir ce qui tombe de ma pensée. Les idées et les images s'y
> entassent pêle-mêle, s'y précipitent, s'y heurtent, s'y brisent, et s'en
> vont en fumée, en écume, en rumeur, en nuée. J'ai en moi comme
> un bouillonnement immense. Il me semble que j'ai la chute du Rhin
> dans le cerveau.
>
> J'écris au hasard, comme cela vient. Vous comprendrez si vous
> pouvez.[57]

La plupart des phrases de cette ouverture épistolaire sont courtes
et que leur syntaxe est on ne peut plus simple, donnant l'impression d'avoir été écrites d'un trait. Cette rapidité apparente de
l'écriture contribue à donner à la lettre son air d'authenticité. Mais
ces phrases ne sont pas pour autant dépourvues d'intérêt littéraire.
Par exemple, Hugo se sert d'un langage imagé pour décrire la
spontanéité de ses impressions et de son écriture. Telle l'eau de
la cataracte, des «idées et images» «tombent» de sa pensée et de
sa plume avant d'être comme vaporisées. Fruit d'un geste spon-

[56] Voir Anonyme, « Victor Hugo, *Le Rhin*, » *L'Artiste*, Tome 4 (1845), p. 6-
10. Le début de la « Lettre Trentième » sur Strasbourg est aussi reproduit.

[57] Victor Hugo, *Le Rhin, lettres à un ami*, II, 172.

tané apparent, mais intéressant néanmoins par l'expression, cet extrait contribue à faire de la Lettre Trente-huitième une «esquisse littéraire.»

La simplicité syntaxique qui caractérise ces deux premiers paragraphes de la Lettre-Trente-huitième se poursuit dans le reste de la lettre pour créer l'impression d'un premier jet écrit sur les lieux mêmes. Mais Hugo fait plus que copier ce qui a été noté sur le vif dans l'album. En comparant un paragraphe des notes prises sur le motif tirées de l'album aux sept paragraphes des notes de la lettre qui lui correspondent, nous chercherons dans ce qui suit à identifier les changements stylistiques qui contribuent à créer un texte plus achevé.

ALBUM	« LETTRE»
1. barrière de bois qui tremble.-	a. Là, tout vous remue à la fois.
	b. On est ébloui, étourdi, bouleversé, terrifié, charmé.
	c. On s'appuie à une barrière de bois qui tremble.
2. arbres jaunes. 3. sorbiers rouges. 4. petit pavillon du café turc d'où l'on observe l'horreur de la chose.	d. Des arbres jaunis — c'est l'automne —, des sorbiers rouges entourent un petit pavillon dans le style du Café Turc, d'où l'on observe l'horreur de la chose.
5. les femmes enveloppées d'un collet de toile cirée (1 franc par personne).	e. On est enveloppé d'une effroyable averse tonnante./
6. effroyable averse tonnante.	
7. de charmants petits colimaçons jaunes se promènent voluptueusement sous cette rosée.	f. De jolis petits colimaçons se promènent voluptueusement sous cette rosée sur le bord du balcon.
	g. Le rocher qui surplombe au-dessus du balcon pleure goutte à goutte dans la cascade.
8. sur le rocher du milieu se dresse un chevalier-troubadour en bois-peint appuyé sur un bouclier à croix blanche.	h. Sur la roche qui est au milieu de la cataracte se dresse un chevalier-troubadour en bois peint appuyé sur un bouclier rouge à croix blanche.

9. un homme a dû risquer sa vie pour aller planter ce décor de l'Ambigu au milieu de la grande et éternelle poésie du bon Dieu.

i. Un homme a dû risquer sa vie pour aller planter ce décor de l'Ambigu au milieu de la grande et éternelle poésie de Jéhovah./

10. les deux géants qui redressent la tête (les 2 gros rochers) semblent se parler.

j. Les deux géants qui redressent la tête, je veux dire les deux grands rochers, semblent se parler.

11. ce tonnerre est leur voix.

k. Ce tonnerre est leur voix.

12. épouvantable croupe d'écume au dessus de laquelle on apercoit une maisonnette paisible avec son petit verger.

l. Au-dessus d'une épouvantable croupe d'écume on aperçoit une maisonnette paisible avec son petit verger.

13. on dirait que cette affreuse hydre est condamnée à porter éternellement sur son dos cette douce et heureuse cabane.

m. On dirait que cette affreuse hydre est condamnée à porter éternellement sur son dos cette douce et heureuse cabane./

14. *je m'adosse au rocher.*

n. Je suis allé jusqu'à l'extrémité du balcon; je me suis adossé au rocher./

o. L'aspect devient encore plus terrible.

15. écroulement effrayant.

p. C'est un écroulement effrayant.

16. le gouffre jette avec rage une pluie de perles au visage de ceux qui osent le regarder de si près.

q. Le gouffre hideux et splendide jette avec rage une pluie de perles au visage de ceux qui osent le regarder de si près.

17. c'est admirable.

r. C'est admirable.

18. les quatre grands gonflements de la cataracte tombent, remontent et redescendent sans cesse.

s. Les quatre grands gonflements de la cataracte tombent, remontent et redescendent sans cesse.

19. on croit voir tourner devant sa face les quatre roues de la tempête.

t. On croit voir tourner devant soi les quatre roues fulgurantes du char de la tempête./

20. pont de bois inondé.

u. Le pont de bois était inondé.

21. planches glissantes.

v. Les planches glissaient.

22. feuilles mortes qui frissonnent sous les pieds de ceux qui passent sur ce pont.

23. dans une anfractuosité du roc, petite touffe de gazon desséchée.

24. desséchée sous la cataracte de Shaffhouse!

25. le rocher pleure goute à goutte dans la cascade. —

26. ces trois noms gravés: *Schiller. Hugo. Byron.*[58]

w. Des feuilles mortes frissonnaient sous mes pieds.

x. Dans une anfractuosité du roc, j'ai remarqué une petite touffe d'herbe desséchée.

y. Desséchée sous la cataracte de Schaffhouse!

z. Il y a des coeurs qui ressemblent à cette touffe d'herbe.

aa. Au milieu du tourbillon des prospérités humaines, ils se dessèchent.

bb. Hélas! c'est qu'il leur a manqué cette goutte d'eau qui ne sort pas de la terre, mais qui tombe du ciel, l'amour!/[59]

L'album se présente sous forme d'une série de paragraphes constitués de fragments textuels écrits au présent de l'immédiateté et sans intention d'unité. Les lettres majuscules faisant défaut, ce sont des points ou des tirets, ou encore les deux ensemble qui marquent les débuts et les fins des unités textuelles. Résumons brièvement les changements que Hugo a opérés sur les notes de l'album pour en faire la prose plus «finie» du *Rhin.* Certes, certaines substitutions d'adjectifs ou de substantifs ont peu d'importance. Par exemple, les petits colimaçons qui sont «charmants» dans l'album deviennent «jolis» dans la phrase «f» de la lettre, ou encore le «rocher» de la phrase 8 de l'album devient une «roche» dans la phrase «h» de la lettre. Mais d'autres substitutions sont plus significatives et ont pour effet la création d'un registre plus traditionnellement littéraire. Par exemple, Hugo remplace l'expression familière «bon Dieu» dans la phrase 9 de l'album par un terme biblique à résonnance épique, et par là beaucoup plus évocateur, «Jéhovah.» La substitution la plus importante se trouve à la fin de cet extrait où

58 Victor Hugo, *Le Rhin, lettres à un ami,* II, 392.

59 Victor Hugo, *Le Rhin, lettres à un ami,* II, 174-175 (Folio 30).

Hugo élimine une référence à trois noms gravés dans les roches, dont le sien, pour le remplacer par une méditation sur les coeurs désséchés. Ce faisant, Hugo accomplit deux choses. D'une part, il se protège d'une accusation éventuelle d'égotisme. D'autre part, ce changement fait ouvrir la lettre vers le général, le tout exprimé dans un registre pathétique. On passe ainsi d'un texte auto-destiné, ou voué seulement à un correspondant, à un texte destiné au public. On constate d'autres traces d'une mise en forme. Par exemple, Hugo élimine parfois des mots pour rendre le style moins lourd. Ainsi, «au dessus de laquelle» dans la phrase «y» de l'album devient simplement «Au-dessus» dans la lettre. On notera aussi que Hugo fait un certain nombre de modifications pour rendre son style et sa narration plus suivis. Par exemple, il ajoute des majuscules au début des phrases de l'album, ou lie deux segments de l'album pour en faire une phrase dans la lettre. En ajoutant des verbes, l'écrivain semble aussi vouloir diminuer le nombre de phrases nominales. Il n'y a qu'un cas dans la lettre, la phrase «y,» où il respecte le laconisme de la phrase nominale. Puisque la phrase nominale connote la rapidité d'une écriture faite *in situ*, son élimination dans la lettre diminue cet effet. Si minime que soit le changement d'«écroulement effrayant» de l'album en «C'est un écroulement effrayant» dans la lettre, il connote néanmoins le ralentissement d'une écriture mieux conforme aux conventions du style littéraire traditionnel.

L'imagination ne fait pas défaut dans l'album. Ainsi, dans la phrase 10 de l'album les roches sont comparées à des géants qui se parlent. Mais comme cet extrait l'atteste, la lettre va encore plus loin dans ce sens. Les additions dans la lettre tendent souvent à créer un effet émotif et même grotesque comme dans l'addition des épithètes «terrible» dans la phrase «o» de la lettre, ou «hideux et splendide» dans la phrase «q,» ou encore celle de «fulgurantes» pour caractériser des roues dans la phrase «t.» En cherchant un effet émotif plus fort, de l'album à la lettre Hugo passe parfois du concret à l'abstrait, du sens propre au sens imagé. Ainsi, le segment «enveloppée d'un collet de toile» de l'album devient «enveloppée d'une effroyable averse» dans le récit de voyage.

L'album ne se réduit pas à une sténographie du regard. Le voyageur y note aussi ses propres réactions et celles attendues du lecteur. Certes, un certain nombre de répétitions du pronom personnel «on» existe dans l'album, mais le nombre augmente dans la lettre. Leur présence permet au lecteur de devenir un participant aux expériences du voyage. C'est ce qui se passe quand le segment «barrière de bois qui tremble» dans l'album devient «On s'appuie à une barrière de bois qui tremble» dans la phrase «c» de la lettre. Pour engager plus encore l'intérêt du lecteur il arrive aussi à Hugo de fournir la réponse attendue. C'est le cas dans la phrase «b» de la lettre qui n'existe pas dans l'album: «On est ébloui, étourdi, bouleversé, terrifié, charmé.» Le même effet est produit par l'addition dans la lettre d'un pronom à la deuxième personne, comme dans la première phrase de la lettre, «Là, tout vous remue à la fois.» Quant à la multiplication de pronoms personnels à la première personne, elle rend tout d'abord la narration plus crédible, assurant au lecteur que ce qui est raconté à été noté par un témoin oculaire. De plus, ces pronoms fournissent au lecteur un modèle à suivre, lui suggérant des émotions à éprouver. De même, les précisions temporelles («c'est l'automne» dans la phrase «d,» par exemple) et spatiales («sur le bord du balcon» de la phrase «f») aident le lecteur à mieux épouser l'expérience du voyageur.

Il n'est pas lieu ici de tenir compte de tous les changements stylistiques opérés par Hugo, surtout des moins significatifs. Pour conclure, retenons l'essentiel, que notre analyse a démontré que l'écriture de l'immédiat de la Lettre Trente-huitième a respecté, plus que nulle part ailleurs dans Le Rhin, le style spontané et naturel propre non seulement au journal mais bien à la lettre. Mais nous avons aussi démontré qu'une lettre qui, par la vitesse apparente de l'écriture, semble le jaillissement spontanée d'impressions receuillies en voyage, résulte néanmoins de décisions réfléchies.

A la lumière des exemples que nous venons d'examiner tirés de la Lettre Seizième et de la Lettre-Trente-huitième du Rhin nous pouvons dire que la fidélité à l'«esthétique de l'esquisse» est fort variable. Tantôt, et c'est le cas dans le dernier exemple que nous avons considéré, Hugo continue à privilégier les notations brèves et fragmentaires de l'album sans pour autant les copier servilement. A d'autres moments — comme dans la Lettre Seizième — il remanie profondément ses notes, l'adjonction l'emportant largement sur la suppression. Ces deux lettres illustrent deux degrés d'achèvement différents de cette «esquisse littéraire» qu'est Le Rhin.

Toute discussion du statut littéraire du Rhin ne doit pas passer sous silence la question des emprunts, de matériau historique tout d'abord, mais aussi de contes et de légendes. Parmi les sources que Hugo a consultées en voyage il faut citer en premier lieu un ouvrage d'Aloïs Schreiber, le *Guide du voyage du Rhin* (1831) ou encore *Le Monde ou la Description générale de ses quatre Parties* (1660) de J.-B. Rocoles.[60] Reconnaissons que ces emprunts donnent parfois au récit de voyage un aspect lourd et artificiel et, au dire de Gaudon, le rendent «statique.»[61] Cette adaptation de textes historiques, moins réussie en cela que celle accomplie par Stendhal dans ses *Promenades dans Rome*, éloigne *Le Rhin* de la spontanéité de l'esquisse.

La question se pose donc de savoir si *Le Rhin* est trop rempli de références historiques et de récits imaginaires pour que le lecteur puisse trouver vraisemblable une rédaction faite prétendument pendant le voyage. Nous avons vu qu'une des caractéristiques de la forme épistolaire qui le rend utile au voyageur est sa capacité de connoter l'authenticité. Quand un voyageur fait trop l'étalage d'érudition, les marques de l'épistolarité, loin de connoter la spontanéité, le naturel, la sincérité, suggèrent-elles en revanche le mensonge et la tromperie? Un examen de l'accueil critique fait au *Rhin* au moment de sa parution nous permettra de voir tout d'abord comment les lecteurs de l'époque ont répondu à cette question. Cet examen nous permettra également de voir comment les lecteurs de l'époque ont réagi à un récit de voyage épistolaire, une «esquisse littéraire» tiraillée entre l'ordre et le désordre, entre l'inachèvement et la complétude.

Si nous en croyons un compte rendu anonyme du *Rhin* paru dans *The Foreign Quarterly Review* au moment de la publication du récit de voyage en 1842, le critique anglais insiste précisément sur l'effet d'invraisemblance produit par la lecture du *Rhin*. L'impression d'invraisemblance naît, selon lui, des attentes créées par la forme épistolaire d'une part et, d'autre part, du contenu érudit de maintes de ces lettres. Le critique trouve en effet curieux que quelqu'un qui affirme ne voyager qu'avec des livres de deux auteurs, Virgile

---

[60] Pour un résumé descriptif de ces sources voir *Le Rhin. Le voyage de Victor Hugo en 1840*, p. 143 sq. Voir aussi G. Dottin, « *Le Rhin* de Victor Hugo et *L'Essay des merveilles de nature*, » *Revue d'Histoire littéraire de la France*, Vol. 10 (1903), p. 503-505 et Jean Giraud, « Victor Hugo et 'Le Monde' de Rocoles, » *Revue d'Histoire littéraire de la France*, Vol. 17 (1910), p. 497.

[61] Victor Hugo, *Le Rhin, lettres à un ami*, I, 32.

et Tacite, ait pu de sa chambre d'auberge écrire à un ami une énumération de dates, de noms historiques et de faits détaillés concernant la topographie. Selon lui, l'ami de Hugo devait avoir pour
correspondant non pas seulement un poète mais aussi une encyclopédie voyageante![62] Et comment expliquer que Hugo narre ce
qu'il n'*a pas vu* si le voyageur n'a pas procédé comme tant d'autres
écrivains de récits de voyages, à savoir en volant du matériel aux
guides de voyage. L'impression d'invraisemblance produite par la
lecture du *Rhin* est à ses yeux d'autant plus forte et troublante, que
le voyageur affirme explicitement dans sa «Préface» avoir écrit des
lettres à un ami «au hasard de la plume.»[63]

   La pratique problématique de la forme épistolaire chez Hugo
a été aussi relevée dans le compte rendu critique fait du *Rhin* dans
La Revue des Deux Mondes en 1845. Son auteur, Lerminier,
reproche à Hugo d'avoir trop insisté sur la véracité de ces lettres,
et sur le fait qu'il pouvait à la demande, offrir aux curieux des lettres
«authentiquement timbrées et datées par la poste.»[64] Le lecteur réel
du *Rhin*, à l'opposé du lecteur anticipé par Hugo, serait, selon
Lerminier, tout à fait disposé à croire sur parole un auteur qui affirme
qu'il offre au public des lettres véridiques. De plus, Lerminier
dénonce Hugo pour ne pas avoir compris les exigences de la forme
épistolaire. Pour Lerminier, une lettre devrait suivre le modèle d'une
conversation familière. Cette forme semble au premier abord
attrayante: «Quoi de plus séduisant, quoi de plus aisé en apparence
que de laisser courir sa plume pour confier à un ami ce que l'on
pense ou ce que l'on a senti.»[65] Mais selon lui la lettre est en réalité une forme difficile à pratiquer: «dans la forme épistolaire il

---

[62] « Will any body tell us that a gentleman who professes to travel with no
other books ut Virgil and Tacitus, could sit down at an inn table, and write to a friend
such a series of names ? Ten pages of such he dashes off in one letter concluding
with he population of Champagne in 1814 and fifteen years afterwards. M. Hugo's
friend has not only a poet for correspondent, but a regular travelling encyclopedia. »
Anonyme, « 'The Rhine' By Victor Hugo, » *The Foreign Quaterly Review*, Vol. XXIX
(Apr. & July 1842), p. 152.

[63] Victor Hugo, *Le Rhin, lettres à un ami*, I, 77.

[64] Lerminier, « Poètes et romanciers contemporains, Seconde phase.
II.-M. Victor Hugo. *Le Rhin, lettres à un ami*,» *Revue des Deux Mondes*, Vol. 10
(1ᵉʳ avril 1845), p. 832.

[65] Lerminier, p. 831.

n'y a que des écrivains de premier ordre qui aient vraiment excellé, Cicéron, Voltaire, Pascal, Mme de Sévigné.»[66] Hugo n'a donc pas assez songé aux «conditions» de cette forme modelée sur la conversation familière. Par exemple, selon Lerminier on ne peut pas «sans transition, sans ménagement» imposer à son correspondant «d'une manière brusque une dissertation ou un dithyrambe.»[67] Le naturel de la conversation n'implique donc pas à ses yeux le désordre créé par une juxtaposition de thèmes très disparates. A part l'effet de rupture produit par la juxtaposition, là où l'on devrait trouver l'enjouement propre à la fois à la conversation et à la lettre, le lecteur du *Rhin* trouve les exagérations d'un poète lyrique. Ainsi, le critique voit la narration de scènes de grande route et d'auberge envahie par le colossal, le prodigieux, le fantastique: aux villes qui dansent s'ajoutent des maisons qui vous regardent avec des yeux de braise. Des techniques plus propres à la poésie qu'à la prose — images, antithèses, énumérations — envahissent le récit. Plus «étonné que satisfait» par la démarche épistolaire de Hugo, Lerminier reproche donc à Hugo tout le travail d'imagination sur les données de l'observation.

La pratique hugolienne de l'écriture épistolaire est également problématique pour Cuvillier-Fleury, qui écrit une dizaine d'années après la parution du *Rhin*. Cuvillier-Fleury reconnaît que lorsqu'il écrit à son ami, Hugo se présente «en déshabillé.»[68] C'est justement à cause du fait qu'il «ne se gêne guère avec son correspondant anonyme» que son style a une «allure [...] rapide qui est comme le cachet» du livre.[69] Mais à l'égal des critiques que nous venons de considérer, Cuvillier-Fleury reproche à Hugo d'«abuser de l'érudition qu'il a» au lieu de raconter naïvement ses expériences.[70] Il l'accuse en fait de faire «un peu d'étalage» et demande: «Pourquoi [...] nous faire l'historique des lieux qu'on n'a pas vus.»[71] Il continue en critiquant la dimension livresque du *Rhin*:

66 Lerminier, p. 831.

67 Lerminier, p. 831-832.

68 Cuvillier-Fleury, *Voyages et voyageurs, 1837-1854* (Paris : Michel Lévy Frères, 1854), p. 333.

69 Cuvillier-Fleury, p. 333.

70 Cuvillier-Fleury, p. 330.

71 Cuvillier-Fleury, p. 330.

«J'accepte volontiers ses descriptions quand il y rattache une date, un souvenir; j'aime les tableaux que sa main exercée trace d'après nature; mais je ne saurais me passionner pour les notes qu'il copie dans le *Guide du voyageur.*»[72] Selon lui, certaines des lettres du *Rhin* paraissent donc invraisemblables quand elles quittent la notation «d'après nature» propre à l'esquisse.

Malgré un certain étonnement devant leur variété, Cuvillier-Fleury apprécie la richesse des thèmes traités dans le recueil épistolaire:

> ...c'est la plus incroyable et en même temps la plus amusante macédoine d'idées, de sentences, de digressions philosophiques, de récits pittoresques, d'incidents, de surprises, de réflexions sérieuses ou burlesques, de tableaux pompeux et de pochades enluminées; le plus singulier mélange de noblesse et de trivialité, de sourires et de grimaces, de frivolité et de science qui se puisse imaginer.[73]

Si le critique accepte même que Hugo «abuse de l'architecture,» «exagère l'érudition,» «poétise la politique,» et «met en désordre la géographie» c'est à cause de la qualité du style du récit de voyage. En effet, «le génie d'un grand écrivain [...] anime toute l'oeuvre.»[74] C'est donc le «beau style» qui rachète à ses yeux un ouvrage profondément discontinu et excentrique où le haut et le bas, la muse et le bouffon se côtoient. Toutefois, en terminant son article, Cuvillier-Fleury exprime un regret. Il comprend qu'à la fin de chaque journée de voyage Hugo vide dans ses lettres «le sac» de ses expériences où, à l'aveu du voyageur, «il y a souvent plus de gros sous que de louis d'or.»[75] Or, Cuvillier-Fleury, lui, se déclare «partisan de la refonte des monnaies.»[76] Ainsi, malgré son admiration pour la qualité du style de Hugo et une certaine tolérance pour la discontinuité du discours, il aurait préféré que l'écrivain construise un discours plus uni.

Les réserves émises par Louis Veuillot dans *L'Univers* découlent moins de l'impression d'invraisemblance produite par la lec-

---

[72] Cuvillier-Fleury, p. 330, p. 331.
[73] Cuvillier-Fleury, p. 333.
[74] Cuvillier-Fleury, p. 332.
[75] Cuvillier-Fleury, p. 335.
[76] Cuvillier-Fleury, p. 335.

ture des lettres que du fait que Hugo a confondu livre politique et
livre intime. Mais Veuillot s'interroge néanmoins sur le statut littéraire d'un tel recueil de lettres. Selon lui, un recueil épistolaire
tout discontinu qu'il soit peut néanmoins constituer un livre quand
une impression d'achèvement et de totalité est produite. Pour
preuve il invoque l'exemple des lettres de Mme de Sévigné. Ici
nature et art se confondent car c'est le coeur de la mère qui accorde
au recueil de lettres son unité littéraire. A l'encontre des lettres
de Mme de Sévigné — et de l'aveu de Hugo lui-même — *Le Rhin*
n'est vraiment pas un livre parce qu'il n'a ni «composition, ni unité,
ni but...»[77] C'est parce que Hugo aborde des sujets historico-
politiques dans ses lettres, au lieu de se limiter à des «impressions
personnelles» propres à la forme épistolaire, que le livre manque
pour Veuillot d'unité littéraire. C'est donc vouloir livrer des
«considérations sur le gouvernement des empires» dans une forme
plus appropriée à l'écriture intime qui à ses yeux condamne *Le Rhin*
à l'échec. Voilà pourquoi pour Veuillot l'expression épistolaire
sonne faux dans *Le Rhin*. Il se sert d'ailleurs d'une comparaison
picturale pour exprimer sa critique de cet ouvrage:

> Absolument comme un peintre célèbre qui, ayant vendu un tableau
> d'histoire ou de fantaisie, livrerait à l'acheteur une palette de cent
> pieds chargée de toutes les couleurs que la chimie peut fournir, et
> sur un des coins de laquelle il aurait, par acquit de conscience, bou-
> sillé en quelques minutes un petit nombre de figures représentant
> n'importe quoi. Cela est un outrage fait à la majesté de l'art. Le
> vendeur de pochade, le fabricant de feuilletons, le marchand de bric-
> à-bracs littéraires peuvent agir de la sorte: le véritable peintre, le
> véritable écrivain ne se le permettent pas.[78]

Pour lui «les conditions essentielles de l'art»: la «composition,»
le «dessin» et la «pensée» associée à un but, manquent dans *Le Rhin*.
Aux yeux de Veuillot ce récit de voyage, qui semble ne pas dépasser le stade de l'esquisse, reste dépourvu de tout statut esthétique.[79]

---

[77] Louis Veuillot, « *Le Rhin* par M. V. Hugo, 3ᵉ article, » *L'Univers* (2 juin
1842), s.p. Voir le 2 février et le 2 mars pour les deux premiers articles.

[78] Louis Veuillot, s.p.

[79] Louis Veuillot, s.p.

Ecrivant dans *Le National*, F. G. reconnaît qu'il s'agit dans *Le Rhin* d'une «correspondance familière» qui, «destinée d'abord à rester secrète, il se garde bien de la retoucher.»[80] D'où sans doute le «décousu» du livre, «où l'on ne trouve pas une vue d'ensemble, pas une question sérieuse traitée sérieusement.»[81] Le sujet du livre semble donc être moins le Rhin et l'Allemagne que le moi de l'auteur qui «domine constamment l'ouvrage.»[82] Ainsi, selon F. G. le titre du récit de voyage est trompeur, car au lieu d'offrir une «description suivie des bords du Rhin,» Hugo, qui a «horreur de la régularité,» «va, vient, saute, bondit, parle longuement d'un village où il a entendu les poules chanter, et omet trois cités importantes sur la carte.»[83] Le critique se moque de la présomption de Hugo qui semble avoir cru que le public voudrait admirer son génie dans un état de déshabillé. Il compare en effet la négligence de l'ouvrage au «petit lever» de l'auteur où le public peut «le contempler dans l'état de simple nature.»[84] Le critique semble donc moins critiquer Hugo pour avoir entamé le projet d'un récit de voyage épistolaire que pour le style et l'ordonnance de cet ouvrage. La démarche fragmentaire et désordonnée propre à l'écriture intime est condamnée en faveur d'une description exhaustive et bien organisée de l'Allemagne.

L'invraisemblance de la pratique épistolaire hugolienne dans *Le Rhin* n'a pas été relevée à l'unanimité.[85] Par exemple, son maniement de la lettre a convaincu un critique écrivant dans *L'Artiste*, Paul Meurice, qui a fait un accueil favorable au récit de voyage:

> Comment suivre dans leurs caprices, dans leurs mille épisodes, dans leur charmant laisser-aller, ces lettres, de vraies lettres, spon-

---

[80] F. G., « *Le Rhin, lettres à un ami*, par M. Victor Hugo, » *Le National* (12 mars 1842), s.p. (« Troisième article »).

[81] F. G., s.p. (« Troisième article »).

[82] F. G., s.p. (« Troisième article »).

[83] F. G., « *Le Rhin, lettres à un ami*, par M. Victor Hugo, » *Le National* (20 février 1842), s.p. (« 1ᵉʳ article »).

[84] F. G., s.p. (« Troisième article »).

[85] Le critique qui rend compte du *Rhin* lors de la parution de son édition complète en 1845 passe sous silence le choix formel. Voir A. Desplaces, « M. Hugo pair de France, » *L'Artiste*, Vol. 4 (1845), p. 36-38.

tanées, courantes et comme daguerréotypées. [...] Ce journal, vous
verrez, c'est la vie. Tout s'y mêle, tout s'y coudoie. [...] D'ailleurs,
incidents, fantaisies, raisonnements, souvenirs, tout porte un cachet
de réalité qui enchante.[86]

Transcription directe de la vie, les lettres du *Rhin*, comme autant
de daguerréotypes, et aussi, pourrait-on dire, comme autant d'esquisses, enregistrent, selon lui, la vie au jour le jour. Pour Meurice, le désordre et la spontanéité apparente de l'écriture épistolaire
signifient que les lettres du *Rhin* ont réellement été écrites sur le
moment. Ces lettres prétendument d'«après nature» ont donc
réussi à créer chez ce lecteur l'impression d'authenticité associée
à la fois à l'esquisse et à la forme épistolaire.

Faisons le bilan. Lors de la parution du *Rhin* c'est bien une
impression d'invraisemblance qui a été donnée par la pratique
épistolaire de Hugo.[87] Cette impression de fausseté découle surtout du décalage ressenti entre une écriture épistolaire que Hugo
affirme spontanée et familière, et l'érudition incontestable des
lettres.[88] Critiquant Hugo pour avoir voulu compléter les données
de l'expérience par la recherche livresque, un certain nombre de
ces lecteurs semble dans un premier temps prêts à accepter le côté
incomplet, esquissé, d'un recueil épistolaire. Mais en même temps
et paradoxalement, certains de ces critiques reprochent à Hugo le
décousu de son texte. Ainsi, la nostalgie du discours cohérent et
bien lié leur fait critiquer le respect de l'immédiateté et la liberté

[86] Paul Meurice, « *Le Rhin par M. Victor Hugo. Les Lettres,* » *L'Artiste*, Vol. 1
(1842), p. 107.

[87] Signalons l'existence des comptes rendus critique du *Rhin* qui ne traitent
pas la question de la forme épistolaire. Voir, par exemple, Anonyme, « M. Victor
Hugo et les journaux,» *La Phalange* (16 janvier 1842), p. 110-111.

88. C'est ce qu'a relevé aussi un critique écrivant en 1902, Alfred Duchesne :
« Et partout, à l'occasion de la rencontre de la moindre église ou du plus petit bout
de mur historique, c'est le déballage de la même érudition fantastique dans tous les
domaines : l'histoire, l'archéologie, les beaux-arts, la géographie, la philologie comparée, etc. A pied, à cheval, en voiture, en bateau, à l'auberge, dans la plaine
comme sur la montagne, assis, debout, couché, mangeant et buvant, Hugo trans-
sude de dates, il ruisselle de noms propres, il exhale de l'archéologie. » Alfred
Duchesne, « 'Le Rhin' et 'Les Burgraves,' » *Revue de Belgique* (15 janvier 1902),
p. 173. Selon Duchesne, soit Hugo s'est muni de documents, soit, et ceci est plus
probable, les lettres envoyées à son ami « ont été revues et considérablement aug-
mentées. » Alfred Duchesne, p. 174.

de l'improvision que connote la juxtaposition de sujets dans *Le Rhin*.
A la lumière de ces comptes rendus, on voit que la critique, à
l'instar de Hugo, a vécu cette rivalité esthétique profonde entre l'inachèvement propre à la «rhétorique du spontané» et à l'esquisse,
et l'achèvement et le suivi plus caractéristiques du discours esthétique traditionnel. C'est là la tension de «l'esquisse littéraire.»
    Mais la situation de lecture est historiquement variable, et de
nos jours le ressentiment devant la supercherie épistolaire qu'est
le *Rhin* qui a dominé les remarques des premiers commentateurs
cède le pas à une admiration devant le pouvoir créateur et la com-
plexité de l'imagination hugolienne.[89] Il est sans doute significatif
que dans la critique contemporaine une fascination pour les dessins de Hugo semble dépasser tout intérêt porté à sa production épistolaire.[90] Lors des voyages en Allemagne, la place des petits croquis et des dessins d'un «achevé» variable dépasse le cadre du seul
album pour se retrouver dans son carnet de comptes, dans son
«Journal,» en marge des lettres intimes adressées aux membres de
sa famille et sur des «feuilles volantes.» A partir du voyage en Allemagne, les esquisses, les ébauches et les dessins de Hugo s'inspirent de plus en plus de tâches et de découpages. Ses dessins, où
la frontière entre le réel et l'imaginaire tendent à s'estomper, nous
fascinent au XXe siècle peut-être encore plus que le récit de voyage
épistolaire, car ils sont encore plus profondément inachevés, et par
là plus évocateurs. De par leur «confiance faite à l'accidentel,
à l'aléatoire, à 'l'insignifiant,'» et pourrait-on ajouter, de leur
inachèvement, fruit d'une création spontanée, les croquis et les des-

---

[89] Voir, par exemple, Angelika Corbineau-Hoffmann, « Le livre des ren-
contres : pour une lecture plurielle du *Rhin* de Victor Hugo, *Nineteenth-Century
French Studies*, Vol. 17, No. 3-4 (printemps-été 1989), p. 290-298 et Richard
B. Grant, « Victor Hugo's *Le Rhin* and the Search for Identity, *Nineteenth-Century
French Studies*, Vol. 23, no. 3-4 (1995), p. 324-340.

[90] Parmi les études récentes consacrées à l'œuvre graphique de Victor Hugo,
voir, entre autre, *Soleil d'encre* (Paris : Paris Musées/Bibliothèque Nationale,
1985) ; Jacqueline Lafargue, *Victor Hugo, dessins et lavis* (Paris : Henri Screpel,
1983) ; Jean-François Bory, *Victor Hugo : Dessins* (Paris : H. Veyrier, 1980). Pour
une étude du rapport entre le verbal et le graphique dans *Le Rhin* voir Jean Gaudon, « Croquis, dessins, griffonnages, » dans Louis Hay et al., *De la lettre au livre*
(Paris : Edition du CNRS, 1989), p. 115-139. Notez que ses dessins ont été appré-
ciés par Théophile Gautier. Voir, par exemple, son article du 7 juin 1852 paru dans
La Presse.

sins de Hugo annoncent, selon Gaeton Picon, à la fois le surréa-
lisme, l'art gestuel et l'art brut.[91] C'est sans doute parce qu'ils résultent d'un geste spontané et parce qu'ils sont restés à l'état inachevé
d'esquisse qu'ils trouvent un écho si profond dans notre sensibilité moderne.

Au terme de cette analyse du récit de voyage épistolaire que
conclure du maniement de cette forme par Hugo? Tout d'abord on
peut dire que pour cet auteur pratiquer le récit de voyage sous forme
de lettres suggère un désir d'exploiter un des traits essentiels de
la forme épistolaire — cette spontanéité de l'écriture qui connote la
sincérité de l'écrivain et l'authenticité de ses remarques — valeurs
toutes les deux profondément caractéristiques de l'esquisse. Toutefois, sa pratique épistolaire nous offre des exemples de degrés
d'élaboration formelle et stylistique diverses. La plupart des lettres
du *Rhin* se ressemblent dans la mesure où l'écriture sur le moment
cède souvent le pas au travail littéraire. Mais Hugo nous offre aussi
des exemples de lettres où une écriture sur place et au jour le jour
semble plus vraisemblable, la Lettre Trente-huitième de Hugo, en
l'occurrence. De la sorte, une tension s'instaure au sein de ce récit
de voyage épistolaire entre une «rhétorique du spontané» qui
implique l'inachèvement propre à l'esquisse, et une autre rhétorique,
plus formelle et plus traditionnellement littéraire liée au travail de
cabinet, présente à des degrés différents. Nous espérons avoir
démontré comment Hugo est arrivé à confronter cette tension entre
le fragment et le tout, entre le discontinu et le continu inhérents à
l'«esquisse littéraire» et à tirer de la forme épistolaire des effets
multiples.

Un dernier constat concerne la forme épistolaire. Comme
nous le verrons dans notre dernier chapitre, aucun des auteurs
voyageurs du XXe siècle ne choisit la forme épistolaire pour narrer son récit de voyage. Ainsi, si le roman épistolaire a disparu au
début du XIXe siècle, le récit de voyage épistolaire fleurit jusqu'à
sa fin. Laurent Versani s'interroge sur l'effacement du roman
épistolaire «à l'heure romantique où le sentiment, le moi, la nostalgie envahissent la littérature» et en offre l'explication suivante:

91 *Dessins et ébauches de Victor Hugo provenant de la succession Hugo*, Exposition du 16 février au 21 mars 1972 (Paris : Galerie Lucie Weill, 1972), s.p.
(« Introduction »).

«C'est que le sentiment s'enferme alors dans une conscience, dans le narcissicisme d'un moi qui répute impossible la communication que postulaient l'honnêteté au XVIIe siècle et la sociabilité au XVIIIe.»[92] Les causes de la persistance de la forme épistolaire dans le récit de voyage dans ce siècle si préoccupé du moi sont sans doute complexes et profondes. J. Bedner a suggéré une réponse possible: puisque c'était en écrivant des lettres à leurs amis que des voyageurs ont pris connaissance des possibilités de cette forme littéraire, ils avaient tendance à la garder une fois qu'ils avaient décidé de publier leurs impressions de voyage.[93] C'est peut-être en citant les raisons de l'essor de la forme du journal intime au XXe siècle que l'on peut le mieux saisir les causes de la quasi-disparition du récit de voyage épistolaire à la fin du XIXe siècle. Tout d'abord, du journal intime d'Amiel, qui ne paraît pas du vivant de son auteur, au *Journal, mémoires de la vie littéraire* des frères Goncourt, qui, publié, a joué un rôle important dans la vie littéraire de fin-de-siècle en France, il y a évolution de goût.[94] L'acceptation littéraire de la forme du journal, qu'il soit réellement intime ou non, semble avoir rendu inutile cette illusion d'un correspondant présent dans la forme épistolaire. Mais retenons l'essentiel, que le récit de voyage sous forme de journal comme le récit de voyage épistolaire s'insèrent tous les deux dans une tradition qui existe depuis Montaigne, où parler sur soi spontanément devant autrui peut être un acte pleinement littéraire.

Nous venons de voir que la «rhétorique du spontané» et les valeurs associées à l'«esthétique de l'esquisse» caractérisent les deux formes du journal et de la lettre de voyage. Il reste à voir dans quelle mesure la forme du récit permet la création d'une «esquisse littéraire.»

[92] Laurent Versani, *Le roman épistolaire*, (Paris : Presses Universitaires de France, 1979), p. 261.

[93] J. Bedner, p. 8. Remarquons que la démarche de Custine est pourtant différente : « j'écrirai ce Journal presque jour par jour, et je le remplirai souvent des extraits de mes lettres. » Astolphe de Custine, *Mémoires et voyages*, 2 vol. (Paris : Alex. Vezard, 1830), II, 74.

[94] Voir Alain Girard, *Le journal intime*, p. 57-92.

CHAPITRE IV

La forme du récit
comme «esquisse littéraire»: Flaubert

> Travaille, médite, médite surtout, condense ta pensée, tu sais que les beaux fragments ne font rien. L'unité, l'unité, tout est là. L'ensemble, voilà ce qui manque à tous ceux d'aujourd'hui, aux grands comme aux petits. Mille beaux endroits, pas une oeuvre. Serre ton style, fais-en un tissu souple, comme la soie et fort comme une cotte de mailles.
>
> Gustave Flaubert
> Lettre à Louise Colet (1846)[1]

> Un livre à écrire est pour moi un long voyage.
>
> Gustave Flaubert
> Lettre à Louise Colet (1862)[2]

Nous venons de voir que deux formes, celle du journal et celle de la lettre, sont aptes à illustrer les valeurs représentées par l'«esquisse littéraire.» Dans le présent chapitre, nous chercherons à examiner dans quelle mesure une troisième forme, le récit divisé

---

[1] Datée « mercredi soir, 11 h[eures]. » [14 octobre 1846]. Voir Gustave Flaubert, *Correspondance*, éd. Jean Bruneau, 3 vol. (Paris : Gallimard, 1973-1991), I, 389 (1973).

[2] Datée « samedi soir [12 juillet 1862]. » Voir Gustave Flaubert, *Correspondance*, III, 230 (1991).

en chapitres, peut illustrer cette tension entre l'idéal classique de l'achèvement et l'idéal moderne du fragment et ainsi mériter l'appellation d'«esquisse littéraire.»[3] Ecrit le plus souvent au passé composé et après le retour, cette troisième forme rétrospective épouse un point de vue panoramique inconnu dans le journal ou la lettre de voyage. Cette focalisation rétrospective donne à l'écrivain l'occasion de doter sa narration d'une certaine organisation thématique plus forte que dans ces deux formes. Certes, c'est souvent par l'organisation en chapitres que cette ordonnance est accomplie. Toutefois, les récits suivis, mais épisodiques, tels que les *Impressions de voyage en Suisse* (1834) d'Alexandre Dumas, le *Voyage en Espagne* (1843) de Théophile Gautier, ou encore *Au soleil* (1884) de Guy de Maupassant, illustrent qu'une division en chapitres n'empêche pas une démarche spontanée. C'est par le biais

[3] Nous ne pouvons pas passer sous silence le fait que ce texte est le résultat d'une collaboration littéraire entre Flaubert et Maxime Du Camp. La rédaction de *Par les champs et par les grèves* se divise en deux temps, la prise de notes sur place, et une certaine mise en forme une fois de retour chez eux. Le projet original a été de rédiger un récit de voyage en forme au cours du voyage lui-même, selon Du Camp, « dans quelque ville munie d'une bonne auberge… » Maxime Du Camp, « Souvenirs littéraires, » *Revue des Deux Mondes*, Vol. 47 (1ᵉʳ octobre 1881), p. 512. Mais convaincus qu'ils perdaient ainsi leur temps, ils se sont résolus à l'écrire « au logis, après le retour.» Maxime Du Camp, « Souvenirs littéraires, » p. 512. La perception d'une intimité dans la sensibilité tout comme dans les idées semble les avoir encouragés à entreprendre ce projet en commun. Il était convenu que des douze sommaires tous écrits par Flaubert en cours de route, les numéros pairs seraient développés par Maxime Du Camp, et les numéros impairs par Flaubert. Nous savons qu'ils écrivaient parfois dans la même pièce, comme si la proximité physique devait renforcer cette coïncidence de goût et de manière de voir qui existait déjà. (Voir la lettre de Flaubert à Louis Colet, de la « nuit de samedi, 2 h[eures]. » [Octobre 1847], dans Gustabe Flaubert, *Correspondance*, I, 475 (1973)). Nous savons aussi que Flaubert a revu et corrigé certains morceaux de Du Camp ; que Du Camp ait rendu le même service à son ami est moins certain. Une lecture des douze chapitres, cependant, révèle que les deux amis n'ont réussi à fondre ni leurs personnalités ni leurs styles. Malgré certaines similitudes de thèmes et de ton, une lecture à la suite des douze chapitres crée une impression zigzaguante, tandis que la lecture des seuls chapitres pairs ou impairss, malgré les lacunes apparentes dans la progression spatiale, crée une forte impression de cohésion. Pour regrettable qu'il soit au niveau de l'histoire littéraire de diviser cette œuvre en deux, pour une appréciation littéraire un tel partage semble s'imposer. Quand la critique se réfère à *Par les champs et par les grèves*, c'est le plus souvent les seuls chapitres écrits par Flaubert auxquels on fait allusion. Suivant cette pratique, nos considérations ne porteront ici que sur les seuls chapitres écrits par Flaubert.

d'un récit de voyage de Gustave Flaubert, *Par les champs et par les grèves*, que nous aborderons la question du statut littéraire de l'écriture en voyage sous forme de récit. Nous essayerons en particulier de démontrer comment dans ce texte Flaubert, d'une part, a respecté tant dans la composition que dans le style le naturel associé à la fois au récit de voyage et à l'esquisse, et, d'autre part, a essayé d'en faire une oeuvre littéraire, et ceci peut-être plus qu'aucun autre écrivain voyageur du XIXe siècle. Ensuite, nous verrons comment tout en respectant un certain nombre de conventions qui régissaient le genre à l'époque romantique, il lui arrive de prendre ses distances envers ces mêmes conventions pour les parodier. Nous constaterons également qu'au fur et à mesure qu'il avance dans sa carrière d'écrivain, Flaubert se détache du récit de voyage. Dans le cadre d'une discussion de son désillusionnement progressif quant au potentiel littéraire du genre nous aurons l'occasion de nous tourner brièvement vers son *Voyage en Orient*. Ainsi, dans ce chapitre nous examinerons en détail à la fois deux récits de voyage et leurs brouillons, et le métadiscours ayant trait au genre qui provient surtout de la plume de Flaubert. C'est donc de nouveau une approche multiple qui nous permettra de cerner notre sujet. Par ces prismes multiples nous espérons à la fois illustrer une autre forme propre à constituer une «esquisse littéraire,» le récit suivi, et situer l'écriture en voyage de Flaubert dans l'histoire du récit de voyage au XIXe siècle.

Avant d'aborder *Par les champs et par les grèves*, il sera utile de déterminer comment Flaubert lui-même concevait le récit de voyage. Il s'en explique en 1840, dans les premières pages de son *Voyage aux Pyrénées et en Corse*:

> Un voyageur est tenu de dire tout ce qu'il a vu, son grand talent est de raconter dans l'ordre chronologique: déjeuner au café et au lait, montée en fiacre, station au coin de la borne, musée, bibliothèque, cabinet d'histoire naturelle, le tout assaisonné d'émotions et de réflexions sur les ruines...[4]

Dans cette seule phrase Flaubert condense une définition au niveau du contenu aussi bien qu'au niveau de l'organisation formelle du récit de voyage telle qu'elle s'était élaborée pendant la période

[4] Gustave Flaubert, *Voyage aux Pyrénées et en Corse* dans *Œuvres complètes*, 16 vol. (Paris : Club de l'Honnête Homme, 1971-1975), X, 289 (1973).

romantique. Il commence par évoquer l'élément qui occupe une place de prédilection dans «l'horizon d'attente» du genre à partir du XVIe siècle, à savoir la sincérité du voyageur témoin. Selon les conventions du genre telles qu'elles ont été développées au cours des siècles précédents, et, comme nous venons de le voir, sous la plume de Chateaubriand et de Hugo, le récit de voyage était censé être la narration fidèle d'un témoin oculaire: l'identité de l'entité auteur-voyageur-narrateur était ainsi posée. Qui plus est, le «Je» narrant devait «tout dire,» le côté événementiel du voyage tout comme les leçons que le voyageur pouvait en tirer. Flaubert a donc compris que le récit de voyage devait s'ouvrir sur l'extérieur mais également sur l'intérieur et qu'il importait au voyageur de rendre compte en toute franchise de sa réponse subjective — affective et intellectuelle — à l'expérience du voyage. Ainsi, Flaubert n'oublie pas l'organisation essentiellement libre du genre, où, aux accidents de parcours et au désordre propre à un récit régi par la contiguïté spatiale et par la succession temporelle, s'ajoute le vagabondage de l'imagination. Esquisse par la liberté de sa composition, pour l'auteur du *Voyage aux Pyrénées et en Corse* le récit de voyage l'est aussi par le style. Voici comment dans le même récit de voyage Flaubert décrit la spontanéité de l'écriture et la naïveté de l'expression qu'il envisage pour son récit de voyage:

> ...je veux tout bonnement, avec ma plume, jeter sur le papier un peu de la poussière de mes habits; je veux que mes phrases sentent le cuir de mes souliers de voyage et qu'elles n'aient ni dessus de pieds, ni bretelles, ni pommade qui ruisselle en grasses périodes, ni cosmétique qui les tienne raides en expressions ardues, mais que tout soit simple, franc et bon, libre et dégagé...[5]

Comme nous l'avons déjà vu dans les deux chapitres précédents, c'est en partie grâce à cette liberté d'expression foncière si bien évoquée pour nous ici par Flaubert que le récit de voyage s'apparente à l'«esthétique de l'esquisse.»

Dans *Par les champs et par les grèves*, Flaubert se montre par bien des égards fidèle au modèle qu'il a décrit six années plus tôt. Il ne néglige en rien l'aspect quotidien de l'aventure, tout en se souciant de l'instruction de son lecteur. Ainsi, il intercale dans son

---

[5] Gustave Flaubert, *Voyage aux Pyrénées et en Corse* dans *Œuvres complètes*, X, 285 (1973).

récit des descriptions géographiques, des morceaux historiques et
des développements ethnographiques sur les Bretons.[6] Ces digressions sont parfois inspirées par ses souvenirs de lecture; le plus souvent pourtant elles sont le fruit de son observation personnelle. Mais
le narrateur est loin de se cantonner dans son rôle de témoin, et il
livre spontanément à ses lecteurs ses impressions, ses réflexions
et ses rêveries, passant du monde du dehors au monde du dedans.
Nous participons ainsi tour à tour aux moments solitaires (traduits
souvent par la tonalité lyrique) et grégaires (traduits souvent par
la tonalité ironique) de cet être ambulant et disert. Le texte fonctionne ainsi comme déversoir, quoique les réflexions l'emportent
sur les confidences vraiment intimes.

C'est donc par la spontanéité apparente avec laquelle il passe
de sujet en sujet que ce récit de voyage de Flaubert appartient à
l'«esthétique de l'esquisse.» Mais Flaubert est loin ici d'être resté
fidèle à la textualité discontinue propre à la «rhétorique du spontané» qu'il accepte dans les premières pages du *Voyage aux Pyrénées et en Corse*. C'est ce que révèle tout d'abord Flaubert lui-
même dans une appréciation de *Par les champs et par les grèves*
qu'il offre plusieurs années après le moment de sa rédaction:

> La difficulté de ce livre consistait dans les transitions et à faire un
> tout d'une foule de choses disparates. — Il m'a donné beaucoup de
> mal. — C'est la première chose que j'aie écrite péniblement (je ne
> sais où cette difficulté de trouver le mot s'arrêtera [...]) [...] Songe
> ce que c'est que d'écrire un voyage où l'on a pris le parti d'avance
> de *tout* raconter.[7]

On voit Flaubert préoccupé par les exigences contradictoires du récit
de voyage, qui préconise la nécessité de «tout dire» naïvement, et
celle de la littérature, qui accepte, et souvent exige, l'artifice d'un
ordre (les transitions, en l'occurrence). C'est cette tension esthé-

---

[6] Pour une discussion de la portée documentaire de l'œuvre, voir Madame Le
Herpeux, « Flaubert et son voyage en Bretagne, » *Annales de Bretagne*, Vol. XLVII
(1940), p. 1-152. Flaubert parle de sa satisfaction avec cet aspect de son récit de
voyage dans une lettre à Louise Colet datée du 3 avril 1852. C'est d'ailleurs la seule
partie de son récit de voyage à paraître de son vivant. Voir Gustave Flaubert, « Des
pierres de Carnac et de l'archéologie celtique, » *L'Artiste*, Vol. 3 (1858), p. 261-
262.

[7] Gustave Flaubert, *Correspondance*, II, 66 (1980) ; (Lettre à Louise Colet
datée du 3 avril 1852).

tique qui est au sein de l'«esquisse littéraire.» En étudiant *Par les champs et par les grèves* dans le détail, nous chercherons dans les pages qui suivent à démontrer que ce récit de voyage se situe à mi-chemin entre le désordre, le pêle-mêle et l'improvisation absolue qui sont propres à l'esquisse, et l'ordre, le rédigé et le plan, associés le plus souvent à l'expression littéraire.

Pour l'ordonnance du récit, nous remarquerons que les deux principes de contiguïté spatiale et de succession temporelle lient les segments narratifs de ce récit de voyage principalement par enchaînement, tandis que le principe d'association d'idées insère des segments surtout par enchâssement. Une impression de continuité est produite quand les segments de la narration sont clairement enchaînés par la charpente spatio-temporelle. La simple organisation spatio-temporelle fait partie de la «rhétorique du spontané» dans la mesure où elle suggère que l'écrivain n'est pas intervenu pour doter son récit de voyage d'une ordonnance autre que celle, discontinue, offerte par l'expérience du voyage. Une impression de continuité se crée également quand les digressions qui se présentent à l'esprit du voyageur par association s'insèrent dans ce même schéma spatio-temporel. Notons que les fonctions assumées par ces digressions sont multiples: didactique ou explicative, justificative, thématique, autobiographique ou encore ornementale. Pour mieux voir la tension qui existe dans ce récit de voyage entre discontinuité et ordre, entre «rhétorique du spontané» et composition littéraire, considérons de plus près la composition et les articulations narratives de *Par les champs et par les grèves*.

Le chapitre V est celui qui est articulé le plus constamment par la progression du voyageur dans l'espace et le temps.[8] En revanche, la tendance au discontinu est le plus manifeste dans les chapitres VII et XI. Le schéma du voyage fournit la structure narrative de chaque chapitre, mais l'impossibilité de construire une chronologie exacte accorde à la continuité spatiale un rôle encore

---

[8] Jerzy Parvi a remarqué avec justesse que c'est le Chapitre V qui suit avec le plus de rigueur l'ordre chronologique du voyage. Voir Jerzy Parvi, « La composition et l'art du paysage dans *Par les champs et par les grèves* de Flaubert, » *Kwartalnik Neofilologiczny*, Vol. XII, No. 1 (1965), p. 5. Voir son article aussi pour une étude contrastive des paysages du carnet de voyage, du récit du voyage et de *Madame Bovary*.

plus important dans la construction d'une narration suivie. De plus, on remarque à plusieurs reprises qu'un lien associatif dans la conscience du voyageur remplace la chronologie ou la contiguïté spatiale comme principes d'articulation narrative. Examinons à titre d'exemple le chapitre VII. Voici une vue d'ensemble des grandes articulations narratives de ce chapitre:

		Paragraphes	
1 jour 26 paragraphes		1-26	Quimperlé (digression sur le plaisir de voyager: faire des rapprochements et des antithèses)
		LIEN ASSOCIATIF	rapprochement fait pendant le voyage
		27-38	à Rosporden (rapprochements — deux femmes en prière) les Bretons
RUPTURES TEMPORELLES			
		LIEN ASSOCIATIF	les Bretons
		39-70	Quimper, ville bretonne «En revenant vers l'hôtel,» «nous sortîmes un jour»
1 jour 40 paragraphes		71-111	«Le lendemain»/de Quimper à Concarneau à Foret à Kerfeuntun à Pont l'Abbé

Ce chapitre se divise en trois volets. Dans le premier (paragraphes 1-26) et le dernier (paragraphes 71-111) l'enchaînement narratif est assuré par des articulations spatio-temporelles. Le panneau central (paragraphes 27-70) est caractérisé par un flou chronologique. Dans le chapitre V, c'est la contiguïté spatiale qui prend la relève au moment où l'enchaînement temporel est interrompu dans le paragraphe 39. Ici, en revanche, c'est le principe de l'association d'idées qui remplace la succession temporelle dans la motivation de la narration. Ceci a pour résultat que les déplacements spatiaux eux-mêmes sont accomplis par association. Ainsi la digression sur le rapprochement et l'antithèse comme éléments constitutifs du plaisir de voyager, qui vient à l'esprit du voyageur à Quimperlé, lui fait penser à d'autres rapprochements qu'il avait faits à Rosporden. Le lecteur est donc transporté à Rosporden, où, après une digression sur la religion, le narrateur raconte en détail les activités d'un jour de marché. Suit une digression sur les Bretons qui sert de principe de progression associatif. Le lecteur est de nouveau transporté par digression dans une autre ville, cette fois à Quimper.

Survient tout d'un coup une notation temporelle et spatiale précise: «En revenant vers l'hôtel...» A cause de l'enchaînement digressif par association, le lecteur ne sait plus exactement dans quelle ville le narrateur se trouve à ce moment de la narration, Rosperden ou Quimper. Il doit avancer encore de quelques paragraphes dans sa lecture, jusqu'à la fin de l'épisode de l'abattoir, avant de recevoir des précisions supplémentaires: nous sommes à Quimper.

Nous avons dit que l'organisation narrative de *Par les champs et par les grèves* suit deux principes, celui de la succession temporelle et de la contiguïté spatiale d'une part, et celui de l'association d'idées de l'autre. Ces principes participent tous les deux à la «rhétorique du spontané» propre à l'«esthétique de l'esquisse» dans la mesure où ils suggèrent que loin de composer son récit, le voyageur note naïvement à la fois les événements de son voyage et sa réaction à ces événements. De même, nous avons vu que la cohérence narrative de *Par les champs et par les grèves* est la plus forte quand la succession temporelle et la contiguïté spatiale sont toutes les deux à l'oeuvre, tandis que l'impression de discontinuité est la plus prononcée quand les déplacements dans l'espace du voyageur sont accomplis par les liens d'association d'idées. Or, paradoxalement, c'est précisément grâce à la démarche apparemment spontanée de l'association d'idées, qui produit une impression de discontinuité, que *Par les champs et par les grèves* acquiert un ordre littéraire. En effet, les nombreuses digressions qui proviennent du travail associatif de l'esprit du voyageur peuvent, sous la plume d'un écrivain de talent, créer un ordre thématique. C'est le lecteur qui découvre cet ordre au cours de sa lecture, suivant une dynamique d'anticipation et de retour en arrière. C'est le cas dans ce récit de voyage.

Dans sa manière de voir et de dire, ce voyageur est essentiellement romantique. De fait, les thèmes de *Par les champs et par les grèves* sont presque tous des *topoi* romantiques: la nature (soleils couchants, clairs de lune, végétation envahissant des ruines), la mort (jusque dans ses aspects grotesques et macabres), et un exotisme temporel (nostalgie de la vie du Moyen Age et de la Renaissance) et spatial (dépaysement dans une Bretagne primitive). Ces thèmes s'articulent autour de deux noyaux nostalgiques qui reflètent les deux extrêmes de l'univers moral du voyageur, le «pôle du bien» et le «pôle du mal.» Ces deux champs lexicaux, faits de structures mentale et formelle, créent une tension dialectique qui constitue un des ressorts narratifs principaux de l'oeuvre. Ils peuvent se résumer ainsi:

Pôle du bien	*Pôle du mal*
Moi, Nous	Eux
Contemplateurs	Acteurs
Le Gratuit	L'Utile
La Liberté	L'Esclavage
Le Naturel	L'Artificiel
Jadis	Maintenant
Là-bas	Ici
La Vie	La Mort

On pourrait aisément reconnaître dans ces deux pôles un des schémas de l'imagination flaubertienne et même de tout un *Zeitgeist* romantique. Le désir constant d'un ailleurs et une désaffection pour le présent constituent, est-il besoin de le souligner, deux symptômes de ce célèbre malaise culturel, «le mal du siècle.» C'est donc en partie la conscience centrale et ordonnatrice du voyageur qui fait passer l'unité à travers la multiplicité. En effet, le cheminement entre les thèmes formant les deux champs lexicaux soutient la progression du récit et contribue par là à la création d'un effet de cohésion littéraire. Mais malgré leurs enlacements et leurs enchevêtrements, ces thèmes s'affrontent plutôt qu'ils ne se mêlent. L'opposition tranchée entre les deux séries de thèmes donne au récit de voyage une tension dramatique qui fait avancer la narration par le contraste, et aide à soutenir l'intérêt du lecteur jusqu'à la fin du récit. Les annonces et les rappels des divers thèmes — le voyage, l'histoire, la bourgeoisie, la nature, la bêtise, la ruine — créent ainsi un ordre rhapsodique qui perce derrière un chaos apparent. Ainsi, le déroulement chronologique, charpente propre au récit de voyage est dépassé dans *Par les champs et par les grèves* par un deuxième ordre littéraire.[9] Pour qu'un récit de voyage acquière une dimension littéraire, à la nécessité d'une ordonnance thématique s'ajoute celle d'un beau style. Rappelons que c'est lors de la rédaction de ce voyage à partir de son retour à Croisset en septembre 1847 que Flaubert se plaint pour la première fois de ses «affres du style» qui devaient tant marquer sa carrière d'écrivain. Dans une lettre à Louise Colet, par exemple, Flaubert avoue:

> Sache donc que je suis harassé d'écrire. Le style, qui est une chose que je prends à coeur m'agite les nerfs horriblement, je me dépite, je me ronge. Il y a des jours où j'en suis malade et où la nuit j'en ai la fièvre. Plus je vais et plus je me trouve incapable de rendre *l'Idée*.[10]

Le jour où il a écrit ces mots Flaubert avait passé huit heures à corriger cinq pages. Dans une autre lettre écrite peu après, il continue dans la même veine: «Depuis quatre jours j'ai écrit trois pages, et détestables! lâches, molles, ennuyeuses.»[11] Et il s'exclame: «Je suis toujours dégoûté de ce que je fais. L'idée me gêne, la forme me résiste. A mesure que j'étudie le style je m'aperçois combien je le connais peu [...] Oh l'art, l'art, quel gouffre!»[12] Ces préoccupations d'écrivain se situent, est-il besoin de le souligner, aux antipodes de celles du voyageur naïf envisagé à la fois par les conventions du récit de voyage et par l'«esthétique de l'esquisse.»

9 Dans son « Introduction » à son édition de *Par les champs et par les grèves* Adrianne J. Tooke dégage une autre organisation littéraire basée sur des « rapprochements » et des « antithèses. » Voir Gustave Flaubert et Maxime Du Camp, *Par les champs et par les grèves*, éd. Adrianne J. Tooke (Genève : Droz, 1987), p. 40 sq. Tooke conclut : « *Par les champs* est bien le récit de voyage le plus cohérent, le plus uni, le plus soigneusement construit de tous les récits de voyage de l'époque. » Gustave Flaubert et Maxime Du Camp, *Par les champs et par les grèves*, p. 40.

10 Gustave Flaubert, *Correspondance*, I, 475 (1973) ; (Lettre datée d'Octobre 1847). Fin novembre 1847 il reste « harassé » de sa *Bretagne*. (Voir sa lettre à Louise Colet, [Rouen, fin novembre 1847]). Quelques semaines plus tard, dans une lettre à son amie datée du 11-12 décembre 1847, il prédit ne pouvoir finir sa rédaction qu'à la fin de l'année au moment où il faudrait encore relire et corriger le tout.

11 Gustave Flaubert, *Correspondance*, I, 478 (1973) ; (Lettre datée « Octobre 1847 »).

12 Gustave Flaubert, *Correspondance*, I, 478 (1973) ; (Lettre datée « Octobre 1847 »).

Comme on peut s'y attendre, sa manière de dire est consubstantielle à son contenu. En effet, les revirements de ton dont le narrateur est coutumier servent de miroir au mouvement zigzagant de la narration, s'avançant de thème en thème, d'un champs lexical à l'autre. Certes, l'écriture ressemble parfois à la prose neutre du *vade-mecum*. Ce style est assez fréquent dans le récit de voyage, étant donné que le style simple était pris — et ceci, nous l'avons vu, dès le XVIe sicèle — comme signe de la spontanéité de la rédaction et donc de la sincérité du voyageur. Mais la vision du monde de notre voyageur se prête surtout à une expression polarisée, tant il est sensible à l'écart entre l'idéal et le réel. Tour à tour lyrique et ironique, polémique et comique, familier et didactique, aucune tonalité ne domine sans partage le récit. Quoique la prose soit parfois plus soignée, ces revirements de ton suggèrent une rédaction spontanée qui reste fidèle à l'impression de l'instant.

Examinons à titre d'exemple quelques épisodes lors de la visite de l'îlot du Grand-Bé. On peut en détacher le passage narratif-descriptif suivant, où le voyageur soliloque devant le tombeau de Chateaubriand:

> Il dormira là-dessous, la tête tournée vers la mer; dans ce sépulcre, bâti sur un écueil, son immortalité sera comme fut sa vie, déserte des autres, et tout entourée d'orages. Les vagues avec les siècles murmureront longtemps autour de ce grand souvenir. Dans les tempêtes elles bondiront jusqu'à ses pieds, où les matins d'été, quand les voiles blanches se déploient, et que l'hirondelle arrive au delà des mers — longues et douces — elles lui apporteront la volupté mélancolique des horizons, et la caresse des larges brises; et les jours ainsi s'écoulant, pendant que le flot de la grève natale ira se balançant toujours entre son berceau et son tombeau, le coeur de René, devenu froid, lentement, s'éparpillera dans le néant, au rythme sans fin de cette musique éternelle.[13]

Admirable passage, où les sonorités récurrentes et le rythme ondulatoire des périodes soutiennent le sens des mots. Thématique et manière de dire se conjuguent pour créer ici une imitation du style fluvial du voyageur célèbre. Or, Raymonde Debray-Genette note

[13] Gustave Flaubert et Maxime Du Camp, p. 590-591.

avec justesse que c'est avec ce pastiche de la prose de l'Enchanteur que Flaubert prend congé de son prédécesseur.[14]

La tonalité poétique de la prose revient peu après dans l'épisode du baigneur qui se promène sur la grève de l'ilôt du Grand-Bé. Tout d'abord, c'est l'aspect visuel qui domine. Le voyageur fixe son regard sur le baigneur et le décrit avec une attention minutieuse: les «gouttes qui perlaient aux boucles frisées de sa barbe noire,» le «sillon velu» qui «lui courait sur le thorax,» les plans successifs de ses «cuisses nerveuses.»[15] La minutie objective de cette description laisse prévoir la courbe de son évolution future que nous aurons à discuter plus en détail un peu plus loin. Mais ici la description ne sert que de prélude à un éloge du naturel:

> Oh! que la forme humaine est belle quand elle apparaît dans sa liberté native, telle qu'elle fut créée aux premiers jours du monde! Où la trouver, masquée qu'elle est maintenant, et condamnée pour toujours à ne plus apparaître au soleil.[16]

Le lyrisme de cette envolée subjective comporte un accent rousseauiste, mais avec un penchant pour le concret, pour le terrestre qui appartient bien à Flaubert.

Cette digression sur l'harmonie dans la nature s'ouvre peu après sur une considération de l'harmonie dans l'art. Nous pouvons en détacher cette brève rêverie pittoresque sur l'harmonie dans le style où le rythme balançant de la prose épouse le sens des mots fortement suggestifs:

> J'entends confusément dans Juvénal des râles de gladiateur; Tacite a des tournures qui ressemblent à des draperies de laticlave, et certains vers d'Horace ont des reins d'esclave grecque, avec des balancements de hanche et des brèves et des longues qui sonnent comme des crotales.[17]

---

[14] Raymonde Debray-Genette, « L'Empire de la description, » *Revue d'Histoire littéraire de la France*, No. 4-5 (juillet/octobre 1981), p. 579. Il n'est pas fait pour surprendre que la tonalité poétique multiplie ses occurrences aux moments où le voyageur visite des lieux associés à Chateaubriand. Voir aussi sa visite à Combourg dans Gustave Flaubert et Maxime Du Camp, p. 617 sq.

[15] Gustave Flaubert et Maxime Du Camp, p. 593.

[16] Gustave Flaubert et Maxime Du Camp, p. 593.

[17] Gustave Flaubert et Maxime Du Camp, p. 595.

La tonalité poétique est traduite dans cette phrase par l'emploi des figures (une comparaison et une métaphore), par l'harmonie des sonorités et par le rythme de la prose. Mais le registre poétique de cette phrase soigneusement travaillée n'est pas maintenu longtemps. Une question vient interrompre brusquement cette évocation imaginaire, qui sert de decrescendo au crescendo affectif qui la précède:

> Mais pourquoi s'inquiéter de ces niaiseries? N'allons pas chercher si loin, contentons-nous de ce qui se fabrique. Ce qu'on demande aujourd'hui, n'est-ce pas plutôt tout le contraire du nu, du simple et du vrai? Fortune et succès à ceux qui savent revêtir et habiller les choses! Le tailleur est le roi du siècle, la feuille de vigne en est le symbole. Lois, arts, politique, caleçon partout! Libertés menteuses, meubles plaqués, peinture à la détrempe, le public aime ça. Donnez-lui-en, fourrez-lui-en, gorgez cet imbécile.[18]

Cette tirade est axée sur plusieurs des couples antithétiques que nous avons dégagés dans nos deux pôles: Moi/Eux, le Naturel/l'Artificiel, la Liberté/l'Esclavage, Jadis/Maintenant. Le naturel, la simplicité, le beau naïf — toutes les valeurs que le voyageur prise — semblent compromises par deux valeurs très répandues dans la société bourgeoise, le sentiment de pudeur et de bienséance. Si le voyageur préfère l'idéal, c'est parce que le réel est peuplé par tous ceux qui concluent, les bourgeois férus de bienséance et de principes utilitaires, et les détenteurs de l'autorité civile, académique ou ecclésiastique. Tous ces gens sont «bêtes» du fait qu'ils s'immobilisent dans la certitude bourgeoise. C'est le «caleçon,» cette amputation de la nature, qui symbolise pour le voyageur les attitudes dénaturées de la bourgeoisie. Ajoutons en passant que le «caleçon,» de par la fréquence de sa notation dans le texte, arrive à constituer un mot-thème. Ce passage est aussi typique en ceci, que le voyageur se sert d'un style exclamatif pour exprimer son exaspération. En effet, les moments ironiques dans *Par les champs et par les grèves* sont souvent traduits par une rhétorique d'abondance: l'emphase, l'hyperbole, le délire lexical et l'accumulation d'effets y trouvent tous leur place. Sa manière de dire prolixe s'apparente au romantisme bruyant, marquée qu'elle est par des entassements et des antithèses, tous traduits dans une certaine emphase

18 *Gustave Flaubert et Maxime Du Camp*, p. 595.

déclamatoire. Ainsi, malgré les détours, retours et volte-faces, ce qui ressort de notre analyse c'est qu'à la poésie d'un passé béni fait écho la bêtise d'un présent maudit. A cause du manque de conciliation de ces contraires, la réapparition des divers thèmes confère au récit l'ordre d'un rebond zigzagant, d'une série de ruptures épousées et traduites par le style. Pour qu'un récit de voyage mérite l'épithète «littéraire,» un écrivain doit créer un récit apte à procurer chez le lecteur une expérience d'ordre esthétique. Il est clair que c'est ce que Flaubert a fait dans *Par les champs et par les grèves.*

Nous avons vu qu'avec les annonces et les rappels de ses divers thèmes, *Par les champs et par les grèves* acquiert un ordre sous-jacent. Notre analyse a aussi révélé que Flaubert essaie par moments de faire du style. Maintenant, par la présentation parallèle de deux passages pris à la fois du carnet et du récit de voyage, nous chercherons à illustrer encore mieux qu'en écrivant *Par les champs et par les grèves* Flaubert a visé aussi une perfection dans le détail. Nous verrons donc que par son traitement esthétique du langage Flaubert se distingue souvent de l'idéal d'un style simple qu'il proposait pour son *Voyage aux Pyrénées et en Corse.*

Les notes du carnet fournissent des indices sur sa manière de décrire la mise en marche de son esprit vagabond au cours d'une promenade de Landerneau au château de la Joyeuse Garde:

> Landerneau — plat — un pont — la rivière de Landerneau, canalisée droite — Manoir de Kergoat. habitation d'homme ruiné Mr Fabre — bière — jardin — ifs — jet d'eau — soleil — intensité d'un moment effrené au milieu de cette nature abrutie. — Joyeuse Garde rien, qu'une porte avec du lierre, et des mouvements de terrain qui indiquent des douves, nous causons d'Isabey de Pradier, etc. et de Shakespeare en revenant dans la foret par des chemins creux ombrés — vue de la rivière trop droite près Landerneau, mais plus loin c'est une vraie rivière — eau dans les prairies du mont — montagnes assez basses, à sommet aigu, couvertes de verdure, chien gueulant auquel on avait attaché une casserole à la queue.[19]

Ce paragraphe morcellaire est régi par la juxtaposition, souvent de simples mots. La ponctuation, tout comme les mots de liaison propres à la syntaxe habituelle, font défaut. Le caractère décousu

19 Gustave Flaubert et Maxime Du Camp, p. 708.

de la prose suggère la spontanéité de la production: il connote ainsi la sincérité du voyageur et par là la véracité du contenu. Il est clair que Flaubert n'avait aucune intention esthétique en jetant ces notes sur le papier. Plus important pour notre propos, même une lecture esthétisante ne saurait y trouver une dimension littéraire. Il s'agit ainsi d'une «esquisse verbale.»

Considérons maintenant les quatre paragraphes de *Par les champs et par les grèves* qui correspondent à ce paragraphe du carnet.

Landerneau est un pays où il y a une promenade d'ormeaux au bord de la rivière, et où nous vîmes courir dans les rues un chien effrayé, qui traînait à sa queue une casserole attachée.

Pour aller au château de la Joyeuse-Garde, il faut d'abord suivre la rive de l'Elorn, et ensuite marcher longtemps dans un bois, par un chemin creux où personne ne passe. Quelquefois le taillis s'éclaircit, alors à travers les branches la prairie paraît, ou bien la voile de quelque navire qui remonte la rivière. Notre guide était devant nous, loin, écarté. Seuls ensemble, nous foulions ce bon sol des bois, où les bouquets violets des bruyères poussent dans le gazon tendre, parmi les feuilles tombées. On sentait les fraises, la framboise et la violette. Sur le tronc des arbres les longues fougères étendaient leurs palmes grêles. Il faisait lourd, la mousse était tiède. Caché sous la feuillée, le coucou poussait son cri prolongé; dans les clairières, des moucherons bourdonnaient en tournoyant leurs ailes.

Tranquilles d'âme et balancés par la marche, épanchant à l'aise nos fantaisies causeuses, qui s'en allaient comme des fleuves par de larges embouchures, nous devisions des sons, des couleurs; nous parlions des maîtres, de leurs oeuvres, des joies de l'idée; nous songions à des tournures de style, à des coins de tableau, à des airs de tête, à des façons de draperie; nous nous redisions quelque grand vers énorme, beauté inconnue pour les autres qui nous délectait sans fin, et nous en répétions le rythme, nous en creusions les mots, le cadençant si fort qu'il en était chanté. Puis c'étaient les lointains paysages qui se déroulaient, quelque splendide figure qui venait, des saisissements d'amour pour un clair de lune d'Asie se mirant sur des coupoles, des attendrissements d'admiration à propos d'un mot, ou la dégustation naïve de quelque phrase en relief trouvée dans un vieux livre.

Et couchés dans la cour de Joyeuse-Garde, près du souterrain comblé, sous le plein cintre de son arcade unique que revêtissent les lierres, nous causions de Shakespeare, et nous nous demandions s'il y avait des habitants dans les étoiles.[20]

[20] Gustave Flaubert et Maxime Du Camp, p. 518-520.

On aura noté que dans son récit de voyage, l'écrivain élimine le désordre et le négligé pour créer un discours suivi. Certains épisodes reviennent; par exemple, celui du chien et de la discussion de Shakespeare trouvés dans les notes du carnet sont repris dans le récit de voyage, quoique dans un ordre différent. Ce qui frappe surtout est jusqu'à quel point Flaubert étoffe le récit fragmentaire du carnet. Il développe en particulier la notation trouvée dans des notes de «l'intensité d'un moment effréné au milieu de cette nature abrutie» en ajoutant beaucoup de détails dans la description du paysage et dans sa réponse subjective à ce paysage. C'est donc avant tout par adjonction que Flaubert met en forme ses notes de voyage.

Dans le troisième paragraphe, l'écrivain développe tout particulièrement ses expériences de la promenade. Source de liberté par la domination de l'espace, la promenade l'est aussi par le mouvement berceur qui libère l'imagination. C'est là un thème romantique, inauguré par Rousseau. Mais l'essentiel ici est que notre voyageur ne se contente pas de le constater. Par une rhétorique sans entraves il arrive plutôt à faire sentir au lecteur le point de départ tout sensuel de sa rêverie: les effets naturels de l'expérience de la marche. C'est bien cette alternance d'attentes et de satisfactions au niveau des sensations qui a créé chez lui un état psychologique euphorique propice aux activités de l'imagination voyageuse. La structure fluide, musicale de sa phrase interminable épouse le rythme de cette flânerie sans fin et fait écho aux cadences des bribes de poésie et de prose que le promeneur se plaît à répéter. Tout en nous permettant de nous identifier intimement à l'expérience du voyageur, la lecture du troisième paragraphe est apte à produire chez le lecteur un plaisir esthétique. C'est en partie grâce à de tels passages très soignés que *Par les champs et par les grèves*, récit de voyage d'une «coulée» narrative discontinue, mérite l'appellation d'«esquisse littéraire.»

Prenons encore un exemple. Nous sommes au chapitre V au moment où les voyageurs regagnent Quiberon après leur visite de Belle-Isle. Voici l'«esquisse verbale» du carnet de voyage:

> — de Belle isle à Quiberon bon vent, jeune mousse blond qui chantait dans la brise et dont on n'entendait pas les paroles — un cheval — 2 voyageurs pr le commerce le vieux blanchi dans l'exercice, l'autre — vaudeville Achard tutoyant les marins etc — dejeuner à Quiberon avec eux un monsieur de l'endroit nullité complète tout oreilles. [de Qu] le troupier de l'avant veille gris-perdu[21].

21 Gustave Flaubert et Maxime Du Camp, p. 691.

Ces notes fragmentaires, qui ont la spontanéité de l'improvisation, donnent lieu dans le récit de voyage aux trois paragraphes suivants:

> Pour nous en retourner à Quiberon, il fallut se lever le lende-
> main avant sept heures: ce qui exigea du courage. Encore raides
> de fatigue et tout grelottants de sommeil, nous nous empilâmes dans
> la barque en compagnie d'un cheval blanc, de deux voyageurs pour
> le commerce, du même gendarme borgne et du même fusilier, qui
> cette fois, ne moralisait personne. Gris comme un cordelier, et rou-
> lant sur les bancs, il avait fort à faire pour retenir son shako, qui
> lui vacillait sur la tête, et pour se défendre son fusil qui lui cabrio-
> lait dans les jambes. Je ne sais qui de lui ou du gendarme était le
> plus bête des deux: le gendarme n'était pas ivre, mais il était stu-
> pide; il déplorait le peu de tenue du soldat, il énumérait les puni-
> tions qu'il allait recevoir, il se scandalisait de ses hoquets, il se for-
> malisait de ses manières. Vu de trois quarts, du côté de l'oeil
> absent, avec son tricorne, son sabre et ses gants jaunes, c'était, certes,
> un des plus tristes aspects de la vie humaine. Un gendarme est
> d'ailleurs quelque chose d'essentiellement bouffon, que je ne puis
> considérer sans rire: effet grotesque et inexplicable que cette base
> de la sécurité publique a l'avantage de m'occasionner, avec les
> procureurs du roi, les magistrats quelconques et les professeurs de
> belles lettres.
> Incliné sur le flanc, le bateau coupait les vagues qui filaient le
> long du bordage en tordant de l'écume. Les trois voiles bien gon-
> flées arrondissaient leur courbe douce. La mâture criait, l'air sif-
> flait dans les poulies. Penché sur la proue, le nez dans la brise, un
> mousse chantait; nous n'entendions pas les paroles, mais c'était un
> air lent, tranquille et monotone qui se répétait toujours, ni plus haut
> ni plus bas, et qui prolongeait en mourant des modulations traînantes.
> Cela s'en allait doux et triste sur la mer, comme dans une âme
> un souvenir confus qui passe.[22]

De nouveau Flaubert commence par sélectionner et par changer l'ordre des notes sommaires du carnet. Par la suite il les ampli-fie. On aura noté que ces trois paragraphes illustrent les deux champs lexicaux que nous avons identifiés. Ainsi, le thème de la bêtise, développé par les portraits du gendarme et du soldat, illustre le «pôle du mal.» Le mousse solitaire, en revanche, suggère le lyrisme le plus souvent associé avec le «pôle du bien.» Dans ce passage, l'homme et sa fonction sociale ne font qu'un. Comme c'est

---

[22] Gustave Flaubert et Maxime Du Camp, p. 303-304.

souvent le cas dans *Par les champs et par les grèves*, l'art du portrait manifeste ici une intention satirique.[23] De plus, attirons l'attention sur le rythme balançant de la longue phrase qui termine le deuxième paragraphe. Ici le va-et-vient entre des périodes de longueur presque égale imite à la fois le mouvement de l'eau et la monotonie du chant du mousse. L'emploi de la comparaison dans le troisième paragraphe, tout comme l'emploi des épithètes chargées d'émotivité («doux» et «triste») pour caractériser le mouvement d'un bateau, à la fois traduit poétiquement l'état d'âme du voyageur et permet au lecteur de l'intérioriser.[24]

A la lumière de ces deux textes apparaît combien la mise au net définitif de *Par les champs et par les grèves* s'écarte des notes du carnet. A la différence du carnet, les phrases du récit de voyage forment un tissu continu et musical. C'est donc dans *Par les champs et par les grèves* que Flaubert a entrevu son idéal stylistique qu'il décrira pour Louise Colet quelques années plus tard:

> ...un style qui serait beau [...] et qui serait rythmé comme le vers, précis comme le langage des sciences, et avec des ondulations, des ronflements de violoncelle, des aigrettes de feu; un style qui vous entrerait dans l'idée comme un coup de stylet, et où votre pensée enfin voguerait sur les surfaces lisses, comme lorsqu'on file dans un canot avec bon vent arrière.[25]

De plus les paragraphes ont une forte cohésion textuelle. Mentionnons enfin que ces extraits du récit de voyage évoquent une thématique du grotesque, d'une part, et, de l'autre, du sublime. Ils contribuent ainsi à créer l'ordre littéraire double que nous avons appelé le «pôle du bien» et le «pôle du mal.»

Dans *Par les champs et par les grèves* Flaubert accepte la liberté foncière du genre tout en visant un certain fini tant dans la composition que dans le style. Après avoir découvert la façon dont Flaubert confronte la tension esthétique qui sous-tend l'«esquisse

[23] Voir, par exemple, le portrait de la poste d'Auray où de nouveau l'humour vient de la caricature. Gustave Flaubert et Maxime Du Camp, p. 280-283.

[24] Adrianne Tooke a identifié à la fois un parallélisme et un contraste entre le trajet en bateau de Quiberon à Belle-Isle et celui du retour. Voir Gustave Flaubert et Maxime Du Camp, p. 42.

[25] Gustave Flaubert, *Correspondance*, II, p. 79 (1980) ; (Lettre du 24 avril 1852).

littéraire» nous proposons d'identifier quelques traces d'un éloignement par rapport au récit de voyage qui aboutira à un abandon futur du genre.

Une démarche subversive au sein de *Par les champs et par les grèves* est la première trace de cette distanciation dont nous voudrions discuter. Le point de vue burlesque, nous le voyons quand Flaubert applique à la lettre l'exigence de «tout voir.» Ce faisant, il s'attaque à ce qui a constitué, nous l'avons déjà vu, une des conventions principales du récit de voyage comme de l'esquisse: la sincérité. Selon cette convention, rappelons-le, le voyageur doit comparer ses connaissances livresques avec les données de l'expérience. Il tourne son regard naïf sur tout ce qu'il rencontre au cours de son voyage, et ensuite livre spontanément à ses lecteurs les résultats de sa lecture du «livre du monde.» De cette façon le voyageur remplit sa fonction d'instruire son lecteur ainsi que de le divertir. Or, notre voyageur parodie cette convention quand il s'empare de la fonction didactique pour expliquer sa visite au quartier mal famé de Nantes. En parlant de lui et de son compagnon de voyage, il constate en effet que «nous nous mîmes en devoir d'aller nous promener dans les rues dites *'infames'*.»[26] Le recul d'un détachement ironique des conventions est de nouveau évident quand il explique leur décision d'entrer chez les filles de joie «en voyageurs consciencieux et qui veulent étudier les choses de près...»[27]

Le voyageur sincère est donc censé de ne rien cacher qui pourrait être utile à ses lecteurs. Toutefois, selon les conventions du genre, le voyageur n'est pas obligé et même ne devrait pas inclure de détails grossiers. Pour n'en prendre qu'un seul exemple, citons le passage suivant. Nous sommes au début du chapitre V.

> Aussi notre premier soin en arrivant à Carnac, chez la Ve Gildas, notre hôtesse, fut-il de nous rafraîchir avec une bouteille de bière blanche, qui fut suivie d'une autre, lesquelles nous gonflèrent le ventre, chose important à dire.[28]

L'antiphrase des derniers mots ajoute une pointe d'ironie à sa parodie de la convention, et souligne ainsi sa démarche subversive.

[26] Gustave Flaubert et Maxime Du Camp, p. 502.
[27] Gustave Flaubert et Maxime Du Camp, p. 504.
[28] Gustave Flaubert et Maxime Du Camp, p. 251.

Que la conscience des conventions ne signifie pas toujours leur
acceptation est mise en évidence de nouveau au cours de la visite
de Quimper. Notre voyageur comprend, nous venons de le voir,
qu'il est censé instruire tout autant que plaire. L'introduction de
formules d'appel tout au long de la relation — prières, avertissements,
exhortations, reproches — découle de la perception par le voyageur de son rôle didactique. Par moments pourtant toute sa fureur
éclate contre ce rôle. Par l'emploi d'interpellations, le voyageur
entre en discussion avec ses lecteurs virtuels et les interroge:

> Qu'exigez-vous de plus sur Quimper? Que voulez-vous savoir
> encore? Est-ce d'où lui vient son nom de Quimper? Quimper
> veut dire confluent à cause du confluent de l'Odet et de l'Eir.
> Pourquoi on y a ajouté Corentin? C'est à cause de Corentin son
> premier Evêque. Faut-il maintenant des dates? Sachez donc: que
> la première pierre de la cathédrale fut posée le 26 juillet 1424 par
> l'évêque Bertrand Rosmadec, et la dernière l'an 1501. (J'ignore le
> jour, quel dommage!)[29]

Dans la suite du paragraphe, l'élément burlesque va en s'accentuant.
Il interpelle par exemple ses lecteurs dans les termes que voici:

> ...mais vous n'exigez pas, ô lecteur, la description des sièges (j'ou-
> blie toujours que je n'ai pas de lecteur) donc je m'épargnerai éga-
> lement la relation des facétieuses entrées des évêques de Cornouaille,
> qui devaient laisser au prieuré de Locmaria leurs gants et leur bon-
> net, et à la porte de la cathédrale leurs bottes et leurs éperons...[30]

Dans le reste de ce développement, le narrateur continue à se servir de la prétérition pour satisfaire la curiosité de ses lecteurs. Il
termine par cette réflexion:

> Toutes ces choses, en effet, étant aussi ennuyeuses à redire qu'elles
> ont été amusantes à apprendre, les livres vous les donneront si
> vous en êtes curieux, et non pas nous, qui ne prisons pas assez les
> livres pour les copier, quoiqu'il nous arrive d'en lire et que nous
> ayons même la prétention d'en faire.[31]

C'est pour rester fidèle à son rôle de témoin et pour éviter que son
récit prenne l'aspect d'une compilation que le voyageur se révolte

[29] Gustave Flaubert et Maxime Du Camp, p. 384-385.

[30] Gustave Flaubert et Maxime Du Camp, p. 385.

[31] Gustave Flaubert et Maxime Du Camp, p. 386.

à l'idée d'inclure dans son voyage ses propres souvenirs de lecture. Il est à remarquer cependant qu'en niant l'existence de ses lecteurs tout en affirmant son intention d'écrire un livre il plonge son projet d'écriture dans l'ambiguïté même. *Par les champs et par les grèves* fournit l'exemple le plus important de la réserve dont Flaubert a témoigné à l'égard des conventions du genre. Derrière l'attitude d'engagement subjectif qui domine la relation, comme il sied à l'époque romantique, une tendance générale de la pensée esthétique mûre de Flaubert se laisse déjà sentir: c'est la notion d'impersonnalité. A plusieurs reprises dans notre relation on voit clairement l'observation objective l'emporter sur l'interventionnisme subjectif. Nous retiendrons comme illustration la scène de l'enterrement du marin noyé. Cette scène, qui se développe sur dix paragraphes, est en effet quasiment exempte d'intrusions de la part du narrateur. La seule marque de participation de celui-ci réside dans le choix de deux adjectifs dans l'évocation de la veuve:

> A la lueur des cierges, j'ai vu ses yeux fixes dans leurs paupières rouges, éraillés comme par une brûlure vive, sa bouche *idiote* et crispée, grelottante de désespoir, et toute sa *pauvre* figure qui pleurait comme un orage.[32]

A ces deux exceptions près, le «Je» narrant endosse ici le rôle d'un témoin non plus subjectif, comme le voulait la tradition romantique, mais objectif. Dans cette scène Flaubert réalise sa vocation future d'être, selon ses propos, un «miroir grossissant» de la vérité externe.[33]

Sa doctrine de l'impersonnalité va nous servir de transition entre notre discussion de *Par les champs et par les grèves* et une considération plus générale de l'attitude flaubertienne envers le récit de voyage vers la fin de sa vie. En effet, un aspect de l'intérêt de ce récit de voyage pour l'histoire du genre semble résider justement dans la juxtaposition de ces deux tendances flaubertiennes, l'une vers l'interventionnisme, l'autre vers l'impersonnalité. Dans une lettre écrite à Louise Colet, Flaubert lui-même nous en parle:

---

[32] Gustave Flaubert et Maxime Du Camp, p. 272. C'est nous qui soulignons.

[33] Gustave Flaubert, *Correspondance*, II, 463 (1980) ; (Lettre à Louise Colet datée du 6 novembre 1853).

Il y a en moi, littérairement parlant, deux bonshommes distincts:
un qui est épris de *gueulades*, de lyrisme, de grands vols d'aigle,
de toutes les sonorités de la phrase et des sommets de l'idée; un autre
qui fouille et creuse le vrai tant qu'il peut, qui aime à accuser le
petit fait aussi puissamment que le grand, qui voudrait vous faire
sentir presque *matériellement* les choses qu'il reproduit; celui-là aime
à rire et se plaît dans les animalités de l'homme. *L'Education sentimentale* a été, à mon insu, un effort de fusion entre ces deux tendances de mon esprit (il eût été plus facile de faire l'humain dans
un livre et du lyrisme dans un autre). J'ai échoué.[34]

Flaubert n'est jamais arrivé, semble-t-il, à fondre ces deux tendances
de sa personnalité littéraire, et *Par les champs et par les grèves*
occupe une situation mitoyenne où nous sommes en présence de
leur juxtaposition.[35] Suivant ce raisonnement, si la première *Education sentimentale* représente une tentative de fusion, ses oeuvres
ultérieures montrent jusqu'à quel point le côté impersonnel du
«fait vrai» l'a emporté sur le côté subjectif et déclamatoire.

Déjà dans le *Voyage en Orient*, récit de voyage inédit dont la
rédaction précède immédiatement celle de *Madame Bovary*, on
remarque un déplacement d'accent. Flaubert approche ici de plus
en plus de l'objectivité et développe ses pouvoirs d'observation.
En effet, dans le *Voyage en Orient* les perceptions sont plus importantes que l'imagination et la mémoire, et les rares moments d'activité introspective s'organisent davantage autour des sensations.
Pour narrer son voyage en Orient Flaubert adopte la forme plus libre
du journal, qui lui permet encore plus que la forme du récit de noter
sur le vif ses perceptions.

---

[34] Gustave Flaubert, *Correspondance*, II, 30 (1980) ; (Lettre à Louise Colet
datée du 16 janvier 1852). Soulignons que Flaubert fait référence ici à la première
version de *L'Education sentimentale*.

[35] Dans une autre lettre à Louise Colet Flaubert évoque ces deux tendances :
« Le seul mérite de ce travail c'est la naïveté des sentiments et la fidélité des descriptions. Il serait impubliable à cause des excentricités humoristiques qui s'y glis-
sent à notre insu.» Gustave Flaubert, *Correspondance*, I, 478-479 (1973) ; (Octobre
1847). Notez que dans cette même lettre il discute longuement les affres du style
qu'il éprouve pour la première fois en écrivant. L'avis de Maxime Du Camp en 1881
fait écho à celui de Flaubert : « Le livre est agressif, touche à tout, procède par digressions [...] mêle le lyrisme à la satire, sinon à l'invective et est fait pour rester ce
qu'il est : un manuscrit à deux exemplaires. Je dirai cependant qu'il y a dans ce
fatras juvénile des pages de Flaubert qui sont excellentes et de sa meilleure main. »
Maxime Du Camp, « Souvenirs littéraires, » p. 512.

La minutie objective de certaines de ses descriptions dans le *Voyage en Orient* laisse donc prévoir cette courbe de son évolution future qui va révolutionner l'art du roman, celle qui va de l'interventionnisme subjectif à cette impassibilité qui caractérise le Flaubert «réaliste.» Des traces de subjectivité ne font pas tout à fait défaut dans le *Voyage en Orient*, comme l'illustre l'extrait suivant, tiré de sa narration d'une nuit passée avec une esclave d'Abyssinie, Zeeneb: «J'ai songé à Judith et à Holopherne — quelle douceur ce serait pour l'orgueil si en partant on était sûr de laisser un souvenir — et qu'elle pensera à vous plus qu'aux autres, que vous resterez en son coeur.»[36] Mais de tels moments d'intériorité sont plutôt rares. Et même dans ces notations de pensées et de sentiments la même impassibilité a tendance à réapparaître. En effet, Flaubert se borne le plus souvent à constater l'existence de son sentiment; il refuse de l'analyser. Ce qu'il écrit à Louise Colet à propos du *Voyage en Orient* le 27 mars 1853 est révélateur à cet égard: «Mais remarque que je n'ai pas écrit une seule réflexion. Je formulais seulement de la façon la plus courte l'indispensable, c'est-à-dire la sensation, et non le rêve, ni la pensée.»[37] Or, le plus souvent, Flaubert transcrit des sensations visuelles instantanées en style fragmentaire.[38] Reflet de la spontanéité de la vision, ce style fragmentaire remplace le style souvent oratoire de *Par les champs et par les grèves*. Plus qu'une réécriture de son carnet de route comme c'était le cas pour *Par les champs et par les grèves*, le *Voyage en Orient* n'est en grande partie qu'une transcription.

Comme dans le cas de *Par les champs et par les grèves*, la rédaction du *Voyage en Orient* se divise en deux temps, la prise de notes sur place, et une certaine mise en forme une fois de retour chez lui. En parlant de «La Cange,» le seul morceau du *Voyage en Orient* rédigé en voyage, Flaubert écrit: «J'avais l'intention d'écrire ainsi mon voyage, paragraphe par paragraphe, en forme de petits chapitres, au fur et à mesure, quand j'aurais le temps — c'était inexécutable. Il a fallu y renoncer dès que le Khamsin s'est passé et que nous avons pu mettre le nez

---

[36] Gustave Flaubert, *Voyage en Egypte*, éd. Pierre-Marc de Biasi (Paris : Bernard Grasset, 1991), p. 287.

[37] Gustave Flaubert, *Correspondance*, II, 281 (1980).

[38] Gustave Flaubert, *Correspondance*, II, 281 (1980).

dehors.»[39] Dans l'Introduction à son édition du *Voyage en Egypte*, la première partie du *Voyage en Orient*, Pierre-Marc de Biasi reproduit le plan pour le récit de voyage en Orient rédigé par Flaubert en février 1850. Ce plan crée une architecture globale d'un récit divisé en douze sections qui comporteraient, elle, des «micro-chapitres avec titres.»[40] Toutefois, afin de pouvoir se consacrer au plus vite à son roman, *Madame Bovary*, dès son retour à Croisset en juin 1851, Flaubert abandonne l'idée d'un ouvrage ayant l'apparence achevée en faveur d'un récit intime qu'il pouvait rédiger en vitesse sous forme de notes et dans l'ordre chronologique.

Rédigé, lui, en vue de la publication, le morceau «La Cange» sera intégré plus tard dans le *Voyage en Orient*. Il nous donne ainsi du moins une idée de ce qui aurait constitué pour Flaubert un récit de voyage «achevé.» Une brève étude comparative d'un extrait de son carnet de route d'une part, et des segments de «La Cange» et du *Voyage en Orient* qui lui correspondent de l'autre, nous aidera à mieux comprendre le statut littéraire des notes de son carnet et l'évolution de l'écriture flaubertienne en voyage. Voici, par exemple, le passage du carnet qui rend compte de la semaine avant leur départ en bateau pour l'Orient — la fin de leur séjour parisien, leur départ de Paris, leur voyage à Marseille et, enfin, leur séjour dans cette ville:

> Lundi matin. Buridan, Fovard, Guastalla, M. Lacaille, M. et Mme Jaquier Pratier, Masquilier. Diligence. Mme Orode, flammèches. Les deux conducteurs. Voyageurs pour le commerce. Saône: «Ce sont des cheveux de la baronne», petite redingote. Lyon. Gleyre. Rhône. Valence. Avignon. Gros monsieur. Marseille. Cauvière. Clot. Il signor Valentino. «La beauté de mon corps.» Café chantant. Pantomimes. Un monsieur et une dame.[41]

On aura remarqué que la pratique de l'écriture du carnet se réduit souvent à la notation de simples mots. Ici Flaubert fixe à l'état brut moins des sensations ou des anecdotes que des mots utiles à la remémoration et à l'amplification dans un moment de rédaction ulté-

[39] Gustave Flaubert, *Voyage en Egypte*, p. 128-129. En effet, il a été rédigé entre le 6 et le 20 février 1850 en remontant le Nil à bord leur cange.

[40] Gustave Flaubert, *Voyage en Egypte*, p. 85-86.

[41] Gustave Flaubert, *Voyage en Orient : Egypte* dans *Œuvres complètes*, X, 437 (1973).

rieur. Dépourvu d'intérêt littéraire par la pauvreté de vocabulaire et par le manque de structuration artistique, cet extrait constitue bien une «esquisse verbale.»

Comparons maintenant les passages plus «achevés» de «La Cange» et aussi du *Voyage en Orient* où Flaubert amplifie un seul de ces mots du carnet de voyage, «Marseille.» Dans le cas de «La Cange,» c'est la dernière ligne de la septième partie et toute la huitième partie qui y sont consacrées. Voici cet extrait:

Il pleuvait quand nous arrivâmes à Marseille, et après avoir déjeuné nous fîmes un somme sur nos lits.

VIII

La première fois que je suis arrivé à Marseille, c'était par un matin de septembre — le soleil brillait sur la mer — elle était plate comme un miroir — tout azurée, étincelante.

Nous étions au haut de la côte qui domine la ville du côté d'Aix — je venais de me réveiller — je suis descendu de voiture pour respirer plus à l'aise et me dégourdir les jambes. Je marchais. C'était une volupté virile comme je n'en ai plus retrouvé depuis............

J'admirais la voilure des tartanes, les larges culottes des marins grecs, les bas couleur tabac d'Espagne des femmes du peuple. L'air chaud qui circulait dans les rues sombres, m'apportait au coeur les mollesses orientales — et les grands pavés de la Cannebière, qui chauffaient la semelle de mes escarpins me faisaient tendre le jarret à l'idée des plages où j'aurais voulu marcher.

Un soir, j'ai été tout seul à l'école de natation de Lansac, du côté de la baie aux Oursins, où il y a de grandes madragues pour la pêche du thon qui sont tendues au fond de l'eau. J'ai nagé dans l'onde bleue — au-dessous de moi, je voyais les cailloux à travers, et le fond de la mer tapissé d'herbes minces. Avec un calme plein de joie, [j'étirais] j'étendais mon corps dans la caresse fluide de la Naïade qui passait sur moi — il n'y avait pas de vagues, mais seulement une longue ondulation qui vous berçait avec un murmure.

Pour rejoindre l'hôtel, je suis revenu dans une espèce de cabriolet à quatre places — avec le directeur des bains et une jeune personne blonde, dont les cheveux mouillés étaient relevés en tresses sous son chapeau. Elle tenait sur les genoux un petit carlin de La Havane, auquel elle avait fait prendre un bain avec elle. La bête grelottait, elle la frottait dans ses mains pour la réchauffer — le conducteur de la voiture était assis sur le brancard et avait un grand chapeau de feutre gris... Comme il y a longtemps de cela, mon Dieu![42]

42 Gustave Flaubert, « La Cange, » dans *Voyage en Egypte*, p. 149-150.

Il est tout de suite frappant qu'à part les quelques détails offerts sur l'arrivée à Marseille de son compagnon et de lui-même, cet extrait ne raconte pas le départ pour leur voyage en Orient fin 1849. Flaubert raconte en revanche un souvenir très détaillé de sa première visite à Marseille une dizaine d'années auparavant au moment où il n'avait que dix-huit ans. L'auteur fait aussi revivre cette époque révolue dans la première partie de «La Cange». Structuré en petits chapitres «La Cange» ne suit donc que partiellement la chronologie du voyage. Ainsi, l'ordonnance de ce morceau est moins linéaire, comme le serait un récit de voyage suivant la seule succession spatio-temporelle, que circulaire. Il est ainsi doté de sa propre structure littéraire, nourrie par la mémoire.

Dans «La Cange,» Flaubert raconte une altérité temporelle — sa jeunesse — et, par son évocation de Croisset, une altérité spatiale aussi. Nous avons vu que Flaubert lui-même explique l'abandon de son projet initial de rédiger progressivement le récit de son voyage en Orient au cours du trajet lui-même par manque de temps, mais on peut soupçonner qu'il existe aussi une autre raison. En effet, ici comme ailleurs on discerne chez Flaubert une tendance à ne pas faire coïncider sa vie matérielle et sa vie d'imagination et d'écrivain. Si c'est lors de son voyage en Orient qu'il projette en esprit l'histoire normande d'un adultère, ce serait en Normandie qu'il rédigerait des récits exotiques, son *Voyage en Orient* et *Salammbô*, en l'occurrence.

On aura remarqué que Flaubert se sert des temps du passé pour rédiger «La Cange.» Il épouse par là le même point de vue rétrospectif qui caractérise *Par les champs et par les grèves*. De plus, la prose est suivie, comme il sied à un texte rédigé après le retour de voyage. En même temps la multiplication de tirets suggère que le texte a été écrit spontanément et sur le motif. Ainsi, dans le premier paragraphe trois tirets servent à juxtaposer des souvenirs d'impressions. En revanche, l'auteur a parfois essayé de faire du style comme dans l'évocation de «la caresse fluide de la Naïade» dans le cinquième paragraphe de l'extrait. Quoique rédigées dans un style «fini,» le caractère voluptueux des sensations rapportées donne à ce passage une intimité qui sied mieux au domaine du privé qu'au domaine social. Autre fait notable, beaucoup de détails, apparemment insignificatifs, tel le grand chapeau de feutre gris du conducteur de voiture dans le dernier paragraphe, créent un «effet de réel» qui milite pour l'authenticité du passage auprès du lecteur.

Il découle de ces remarques que nous avons affaire à un texte semi-achevé: le contenu, la composition et le style sont tous plus élaborés que dans le carnet de voyage, mais il manque l'effort de rédaction et d'achèvement d'un texte prêt à la publication. Il constitue ainsi une «esquisse littéraire.»

En comparaison avec «La Cange» le passage correspondant trouvé au début du *Voyage en Orient*, le *Voyage en Egypte*, suit d'avantage l'ordre chronologique:

> Marseille
>
> Descendus à l'hôtel du Luxembourg chez Parocelle — Visite au docteur Cauvière qui nous parle politique et changement de ministère, tandis que nous eussions voulu qu'il parlât Orient. Visite à Clot-Bey que nous bourrons d'éloges et qui nous reçoit fort bien. — son secrétaire, jeune Français vêtu à la nizam.
>
> Je repasse devant l'hôtel de la Darse (fermé) — et j'ai du mal à en reconnaître la porte.
>
> Le jeudi, jour de la Toussaint, nous entrâmes dans une baraque en toile, sur le port «Il Signor Valentino» — la beauté de mon corps — les deux petites laineuses pour vérifier l'authenticité de leur chevelure, elles passaient entre les bancs et le public leur tirait leur tignasse — les grosses mains goudronnées s'enfonçaient dedans et halaient dessus — il nous chante un air de la *Lucrezzia Borgia*.
>
> Nous allons un soir au théâtre voir jouer deux actes de *La Juive*.
>
> Nous nous traînons dans les cabarets chantants du bas de la rue de la Darse — dans l'un on joue *Un monsieur et une dame*, dans l'autre, chanteurs, et parmi eux un être de sexe douteux «Non so come si fa.»[43]

L'emploi du passé simple suggère le point de vue panoramique qui caractérise la narration des expériences d'un temps révolu. Toutefois, Flaubert se sert volontiers du présent historique qui contribue à donner à ce passage son immédiateté. Une pratique instantanée de l'écriture est de même suggérée par le style nominal. Comme dans le cas de «La Cange,» Flaubert fait ressurgir le passé par le souvenir, mais si seulement un peu plus de trois mois ont séparé le séjour à Marseille de la rédaction de «La Cange,» à peu près dix-neuf mois l'ont séparé de la rédaction du *Voyage en Orient*. Le travail de remémoration, et, peut-être, d'embellissement

43 Gustave Flaubert, *Voyage en Egypte*, p. 155-157.

par le travail de l'imagination, est donc de loin plus important dans
le cas du *Voyage en Orient* que dans celui de «La Cange.» Toutefois, vu le manque d'intérêt esthétique, cet extrait du *Voyage en
Orient* ne dépasse pas le stade d'une «esquisse verbale.»
Tout en n'étant que l'enregistrement exact de sensations, et par
là apparemment dépourvus de l'effort de faire du style, insistons
sur le fait que certains autres passages du *Voyage en Orient* sont
dotés d'une dimension plus fortement esthétique et méritent clairement l'appellation d'«esquisses littéraires.» Citons en exemple
le passage suivant:

> Coucher de soleil à Luxor
>
> Au coucher de soleil, je m'en vais du côté du jardin français,
> vers une petite crique que fait le Nil — l'eau est toute plate — un
> moucheron y trempant ses ailes la dérangerait — des chèvres, des
> moutons, des buffles pêle-mêle viennent y boire — de petits che-
> vreaux tètent leurs mères, pendant que celles-ci sont à boire dans
> l'eau — une d'elles a des mamelles prises dans un sac — des
> femmes viennent prendre de l'eau dans de grands vases ronds
> qu'elles remettent sur leur tête — quand un troupeau est parti, il
> en revient un autre — les bêtes bêlent ou mugissent avec des voix
> différentes — peu à peu tout s'en va — la nuit vient — sur le sable,
> de place en place, un Arabe fait sa prière — les montagnes grises
> d'en face (chaîne libyque) sont couvertes d'un ton bleu: des nappes
> d'atmosphère violet se répandent sur l'eau —- puis peu à peu cette
> couleur blanchit et la nuit vient.[44]

Au lieu de construire des morceaux de bravoure descriptifs comme
dans *Par les champs et par les grèves*, Flaubert s'exerce ici à exécuter avec concision des descriptions dépourvues de tout engagement subjectif. Ici, l'écriture discontinue et apparemment spontanée est la garantie d'une *mimesis* fidèle. La précision des
notations de sensations visuelles et auditives permet au lecteur de
se transporter en imagination sur la scène: c'est à lui de «terminer» l'extrait, autant en complétant la scène qu'en ajoutant la réaction subjective qu'elle inspire. On aura remarqué comment il est
surtout facile de visualiser ce coucher de soleil. C'est pourquoi
Pierre-Marc de Biasi a raison de dire que Flaubert «faisait de la prise
de vue littéraire sur le motif» et que certaines pages de son carnet

---

44 Gustave Flaubert, *Voyage en Egypte*, p. 378.

de voyage «font irrésistiblement penser au carnet d'un peintre.»[45] A cause d'une certaine successivité, indiquée par la répétition à deux reprises de «peu à peu,» ce paragraphe correspond peut-être encore mieux à une succession de clichés photographiques, à une suite filmique. Dans ce texte impersonnel, la pureté, la densité de l'écriture-sensation comporte pour le lecteur du XIXe siècle, habitué à l'écriture fragmentaire, une dimension esthétique qui manque dans la prose souvent marquée par l'enflure de *Par le champs et par les grèves*. A l'instar de Chateaubriand dans ses morceaux de journal, Flaubert crée ici une prose parcellaire pour écrire le visible qui est capable de produire chez ce lecteur un frisson esthétique.[46] Une fois publiés, de tels passages qui mettent en scène une écriture où «rhétorique du spontané» et dimension littéraire coïncident, contribuent à la création d'un nouveau paradigme esthétique, le fragment.

Faisons le bilan du statut littéraire de l'écriture en voyage flaubertienne. Dans la mesure où l'esquisse était considérée comme plus authentique et moins mensongère que l'ouvrage composé, les sommaires des carnets de voyage de Flaubert constitueraient une meilleure réalisation du genre que les versions remaniées qui portent le titre *Par les champs et par les grèves*, ou, à un moindre degré, «La Cange.» Mais dépourvus d'intérêt littéraire, les carnets de voyage, on l'a vu, ne dépassent pas le stade d'«esquisse verbale.» En revanche, puisque *Par les champs et par les grève*, et à certains égards, «La Cange» illustrent la tension entre création spontanée et création volontaire, entre textualité discontinue et totalité cohérente, ils méritent l'appellation d'«esquisse littéraire.» Dans le *Voyage en Orient* les transcriptions objectives de sensations dévoilent une plus grande acceptation d'une textualité fragmentaire. Certes, des parties importantes du *Voyage en Orient* ne comprennent même pas l'ébauche d'une mise en forme stylistique ou formelle. Mais nous avons vu que ce récit de voyage élabore par moments une «rhétorique du spontané» qui crée néanmoins des effets esthétiques. Le *Voyage en Orient* occupe ainsi une place intermédiaire entre une «esquisse verbale» et une «esquisse littéraire,» certain passages appartenant aux deux catégories esthétiques.

Il est toutefois significatif que si Flaubert a travaillé *Par les*

---

[45] Gustave Flaubert, *Voyage en Egypte*, p. 57 et p. 64.
[46] Voir, par exemple, Jacques Neefs, p. 55-72.

champs et par les grèves et «La Cange» en vue d'une publication
éventuelle, il n'a jamais songé à faire paraître telle quelle ni les notes
de ses carnets de voyage, ni la version remaniée de ces notes, le
Voyage en Orient. Et attirons l'attention sur ce fait, que sans être
totalement mécontent de *Par les champs et par les grèves* Flaubert
n'a jamais considéré ce récit de voyage, si travaillé qu'il soit,
comme digne d'être publié. Ce récit de voyage n'a paru en effet
qu'en 1886, bien après la mort de l'auteur.[47] L'histoire du *Voyage
en Orient* est encore plus complexe. Le fragment du *Voyage en
Orient* intitulé «La Cange» a paru pour la première fois dans *Le
Gaulois* en 1881, le seul morceau à être publié avant l'édition
Conard, édition intitulée *Notes d'un Voyage en Orient* (1910) et qui
était d'ailleurs incomplet. Une édition intégrale d'une partie seulement du *Voyage en Orient*, le *Voyage en Égypte*, ne paraît qu'en
1991. Malgré tout son effort pour soigner son style et pour
construire un effet de continuité par un système de transitions, *Par
les champs et par les grèves* semble rester pour Flaubert «en deçà»
de la littérature, une «esquisse verbale,» ou, plus précisément, une
«esquisse littéraire» ratée qui ne méritait pas de sortir du domaine
du privé.[48] Au moment d'écrire le *Voyage en Orient* Flaubert
avait abandonné toute ambition littéraire pour son récit de voyage
à part celle de respecter la sensation aux dépens de la réflexion.
Peut-être ressentant que si elle restait limitée à la seule première
personne comme dans le récit de voyage son «impassibilité» fini-
rait par ennuyer, il rejeta ce genre pour un autre à points de vues
multiples, le roman.

Mais c'est aussi au lecteur, nous l'avons dit, qu'il revient de
déterminer le statut littéraire d'un texte. C'est en fait le goût —
toujours en évolution — du public et de la critique qui détermine
la valeur littéraire d'un texte. En effet, c'est notre acceptation

---

47 Gustave Flaubert, *Correspondance*, II, 59 (1980).

48 Voir la lettre à Louise Colet datée de la « nuit de samedi, 2 h[eures]. »
[Octobre 1847] où Flaubert estime ce récit de voyage impossible à publier dans
Gustave Flaubert, *Correspondance*, I, 475 (1973). Par exemple, dans une lettre à
Louise Colet datée du 20 mars 1852, il affirme de ne pas être fâché « que Gautier
la lût » à ce moment-là. Voir Gustave Flaubert, *Correspondance*, II, 59 (1980). De
même, s'il renonce à la publication de *Par les champs et par les grèves* en 1860,
il accepte de le montrer à George Sand en 1866. Voir les lettres à Eugène Crépet
(s.d., 1860) et à George Sand (du 29 septembre 1866) dans Gustave Flaubert, *Correspondance*, III, 131 et 536 (1991).

moderne de la littérature comme fragment, préparée par la lecture de nombreux textes discontinus et lacunaires, qui nous amène à appliquer au *Voyage en Orient* une lecture esthétisante et y trouver une valeur littéraire. Le détachement de la notion d'un récit de voyage littéraire s'affirmait chez Flaubert avec l'âge. Des preuves de l'attitude progressivement de plus en plus négative de Flaubert envers le statut littéraire du récit de voyage proviennent en particulier de son dernier roman, *Bouvard et Pécuchet*, et de sa correspondance privée. Le narrateur de *Bouvard et Pécuchet*, par exemple, décrit la courbe d'une évolution qu'ont suivie les deux copistes. Nous tenons à citer ce passage, car il résume l'évolution qu'a suivie Flaubert lui-même dans son art d'écrire, tant dans ses récits de voyage que dans sa production romanesque:

> Ensuite ils tâtèrent des romans humoristiques, tels le *Voyage autour de ma chambre* par Xavier de Maistre; *Sous les tilleuls* d'Alphonse Karr. Dans ce genre de livres, on doit interrompre la narration pour parler de son chien, de ses pantoufles ou de sa maîtresse. Un tel sans-gêne d'abord les charma, puis leur parut stupide, car l'auteur efface son oeuvre en y étalant sa personne.[49]

Flaubert rejette ici l'expression romantique du moi et la «rhétorique du spontané» qui s'y apparente. Sa correspondance, surtout celle des années qui suivent la rédaction de *Par les champs et par les grèves* (période qui coïncide avec celle de *Madame Bovary*) nous offre également des renseignements précieux sur son évolution vers l'impersonnalité. En plus, elle nous aide à comprendre pourquoi notre auteur s'est éloigné du récit de voyage pour se rapprocher davantage du roman. Cette correspondance révèle tout d'abord que peu à peu Flaubert a trouvé dans la fiction pure un sentiment de liberté que le récit de voyage était incapable de lui procurer. Ceci peut surprendre au premier abord, étant donné que la forme qu'assume ce genre est souvent errante, vagabonde, souple — libre en somme. Pourtant le récit de voyage est aussi un genre plus proche de l'histoire que de la fiction, et l'histoire a le désavantage d'obliger un auteur à se plier à la réalité. Ainsi, Flaubert affirme à Louise Colet qu'il fallait réserver la rédaction de leurs mémoires

---

[49] Gustave Flaubert, *Bouvard et Pécuchet* dans *Œuvres complètes*, V, 138 (1972).

pour la vieillesse, quand l'imagination est tarie. Rappelons-nous toujours que l'impersonnalité est le signe de la Force. Absorbons l'objectif et qu'il circule en nous, qu'il se reproduise au-dehors sans qu'on puisse rien comprendre à cette chimie merveilleuse. Notre coeur ne doit être bon qu'à sentir celui des autres. — Soyons des miroirs grossissants de la vérité externe.[50]

L'univers imaginaire de la fiction pure provoque chez Flaubert un sentiment de libération car il implique pour lui l'idée de l'impersonnalité. Dans un monde fictif, créé, mais où la personnalité du créateur est totalement absente, le Moi de celui-ci peut dépasser les bornes de sa propre vie. Flaubert précise son expérience de la libération du Moi dans ce passage, tiré d'une lettre écrite à Louise Colet:

> Voilà pourquoi j'aime l'art. C'est que là, au moins, tout est liberté dans ce monde des fictions. On y assouvit tout, on y fait tout, on est à la fois son roi et son peuple, actif et passif, victime et prêtre. Pas de limites [...] Comme l'âme courbée se déploie dans cet azur, qui ne s'arrête qu'aux frontières du Vrai.[51]

La suite de cette citation nous offre une deuxième raison, tout aussi importante que la première, pour expliquer son désenchantement à l'égard du voyage littéraire:

> Où la Forme, en effet, manque, l'Idée n'est plus. Chercher l'un, c'est chercher l'autre. Ils sont aussi inséparables que la substance l'est de la couleur et c'est pour cela que l'art est la Vérité même.[52]

---

50 Gustave Flaubert, *Correspondance*, II, 463 (1980) ; (Lettre du 6 novembre 1853).

51 Gustave Flaubert, *Correspondance*, II, 91 (1980) ; (Lettre de la nuit du 15-16 mai 1852). Son expérience va jusqu'à ressembler à l'expérience mystique. Voir sa lettre à Louise Colet datée du 23 décembre 1853 dans Gustave Flaubert, *Correspondance*, II, 483-486 (1980).

52 Gustave Flaubert, *Correspondance*, II, 91 (1980) ; (Lettre de la nuit du 15-16 mai 1852). En fait il a un double idéal, le vrai et l'art pur, comme l'atteste cette citation tirée d'une lettre à Louise Colet datée du 20 juin 1853 : « La haine que je vois partout, portée à la poésie, à l'Art pur, cette négation complexe du Vrai me donne des envies de suicide. » Gustave Flaubert, *Correspondance*, II, 357 (1980). Pour un autre résumé de son idéal esthétique d'impersonnalité et de beauté formelle, voir sa lettre à Mlle Leroyer de Chantepie datée du 18 mars 1857. Gustave Flaubert, *Correspondance*, II, 691-692 (1980).

Si l'on entend par «Forme» structure narrative, il est évident que celle du roman (tel qu'il le conçoit du moins) est plus rigoureuse et astreignante que les trois formes de récit de voyage: le journal, la lettre, et le récit épisodique. Par ailleurs, nous savons que pour lui, le «vers est la forme par excellence des littératures anciennes,» la prose celle de la littérature moderne.[53] Il est donc clair que son idéal esthétique — une oeuvre de fiction en prose d'où la personnalité de l'auteur est absente, s'applique au roman et non pas au récit de voyage.

Son dédain pour ce genre éclate explicitement dans une lettre à Louise Colet datée du 17 mai 1853 où il réagit ainsi à la nouvelle que Maxime Du Camp s'apprêtait à écrire un récit de voyage, *Le Nil*: «Encore des voyages! Quel triste genre!» s'exclame-t-il.[54] Sa préférence pour le roman aux dépens du voyage devient encore plus explicite dans une lettre à Ernest Feydeau datée du 4 juillet 1860: «Je repousse absolument l'idée que tu as d'écrire ton voyage: 1e parce que c'est facile; 2e parce qu'un roman vaut mieux. As-tu besoin de prouver que tu sais faire des descriptions?»[55] C'est probablement à cause de cette liberté formelle et stylistique associée au genre que Flaubert le rejette au profit du roman. Aux yeux du romancier, le récit de voyage semble dépourvu de toute valeur intrinsèque, et n'avoir d'utilité que comme un banc d'essai pour la description. Même si on arrive à écrire des fragments d'une grande valeur littéraire, Flaubert semble reconnaître la difficulté que présente le genre dans la construction d'un tout. Un récit de voyage, si travaillé qu'il soit, garde toujours à ses yeux un élément d'inachèvement formel que nous avons associé à l'esquisse. C'est précisément ce caractère informe et son apparente facilité qui le gênent.

Que Flaubert ait été persuadé de la nécessité d'un effort d'agencement formel du récit de voyage pour doter le désordre de l'expérience humaine d'un deuxième ordre littéraire, on le voit on ne peut plus clairement dans une lettre à Hippolyte Taine. C'était en 1866 au moment où le philosophe faisait paraître son *Voyage en*

[53] Gustave Flaubert, *Correspondance*, II, 79 (1980) ; (Lettre à Louise Colet du 24 avril 1852).

[54] Gustave Flaubert, *Correspondance*, II, 327 (1980).

[55] Gustave Flaubert, *Correspondance*, III, 96 (1991).

Italie que Flaubert parle de la nécessité de créer dans un récit de voyage un ensemble harmonieux:

> Seulement, le genre voyage est par soi-même une chose presque impossible. Pour que le volume n'eût aucune répétition, il aurait fallu vous abstenir de dire ce que vous aviez vu [...] le bon lecteur peut trouver qu'il y a trop d'idées relativement aux choses — ou trop de choses par rapport aux idées. Moi, tout le premier, je regrette qu'il n'y ait pas plus de paysages pour contrebalancer comme effet — votre abondance de peintures. Enfin, j'ai là-dessus (sur les voyages) des idées très arrêtées, pour en avoir écrit un moi-même.[56]

Dans ce passage, Flaubert nous offre deux exemples de ce que l'effort de construction littéraire peut constituer pour un écrivain qui compose son voyage. En premier lieu, Flaubert préconise que celui-ci évite les répétitions. Ensuite, il envisage l'établissement d'un équilibre, tout d'abord entre les idées et les objets, et puis, parmi les objets, entre les paysages et les tableaux. Il nous apparaît important que Flaubert reconnaisse chez le lecteur l'existence d'«attentes» esthétiques propres à ce genre qu'il cherche à satisfaire. Cependant Flaubert est aussi conscient que l'écrivain remaniant son voyage en vue d'effets stylistiques ne peut plus «tout dire»: il ne peut donc pas répondre à une autre exigence du genre, celle de la sincérité spontanée du témoin.[57] C'est donc cette tension entre création spontanée et création volontaire, entre fragment et tout composé propre à l'«esquisse littéraire,» qu'à la longue Flaubert n'a pas su supporter. Il semble conclure qu'aucun récit de voyage, pour travaillé qu'il soit, ne peut par définition dépasser le stade d'«esquisse verbale.» Genre à ses yeux «facile,» le récit de voyage devient pour Flaubert un genre impossible.

On constate ainsi une rupture totale entre les aspirations artistiques de Flaubert et les conventions du récit de voyage. Pour Flaubert la vérité ne réside point, comme le voulaient ses conventions

[56] Gustave Flaubert, *Correspondance*, III, 562 (1991) ; (Lettre écrite en fin novembre 1866).

[57] Les conseils donnés à Taine quant à la manière de créer un tout harmonieux font écho à ceux trouvés dans une lettre que Flaubert a écrite à Maxime Du Camp lors de la rédaction de leur récit de voyage composite. En effet, dans une lettre rédigée fin mai 1848 Flaubert veut que son ami « retouche » certains ciels pour diminuer le nombre de « couleurs semblables » et élimine un certain nombre de « détails personnels. » Gustave Flaubert, *Correspondance*, I, 497 (1973).

du genre si marquées par l'«esthétique de l'esquisse,» dans la transcription fidèle de sensations et de pensées. Pour lui, comme il l'avoue à Louise Colet, «l'art est la Vérité même.»[58] Or, si l'Art constituait pour Flaubert la vérité même, pour un genre régi par la «rhétorique du spontané» il ne constituait que masque. Qui plus est, quand en 1856 Flaubert affirme que «l'impersonnalité est le signe de la Force,» il rejette d'une façon catégorique la mission primordiale du récit de voyage romantique: la communication du Moi voyageur dans ses rapports avec le monde extérieur.[59] C'est donc Flaubert, plus qu'aucun autre écrivain de l'époque, qui a été sensible à cette tension qui sous-tend l'«esquisse littéraire,» tension qui a abouti à son abandon du genre.

Dans la dernière page de son *Voyage aux Pyrénées et en Corse*, Flaubert évoque deux passions, deux moyens d'évasion qui l'ont tenté tout au long de sa vie:

> Encore un mot: Je réserve dix cahiers de bon papier que j'avais destinés à être noircis en route, je vais les cacheter et les serrer précieusement après avoir écrit sur le couvert: papier blanc pour d'autres voyages.[60]

Voyageur insatiable dans le réel et dans le rêve toute sa vie, ses oeuvres de jeunesse et sa correspondance sont parsemées de rêveries exotiques et de réflexions sur le voyage.[61] Point n'est besoin

---

[58] Gustave Flaubert, *Correspondance*, II, 91 (1980) ; (Lettre de la nuit du 15-16 mai 1852).

[59] Gustave Flaubert, *Correspondance*, II, 463 (1980) ; (Lettre à Louise Colet datée du 6 novembre 1853).

[60] Gustave Flaubert, *Par les champs et par les grèves, Voyages et carnets de voyage*, dans *Œuvres complètes*, X, 349 (1973). Il réserve du papier pour son prochain voyage également dans les premiers paragraphes de « La Cange. »

[61] Citons à titre d'exemple ce passage de *Novembre* (1842) : « Emportez-moi, tempêtes du Nouveau Monde, qui déracinez les chênes séculaires et tourmentez les lacs où les serpents se jouent dans les flots ! Que les torrents de Norvège me couvrent de leur mousse ! que la neige de Sibérie, qui tombe tassée, efface mon chemin ! oh ! voyager, voyager, ne jamais s'arrêter, et, dans cette valse immense, tout voir apparaître et passer, jusqu'à ce que la peau vous crève et le sang jaillisse !. Gustave Flaubert, *Novembre* dans *Œuvres complètes*, XI, 664 (1973). Or, tout au long de sa vie, Flaubert s'étonne et s'interroge devant le spectacle de sa double vocation de voyageur et d'écrivain. Voir, par exemple, la lettre à Madame Jules Sandeau datée du 28 novembre 1861 dans Gustave Flaubert, *Correspondance*, III, 186 (1991).

d'insister sur le rôle capital que jouent l'exotisme et le thème du voyage dans ses grandes oeuvres romanesques.[62] Mais nous avons essayé de démontrer ici jusqu'à quel point Flaubert s'est distancié d'un genre qu'il a illustré cinq fois, le récit de voyage.[63] Il n'en reste pas moins que ce genre littéraire plein de contradictions internes, genre que Flaubert romancier abandonne, a fourni à l'écrivain apprenti une matière et des formes qui lui convenaient.

Retenons en guise de conclusion que si la désaffection flaubertienne pour l'élément subjectif et pour un genre non fictif, et apparemment moins formellement parfait que le roman, a influencé l'art d'écrire de toute une génération, elle ne l'a pas déterminé. Ainsi, en 1897 un écrivain a pu dire de «l'âme» de Pierre Loti: «Oh! qu'elle est loin, à mille lieues, de cette impassibilité, réelle ou prétendue, que, paraît-il, et d'après une certaine école, le véritable artiste doit avoir ou se donner!»[64] Comme nos analyses des «esquisses littéraires» de Fromentin et des frères Goncourt chercheront à le montrer, même après le rejet de Flaubert le récit de voyage restera un genre de prédilection pour certains écrivains de premier ordre.

---

[62] Ces thèmes ont été souvent traités. Voir, par exemple, Graham Daniels, « Réflexions sur le thème du voyage dans *Madame Bovary* » dans *Flaubert, la dimension du texte* (Manchester : University of Manchester Press, 1982), p. 56-85.

[63] Nous pensons au *Voyage aux Pyrénées et en Corse* (1840), au *Voyage en Italie et en Suisse* (1845), à *Par les champs et par les grèves* (1847-1848), au *Voyage en Orient* (1849-1850) et au *Voyage en Afrique* (1858).

[64] Henri Chantavoine, « La littérature d'impression, M. Pierre Loti, » *Le Correspondant* (10 mai 1897), p. 564.

CHAPITRE V

Fromentin voyageur
et l'idéal néo-classique

> Il suffit qu'une ébauche, un vers mal esquissé,
> Comme à travers un prisme, en votre âme aient passé,
> Pour que le spectre obscur y ressuscite, y prenne
> La couleur tour à tour énergique et sereine,
> Et qu'une image, ainsi qu'un faisceau de rayons,
> Jaillisse à l'improviste au bout de vos crayons.
>
> Fromentin
> «Peinture et poésie»[1]

Nous venons de voir que Chateaubriand, Hugo et Flaubert contribuent, chacun à sa manière, à l'histoire du récit de voyage comme esquisse. Or, Eugène Fromentin occupe une place particulièrement intéressante dans cette histoire, car en tant que peintre, écrivain et critique d'art il a eu l'occasion de réfléchir aux rapports entre la littérature et les arts plastiques. A l'opposé de Gautier, chef de l'école pittoresque, Fromentin a plaidé pour l'indépendance de ces deux moyens d'expression. Par exemple, dans la préface à l'édition de ses deux récits de voyage, *Un été dans le Sahara* (1857) et *Une année dans le Sahel* (1859), parue en 1874, Fromentin affirme que le pinceau et la plume sont «deux instruments distincts» et qu'«[i]l y a des formes pour l'esprit, comme il y a des formes pour les yeux...»[2] Toutefois, malgré sa conviction de la différence

---

[1] Eugène Fromentin, *Œuvres complètes*, p. 838-839.

[2] Eugène Fromentin, *Œuvres complètes*, p. 7.

entre la littérature et la peinture, pendant toute sa carrière Fromentin s'est servi d'un vocabulaire de peintre pour caractériser à la fois le processus de création verbale et les oeuvres elles-mêmes. On le voit dès 1841 dans l'extrait d'un poème de jeunesse que nous avons mis en exergue à ce chapitre. Mais, fait significatif, cette pratique qui associe la création picturale et la création littéraire apparaît même dans la préface de 1874 où, comme nous venons de le voir, Fromentin semble chercher à distinguer la peinture de la littérature. En effet, il affirme être «ravi, lorsque à l'exemple de certains peintres, dont la palette est très sommaire et l'oeuvre cependant riche en expressions,» il croit avoir «tiré quelque relief ou quelque couleur d'un mot très simple en lui-même, souvent le plus usuel et le plus usé, parfaitement terne à le prendre isolément.»[3] Dans un autre passage de cette même préface, il veut que sa plume n'ait «pas trop l'air d'un pinceau chargé d'huile et que sa palette n'éclaboussât pas trop souvent son écritoire.»[4] Or, ces phrases suggèrent que malgré ses démentis quant aux rapports entre la littérature et la peinture, ces deux moyens d'expression restent liés dans son esprit.

A travers un examen détaillé de ses écrits intimes, nous chercherons dans ce chapitre à démontrer qu'il existe chez Fromentin des rapports étroits et complexes entre le pinceau et la plume. Nous trouverons ces rapports dans sa conception de l'acte artistique, dans sa pratique des deux arts et dans sa propre description de cette pratique où l'esquisse joue un rôle privilégié. Ensuite, une étude de la structure thématique et de l'écriture de ses récits de voyage, *Un été dans le Sahara* et *Une année dans le Sahel,* cherchera à démontrer que ces récits de voyage manifestent cette tension entre forme et informe, entre inachèvement et complétude qui sous-tendent l'«esquisse littéraire.» Le présent chapitre se propose donc de situer Fromentin dans cette histoire du récit de voyage français comme dans l'histoire du fragment littéraire.

Avant d'examiner les distinctions entre les étapes préliminaires de la création picturale et le tableau achevé telles qu'elles se dessinent dans la correspondance de Fromentin, il nous sera utile de préciser le vocabulaire pictural associé à l'esquisse au XIXe

---

[3] Eugène Fromentin, *Œuvres complètes*, p. 8.

[4] Eugène Fromentin, *Œuvres complètes*, p. 9

siècle. Parfois on nommait «croquis» une étape préalable à l'esquisse qui formait «la première pensée» d'un tableau; parfois on confondait les deux mots. L'esquisse proprement dite, qui pouvait être soit crayonnée, soit peinte, suggérait les lignes et les formes d'une composition. Le mot «esquisse» s'appliquait souvent à une composition imaginée. Le dessin, qui ne pouvait être fait qu'au crayon, se distinguait de l'esquisse par le travail qu'il impliquait et par le degré de «fini» qui en résultait. Le dessin constituait en quelque sorte une esquisse plus élaborée. Une autre étape qui préludait au tableau était l'étude. L'étude, qui avait pour thème un détail, un fragment seulement d'une composition, était faite «d'après nature,» à savoir en présence de l'objet à peindre. En général, une étude était beaucoup plus élaborée, plus achevée que l'esquisse. Quand on transférait l'esquisse ou le dessin d'un tableau sur la toile on l'appelait une ébauche. L'ébauche, n'incluait pas seulement la composition du tableau mais aussi les premiers effets de *chiaroscuro*. Une pochade, pour sa part, était une étude d'un thème du point de vue des valeurs de lumières. Ainsi, les mots croquis, esquisse, étude, ébauche et pochade appartiennent tous à un champs lexical associé aux étapes préparatoires d'un tableau.[5] Le tableau, enfin, réalisé dans l'atelier, se caractérisait par la composition, par la qualité du dessin, par l'élaboration des détails et par le fini de la touche.

A de rares exceptions près, pour Fromentin «esquisser» veut dire copier le monde extérieur et non pas en inventer un autre. En effet, il fait plus volontiers des études que des esquisses proprement dites. Le sens de l'esquisse résidait donc pour lui moins dans sa fidélité à une vision imaginée que dans sa fidélité à l'observation. Sa correspondance révèle à quel point Fromentin était sensible à la différence entre esquisses et études d'une part, et tableau achevé de l'autre. Par exemple, en 1846 Fromentin déclare: «Je ne demande point à la nature un tableau tout fait, mais seulement la substance et l'idée génératrice du tableau.»[6] Ici, Fromentin est on ne peut plus clair. La nature est associée aux études et aux

---

[5] Pour une discussion plus détaillée de ces termes, voir notre livre, *The Sketch in Nineteenth-Century Cultural Discourse in France* (à paraître).

[6] Eugène Fromentin, *Lettres de jeunesse*, éd. Pierre Blanchon (Paris : Plon-Nourrit et Cⁱᵉ, 1908), p. 194 (Lettre à Paul Bataillard, « septembre 1846 »).

esquisses: elle donne la «première idée» qui, développée, deviendra le tableau. Les exceptions semblent pour lui valoir la peine d'être notées. Vers la même époque, par exemple, il semble découvrir dans la nature non seulement le sujet mais aussi la composition du tableau: «J'emporte beaucoup de matériaux et un dessin qui vaut un tableau tout fait, quant au motif, car je n'ai pas le temps de m'arrêter aux soins de l'exécution, et je fais plus volontiers des croquis que des dessins.»[7] Ici, Fromentin situe la différence entre l'esquisse (le «croquis») et le tableau dans le degré de son «fini» plutôt que dans le sujet, qui a été pris tout exceptionnellement dans la nature. Deux ans plus tard il note de nouveau le fait d'avoir trouvé dans la nature une scène aussi composée qu'un tableau: «Je réserve, pour être entrepris plus tard, quatre ou cinq tableaux tout prêts, tracés d'après nature; les dessins ont été faits sous une impression claire, précise, et j'ai senti le tableau; ils en renferment, je crois, tous les éléments.»[8] Ailleurs, Fromentin étend sa définition d'un tableau au-delà de la composition quand il identifie le dessin et la facture comme éléments qui «finissent» une esquisse peinte: «c'est un clapotis de taches qu'il faudrait absolument faire disparaître pour en faire un tableau au moins homogène. *Il est fini* par le détail, il n'est *pas achevé* par l'ensemble; le dessin des chevaux est des plus pauvres...»[9] Comme ces citations l'attestent, pour Fromentin le tableau se caractérise par sa composition, par le fini de sa touche, par l'élaboration des détails et par la qualité de son dessin. A l'encontre de Diderot, Fromentin n'accorde pas de statut artistique indépendant à l'esquisse. Mais pour Fromentin, comme pour les critiques néo-classiques, l'esquisse serait destinée à n'être vue que par l'artiste lui-même. Puisque l'esquisse reste privée, l'effet produit sur le spectateur, question centrale dans les discussions de l'esquisse chez Diderot, par exemple, ne semble pas le préoccuper.

---

[7] Eugène Fromentin, *Lettres de jeunesse*, p. 175 (Lettre à Paul Bataillard, « Blidah, 28 mars 1846, samedi soir »).

[8] Eugène Fromentin, *Lettres de jeunesse*, p. 352 (Lettre à Armand du Mesnil, « Lafond, août 1848 »).

[9] Eugène Fromentin, *Correspondance et Fragments inédits*, éd. Pierre Blanchon, 3ᵉ éd. (Paris : Plon-Nourrit et Cⁱᵉ, 1912), p. 102-103 (Lettre à Armand du Mesnil, « Printemps 1857 »).

Ce que Fromentin apprécie surtout dans les étapes préliminaires d'un tableau c'est leur fidélité à la chose vue. On voit son enthousiasme dans cet extrait d'une lettre datant de 1857:

> Je continue mon tableau de la rue des Koulougli [...] Toutes les figures seront faites d'après nature afin qu'elles soient à peu près correctes et qu'elles aient autant que possible un cachet reconnaissable d'authenticité. J'ai déjà fait d'après des modèles divers cinq ou six études peintes ou pochades et un assez grand nombre de dessins grands ou petits. [...] je crois qu'ils ont sinon du *caractère*, abstraitement parlant, du moins *le caractère de la nature*...[10]

Ici Fromentin aurait fait *in situ* des esquisses et des études qui, plus tard, seraient intégrées dans son tableau. Mais on sent que Fromentin s'intéresse plus à l'authenticité des éléments qu'à la composition ou à la forme. Il arrive parfois que Fromentin doive se rappeler que le cachet de la vérité propre aux étapes préliminaires de la création picturale ne suffit pas. Il s'efforce alors de distinguer entre l'étude, fruit d'une rencontre spontanée entre l'artiste et le monde extérieur, et le tableau, qui résulte d'une intervention de l'artiste qui compose un tout.

> ...l'étude n'est pas le tableau, et le besoin de renseignements, cette curiosité récente chez moi de surprendre, de saisir la chose exacte et de l'exprimer, s'ils me font faire de bonnes études, ne me feront pas faire de bons tableaux. Je sens plus que jamais la distance qu'il y a entre l'étude d'après nature et les tableaux; aussi, comme tu me le dis, rien ne sortira que quand tout cela sera suffisamment élaboré.[11]

Dans une lettre à sa mère il s'efforce de nouveau de distinguer l'étude, fruit d'une rencontre spontanée de l'artiste avec le monde extérieur, et le tableau, résultant d'une intervention de l'artiste qui compose un tout:

> J'ai fait dans ce sens-là beaucoup d'études [...] j'ai donc appris à peu près ce que je voulais en venant ici; mais les études ne sont point assez et c'est là précisément qu'est l'embarras. [...]

---

[10] Eugène Fromentin, *Lettres de jeunesse*, p. 260-261 (Lettre à Armand du Mesnil, [Blidah] « Lundi matin, 29 novembre 1847 »). Un croquis de ce tableau, sa « première idée, » accompagne la lettre. Voir Eugène Fromentin, *Lettres de jeunesse*, p. 260, note 2.

[11] Eugène Fromentin, *Correspondance et Fragments inédits*, p. 57 (Lettre à Armand du Mesnil, [Saint-Raphaël] « jeudi soir, 9 heures » [juin 1852]).

J'ai donc essayé deux ou trois tableaux de ce pays-ci, car, je le répète, il ne m'est pas permis d'oublier un seul jour que j'ai des tableaux à faire et que des études ne sont que le moyen et pas le but.[12]

Ces quelques extraits de la correspondance de Fromentin montrent jusqu'à quel point le peintre était sensible à la différence entre les étapes préliminaires du processus créateur et l'oeuvre finie. Fromentin refuse en effet de céder à la tentation d'éliminer le deuxième temps de la création picturale et de rendre public ses études et esquisses. Malgré son appréciation de l'«effet de réel» créé par des études faites «d'après nature,» il ressent la nécessité de recomposer la nature au lieu de simplement la reproduire.[13] Il épouse par là l'interprétation néo-classique de l'esquisse soutenue par l'Académie.[14]

Observons de plus près quelques textes où Fromentin emprunte le même vocabulaire pictural pour parler de ses récits de voyage. Dans une lettre qu'il envoie d'Algérie à Armand du Mesnil en 1853, Fromentin apprécie ainsi la version primitive d'*Un été dans le Sahara*:

> Dans ces notes prises en présence des lieux mais écrites à la hâte, sans ordre, et avec la sincérité d'une étude d'après nature, tu ne trouveras, je t'en préviens tout de suite, ni histoire, ni science, ni recherches, ni renseignements utiles. [...] — Tu n'y rencontreras pas non plus la moindre aventure. Ce n'est pas ma faute s'il ne m'en est point arrivé la plus petite, et si ma vie s'arrange aussi simplement.[15]

[12] Eugène Fromentin, *Correspondance et Fragments inédits*, p. 64-65 (Lettre à Madame Fromentin mère [Saint-Raphaël] « mercredi 22 septembre 1852 »).

[13] Dans un excellent article, Anne-marie Christin a relevé cette préférence en faisant une distinction entre la « vue, » propre à l'étude, et la « vision » qui produit une composition ordonnée, un « tableau. » Voir Anne-Marie Christin, « Space and Convention in Eugène Fromentin : The Algerian Experience, » *New Literary History*, Vol. XV, No. 3 (1984), p. 565-567.

[14] En parlant de l'école française du paysage dans *Les Maîtres d'autrefois* (1876) Fromentin affirme : « son fonds d'études est considérable ; il est même si riche qu'elle s'y complaît, s'y oublie, et qu'elle dépense à recueillir des documents des forces qu'elle emploierait mieux à produire et à mettre en œuvre » car pour lui, « les meilleures études du monde ne valent pas un bon tableau... » Eugène Fromentin, *Les Maîtres d'autrefois* dans *Œuvres complètes*, p. 719-720.

[15] Cité dans Eugène Fromentin, *Un été dans le Sahara*, intro. Anne-Marie Christin (Paris : Le Sycomore, 1981), p. 27.

En anticipant les objections de son correspondant, Fromentin révèle sa conception des contraintes imposées par le genre qu'il est en train d'illustrer. L'étude d'«après nature» — les notes qu'il envoie à Du Mesnil — n'est qu'une étape qui annonce l'oeuvre. C'est en fait grâce à un lent processus d'écriture que l'oeuvre atteindra un certain ordre. Des passages sur l'histoire et la science s'ajoutent aux «renseignements utiles» et aux «aventures» pour former, selon lui, le contenu canonique du genre. A ses yeux, une rédaction spontanée sur les lieux, preuve de la sincérité de l'écrivain, est moins importante que l'exigence associée à ses yeux au genre, celle d'inclure un certain contenu et d'imposer un certain ordre dramatique susceptible d'intéresser le lecteur. A l'instar des théoriciens néo-classiques, tel Watelet, Fromentin affirme donc la nécessité d'achever son récit de voyage dans un deuxième moment de création.

Dans une lettre datant de 1862 que Fromentin a adressée — sans jamais l'envoyer — au Directeur de la *Revue des Deux Mondes*, Fromentin lui propose de publier le récit de son voyage à l'île de Ré. Ici Fromentin semble plus ouvert à l'idée d'un journal à l'état brut, non retouché:

> Je laisserai à ce journal sa forme primitive [...] La modifier serait courir de gros risques. Il n'y aura dans ces pages écrites au jour le jour ni assez d'érudition ni assez [*un blanc couvert de cinq points de suspension*] pour supporter la forme savante et condensée d'un travail médité.[16]

Sa préférence pour la forme du journal ne réside pas dans les possibilités expressives qui lui sont propres, ou encore dans ses effets sur le lecteur, mais plutôt dans l'adaptation du contenu à cette forme. A son avis, son voyage ne lui a pas fourni le contenu requis pour un récit de voyage «fini.» Par exemple, développée dans un deuxième temps de création, l'érudition qu'il mentionne aurait permis à l'auteur de dépasser le pittoresque pur. Ce contenu exigeait, selon lui, une forme plus élaborée.

Il existe une autre version de cette lettre au Directeur de la *Revue des Deux Mondes*, également non-envoyée, où l'explication pour la forme choisie diffère de celle que nous venons de citer:

16 Eugène Fromentin, *Œuvres complètes*, p. 1017-1018.

Je leur conserverai, si vous le voulez bien, la forme de notes écrites
au jour le jour et sans autre méthode que le cours capricieux d'une
promenade à l'aventure. Ce sera plus sincère et plus modeste. Si
vous trouviez qu'on a beaucoup abusé de cette forme libre et négli-
gée du journal courant, vous voudrez bien considérer que la manière
de dire et la manière de penser ne font qu'un et que changer l'une
ce serait risquer grandement de gêner l'autre.[17]

Dans ces deux citations Fromentin se révèle hautement conscient
du lien qui existe entre la forme d'expression et l'expérience communiquée. Mais cette dernière citation se distingue de la première dans la mesure où Fromentin souligne l'authenticité inhérente
au discours apparemment spontané du journal. Ici Fromentin
exprime des valeurs défendues par l'avant-garde: la vérité est
relative, et la fidélité à l'impression l'emporte sur un travail formel. Toutefois, le fait que le carnet de son voyage à l'île de Ré
nous est parvenu nous permet d'établir que cette suggestion de
publier une transcription immédiate de son expérience en voyage
sous forme de notes n'est en réalité qu'une pose. Le caractère suivi
du récit proposé au Directeur de la *Revue des Deux Mondes* se distingue en effet nettement de la forme fragmentaire et du style télégraphique de son carnet. De plus, le fait que le récit de son voyage
n'a jamais été publié de son vivant suggère qu'aux yeux de Fromentin, même cette version remaniée n'avait pas le statut d'oeuvre.
Ce récit, fruit d'un processus de création spontané, devait donc pos-
séder pour lui le statut d'une «esquisse verbale,» et non d'une
oeuvre littéraire qui méritait de voir le jour.

Dans une réflexion sur ses notes prises lors du voyage en
Egypte de 1869, Fromentin revient encore une fois sur la différence
entre l'«esquisse verbale» et une oeuvre littéraire achevée:

> Cette série de croquis rapides, de peintures inachevées faites en cou-
> rant ne seront pas un livre. Elles n'en sauraient avoir l'unité.
> L'élément humain en sera fatalement absent. J'aurai entendu tout
> ce qui se dit et se crie dans le tumulte des villes arabes sans en com-
> prendre l'idée ni le sens.[18]

Ce passage est intéressant à plus d'un titre. Tout d'abord Fromentin
reconnaît explicitement les ressemblances entre le carnet de voyage

---

[17] Eugène Fromentin, *Œuvres complètes*, p. 1025.

[18] Eugène Fromentin, *Œuvres complètes*, p. 1111.

et l'esquisse picturale. Les «esquisses verbales,» ses «croquis,» se caractérisent à la fois par leur inachèvement et par la rapidité de l'exécution dont elles sont le fruit. Il n'y a donc pas eu de deuxième moment de création où l'écrivain achève son oeuvre en lui conférant une certaine unité. De plus, pour Fromentin le récit de voyage achevé, sous forme de livre, comporte nécessairement une dimension humaine, culturelle, qu'il distingue du pittoresque pur présent dans ses «croquis.»[19] «Histoire,» «science,» «recherches,» «renseignements» — autant de composants du récit de voyage qu'il a identifiées une quinzaine d'années plus tôt — font ici défaut. Rappelons qu'à l'opposé du genre historique ou mythologique, aux yeux de l'Académie le paysage était considéré comme un «genre mineur» précisément à cause de l'absence de l'être humain.[20] L'affirmation de Fromentin qu'il n'existe pas de livre sans «l'élément humain» rentre ainsi étroitement dans la perspective académique.[21] C'est dans cette optique que l'on peut comprendre sa frustration de ne pas comprendre la langue arabe. Avec la vitesse du voyage, c'est en effet ce manque de compréhension linguistique qui empêchera ses impressions et pensées d'arriver à la profondeur humaine qu'il associe à l'oeuvre finie.

[19] Chateaubriand, en revanche, ne part en Orient que pour chercher des images : « ...je n'ai point la prétention d'avoir connu les peuples chez lesquels je n'ai fait que passer. Un moment suffit au peintre de paysage pour crayonner un arbre, prendre une vue, dessiner une ruine ; mais les années entières sont trop courtes pour étudier les mœurs des hommes, et pour approfondir les sciences et les arts. » Chateaubriand, *Itinéraire de Paris à Jérusalem* dans *Œuvres romanesques et voyages*, II, 701 (« Préface de la première édition »).

[20] Rappelons que selon Leon Battista Alberti dans son *Dix Livres sur l'Architecture* (1486), la peinture d'histoire devait représenter les « grandes actions de grands hommes, dignes d'être remémorées (« great deeds of great men, worthy of memory. ») Cité dans Peter Galassi, *Before Photography* (New York / The Museum of Modern Art, 1981), p. 20.

[21] Eugène Fromentin, *Œuvres complètes*, p. 1111. On comparera l'avis conservateur de Fromentin avec celui-ci, plus en harmonie avec l'avant-garde picturale, tiré d'un « Avertissement » écrit par Jacques Cambry pour un de ses récits de voyage : « Je serois inexcusable, si je me permettois de juger, dans une brochure faite en courant, les hommes, le gouvernement de l'Angleterre : je n'ai vu que des superficies, & je n'ai peint que des surfaces. [...] sans avoir le dessein de faire un livre, j'étois plus occupé de rendre l'impression que j'éprouvois, que de soigner mon style, & que j'aurois craint, en le retouchant, de substituer l'idée, la manière que la réflexion m'eût donnée, à celle que la vue des objets m'avoit si naturellement fait naître. » Jacques Cambry, *De Londres et de ses environs* (Amsterdam : s.l., 1789), p. i.

Dans un autre fragment de son carnet de voyage il développe ces idées:

> Je n'ai pas choisi cette façon de voyager [...] Je la [l'Egypte] traverse au galop. Ce que je vois m'échappe, sans qu'il me soit possible de le fixer. Ce que j'admire le plus souvent est précisément ce qui fuit le plus vite; je n'ai pas le loisir de m'arrêter, d'étudier les choses de près, ni de me pénétrer de leur esprit, ni de connaître leurs habitudes [...] Etranger à l'histoire, à la science, quelle chance ai-je donc d'emporter de cette course hâtive à travers un pays sans pareil, quelle chance ai-je donc d'en emporter quoi que ce soit d'intéressant pour les autres?
>
> Essayons cependant, prenons des empreintes. Instantanées, elles n'auront que plus d'imprévu.[22]

Encore une fois, Fromentin déprécie la production spontanée inhérente à l'esquisse pour privilégier la durée propre au travail artistique, car c'est le temps dans sa durée qui lui permettrait de combler les lacunes dans sa connaissance de la culture du pays visité. C'est donc en ajoutant toute une dimension humaine qu'il satisfairait aux attentes génériques anticipées chez son public éventuel. Se servant d'un vocabulaire qui, dans la dernière phrase citée, rappelle la photographie autant que l'esquisse — il parle en effet d'«empreintes instantanées» — Fromentin, comme Watelet et d'autres critiques néo-classiques, n'apprécie la spontanéité de l'impression que comme une étape préalable à ce qui compte, c'est-à-dire l'oeuvre littéraire achevée.[23]

Beaucoup de ces thèmes rencontrés dans son carnet de voyage reviennent dans sa correspondance à la même époque. Les plaintes contre la rapidité de son voyage se multiplient: «*Pas un croquis, pas une note d'aquarelle*. Quand ce n'est pas une voiture qui nous emporte, c'est un baudet qui galope entre nos jambes; maintenant c'est un bateau qui tremble sous nos pieds et rend matériellement impossible la tenue d'un crayon.»[24] On retrouve le

---

[22] Eugène Fromentin, *Œuvres complètes*, p. 1111.

[23] Voir notre discussion de Watelet dans l'Introduction. Nous reviendrons à la question des rapports entre l'esquisse, la photographie et le récit de voyage dans le Chapitre VII.

[24] Eugène Fromentin, *Correspondance et Fragments inédits*, p. 228 (Lettre à M. Charles Busson, « Minieh (Haute-Egypte), ce dimanche, 24 octobre 1869, matin »).

thème de la vitesse de son voyage dans ses lettres intimes où l'esquisse et la photographie sont de nouveau liées. Fromentin affirme son intention:

> de fixer, au moins, par des notes écrites le plus gros de mes souvenirs. Ils abondent, et, à défaut de croquis, ils me seront d'une certaine utilité, même pour certains tableaux. A mon retour au Caire, je ferai, de plus, une ample provision de photographies; elles ne vous donneront qu'une bien imparfaite idée de la beauté des choses; vous n'y verrez ni l'incomparable qualité de la lumière, ni les distances (toutes amoindries), ni la couleur, moins variée qu'au Sahara, mais particulière et peut-être encore plus délicate. Elles aideront du moins ma mémoire et fixeront des formes qui échappent au souvenir le plus sûr de lui.[25]

Une image photographique, comme une esquisse ou un croquis, constitue à ses yeux une étape préalable au tableau. La photographie, étant «le décalque mécanique d'un objet,» constitue en fait «l'objet lui-même.»[26] Etant une reproduction spéculaire de l'objet, la photographie ne peut pas constituer une oeuvre d'art. Le rôle de l'artiste n'est pas de servir d'optique objective, mais de dépasser la fidélité mimétique par l'interprétation personnelle. De nouveau, Fromentin se range du côté des conservateurs de l'Académie.

De la sorte, l'esquisse picturale, la photographie et l'écriture sténographique détiennent avant tout une valeur mnémonique. La collaboration entre les deux derniers de ces trois moyens d'expression, la photographie et l'écriture spontanée et fragmentaire, est évoquée dans d'autres lettres écrites lors du voyage qu'effectue Fromentin en Egypte. Il insiste notamment sur le fait que les photographies et les notes sténographiques sont à même de remplacer les esquisses picturales: «Nous n'y ferons rien; nous renonçons même aux boîtes à couleurs, comme devant être tout à fait inutiles. J'emporte seulement un peu d'aquarelle, quelques crayons et de *quoi écrire*. J'écrirai plus que je ne dessinerai. D'ailleurs, nous avons nos photographes.»[27] Et quelques jours plus tard: «Je

---

[25] Eugène Fromentin, *Correspondance et Fragments inédits*, p. 227 (Lettre à Mᵐᵉ Eugène Fromentin, « Le Caire, 20 octobre 1869, jeudi matin ».

[26] Eugène Fromentin, *Œuvres complètes*, p. 1205 (Carnet IV de son voyage en Belgique et en Hollande).

[27] Eugène Fromentin, *Correspondance et Fragments inédits*, p. 223 (Lettre

note rapidement et par écrit tout ce qui passe, tout ce que j'observe, et, faute de croquis impossibles à faire, à cause de la mobilité dont je te parle, j'aurai du moins des indications de peinture bien incomplètes, mais de quelque utilité pour mes souvenirs.»[28] Paradoxalement, comme ces citations l'attestent, l'écriture en vitesse ou la prise d'une photographie est possible là où l'acte d'esquisser ne l'est pas.

Fromentin a par ailleurs anticipé la difficulté qu'il aurait à esquisser avant même d'entreprendre son voyage comme le démontrent ses remarques faites dans une lettre à Charles Busson: «même en courant à toute vapeur, j'aurai vu, et la photographie aidant, j'acquerrai le droit de faire, quand l'envie m'en prendra, un tableau égyptien, tout comme un autre...»[29] Une fois encore, la collaboration entre esquisses picturales et notes est remplacée par celle qui lie photographies et notes pour préparer les tableaux qu'il espérait tirer de ses expériences.[30] Puisqu'il a envisagé de faire des tableaux à partir des notes prises lors de son voyage en Egypte tandis qu'un livre lui semblait impossible, pour Fromentin «l'élément humain» jouerait un rôle encore plus important dans un récit de voyage que dans un tableau.[31] Toutefois, comme nous le verrons, «l'élément humain» qu'il considère si essentiel dans le récit de voyage ne se limite pas aux habitudes culturelles des indigènes: il implique aussi et surtout les habitudes du voyageur.[32]

à M. Charles Busson, « Mercredi, 6 octobre 1869 »). Signalons que ses récits de voyage ont paru vers la même époque où les photographes ont commencé à explorer la nouvelle colonie. Voir à ce sujet Moulin, « La photographie en Algérie, » *La Lumière* (22 mars 1856), p. 45-46.

[28] Eugène Fromentin, *Correspondance et Fragments inédits*, p. 230 (Lettre à Madame Eugène Fromentin, « Minieh, ce dimanche, 24 octobre 1869, 7 heures et demie du matin »).

[29] Eugène Fromentin, *Correspondance et Fragments inédits*, p. 221 (Lettre à M. Charles Busson, « Ce jeudi soir, 15 juillet 1869 »).

[30] Eugène Fromentin, *Correspondance et Fragments inédits*, p. 232-233 (Lettre à Madame Eugène Fromentin, « Thèbes, Louqsor, vendredi, 29 octobre 1869, 3 heures »).

[31] Eugène Fromentin, *Œuvres complètes*, p. 1111. Pour une interprétation du cahier du voyage en Egypte d'une perspective orientaliste, voir Bruno Tritsmans, « Silences de l'Orient : A propos des récits de voyage de Fromentin, », *Michigan Romance Studies*, No. VII (1989), p. 129-142.

[32] Eugène Fromentin, *Œuvres complètes*, p. 1111.

Si Fromentin n'a jamais rédigé le récit de son voyage en Egypte, dans ses deux récits, *Un été dans le Sahara* et *Une année dans le Sahel*, il a raconté ses trois séjours en Algérie. Or, voici comment Fromentin explique la genèse de son *Sahel* dans une lettre écrite à George Sand en 1858: «...je me suis proposé de faire revivre *volontairement* des souvenirs trop éloignés de moi pour conserver la vivacité d'élan des premiers jours.»[33] Au lieu d'écrire sur place, esquissant ses expériences «d'après nature,» Fromentin a donc rédigé ses récits de voyage loin du pays visité et après coup. C'est justement ce flou laissé dans les souvenirs par une absence spatiale et temporelle qui permet l'expression artistique de son moi. Déjà en 1843, Fromentin décrit le processus qui restera le sien: «Ayez donc soin [...] seulement de voir beaucoup, de regarder longtemps, de sentir souvent, et puis tout se transfigurera naturellement dans vos souvenirs et vous serez heureux sans déception. Voyez-vous, le souvenir est un admirable instrument d'optique.»[34] De la sorte, si l'oeil constitue pour lui la faculté privilégiée de l'esquisse visuelle et verbale, la mémoire est celle de l'oeuvre finie. Mais la mémoire ne suffit pas. En effet, la rêverie rétrospective intervient pour combler les lacunes laissées dans ses souvenirs de voyage. Une lettre écrite à sa mère démontre que Fromentin accorde à la mémoire idéalisante ce rôle privilégié dans la création dès 1846:

> Ne t'effraie pas de voir tes souvenirs s'effacer un peu et de sentir que tes impressions perdent tous les jours quelque chose de leur première vivacité. Le souvenir, en vieillissant, se concentre, se simplifie, et comme les vins de bon cru devient plus limpide et en quelque sorte plus généreux. Il y a beaucoup de détails insignifiants dans un si grand voyage dont le temps fait justice et dont la mémoire se débarrasse afin de ne garder que les détails essentiels. En passant par le souvenir, la vérité devient un poème, le paysage un tableau. Si grande et si belle que soit la réalité, tu verras que le souvenir finit encore par la dépasser et réussit à l'embellir.[35]

---

[33] Eugène Fromentin, *Correspondance et Fragments inédits*, p. 111 (Lettre à George Sand, le 15 décembre 1858.)

[34] Eugène Fromentin, *Lettres de jeunesse*, p. 94 (Lettre à Armand du Mesnil, « Le Celle, 10 août » [1843]).

[35] Eugène Fromentin, *Lettres de jeunesse*, p. 191 (Lettre à Mme Fromentin mère, « Paris, dimanche 16 août 1846, soir »).

Ainsi, dès le début de sa carrière Fromentin refuse de rendre publiques ses sensations à l'état brut, que ce soit sous forme d'esquisses picturales ou verbales. A l'instar des peintres néo-classiques, il croit à la nécessité d'un deuxième temps dans le processus créateur. Toutefois, à l'encontre des peintres néo-classiques, chez Fromentin cette deuxième étape de création vit sous le signe non pas de la raison mais, comme nous venons de le voir, sous celui de la mémoire et de la rêverie personnelles. C'est ainsi que Fromentin se montre héritier à la fois des valeurs néo-classiques du général et du collectif, et des valeurs romantiques du particulier et de l'individuel.

Certains de ses commentaires après le retour de son deuxième voyage en Algérie vont nous permettre de cerner de plus près sa conception de la création artistique et littéraire dans ses rapports avec l'esquisse. Dans l'extrait suivant, Fromentin décrit bien l'«élan» associé typiquement à l'esquisse. Toutefois il est étonnant que ce moment de «feu» artistique ait lieu non pas en Algérie, *devant* les objets qu'il dépeint, mais en France, à peu près une semaine *après* son retour:

> J'ai mille projets; j'ai toujours le crayon à la main, et tout cela se grossit, se complète. Il y a un trop-plein de souvenirs qui va déborder pendant quelque temps sous mille formes: notes, récits, aquarelles, dessins, esquisses. J'attendrai le sang-froid pour entreprendre une oeuvre; je suis trop tiraillé de tous les côtés en ce moment.[36]

La référence au «sang-froid» pourrait suggérer qu'à l'instar des critiques académiques, Fromentin prône l'intervention de la raison. Il n'en est rien, comme le prouvent ces remarques écrites deux mois plus tard:

> Mes impressions de voyage cessent d'être des réalités et prennent le charme incroyable, le charme attendrissant des souvenirs.

> C'est le moment où j'aimerais à les écrire; ils se dégagent avec une limpidité admirable de la confusion des incidents, et ne gardent que les traits essentiels à l'unité sans rien perdre de leur vie. Ils prennent même cette vie particulière et idéale, cette valeur absolue qui fait les oeuvres d'art.[37]

---

[36] Eugène Fromentin, *Lettres de jeunesse*, p. 340 (Lettre à Armand du Mesnil, « Lafond, samedi soir, 3 juin 1848 »).

[37] Eugène Fromentin, *Lettres de jeunesse*, p. 353-354 (Lettre à Armand du Mesnil, « Lafond, août 1848, lundi soir »).

Ce passage du particulier au général, du transitoire à l'éternel, ressemble à bien des égards au deuxième temps de création, prôné par l'esthétique néo-classique. Mais, répétons-le, Fromentin arrive à produire son idéal esthétique, une beauté simple, moins par l'intervention de la raison que par celle du souvenir.[38] Fromentin applique le même processus à la création littéraire. Dans la préface écrite lors de la réédition de ses récits de voyage en 1874, il s'explique avec plus de détail et révèle les raisons de sa préférence pour la forme épistolaire:

> Il est clair que la forme de lettres, que j'adoptai pour les deux récits, était un simple artifice qui permettait plus d'abandon, m'autorisait à me découvrir un peu plus moi-même, et me dispensait de toute méthode. Si ces lettres avaient été écrites au jour le jour et sur les lieux, elles seraient autres; et peut-être, sans être plus fidèles, ni plus vivantes, y perdraient-elles ce je-ne-sais-quoi qu'on pourrait appeler l'image réfractée, ou, si l'on veut, l'esprit des choses. La nécessité de les écrire à distance, après des mois, après des années, sans autre ressource que la mémoire et dans la forme particulière propre aux souvenirs condensés, m'apprit, mieux que nulle autre épreuve, quelle est la *vérité* dans les arts qui vivent de la nature, ce que celle-ci nous fournit, ce que notre sensibilité lui prête.[39]

Cette citation nous permet de mieux comprendre dans quelle mesure Fromentin participe à l'esthétique néo-classique et dans quelle mesure il s'en distingue. Il y participe, on l'a vu, par la préférence qu'il accorde à l'oeuvre achevée. Les «esquisses verbales» «d'après nature» — ses lettres intimes — ne semblent prises en effet que pour être retravaillées et «terminées» plus tard. Mais il rejette l'idée de corriger son expérience: il ne cherche pas «la belle nature» de façon abstraite, sous une forme purement imaginaire. Il voudrait plutôt reproduire la nature telle qu'elle existe, mais uniquement sous la forme plus personnelle qu'elle acquiert en passant par le crible de la mémoire et de la rêverie idéalisante. Insistons toutefois sur l'importance de la décision de faire paraître ses récits de voyage sous forme de lettres. Sans être aussi inache-

---

[38] Pour une discussion de l'importance du souvenir chez Fromentin voir « Paysages de Fromentin » dans Jean-Pierre Richard, *Littérature et sensation* (Paris : Seuil, 1954), p. 246 sq.

[39] Eugène Fromentin, *Œuvres complètes*, p. 7.

vés qu'un carnet de voyage, la forme et le style épistolaires impliquent néanmoins une spontanéité d'expression apparente — qu'il appelle un «abandon» — propre à l'esquisse. Or, ce sont précisément cette forme et ce style qui lui permettent de son propre aveu d'être plus sincère. Mais Fromentin rejette en même temps les manifestations les plus extrêmes de l'«esquisse verbale» — le premier jet du carnet de voyage ou une écriture épistolaire *in situ*, faits tous les deux «d'après nature.» Il découvre la vérité la plus profonde non pas dans le voyage vécu, mais dans le voyage remémoré. On pourrait donc dire que si Fromentin rejette l'«esquisse verbale» à l'état brut — il refuse de publier ses carnets de voyage ou sa correspondance privée — il en accepte une forme plus élaborée: la lettre remaniée. Comme le carnet de voyage, la lettre est susceptible de gagner la confiance du lecteur: elle est associée à la spontanéité de l'expression sur le champ et pendant le voyage lui-même. En même temps ce lecteur va subir le charme d'un travail littéraire, au niveau de la structure thématique comme au niveau de l'écriture. De la sorte, même les récits de voyage «achevés» de Fromentin bénéficient des valeurs propres à l'esquisse: ils ont le statut ambigu d'«esquisses littéraires.»

C'est donc grâce à une unité de ton, née de la personnalité du voyageur, et de la structure thématique qui en découle, qu'*Un été dans le Sahara* et *Une année dans le Sahel* dépassent le stade d'«esquisses verbales.» Dans son étude, *Fromentin conteur d'espace*, Anne-Marie Christin a analysé en détail un certain nombre de ces thèmes dont, entre autres, les saisons, la femme, les oiseaux et le vide.[40] Pour compléter son étude, nous proposons d'évoquer brièvement ici l'élaboration littéraire d'*Une année dans le Sahel* par le biais d'un certain nombre d'oppositions qui caractérisent l'intériorité du narrateur de ce récit de voyage. Son voyage est en effet marqué par le renversement de toute une série de valeurs apparentées. Si le voyageur incarne d'habitude la soif de l'espace, une ouverture vers de vastes horizons, l'«absent» de Fromentin prise davantage la clôture.[41] Son narrateur avoue par exemple à son cor-

[40] Anne-Marie Christin, *Fromentin conteur d'espace* (Paris : Le Sycomore, 1982).

[41] Dans les premiers paragraphes du récit de voyage le narrateur écrit : « En attendant que je me déplace, je cherche un titre à ce journal. Peut-être l'appellerons-nous plus tard *journal de voyage*. Aujourd'hui soyons modeste, et nommons-le tout simplement *journal d'un absent*. » Eugène Fromentin, *Œuvres complètes*, p. 189.

respondant qu'il n'ira «pas plus loin que Mustapha d'Alger, c'est-à-dire à deux pas de la plage où le bateau [l]'a débarqué.»[42] De la sorte, à ce désir frénétique du déplacement qui motive tant de voyages se substitue, chez lui, le contraire: la mobilité cède la place à l'immobilité; le statique l'emporte sur le mouvement. C'est donc sous le signe d'un refus étonnant, car fondateur du genre, celui du déplacement, que se place le *Sahel*.

Le narrateur avoue son besoin de fixité. Il est significatif à cet égard que quand il contemple la mer lors d'une tempête il n'éprouve aucun des sentiments typiquement romantiques associés au sublime. Par exemple, dans la lettre datée «Fin janvier» il appelle «supplice» le fait d'être devant le spectacle de la mer

> de ne trouver d'équilibre nulle part, et de regarder indéfiniment des choses vagues qui vont et viennent, se balancent, se troublent, dans la perpétuelle oscillation d'un roulis qui semble ne pouvoir plus s'apaiser. Rien pour arrêter la vue, ni qui la repose, ni qui la satisfasse en la fixant sur des points d'appui: une étendue flottante, une perspective indécise de formes insaisissables...[43]

Puisqu'il souffre du mobile, de l'illimité, se trouvent privilégiés non plus le bateau ou la voiture, ni même l'auberge, motifs fréquemment développés dans des récits de voyage, mais, étonnamment, la maison.[44] Au voyage se substitue ainsi une sorte de «spectacle dans un fauteuil» comme l'atteste le passage suivant:

> Je veux essayer du *chez moi* sur cette terre étrangère, où jusqu'à présent je n'ai fait que passer, dans les auberges, dans les caravansérails ou sous la tente, changeant tantôt de demeure et tantôt de bivouac, campant toujours, arrivant et partant, dans la mobilité du provisoire et en pèlerin. Cette fois je viens y vivre et l'habiter. C'est à mon avis le meilleur moyen de beaucoup connaître en voyant peu, de bien voir en observant souvent, de voyager cependant, mais comme on assiste à un spectacle, en laissant les tableaux changeants

---

[42] Eugène Fromentin, *Une année dans le Sahel* dans *Œuvres complètes*, p. 190.

[43] Eugène Fromentin, *Une année dans le Sahel* dans *Œuvres complètes*, p. 251.

[44] Selon Percy G. Adams, la voiture et l'auberge sont les deux « motifs » principaux du genre. Voir Percy G. Adams, p. 213-229 (« Motifs : The Coach, the Inn »).

se renouveler d'eux-mêmes autour d'un point de vue fixe et d'une existence immobile.[45]

Dans «le petit espace encadré» par sa fenêtre il espère «voir le peuple arabe défiler» sous ses yeux par la route ou par les prairies qui bordent son jardin.[46] Il précise son projet un peu plus loin: «Ici [...] je trace un cercle autour de ma maison, je l'étends jusqu'où il faut pour que le monde entier soit à peu près contenu dans ses limites, et alors je me retire au fond de mon univers; tout converge au centre que j'habite, et l'imprévu vient m'y chercher.»[47] «Maison,» «cercle,» «centre,» «immobilité,» autant de mots clés qui font de ce passage une somme des thèmes caractéristiques de l'imagination fromentinienne dans le *Sahel*. Dans toutes ses évocations de la maison, on voit un mouvement centrifuge l'emporter sur un mouvement centripète, la clôture sur l'ouverture, l'intériorité sur l'extériorité. Paradoxalement, le seul geste actif est l'établissement de limites; mais la restriction dans le voyage horizontal se fait au profit d'un voyage vertical dans l'intimité de la conscience. Notons aussi que l'expérience du voyage, qui le plus souvent offre au voyageur l'occasion de s'essayer en faisant front à des risques inattendus, est ici réduite à un regard passif. De sa maison, le narrateur peut espérer «assister» à la vie arabe, tout comme au théâtre on assiste à des scènes qui se succèdent dans le temps.

Le thème clef de la maison a son importance. Il est significatif que le narrateur appelle sa maison «ma cellule» ou encore «ma prison d'hiver» car comme nous le verrons un peu plus loin, tout comme la maison arabe, la maison de l'«absent» incarne toutes les valeurs de la prison heureuse. Ici l'incarcération donne naissance aux plaisirs imaginaires de l'intimisme.[48] Sa maison, où «[r]ien n'est

---

[45] Eugène Fromentin, *Une année dans le Sahel* dans *Œuvres complètes*, p. 190.

[46] Eugène Fromentin, *Une année dans le Sahel* dans *Œuvres complètes*, p. 191. La même passivité du regard caractérise ses visites du vieil Alger : « J'y vais très naïvement, comme au spectacle » affirme-t-il. Voir Eugène Fromentin, *Une année dans le Sahel* dans *Œuvres complètes*, p. 206.

[47] Eugène Fromentin, *Une année dans le Sahel* dans *Œuvres complètes*, p. 191.

[48] Eugène Fromentin, *Une année dans le Sahel* dans *Œuvres complètes*, p. 193, p. 304. Pour d'autres références à son « emprisonnement, » voir p. 250 et p. 253.

plus abrité ni plus ouvert,» est en effet un lieu clos qui protège le
rêveur tout en lui permettant de s'ouvrir vers le monde extérieur.[49]
Située en haut d'une colline, sa maison est posée «comme un
observatoire.»[50] De son poste d'observation qu'est sa propre maison, un des objets priviligiés du regard est la maison d'autrui. De
sa fenêtre il perçoit en particulier un certain nombre de petites maisons situées sur une colline qui commence une cinquantaine de
mètres au-delà de son enclos. Le charme de ces maisons réside pour
lui dans le fait qu'elles incarnent la dialectique du dehors et du
dedans qui l'enchante dans sa propre maison. Il les décrit ainsi:
«Peu de fenêtres, des compartiments singuliers, des chambres
qu'on devine, des divans circulaires indiqués par de petits dômes,
et des ouvertures treillagées qui font rêver.»[51] Les «mystères» qui
entourent ces maisons naissent du vide, de l'inconnu qui stimulent
l'imagination du rêveur.

De son observatoire, le narrateur perçoit aussi une maison
«bizarre»: c'est une volière qu'un Polonais partage avec des oiseaux.
Chaque matin le narrateur voit partir les oiseaux pour les voir y revenir le soir. Afin d'apprécier la signification de ce petit détail, il faut
rappeler qu'à plusieurs reprises dans le récit le narrateur prend en
pitié les oiseaux. C'est le cas dès la première lettre qui narre la traversée de la Méditerranée. Ici le narrateur raconte avoir soigné un
rouge-gorge qui, mort de fatigue, est entré dans sa cabine par le
hublot. Evoquant de nouveau une préférence pour le limité, le
clos, aux yeux du narrateur ce dont souffre l'oiseau c'est la «peur
de cette vaste mer sans limites et sans point d'appui.»[52] Le narrateur apostrophe ce rouge-gorge — dont il apprécie les «goûts séden-
taires» qui le distinguent d'autres oiseaux — pour l'envoyer vers
sa maison en France, «maison silencieuse et souvent fermée.»[53] Plus

[49] Eugène Fromentin, *Une année dans le Sahel* dans *Œuvres complètes*, p. 193.
[50] Eugène Fromentin, *Une année dans le Sahel* dans *Œuvres complètes*, p. 191.
[51] Eugène Fromentin, *Une année dans le Sahel* dans *Œuvres complètes*, p. 194.
[52] Eugène Fromentin, *Une année dans le Sahel* dans *Œuvres complètes*, p. 189.
[53] Eugène Fromentin, *Une année dans le Sahel* dans *Œuvres complètes*, p. 189.

tard dans le récit, dans la lettre datée du 4 février, le narrateur prend
en pitié des oiseaux de rivage. Il ne trouve rien de plus mélancolique que ces oiseaux qui ne s'installent jamais sur terre, et il
demande où ils se réfugient pendant une tempête. Cette lettre se
termine par le retour du narrateur chez lui dans l'obscurité du crépuscule: «En arrivant au champs des manoeuvres, j'aperçus vague-
ment le contour de ma maison, et vis ma lampe allumée qui brillait
par ma fenêtre ouverte.»[54] Par le truchement de cette lampe la maison appelle le voyageur à quitter l'hostilité du monde extérieur pour
rentrer dans son giron protecteur. Ces textes indiquent la perspective
dans laquelle on peut comprendre la signification de la volière. Pour
un esprit qui a horreur du flux, de l'errance, et qui souffre pour tous
les oiseaux qui n'ont pas de nid, ce rite quotidien de la rentrée des
oiseaux dans la volière aurait un effet tranquillisant.[55] La maison,
comme la volière, fait partie de la conscience rêveuse qui sous-tend
Une année dans le Sahel où la clôture physique sert de miroir à
l'égoïsme du voyageur.

Sa représentation de la maison arabe vaut qu'on s'y arrête.[56]
Le narrateur du *Sahel* ne reste pas fidèle à son voeu d'immobi-
lisme parfait; il étend le «cercle» qu'il a dessiné autour de sa maison afin de pouvoir se promener dans le vieil Alger. Dans sa visite
des quartiers du vieil Alger se dévoile de nouveau le jeu entre l'intérieur et l'extérieur, entre le fermé et l'ouvert car il doit y pénétrer «par une brèche ouverte à mi-côté.»[57] De plus, les rues, au
lieu de s'ouvrir vers de larges perspectives, y font un «dédale.»[58]
Les maisons du vieil Alger le fascinent tout particulièrement
à cause des valeurs d'immobilité et de clôture qui pour lui s'y
attachent:

[54] Eugène Fromentin, *Une année dans le Sahel* dans *Œuvres complètes*, p. 254.

[55] Gaston Bachelard détaille les valeurs de la maison et du nid, valeurs d'abri, d'asile et d'enracinement dans *La poétique de l'espace* (Paris : Presses Universitaires de France, 1972), p. 24-78 et p. 92-104.

[56] Voir à cet égard sa lettre à Paul Bataillard datée « Alger, 12 novembre 1847 » dans Eugène Fromentin, *Lettres de jeunesse*, p. 245-252.

[57] Eugène Fromentin, *Une année dans le Sahel* dans *Œuvres complètes*, p. 206.

[58] Eugène Fromentin, *Une année dans le Sahel* dans *Œuvres complètes*, p. 211.

cerné de toutes part, serré de près, j'allais dire étranglé, par une colonie envahissante, par des casernes et des corps de garde dont il n'a
d'ailleurs qu'un vague souci, mais éloigné volontairement du cours
réel des choses, et rebelle à tout progrès, indifférent même aux destinées qu'on lui prépare [...] sans commerce, presque sans industrie, il subsiste en vertu de son immobilité même...[59]

Ses rues sombres «fréquemment voûtées» sont bordées de maisons
souvent «closes,» «sans fenêtres,» à «portes basses,» qui s'envi-
ronnent de solitude.[60] Sa réception de la maison arabe nous renseigne en fait autant sur lui que sur la culture étrangère qu'il est
en train de représenter à son correspondant. C'est ce que l'on voit
dans la citation suivante où la dialectique entre l'ouvert et le fermé
s'articule à travers le motif du nid: «Le charme de la vie arabe se
compose invariablement de ces deux contrastes: un nid sombre
entouré de lumière, un endroit clos d'où la vue peut s'étendre, un
séjour étroit avec le plaisir de respirer l'air du large et de regarder loin.»[61] Cette dialectique sous-tend en fait toute sa présentation de la maison arabe. Si, selon lui, la maison d'Arabe «est une
prison, à forte serrure, et fermée comme un coffre-fort,» cette clôture s'ouvre vers une vie mystérieuse:[62]

Quant à la vie privée, elle est, comme dans tout l'Orient, protégée
par des murs impénétrables. Il en est des maisons particulières
comme des boutiques: même apparence discrète et même incurie
à l'extérieur. Les portes ne s'ouvrent jamais qu'à demi, et retom-
bent d'elles-mêmes par leur propre poids. Tout est ombrageux
dans ces constructions singulières, admirablement complices des
cachoteries du maître; les fenêtres ont des barreaux, et toute sorte
de précautions sont prises aussi bien contre les indiscrétions du
dehors que contre les curiosités du dedans. Derrière ces clôtures
taciturnes, ces portes massives comme des portes de citadelles, ces
guichets barricadés avec du fer, il y a des choses qu'on ignore, il

[59] Eugène Fromentin, *Une année dans le Sahel* dans *Œuvres complètes*, p. 202.

[60] Eugène Fromentin, *Une année dans le Sahel* dans *Œuvres complètes*, p. 202.

[61] Eugène Fromentin, *Une année dans le Sahel* dans *Œuvres complètes*, p. 213.

[62] Eugène Fromentin, *Une année dans le Sahel* dans *Œuvres complètes*, p. 204.

y a les deux grands mystères de ce pays-ci, la fortune mobilière et les femmes...[63]

Certes, le contenu de ces «clôtures taciturnes» — le trésor, les femmes — est valorisé par l'existence de barrières qui dévoilent une volonté de séparation. Mais dans le mouvement de renversement qui est typique chez le narrateur, le thème de la clôture se manifeste surtout par cette hésitation spatiale entre intérieur et extérieur exprimée par le motif du seuil: les portes qui ne s'ouvrent réellement pas, les fenêtres avec des barreaux permettent le passage de l'esprit par la voie du regard, et, plus important, par celle du rêve.

Les bains constituent un autre lieu marqué par le même équilibre instable entre le dedans et le dehors, entre le fermé et l'ouvert. Ici, l'espace clos constitue moins une prison qu'un «asile.»[64] Si ces «gynécées» «font rêver» le narrateur, c'est de nouveau parce que la barrière entre le dedans et le dehors n'est pas complète. La pénétration de ce monde clos se fait tout d'abord par le regard, par la perception «des rideaux de mousseline légère qui se soulèvent au vent de la rue,» par exemple.[65] Les rideaux appartiennent au monde intérieur, mais ils subissent l'effet du monde extérieur, le vent, en l'occurrence. Le seuil entre intérieur et extérieur, entre clôture et ouverture, est franchi également par l'ouïe:

> On entend sortir de ces retraites des bruits qui ne sont plus des bruits, ou des chuchotements qu'on prendrait pour des soupirs. Tantôt c'est une voix qui parle à travers une ouverture cachée, ou qui descend de la terrasse et qui semble voltiger au-dessus de la rue comme la voix d'un oiseau invisible; tantôt la plainte d'un enfant qui se lamente dans une langue déjà singulière, et dont le balbutiement mêlé de pleurs n'a plus de signification pour une oreille étrangère. Ou bien c'est un son d'instrument: le bruit mât des *darboukas*, qui marque avec lenteur la mesure d'un chant qu'on n'entend pas, et dont la note unique et scandée comme une rime sourde semble accompagner la mélodie d'un rêve. La captivité se console ainsi,

[63] Eugène Fromentin, *Une année dans le Sahel* dans *Œuvres complètes*, p. 203-204.

[64] Eugène Fromentin, *Une année dans le Sahel* dans *Œuvres complètes*, p. 204.

[65] Eugène Fromentin, *Une année dans le Sahel* dans *Œuvres complètes*, p. 204.

en rêvant d'une liberté qu'elle n'a jamais eue et qu'elle ne peut comprendre.[66]

Grâce à cette poétique du seuil, la rêverie du narrateur fait des Arabes une société de grands rêveurs. Le même phénomène se reproduit lors de sa contemplation des maisons turques un peu plus loin dans le récit où une communication entre le dedans et le dehors s'accomplit par le parfum:

Habitées par le peuple qui les avait bâties et je pourrais dire rêvées, ces demeures étaient une création à la fois des plus poétiques et des plus spirituelles. Ce peuple avait su faire des prisons qui fussent des lieux de délices, et cloîtrer ses femmes dans des couvents impénétrables aux regards et transparents. Pour le jour, une multitude de petites ouvertures, des jardins tendus de jasmins et de vignes; pour la nuit, des terrasses: quoi de plus malicieux et en même temps de plus prévoyant pour la distraction des prisonnières? Ces maisons si bien fermées n'ont, pour ainsi dire, pas de clôture. La campagne y pénètre en quelque sorte et les envahit. Le sommet des arbres touche aux fenêtres; on peut, en étendant le bras, cueillir des feuilles et des fleurs; l'odeur des orangers les enveloppe, et l'intérieur en est tout parfumé.[67]

Des prisons paradoxalement ouvertes qui, produits de la rêverie collective, sont propres à nourrir la rêverie par la dialectique du fermé et de l'ouvert qu'elles incarnent, voilà ce que sont les maisons turques. Par la suite, le narrateur continue dans la même veine et s'interroge sur sa conception de ces maisons:

Nous ne comprenons rien, nous autres, aux mystères d'une pareille existence. Nous jouissons de la campagne en nous y promenant: rentrons-nous dans nos maisons, c'est pour nous enfermer; mais cette vie recluse près d'une fenêtre ouverte, l'immobilité devant un si grand espace, ce luxe intérieur, cette mollesse du climat, le long écoulement des heures, l'oisiveté des habitudes, devant soi, autour de soi, partout, un ciel unique, un pays radieux, la perspective infinie de la mer, tout cela devait développer des rêveries étranges, déranger les forces vitales, en changer les cours, mêler je ne sais quoi

[66] Eugène Fromentin, *Une année dans le Sahel* dans *Œuvres complètes*, p. 204.

[67] Eugène Fromentin, *Une année dans le Sahel* dans *Œuvres complètes*, p. 233.

d'ineffable au sentiment douloureux d'être captif. Ainsi naissait au fond de ces délicieuses prisons tout un ordre de voluptés d'esprit qui sont à peine imaginables. Au surplus, ne me trompé-je pas en prêtant des sensations très littéraires à des êtres qui assurément ne les ont jamais eues?[68]

Notre examen de la maison du narrateur a révélé une intériorité où l'intimité close l'emporte sur l'ouvert et le sociable. Il est logique que sa propre perception de l'altérité culturelle soit influencée par cette intériorité. Or, par cette dernière citation, le narrateur du *Sahel* reconnaît explicitement la possibilité que sa conception de la prison heureuse selon laquelle les captives se plaisent à rêver leurs vies, n'est, en réalité, qu'un produit de sa propre rêverie.

Quoique plus fréquentes au début du récit de voyage, les références à d'autres maisons parsèment *Une année dans le Sahel*. On peut citer, par exemple, la «scène à la flamande on ne peut plus intime» qu'il entrevoit par «une grande brèche ouverte à hauteur d'appui» d'une maison de Mauresques.[69] Evidemment, la maison n'est pas le seul objet du regard de l' «absent.» A l'infini spatial de la mer dont le spectacle, nous l'avons vu, constitue pour lui un «supplice,» s'ajoute celui du désert. Toutefois, même dans les évocations de cet illimité terrestre qui l'inquiète tant, la maison arrive parfois à s'imposer comme thème. C'est le cas là où le désert s'arrête, où il surgit entre le narrateur et «une étendue vide et sans mouvement, un grand espace où l'azur commence, où l'air vibre continuellement» un massif qui s'appelle la Maison Carrée.[70] Grâce à la densité thématique ailleurs dans le récit de voyage, la maison acquiert ici le sens d'une intériorité qui se nourrit de clôture face à l'illimité inquiétante.

Cette soif de fixité, de clôture, révélée dans la place privilégiée accordée à la maison est mise en relief par l'importance donnée aux habitudes. En effet, l'habitude, non moins que la maison, fournit à l'expérience du voyage un centre organisateur, et devient un des thèmes du *Sahel*. Ainsi, le narrateur affirme à son correspondant:

68 Eugène Fromentin, *Une année dans le Sahel* dans *Œuvres complètes*, p. 233-234.

69 Eugène Fromentin, *Une année dans le Sahel* dans *Œuvres complètes*, p. 266-267.

70 Eugène Fromentin, *Une année dans le Sahel* dans *Œuvres complètes*, p. 192.

J'y prendrai des habitudes qui seront autant de liens plus étroits pour m'attacher à l'intimité des lieux. Je veux y planter mes souvenirs comme on plante un arbre, afin de demeurer de près ou de loin enraciné dans cette terre d'adoption.[71]

Et il l'interroge: «Pourquoi se précipiter à plaisir dans les nouveautés du lendemain, tandis que la vie universelle coule à pleins bords, si paisiblement et d'un cours presque insensible, dans le lit régulier des habitudes?»[72] Plus loin dans son apologie de l'habitude, le narrateur s'étonne que les gens sans habitudes se considèrent libérés, que l'on s'imagine «être beaucoup plus maître de son chemin parce qu'on n'a pas laissé derrière soi de point de repère.»[73] L'importance des habitudes est soulignée quand il évoque la discontinuité, la fragmentation qui régiraient notre perception du temps en son absence: «sans habitudes, un jour ne tiendrait plus à l'autre, et les souvenirs n'auraient plus d'attache, pas plus qu'un chapelet qui n'a pas de fil.»[74] Le narrateur développe ainsi sa préférence pour un temps circulaire, et par conséquent lié, au dépens d'un temps linéaire, mais fragmenté:

adorons les habitudes; ce n'est pas autre chose que la conscience de notre être déployée derrière nous dans le sens de l'espace et de la durée. Faisons comme le petit Poucet, qui sema des cailloux depuis la porte de sa maison jusqu'à la forêt; marquons nos traces par des habitudes, servons-nous-en pour allonger notre existence de toute la portée de nos souvenirs, qu'il faudrait tâcher de rendre excellents. Transportons cette existence de droite et de gauche, si la destinée le commande; mais qu'elle ne soit au fond qu'une longue identité de nous-mêmes! C'est le moyen de nous retrouver partout et ne ne pas perdre en chemin le plus utile et le plus précieux du bagage: je veux parler du sentiment de ce que nous sommes.[75]

[71] Eugène Fromentin, *Une année dans le Sahel* dans *Œuvres complètes*, p. 190.

[72] Eugène Fromentin, *Une année dans le Sahel* dans *Œuvres complètes*, p. 224.

[73] Eugène Fromentin, *Une année dans. le Sahel* dans *Œuvres complètes*, p. 225.

[74] Eugène Fromentin, *Une année dans le Sahel* dans *Œuvres complètes*, p. 225.

[75] Eugène Fromentin, *Une année dans le Sahel* dans *Œuvres complètes*, p. 225.

202 ESQUISSES LITTÉRAIRES

C'est ainsi qu'il découvre dans sa maison une «habitude de douceur qui [le] ravit profondément» tandis que ses promenades dans
le vieil Alger sont «habituelles.»[76] De plus, le café qu'il fré-
quente est «le centre de [s]es habitudes,» de son «cercle.»[77] On
voit ainsi s'élaborer des liens étroits entre la maison et l'habitude.
En effet, tout comme la maison l'habitude sert de contrepoids à cette
instabilité inhérente au voyage, les deux thèmes se trouvant sous
le signe de la clôture. C'est donc en partie grâce à ces thèmes qui
s'appuient et se répondent, créant par là une structure thématique
certaine, que dans le *Sahel* l'écriture épistolaire en voyage acquiert
le statut ambigu d' «esquisse littéraire.»

Est-il besoin de souligner les rapports qui existent entre la
rêverie intimiste de l'espace clos du narrateur du *Sahel* et les tendances néo-classiques de ce narrateur, comme de Fromentin lui-
même? Quand le narrateur du *Sahel* dit à propos des lignes et des
couleurs d'un paysage «je n'ai de goût sérieux que pour les choses
durables, et je ne considère avec un sentiment passionné que les
choses qui sont fixées» il aurait pu parler à la fois de la maison,
des habitudes, et des conventions picturales et littéraires.[78] Les discussions esthétiques du narrateur avec Vandell vers la fin du *Sahel*
révèlent explicitement une préférence pour un art qui synthétise les
détails de l'expérience, qui présente «la forme et les idées typiques»
au lieu des détails particuliers.[79] De la diversité des sensations le
narrateur préfère extraire le général, le synthétique, le durable. Ces
propos survenus à la fin d'*Une année dans le Sahel* font écho à ses
remarques au début du récit de voyage où il écrit que

> le monde extérieur est comme un dictionnaire; c'est un livre rem-
> pli de répétitions et de synonymes: beaucoup de mots équivalents
> pour la même idée. Les idées sont simples, les formes multiples;
> c'est à nous de choisir.[80]

[76] Eugène Fromentin, *Une année dans le Sahel* dans *Œuvres complètes*,
p. 193 et p. 211.

[77] Eugène Fromentin, *Une année dans le Sahel* dans *Œuvres complètes*,
p. 214.

[78] Eugène Fromentin, *Une année dans le Sahel* dans *Œuvres complètes*,
p. 251.

[79] Eugène Fromentin, *Une année dans le Sahel* dans *Œuvres complètes*,
p. 326. Voir aussi p. 314 sq.

[80] Eugène Fromentin, *Une année dans le Sahel* dans *Œuvres complètes*,
p. 190-191.

Le narrateur du *Sahel* affirme que si ses souvenirs n'ont pas l'exactitude d'un document, ils possèdent une qualité préférable, celle d'être à moitié réels et à moitié imaginaires.[81] Or, cette distillation artistique de la réalité selon laquelle il arrive à choisir ce qui mérite d'être représenté s'accomplit, on l'a vu plus haut, par l'action simplifiante de la mémoire. C'est grâce à elle et aux structures thématiques qui en découlent que ce récit de voyage, apparemment écrit d'un trait et *in situ*, mérite l'appellation d' «esquisse littéraire.»

Pour examiner plus en détail l'écriture de Fromentin en voyage reconnaissons qu'il existe des *degrés* d'élaboration littéraire. Nous avons, par exemple, trois versions du *Sahel*: 1. le carnet de voyage non publié («esquisse verbale»); 2. un article intitulé «Algérie: Fragments d'un journal de voyage,» paru dans l'*Artiste* en 1857 (version remaniée du carnet, une «esquisse littéraire»); et 3. le récit de voyage, publié en feuilleton dans la *Revue des Deux Mondes* et ensuite sous forme de livre («esquisse littéraire» encore plus achevée que l'article). Le narrateur de l'article paru dans l'*Artiste* prétend peu se soucier de la composition de son récit:

> Dès ce soir, mon ami, je veux consacrer les loisirs d'une nuit magnifique à résumer tant bien que mal les souvenirs que j'utiliserai plus tard, si je le puis. Je n'essayerai pas d'y mettre un ordre; je les inscrirai seulement à leur date, au début de ce journal, plutôt sous forme de notes que de tableaux; et sans m'occuper de savoir si ce nouveau préambule, absolument descriptif, sera dans des proportions heureuses avec la suite de mon récit.[82]

Cette caractérisation du récit, «Algérie, Fragments d'un journal de voyage,» suggère que cet article constitue autre chose qu'une «esquisse verbale.» Ce que le narrateur va décrire pour son correspondant ne sont pas des sensations immédiates, mais déjà des souvenirs de sensations. De plus, la forme de cet article est mixte: le narrateur l'appelle un journal, sous forme de notes, mais le correspondant est constamment interpelé, et l'écriture est suivie et non pas sténographique. Le fait qu'il s'agisse sans doute d'une ver-

[81] Eugène Fromentin, *Une année dans le Sahel* dans *Œuvres complètes*, p. 294-295.

[82] Eugène Fromentin, *Une année dans le Sahel* dans *Œuvres complètes*. p. 960.

sion remaniée de son carnet de voyage et que Fromentin ait décidé de publier ce texte, fait de cet article une «esquisse littéraire.» Toutefois, il est moins élaboré, moins «fini» que ne le sera l'ouvrage, *Une année dans le Sahel.* Pour dégager les principes de création littéraire de Fromentin, Pierre Martino a comparé trois rédactions successives d'un épisode, la rencontre d'un brodeur indigène: celle du carnet de voyage, celle publiée dans l'*Artiste*, et celle parue dans *Une année dans le Sahel.*[83] Viennent tout d'abord des suppressions de détails, de nombreux *je* et *moi*, mais aussi des noms de personnes, de rues, etc.[84] Parmi les additions figurent des lieux communs (sur la rapidité des voyages modernes, par exemple) et des commentaires qui accordent à des détails pittoresques une «valeur générale.»[85] Comme le dit Martino: «La plupart des changements et les plus caractéristiques tendent à diminuer dans l'oeuvre le caractère du journal, écrit sur les lieux, ou peu de temps après, et à la rapprocher au contraire d'un récit médité et réfléchi, où le pittoresque des détails, s'il subsiste, ne vient qu'après le commentaire psychologique et le document instructif.»[86] Martino trace ici le passage d'une «esquisse verbale» à une «esquisse littéraire.»

Chacun des deux récits algériens de Fromentin est présenté comme des lettres sous forme de notes de voyage. En fait, tout au long d'*Un été dans le Sahara* son narrateur appelle son récit ses «notes.» Au premier abord, le manque de forme et d'achèvement associé au mot «notes» suggérerait qu'il s'agit d'une «esquisse verbale.» Toutefois, ce que les narrateurs de ces deux récits de voyage appellent des «tableaux» parsèment leurs récits. C'est sans doute du moins en partie à cause de ces «tableaux» très travaillés, d'une valeur littéraire incontestable, que Fromentin a considéré ces récits de voyage comme dignes d'être publiés. Ces récits ressemblent donc à un dessin dont certaines parties seraient plus achevées que d'autres. C'est par ce statut ambigu qu'ils méritent l'appellation d'«esquisses littéraires.»

---

[83] Pierre Martino, « Les Descriptions de Fromentin, Deuxième partie », *Revue africaine*, no. 279 (1910), p. 365 sq.

[84] Pierre Martino, p. 384-386.

[85] Pierre Martino, p. 387.

[86] Pierre Martino, p. 384.

Pour Fromentin, un «tableau» est une scène visuelle marquée par la composition. Celle-ci est créée tout d'abord par des lignes. Par exemple, se référant à la ville d'Aïn-Mahdy dans *Un été dans le Sahara*, le narrateur affirme: «Le tableau général, au lieu de chanceler en tous sens et d'incliner sous tous les angles [...] garde un aplomb de lignes et se dessine par des angles droits très satisfaisants pour l'oeil.»[87] La répartition de la lumière et de l'ombre contribue aussi à la création d'une certaine unité comme l'atteste un autre commentaire tiré du *Sahara*: «Une remarque de peintre, que je note en passant, c'est qu'à l'inverse de ce qu'on voit en Europe, ici les tableaux se composent dans l'ombre avec un centre obscur et des coins de lumière. C'est, en quelque sorte, du Rembrandt transposé...»[88]

Les deux «tableaux» qui vont suivre illustrent ces deux principes de composition. A Aïn-Mahdy le narrateur voyageur d'*Un été dans le Sahara* s'installe au fond d'une rue afin de voir passer les Arabes allant à la prière:

Une grande ombre, projetée par la maison de Tedjini, descendait sur la voie, très large en cet endroit, remontait sur les piliers d'un fondouk construit en face, et ne laissait, dans la lumière dorée du soleil, que la partie supérieure du fondouk et des maisons qui le suivent. L'ombre tournait avec la rue, montait avec elle, s'allongeant ou se rétrécissant selon le mouvement du terrain. Une plaque d'un bleu violent servait de plafond à ce tableau, éclairé de manière à donner plus de mystère à la rue et à mettre tout l'éclat dans le ciel. Du côté de l'ombre, et contre le pied du mur, s'alignait une rangée d'Arabes assis, couchés, rassemblés sur eux-mêmes ou posés de côté dans ces attitudes de repos grandiose qui sont maniérées à l'Académie, et qui sont tout simplement vraies, chez les maîtres comme dans la nature.[89]

Notons tout d'abord que nous avons affaire à une textualité suivie. La cohérence textuelle de la description est assurée également par un principe de composition très commun chez les peintres, la superposition des plans. Fromentin crée l'illusion d'une troisième

---

[87] Eugène Fromentin, *Un été dans le Sahara* dans *Œuvres complètes*, p. 172.

[88] Eugène Fromentin, *Un été dans le Sahara* dans *Œuvres complètes*, p. 106.

[89] Eugène Fromentin, *Un été dans le Sahara* dans *Œuvres complètes*, p. 175-176.

dimension en choisissant de représenter une rue qui serpente, passant ainsi du premier plan du tableau aux plans successifs. Mais c'est le *chiaroscuro*, plus que la disposition des lignes, qui accorde à ce «tableau» son unité. Par exemple, le narrateur prend soin de préciser l'effet de lumière sur la seule couleur qu'il mentionne, dont la fonction est de constituer la partie supérieure du «tableau.» Nous venons de parler de la forme — comment Fromentin «compose» ses tableaux avec les lignes et la lumière — mais le sujet du tableau est non moins notable. Il est significatif, par exemple, que des Arabes fassent partie intégrale du «tableau.» Fidèle à l'esthétique néo-classique, c'est aussi la présence d'êtres humains dans toute leur noble simplicité qui fait de cette composition un «tableau.» Avec l'arrivée des différents groupes de fidèles, le tableau que l'on vient de considérer se modifie. Le narrateur cite en particulier un groupe de trois personnages qui était «magnifiquement composé» et où chacun s'avance «isolément.»[90] Ses commentaires à la page suivante ne laissent plus de doute quant au lien de ces multiples compositions avec la tradition néo-classique:

> toujours j'ai rêvé de grandes figures dans une action simple, exposées sur le ciel et dominant un vaste pays. Hélène et Priam, au sommet de la tour, nommant leurs chefs de l'armée grecque; Antigone amenée par son gouverneur sur la terrasse du palais d'Oedipe et cherchant à reconnaître son frère au milieu du camp des sept chefs, voilà des tableaux qui me passionnent et qui me semblent contenir toutes les solennités possibles de la nature et du drame humain.[91]

Ce sont donc les valeurs propres à la peinture historique prônée par l'Académie qui sous-tendent ce «tableau» de la vie Arabe. Comme les néo-classiques, le narrateur de Fromentin cherche l'éternel derrière le transitoire, le général derrière le particulier, l'ordre derrière l'arbitraire des sensations.

Examinons maintenant de près ce qui forme peut-être le plus soigné de ces «tableaux» d'*Un été dans le Sahel*. Dans les remarques qui précèdent le «tableau» que nous allons étudier, le narrateur comprend qu'il est arrivé enfin «chez les patriarches.»[92]

---

90 Eugène Fromentin, *Un été dans le Sahara* dans *Œuvres complètes*, p. 176.
91 Eugène Fromentin, *Un été dans le Sahara* dans *Œuvres complètes*, p. 177.
92 Eugène Fromentin, *Un été dans le Sahara* dans *Œuvres complètes*, p. 28.

Il s'agit de Hadj-Meloud qui ressemble à son ancêtre, Ibrahim «l'hospitalier.» Le narrateur raconte comment ils ont été reçus et ont bu le café dans des tasses sur lesquelles il était écrit en arabe: «*Bois en paix*.» Ensuite il affirme: «je n'ai jamais rien vu de plus simple que le tableau qui se déroulait devant nous.»[93] Voici ce «tableau»:

Nos tentes, très vastes, et soit dit en passant, déjà rayées de rouge et de noir comme dans le Sud, occupaient la largeur d'un petit plateau nu, au bord de la rivière. Elles étaient grandes ouvertes, et les portes, relevées par deux bâtons, formaient sur le terrain fauve et pelé deux carrées d'ombres, les seuls qu'il y eût dans toute l'étendue de cet horizon accablé de lumière et sur lequel un ciel à demi voilé répandait comme une pluie d'or pâle. Debout dans cette ombre grise, et dominant tout le paysage de leur longue taille, Si-Djilali, son frère et leur vieux père, tous trois vêtus de noir, assistaient en silence au repas. Derrière eux, et en plein soleil, se tenait un cercle de gens accroupis, grandes figures de blanc sale, sans plis, sans voix, sans geste, avec des yeux clignotants sous l'éclat du jour et qu'on eût dit fermés. Des serviteurs, vêtus de blanc comme eux, et comme eux silencieux, allaient sans bruit de la tente aux cuisines dont on voyait la fumée s'élever en deux colonnes onduleuses au revers du plateau, comme deux fumées de sacrifice.

Au-delà, afin de compléter la scène et comme pour l'encadrer, je pouvais apercevoir, de la tente où j'étais couché, un coin du douar, un bout de la rivière où buvaient des chevaux libres, et tout à fait au fond, de longs troupeaux de chameaux bruns, au cou maigre, couchés sur des mamelons stériles, terre nue comme le sable et aussi blonde que des moissons.

Au milieu de tout cela, il n'y avait donc qu'une petite ombre, celle où reposaient les voyageurs, et qu'un peu de bruit, celui qui se faisait dans la tente.

Et de ce tableau, que je copie sur nature, mais auquel il manquera la grandeur, l'éclat et le silence, et que je voudrais décrire avec des signes de flammes et des mots dits tout bas, je ne garderai qu'une seule note qui contient tout: *Bois en paix*.[94]

---

[93] Eugène Fromentin, *Un été dans le Sahara* dans *Œuvres complètes*, p. 29 («Boghari, 26 mai au matin»).

[94] Eugène Fromentin, *Un été dans le Sahara* dans *Œuvres complètes*, p. 29 («Boghari, 26 mai au matin»).

Cette description de ce que voit le voyageur de sa tente n'a rien d'une improvisation. Les mots «Bois en paix» qui servent de titre ouvrent et ferment le passage, le démarquant comme un tout séparé du reste du récit. La description des deux premiers paragraphes va du centre — Si-Djalali et sa famille assis dans l'ombre d'une tente — vers le lointain — «au-delà» et «tout à fait au fond» jusqu'au cadre du «tableau.» Le terrain qui s'étend au-delà du cadre n'est pas décrit et semble à peine exister, renforçant l'analogie avec le tableau pictural. Le troisième paragraphe résume le «tableau» du point de vue des effets de lumière: on pourrait même dire que le «tableau» peut se réduire à une surface lumineuse tachée d'ombre. L'affirmation du narrateur dans le dernier paragraphe que ce qui précède est copié d'«après nature,» tout en constituant néanmoins un «tableau,» pourrait sembler paradoxale. Toutefois, comme nous l'avons déjà vu, dans sa correspondance Fromentin admet la possibilité de trouver dans la nature une composition propre à un «tableau» fini. Ce dernier exemple serait donc une telle exception.

Le rôle du lecteur qui lit ce «tableau» est assez restreint. Par exemple, il n'est pas obligé d'organiser spatialement les éléments du «tableau»: l'oeil du narrateur voyageur l'a déjà fait pour lui. La même remarque vaut pour le thème: le titre révèle de quoi il s'agit, accordant au «tableau» à la fois son unité et son sens. Maintes épithètes répondent aux questions éventuelles du lecteur. Presque chaque substantif est modifié: les chameaux sont bruns, leurs cous sont maigres, les mamelons sur lesquels ils sont couchés sont stériles, la terre est nue, et ainsi de suite. Evidemment, tout n'est pas dit. Il ne décrit pas les visages des Arabes, et ne fait pas leur portrait moral. Il n'en reste pas moins vrai que le «tableau» peut fonctionner sans la participation ou la connivence du lecteur. Epousant le point de vue du narrateur, le lecteur joue le rôle d'un spectateur passif qui contemple un «tableau» statique et renfermé sur lui-même. Dans un tel «tableau» la communication passe par la contemplation. Les «tableaux» dont nous venons d'offrir deux exemples parsèment à la fois *Un été dans le Sahel* et *Une année dans le Sahara*. C'est en partie à cause de ces morceaux «achevés» que les deux récits de voyage de Fromentin, qui sont apparemment le résultat d'une écriture épistolaire naïve et spontanée, constituent tous les deux des «esquisses littéraires.»

Considérons enfin un texte qui est resté aux yeux de Fromentin une «esquisse verbale.» Il s'agit d'un extrait du carnet de son voyage en Algérie entrepris de janvier à avril 1848, le seul, soit dit en passant, qui nous soit parvenu de tous ses voyages en Algérie. Ici Fromentin prend note des sensations et expériences à la fois incomplètes et précises lors de ses visites à deux villages algériens. Fromentin se servait de ces notes spontanées — comme de ses esquisses picturales — lorsqu'il composait ses deux récits de voyage en 1857 et 1859. En dépit de l'opinion de l'auteur, cet extrait de carnet de voyage se prête néanmoins à une lecture littéraire:

> 22 mars .48 Départ de Biskra pour les oasis de l'ouest. Arrivée à *Bouchagroun*.
> Village aggloméré, rues étroites, silencieuses, noyé dans l'ombre bleu versée par les hauts palmiers. Aspect monumental. Difa. Sortie, par les dunes de sable. Soleil vertical, réverbération extraordinaire. Les palmiers dans la lumière la plus blonde que j'aie vue de ma vie. L'ombre autour des troncs. La cavalcade défilant sur le sable. *Lichana* à une demi-heure de Bouchagroun. Arrivée à 3 heures. Repos. Promenade. Calme complet. Chaleur modérée. Le crieur sur la mosquée.[95]

Fromentin transcrit ici ses impressions avec briéveté et précision. Il n'existe aucune tentative de structuration ou de clôture; de simples faits sont juxtaposés suivant un enchaînement de temporalité linéaire. La description de Bouchagroun tient compte surtout des sensations visuelles et des effets de lumière. L'impression de voir de petites touches éparses sur un fond vide est prononcée: ici Lichana est évoquée plutôt que décrite. Le style nominal crée une textualité lacunaire. En effet, il s'agit d'une succession de mots plus que d'une suite de propositions. Le morcellement dû à la multiplication des blancs invite le lecteur à les combler par la rêverie. Il est significatif que beaucoup de mots associés à Lichana — «repos,» «calme,» «modéré» — évoquent l'absence autant que la présence de quelque chose. Tous ces mots forment une thématique du silence, annoncée déjà explicitement par le mot «silencieuse» dans le paragraphe précédent. Etant donné que c'est le crieur qui est mentionné et non pas son cri, le silence est maintenu jusqu'à la fin. L'aspect lacunaire de l'extrait peut s'ajouter à la thématique du silence pour créer un effet littéraire certain. Il s'agit ainsi d'une «esquisse littéraire.»

---

[95] Eugène Fromentin, *Œuvres complètes*, p. 940.

Le vide produit par les ellipses syntaxiques et sémantiques est renforcé par l'absence du voyageur. Comme les sensations ne sont pas assumées par un «je» individualisé le lecteur arrive d'autant plus facilement à les faire siennes. Tout comme l'esquisse picturale, la textualité inachevée de cet extrait implique un silence suggestif qui en appelle à la collaboration du lecteur. Si dans le cas des «tableaux» la communication est apte à passer plutôt par la contemplation passive d'une totalité, ici elle passe par la participation active. En effet, pour le lecteur qui lit lentement, et avec imagination, un tel tissu narratif comporte un pouvoir évocateur et offre toutes les joies que Diderot a identifiées pour le spectateur qui contemple une esquisse picturale. Soulignons que l'on ne saurait ignorer les conditions toutes concrètes de la réception. Le nondit qui pourrait stimuler un lecteur du XXe siècle, plus habitué que ses prédécesseurs à la lecture de textes fragmentaires, à collaborer en imagination à l'«achèvement» du texte, pourrait en décourager d'autres si ces derniers trouvaient que l'auteur avait trop laissé à leur charge.

Faisons le bilan. *Un été dans le Sahara* et *Une année dans le Sahel* participent à «l'esthétique de l'esquisse» par le naturel de leur expression épistolaire. En revanche, le fait qu'ils sont dotés d'une structure thématique assez développée et le fait qu'ils sont parsemés de nombreux «tableaux» achevés, fruit d'un travail formel incontestable, leur donnent une valeur littéraire.[96] Voilà pourquoi nous avons appelé les récits algériens de Fromentin des «esquisses littéraires.» Enfin, si l'extrait de son carnet que nous venons d'étudier, produit du premier jet, est resté pour l'auteur une «esquisse verbale» pour la sensibilité d'un lecteur du XXe siècle, pour qui l'expression spontanée et inachevée n'exclut pas une dimension esthétique, il constitue une «esquisse littéraire.»

A l'instar de Chateaubriand, de Hugo et de Flaubert, Fromentin se révèle donc tiraillé entre l'idéal néo-classique de la continuité et de la totalité, et une esthétique moderne, cette «rhéto-

[96] Pour d'autres analyses de qualité littéraires des récits de voyage de Fromentin tant au niveau stylistique qu'au niveau thématique, voir les études citées de Pierre Martino et d'Anne-Marie Christin, et aussi Anne-Marie Christin, *Fromentin ou les métaphores du refus* (Lille : Service de reproduction des thèses, 1975) et Arthur R. Evans, *The Literary Art of Eugène Fromentin* (Baltimore : The Johns Hopkins Press, 1964), p. 3-21.

rique du spontané» marquée par l'inachèvement et le discontinu inhérents à l'esquisse. Mais on vient de voir que malgré son refus de livrer au public ses impressions de voyage sous la forme originelle de son carnet de voyage, Fromentin, à l'opposé de Flaubert, accepte, quand il publie des récits de voyage épistolaires, ce compromis esthétique que nous appelons une «esquisse littéraire.» Les écrits en voyage de Fromentin constituent une étape particulièrement ambiguë, mais par là riche, dans l'histoire de cette appropriation du fragment par la littérature, appropriation commencée pendant l'époque romantique.[97]   Dans le chapitre suivant, les frères Goncourt nous offriront l'exemple d'une acceptation encore plus complète de l'«esthétique de l'esquisse» et qui préparera le triomphe du fragment littéraire au XXe siècle.

[97] Pour une discussion de la réception critique de ses deux récits algériens, voir notre *The Sketch in Nineteenth-Centiury Cultural Discourse in France* (à paraître).

CHAPITRE VI

L'«esquisse littéraire» et l'idéal moderne : L'Italie d'hier des frères Goncourt

> Je voudrais trouver des touches de phrases
> semblables à des touches de peintre dans
> une esquisse: des effleurements et des
> caresses et, pour ainsi dire, des glacis de la
> chose écrite, qui échapperaient à la lourde,
> massive, bêtasse syntaxe des corrects gram-
> mairiens.
>
> Edmond de Goncourt
> *Journal*[1]

Que les frères Goncourt aient été sensibles à l'«esthétique de l'esquisse,» on le voit dans les références aux esquisses et aux études qui parsèment le carnet résultant de leur voyage entrepris en 1855-1856 dont Edmond de Goncourt a publié en 1894 une version remaniée sous le titre, *L'Italie d'hier, Notes de voyages 1855-1856.* Ainsi, en étudiant deux cahiers d'études de Longhi à Venise ils mettent l'accent sur la valeur d'originalité associée à l'esquisse:

dans ces deux cahiers, que d'habiles et sérieux croquis des amples habits du dix-huitième siècle, que de jolies surprises du mouvement des personnages, où il y a toujours l'originalité que donne le des-sin d'après nature, — et Longhi dessine d'après nature jusqu'à des pots de chambre.[2]

---

[1] Edmond et Jules de Goncourt, *Journal, mémoires de la vie littéraire*, éd. Robert Ricatte, 3 vol. (Paris : Robert Laffont, 1989), II, 932 (22 mars 1882).

[2] Edmond et Jules de Goncourt, *L'Italite d'hier, Notes de voyage 1855-1856* (Paris : Editions Complexe, 1991), p. 40-41.

Plus loin ils tiennent compte de la spontanéité avec laquelle l'esquisse est produite et de son inachèvement, notant que les dessins de Longhi sont «faits avec un crayon facile, heureux, qu'on sent tournoyer entre les doigts de l'artiste, et qui, semblable à une estompe, a quelque chose de non arrêté, d'artistiquement émoussé dans les contours.»[3] Dans leurs notes rendant compte de leur séjour à Florence les deux frères développent l'idée que grâce à sa production spontanée l'esquisse révèle l'intimité de l'artiste. Notons par ailleurs qu'en comparant les dessins des Uffizi à un fragment de journal dans le segment suivant, les frères Goncourt reconnaissent eux-mêmes la similarité de fonction entre l'esquisse et ce que nous avons appellé l'«esquisse verbale»:

> Ah! l'admirable collection de dessins que celle des *UFFIZI*, cette miraculeuse réunion de vieilles feuilles de papier, dont quelques-unes ont cinq cents ans, et qui, sur le blanc jauni et délité du papier, ont gardé des premiers maîtres de la peinture, les confidences intimes de leur art, pour ainsi dire, un fragment de journal des visions de leurs journées, — et parfois la première idée, ou, comme on disait alors, la *pensée* spontanée, impromptue d'une de leurs grandes compositions, jetée d'un crayon ou d'un pinceau courants.[4]

Tout comme l'esquisse dessinée, une étude sculptée est révélatrice à leurs yeux du talent individuel de l'artiste. En effet, c'est dans un «merveilleux croquis exécuté dans le marbre» qu'«apparaît le mieux le génie de Michel-Ange.»[5] Enfin, dans un tout autre registre, les frères admirent à Rome l'inachèvement du squelette en bois d'une poupée romaine. Ici tout est schématique. Ainsi, on ne perçoit que «l'ébauche de la forme du pied.»[6] Cette poupée suscite l'exclamation: «L'amusant et suggestif bibelot pour l'imagination!»[7] Tous ces extraits de *L'Italie d'hier* démontrent chez les Goncourt l'existence d'une sensibilité esthétique qui apprécie l'esquisse pour sa capacité à révéler l'originalité de l'artiste, tout d'abord, mais aussi pour le charme de l'inachèvement.

---

[3] Edmond et Jules de Goncourt, *L'Italie d'hier*, p. 41.

[4] Edmond et Jules de Goncourt, *L'Italie d'hier*, p. 131-132.

[5] Edmond et Jules de Goncourt, *L'Italie d'hier*, p. 148.

[6] Edmond et Jules de Goncourt, *L'Italie d'hier*, p. 207.

[7] Edmond et Jules de Goncourt, *L'Italie d'hier*, p. 207.

Le but du présent chapitre est d'analyser l'écriture en voyage
des frères Goncourt dans *L'Italie d'hier* pour déterminer en quelle
mesure cet ouvrage fait preuve de valeurs associées à l'«esthétique
de l'esquisse» et en quelle mesure il démontre des techniques narratives et stylistiques que nous associons plus habituellement à l'expression littéraire.[8] Afin de mettre *L'Italie d'hier* en contexte, nous
examinerons dans un premier temps, plus bref, quelques échantillons
de leur carnet de voyage résultant d'un voyage en Europe et en Algérie entrepris en 1849. Ensuite, l'examen du métadiscours associé
à *L'Italie d'hier* — en l'occurrence, la «Préface» et des notes en
bas de page de l'ouvrage rédigées par Edmond de Goncourt — enri-
chira notre compréhension da la valeur littéraire de leur récit de
voyage.[9] Une analyse textuelle de *L'Italie d'hier*, parfois en comparaison avec le carnet de 1855-1856 dont ce récit de voyage est
tiré, intitulé «Notes sur l'Italie,» formera la partie centrale de ce

[8] Vers la fin de l'année 1855, le *Journal* des frères Goncourt s'interrompt et
ne reprend qu'en mai 1856. C'est le carnet qu'ils ont tenu lors de leur voyage en
Italie du 8 novembre 1855 au 6 mai 1856 qui prend le relais de leur journal. Il est
raisonnable de présumer que ce qu'Edmond de Goncourt dit de l'esthétique qui sous-
tend leur *Journal* vaut aussi pour *L'Italie d'hier*. Or, dans la « Préface » au *Journal* qu'Edmond écrit en 1872, celui-ci décrit l'esthétique littéraire qui sous-tend leur
journal, esthétique qui incorpore bon nombre des valeurs associées à l'« esthétique
de l'esquisse. » Il le fait en expliquant la spécificité générique du journal par rapport aux mémoires. Ainsi, loin de « portraiturer » les gens qu'ils avaient rencontrés, « en bloc ou d'une seule pièce, » lui et son frère ont voulu plutôt « représenter l'ondoyante humanité dans sa *vérité momentanée*. » Edmond et Jules de Goncourt,
Journal, I, 19. Insistant sur la spontanéité de leur écriture, il affirme qu'ils sont arri-
vés à peindre ces hommes et ces femmes « dans leurs ressemblances du jour et de
l'heure » soit « par la sténographie ardente d'une conversation » soit « par la sur-
prise physiologique d'un geste. » Edmond et Jules de Goncourt, *Journal*, I, 19-20.
En insistant sur la spontanéité du processus de création associé au *Journal*, Edmond
commente la langue dont ils se sont servie. Par exemple, il souligne leur désir de
« *faire vivant* » dans « ce travail jeté à la hâte sur le papier et qui n'a pas été toujours relu » en cherchant la syntaxe et le mot qui « *académisaient* moins le vif de
[leurs] sensations, la fierté de [leurs] idées.» Edmond et Jules de Goncourt, *Journal*, I, 20. C'est donc en évoquant la spontanéité de leur création, et l'inachèvement de leur journal, qu'Edmond rapproche leur *Journal* d'une « esquisse verbale. »
En fait, dans une note à cette préface Edmond se sert explicitement d'une métaphore picturale quand il caractérise leur « instrument » littéraire comme « la *note
d'après nature*. » Edmond et Jules de Goncourt, *Journal*, I, 20.

[9] Pour une discussion de la réception critique de *L'Italie d'hier* voir notre livre,
The Sketch in Nineteenth-century Cultural Discourse in France (à paraître).

chapitre. Cette analyse de *L'Italie d'hier* nous permettra de comprendre à la fois le statut générique ambigu du récit de voyage et d'évaluer sa valeur littéraire. Nous verrons que la tension entre forme et informe, entre discours discontinu et discours «achevé,» entre «rhétorique du spontané» et rhétorique du travail volontaire, en fait bien une «esquisse littéraire.»

LE CARNET DE VOYAGE DE 1849

Au dire d'Edmond, c'est l'écriture en voyage qui a fait naître chez lui et son frère la vocation d'écrivain et les a «enlevé[s] à la peinture.»[10] En juillet 1849 les deux frères sont partis pour un voyage en France qui devait se terminer par un séjour d'un mois en Algérie. Comme l'explique Edmond, au début de leur voyage les notes de leur carnet n'ont contenu «guère que les menus des repas et le nombre des kilomètres faits dans la journée...»[11] Voici un exemple de la prose de leur carnet dans les premiers mois de leur voyage:

> Vendredi 21 septembre.
> Soixante-neuvième journée. De Bourg à Mâcon. (34 kilomètres).
> Dessin à la paroisse, de huit heures à midi. — Café chez le cafetier voisin. — Dessin à l'église de Brou, de une heure et demie à cinq heures et demie. — Départ à six heures pour Mâcon. Au pas de course. Dîner en route avec deux brioches — huit lieues et demie (34 kilomètres) en *cinq heures cinq minutes.* Les voitures font le trajet en quatre heures et demie. — Souper avec une truite et un perdreau rouge.[12]

Le caractère morcellaire de cette prose suggère une vitesse d'écriture propre à rendre compte naïvement de l'expérience en voyage. C'est au lecteur d'imaginer les détails qui manquent et d'achever le portrait de la journée. La juxtaposition apparemment spontanée de notations isolées ne suggère nullement une intention esthétique. Aussi ce document «d'après nature» ne produit aucun effet littéraire: il s'agit d'une «esquisse verbale.»

---

[10] Edmond et Jules de Goncourt, *Pages retrouvées* (Paris : Charpentier, 1886), p. 267.

[11] Jules de Goncourt, *Lettres de Jules de Goncourt* (Paris : Charpentier et Cⁱᵉ, 1885), p. 27.

[12] Jules de Goncourt, p. 26.

On aura remarqué que ces notes sommaires ne décrivent pas ce que les deux frères ont vu. Au contraire, elles se limitent en grande partie à rendre compte du fait qu'ils avaient représenté des «choses vues» non pas avec les mots mais plutôt avec des images picturales. Or, l'expérience de l'Algérie vers la fin de leur voyage a causé une révolution dans leur manière de rendre compte de leur voyage par des mots. Ecoutons de nouveau Edmond:

> Enfin en Algérie, la beauté et l'originalité du pays font des petit [sic] remarques, des observations par nous écrites sur le pauvre carnet, des notes de lettré — notes bien incomplètes, bien inférieures aux descriptions futures de Fromentin, mais des notes cependant pas tout à fait méprisables, et dont on peut juger le faible mérite dans l'*Eclair* où elles ont paru. Au fond c'est ce carnet de voyage qui nous a enlevé à la peinture, et a fait de nous des hommes de lettres, par l'habitude que nous avons prise peu à peu d'y jeter nos pensées et nos visions, et par l'effort, tous les jours plus grand et plus entêté, de leur trouver une forme littéraire.[13]

Cette appréciation de leur évolution est significative, car elle lie les deux aspects apparemment contradictoires de l'«esquisse littéraire,» à savoir la spontanéité de l'écriture et une mise en forme littéraire.

Afin de mieux apprécier l'évolution dans l'art d'écrire des Goncourt, il serait utile de reproduire le premier morceau du journal intitulé «Alger, Notes au crayon» qui a paru dans les numéros de l'*Eclair* des 31 janvier, 14 février, 6 mars et 8 mai 1852:

> A cinq heures, la côte d'Afrique sort de la brume du matin. — A six, un triangle blanc s'illumine aux premiers feux du soleil et s'argente comme une carrière de Paros. — Envahissement du vapeur par une horde de portefaix algériens qui s'excitent au transbordement des malles à grand renfort de sons gutturaux. — Porte de France. — Rue de la Marine. — Hôtel de l'Europe. — Bab-Azoun et Babel-Oued, rues animées par la bigarrure étrange, pittoresque, éblouissante, d'une Babel du costume: l'Arabe drapé dans son burnous blanc; la Juive coiffée de la *sarma* pyramidale; la Mauresque, fantôme blanc aux yeux étincelants; le Nègre avec son madras jaune, sa chemise à raies bleues; le Maure à la calotte rouge houppée de bleu, à la veste rouge, au caleçon blanc, aux babouches

---

[13] Jules de Goncourt, p. 29.

jaunes; les enfants maures, israélites, chamarrés de velours et de dorure; le Mahonnais au chapeau pointu à pompon noir; le riche Turc au cafetan rutilant de broderies; le zouave; des marins débraillés venus des quatre bouts du monde, et comme repoussoir, à ce dévergondage oriental des couleurs les plus heurtées et les plus éclatantes, la triste uniformité de nos draps sombres. Dans ce kaléidoscope de l'habillement humain, pas un seul costume qui se ressemble, tant il y a de variétés dans le drapé, dans la coupe, dans l'ornementation de la veste, du turban, du haïk, du cafetan, du burnous, de la foutah. — Au soir, quelques musulmans semblent, pour ce jour, avoir complètement mis en oubli les prescriptions du Prophète, et le fameux *biribamberli* résonne comme un refrain de *larifla*, scandé par les hoquets de vin.[14]

La pratique de la syntaxe fragmentaire et du style nominal dans ces «Notes au crayon» suggère que le paysage a été rendu dans la franchise de la perception individuelle.[15] La même remarque vaut pour les qualités plus abstraites. Ainsi, ils écrivent «la triste uniformité de nos draps sombres» au lieu d'une formulation plus continue, «nos draps sombres paraissaient tristement uniformes.» La spontanéité apparente de leur démarche est révélée de même par le fait que le passage n'est doté d'aucun ordre littéraire. Il suit en effet la simple structure spatio-temporelle, progressant du lever du soleil de leur premier jour à Alger, au moment où son éclairage détermine leurs premières perceptions, jusqu'au soir. A l'exception du moment du débarquement au début de l'extrait, et de la dernière phrase, ce sont surtout les sensations visuelles qui priment. Le pittoresque oriental est ici traduit en particulier par une accumulation de faits détaillés qui évoquent une «Babel du costume.» Avec quelques images telles que «ce kaléidoscope de l'habillement,» c'est un vocabulaire à la fois précis et exotique — burnous, babouches, haïk, foutah — qui permet aux voyageurs de traduire leurs premières impressions. A la différence de leur carnet de voyage écrit à Mâcon qui était un carnet d'artiste, il est clair qu'ici les voyageurs

---

[14] Edmond et Jules de Goncourt, *Pages retrouvées* (Paris : Charpentier, et Cⁱᵉ, 1885), p. 267-268.

[15] D'ailleurs, E. de Goncourt a reconnu ce fait lui-même, caractérisant « Alger, Notes au crayon » à la fois comme de « pauvres premières notes » et comme des « premiers morceaux littéraires rédigés par nous devant la beauté et l'originalité de ce pays de soleil. » Edmond et Jules de Goncourt, *Pages retrouvées*, p. 267.

cherchent à faire voir avec des mots. De plus, l'énumération apparemment spontanée de types, tous indiqués par l'emploi d'un pronom défini et d'une lettre majuscule («l'Arabe,» «la Mauresque,» «le Nègre,» etc.) indique une approche généralisatrice qui dépasse celle de la perception naïve. Fruit d'une certaine élaboration stylistique, deuxième jet en quelque sorte, ces «Notes au crayon» constituent déjà une «esquisse littéraire.»[16] *L'Italie d'hier*, nous le verrons, va encore plus loin dans le sens de la finition stylistique et formelle.

LE DISCOURS METATEXTUEL

Avec ce bref examen de leurs premiers écrits en voyage, c'est l'examen de la «Préface» de *L'Italie d'hier*, écrite par Edmond en 1893, qui nous permettra de mieux cerner le statut littéraire de leur récit de voyage. C'est dans cette «Préface» qu'il explique en détail la naissance de *L'Italie d'hier* et ses raisons de vouloir publier un volume resté enseveli dans un tiroir pendant presque quarante ans. Selon Edmond son intention et celle de son frère Jules en entreprenant ce voyage en Italie avait été d'y trouver «les éléments d'un livre.»[17] Edmond emploie lui-même une métaphore picturale dans la «Préface» quand en parlant de leur carnet de voyage il affirme que «les études d'après nature que nous faisions alors en Italie n'étaient, pour nous, que le *stratum* d'un livre de prose poétique, fantastique, lunatique...»[18] Les données de l'observation étaient donc destinées à nourrir l'imagination des deux frères dans un moment de création ultérieur. C'est d'ailleurs ce qui se passera avec les morceaux de *L'Italie d'hier* intitulés «Naples» et «Venise la nuit, rêve,» et aussi avec les pages ayant trait à Rome, lesquelles serviront de base à quelques scènes de *Madame Gervaisais*. La fonction de leur carnet de voyage était donc bien semblable au

---

[16] Ecoutons l'appréciation de Gustave Geffroy, qui dans la « Préface » aux *Pages retrouvées* où réapparaît l'article sur Alger paru dans l'*Eclair*, affirme : « Les notes sur Alger, fixées par le crayon des dessinateurs d'hier, témoignent déjà de cette faculté d'écrire qui doit s'apercevoir jusque dans le tâtonnement des débuts. » Selon lui, « dans toutes ces esquisses de la rue et des êtres, dans toutes ces notes de voyages, il y a le bégaiement et le frémissement des œuvres futures. » Gustave Geffroy dans Edmond et Jules de Goncourt, *Pages retrouvées*, p. xv.

[17] Edmond et Jules de Goncourt, *L'Italie d'hier*, p. xxix.

[18] Edmond et Jules de Goncourt, *L'Italie d'hier*, p. xxxi.

carnet d'esquisses ou d'études d'un artiste qui note tout ce qui le frappe dans l'intention de s'en servir plus tard lors de la création d'un tableau.

Leur carnet de voyage n'avait d'autre structure que celle, très libre, de la juxtaposition. En reconnaissant le caractère essentiellement descriptif de leur carnet, Edmond souligne la spontanéité de leur démarche qui est aux antipodes de la construction littéraire:

> ...et sur ce carnet, tour à tour, nous jetions, en notes, tout ce qui nous tombait sous les yeux: aussi bien la description d'une fromagerie de parmesan, que de la boucle de cheveux de Lucrèce Borgia, conservée à l'Ambroisienne; aussi bien la description des bals du grand-duc de Florence, que de l'«Apothéose de Thomas d'Aquin» dans le tableau de Taddeo Gaddi; aussi bien la description de l'hôpital des Vénériennes *della Scuola San Marco*, à Venise, que du Jour des Rameaux à Saint-Pierre; aussi bien la description du *stenterello* du théâtre Borgognissanti, que de la poupée romaine du Musée du Vatican.[19]

Ils «jettent» leurs notes apparemment sans trop réfléchir quant au choix de l'objet à être représenté; comme un peintre qui esquisse, leur démarche semble ainsi se caractériser par la liberté la plus totale. Plus bas, Edmond insiste sur cette originalité de leur carnet qui réside dans le fait que l'écriture est entremêlée «de rapides croquis à la mine de plomb» ou «de lumineuses aquarelles» de la main de son frère Jules.[20] Selon lui, leur fonction était de mieux «faire parler» les descriptions à leur mémoire.[21] La préface souligne la véracité du double langage de leur carnet: «Toutes ces descriptions de la plume et du crayon étaient fidèles, exactes, rigoureusement prises sur le vif des êtres ou le calque des choses.»[22] Voici l'essentiel: selon Edmond, le fait que les formes de représentation artistique — écriture et dessins — aient été accomplies *in situ*, et, telles des esquisses, d'«après nature,» milite en faveur de l'authenticité de leur récit.

Plus loin dans la «Préface» Edmond raconte comment l'année précédente, en 1892, il relisait leur carnet de voyage dans l'espoir

---

[19] Edmond et Jules de Goncourt, *L'Italie d'hier*, p. xxix-xxx.

[20] Edmond et Jules de Goncourt, *L'Italie d'hier*, p. xxx.

[21] Edmond et Jules de Goncourt, *L'Italie d'hier*, p. xxx.

[22] Edmond et Jules de Goncourt, *L'Italie d'hier*, p. xxx.

d'y trouver des éléments nécessaires pour une préface à «Venise la nuit, rêve,» court récit fantastique qui paraît à la fin de *L'Italie d'hier.* Edmond offre comme explication de son désir de faire paraître «Venise la nuit» «un rien de sentiment» qu'il gardait pour le récit.[23] De plus, il affirme avoir découvert «ce qu'il contenait d'intéressant» sur un grand nombre de «choses mortes» alors — paysages, scènes du peuple et de la vie en société.[24] Il met en contraste son appréciation actuelle de leur carnet et celle qu'avaient les deux frères en 1856. Ainsi, Edmond explique que s'ils n'avaient pas fait paraître leur carnet alors, c'était parce qu'ils n'avaient pas encore découvert toute l'importance de la réalité extérieure et du document «d'après nature»:

...en ces années inquiètes, hésitantes, sur la voie que le lettré doit prendre, la religion de la réalité, de la vérité absolue, appliquée à l'humanité où à la matière, dans la reproduction littéraire, n'était pas encore née en nous. Bien au contraire, nous nous trouvions dans cette même disposition lyrique et symbolique des jeunes esprits de l'heure présente, avec, au fond de nous, un certain mépris pour la transcription du vrai, du *non imaginé*...[25]

Il semblerait donc que du moins en partie ce soit à cause d'un nouveau respect pour son authenticité qu'en 1893 Edmond décide de publier leur carnet. Car n'avait-il pas dit en 1879: «...seuls, disons-le bien haut, les documents humains font les bons livres...»[26] Ainsi, il rejette l'idée de ne puiser dans leur carnet que la matière première pour une préface: «Et, au lieu d'une préface, je tirai de nos notes et de nos croquis de 1855 et 1856, en leur laissant leur jeunesse, un volume qui sert aujourd'hui d'introduction à VENISE LA NUIT.»[27] C'est en partie avec cette décision de rendre publiques les notes discontinues du carnet (toutes remaniées qu'elles fussent) que le statut littéraire du fragment a marqué un pas: au lieu de n'être qu'une étape préparatoire dans la rédaction d'un livre à venir, ce

---

[23] Edmond et Jules de Goncourt, *L'Italie d'hier*, p. xxxiii.

[24] Edmond et Jules de Goncourt, *L'Italie d'hier*, p. xxxiii.

[25] Edmond et Jules de Goncourt, *L'Italie d'hier*, p. xxx-xxxi.

[26] Edmond et Jules de Goncourt, *Les frères Zemganno* (Paris : Nizet, 1981), p. 26-27.

[27] Edmond et Jules de Goncourt, *L'Italie d'hier*, p. xxxiv.

ESQUISSES LITTÉRAIRES

qu'Edmond a présenté comme des notes de voyage devient un livre en soi. L'écrivain se révèle donc comme un promoteur du fragmentaire et du discontinu. Son attitude envers la disposition morcellaire du carnet est pourtant nuancée. Il ressort clairement de nos analyses qu'Edmond voulait donner à ces notes de voyage une forme littéraire tout en leur gardant leur spontanéité. Hormis la question du remaniement des «Notes sur l'Italie,» l'acceptation du fragmentaire par Edmond est aussi atténuée par le fait qu'il ne publie pas le carnet indépendamment, mais le caractérise plutôt comme une «Introduction» à «Venise la nuit, rêve» qui termine *L'Italie d'hier*. Toutefois, attirons l'attention sur ce détail significatif: le nombre de pages du carnet — 221 dans l'édition Complexe contre 48 pour «Venise la nuit» — inverse les rapports attendus entre les deux composantes du récit. De fait, pour le lecteur, au lieu de n'être qu'une introduction à «Venise la nuit, rêve,» le carnet semble constituer un ouvrage indépendant auquel le récit fantastique sert en quelque sorte d'appendice. Le rapport entre ces notes de voyage et «Venise la nuit, rêve» ressemble donc à celui qui existe entre les lettres de voyage du *Rhin* et la «Conclusion» socio-historique que Hugo y ajoute. Quoique manquant des traits que l'on associe à un ouvrage «fini,» *L'Italie d'hier* acquiert le statut d'une oeuvre achevée. Comme dans le cas du *Rhin*, ici l'étape préparatoire, l'esquisse, devient pleinement littéraire.

Pour résumer, la perspective d'Edmond n'est pas identique à celle de la génétique actuelle qui reconnaît la valeur esthétique de chaque étape de la création littéraire. Toutefois, un fait est incontestable: sa décision de rendre public un texte retravaillé, mais qui par son caractère fragmentaire ressemble à un carnet authentique, contribue à la création d'une sensibilité esthétique qui à la fois permet la naissance de la génétique et prépare la valorisation moderne du fragment littéraire.

NOTES SUR L'ITALIE

Nous venons de voir qu'Edmond affirme avoir «tiré» le récit de voyage, *L'Italie d'hier*, des «notes et croquis» du carnet de voyage que les deux frères avaient rédigés lors de leur voyage dans la péninsule de 1855-1856.[28] Toutefois, à cause du sous-titre de

28 Le carnet de voyage « Notes sur l'Italie, » conservé au département des

L'Italie d'hier, Notes de voyages 1855-1856 entremêlées des croquis de Jules de Goncourt jetés sur le carnet de voyage, il y a matière à confusion. En effet, le lecteur a tendance à croire que la différence n'est pas grande entre le carnet, «Notes sur l'Italie,» et le récit de voyage, *L'Italie d'hier*. Or, il n'en est rien, car en comparant de près les deux textes, on se rend compte qu'il s'agit à bien des égards de deux ouvrages différents. Une telle comparaison révèle que pour composer *L'Italie d'hier* Edmond a fait subir au carnet un certain nombre de modifications. Ainsi, dans le carnet, les deux frères rendent compte de leurs impressions en voyage au fur et à mesure qu'ils les ressentent. En revanche, dans *L'Italie d'hier*, Edmond a essayé de doter leurs impressions d'un certain ordre. Tantôt il élimine des textes, tantôt il en ajoute des parties, tantôt il combine des éléments de plusieurs textes pour en faire un seul. On remarque en particulier qu'Edmond a regroupé thématiquement les sujets afin de donner au récit de voyage une unité plus grande. Par exemple, les notes prises lors de leurs diverses visites aux Offices à Florence apparaissent toutes sous le sous-titre, «Uffizi.» On arrive ainsi à l'ébauche d'une nouvelle disposition de la matière, où la chronologie cède la place à l'ordre thématique. Enfin, tous les dessins de Jules compris dans le carnet ne sont pas repris dans *L'Italie d'hier*, et, très souvent, Edmond les a déplacés dans le texte. Dans le récit de voyage, le rapport entre mot, d'une part, et image du carnet, de l'autre, se trouve ainsi profondément altéré. C'est donc tout d'abord parce que la composition globale du récit de voyage offre une immixtion du désordre et de l'ordre, du spontané et du travaillé qu'il mérite l'appellation d'«esquisse littéraire.»

A titre d'illustration de la transformation littéraire du carnet sous la plume d'Edmond, nous proposons de comparer ici deux textes

Arts graphiques du musée du Louvre (cote R.F. 3987), a été peu étudié. Deux études partielles se trouvent dans Max Fuchs, « Les Goncourt en Italie d'après leurs notes de voyages inédites, » *La Grande Revue* (juillet 1920), p. 84-99 et Marc Fumaroli, « Des carnets au roman : l'ironie esthétisante des Goncourt dans *Madame Gervaisais* dans *Romans d'archives*, éd. Raymonde Debray-Genette et Jacques Neefs (Lille : Presses Universitaires de Lille, 1987), p. 79-102. L'édition récente des Notes sur l'Italie (éd. Nadeije Laneyrie-Dagen et Elisabeth Launay (Paris : Editions Desjonquères/Editions de la Réunion des Musées Nationaux, 1996) est donc la bienvenue.

du carnet, «Notes sur l'Italie,» aux versions remaniées parues dans le récit de voyage, *L'Italie d'hier*. Considérons tout d'abord un exemple d'*ekphrasis* (la description d'un objet d'art) car ce type de description joue un rôle particulièrement important dans *L'Italie d'hier*.[29] Il existe un certain nombre d'exemples de morceaux consacrés aux tableaux qui s'étendent sur plusieurs pages. Ici ils décrivent la surface d'une toile de façon organisée, se servant de prépositions telles que «devant,» «en bas,» et «à côté.» Toutefois, surtout en comparaison avec les descriptions détaillées d'un Gautier, ce type d'*ekphrasis* longuement développé et bien articulé est remplacé le plus souvent chez les Goncourt par des évocations brèves et fragmentaires. Nous proposons en exemple un morceau tiré de leur visite aux Uffizi à Florence. Il s'agit d'une description d'un tableau de Rubens. Nous examinerons ensuite une anecdote qui paraît sous l'entête, «Padoue.»

Dans la description du tableau de Rubens telle qu'elle paraît dans les «Notes sur l'Italie» Jules esquisse le tableau plus qu'il ne le représente en détail. Nous avons souligné les mots qui réapparaissent dans la version remaniée d'Edmond:

> *Entrée d'Henri IV a Paris.* Rubens. *toile tout emplie*, et toute débordante d'une émeute triomphale, d'enthousiasme d'un *Te Deum*, de fanfares, de *joues de sonneurs* de buccines *prêtes à crever* d'effort, de *clameurs*, de foules, de *femmes*, d'*enfants, jetant en l'air* leurs bras et leurs *vivats* de vexillaires pliant sous les trophées d'armures, de *chevaux* blancs et de *hennissements*; pourpre des *drapeaux* qui se courbent, en s'embrassant sous *les arcs de triomphe, drapeaux* balayés par le vent encombrant le ciel, et l'obscurant comme *des nuages de gloire*; et des génies et des renommées planant dans l'air frappé de cris, et fendu, par les enseignes, au-dessus du héros le front nu, la branche d'olivier en main, debout sur un char d'or.[30]

Maintenant voici le même texte réécrit par Edmond pour *L'Italie d'hier*.

[29] C'est en fait en grande partie à cause de leur traitement des peintres primitifs que la critique contemporaine a prisé cet ouvrage. Voir, par exemple, George Lecomte, « Les Goncourt critiques d'art, » *Revue de Paris*, Vol. 4 (juillet-août 1894), p. 202 et Maurice Barrès, *Notes sur l'Italie* (Paris : Editions des Horizons de France, 1929), p. 24.

[30] Edmond et Jules de Goncourt, « Notes sur l'Italie, » p. 165. Ce texte paraît édité à la page 224 de l'édition de Dagan et Launay.

(1)Entré de Henri IV à Paris. (2) Toile toute emplie des clameurs de la foule, des vivats jetés dans l'air par les femmes et les enfants, des hennissements des chevaux, des stridents flottements des drapeaux neufs sur les arcs de triomphe, obombrant le ciel de nuages de gloire; toile comme toute sonore d'un *Te Deum* de fanfares par des sonneurs, dont les joues sont prêtes à crever.[31]

Pas plus que son frère, Edmond n'essaie de créer un tout achevé. Par exemple, il ne procède pas de gauche à droite ou du premier plan au deuxième plan du tableau. De plus, la description procède par simple énumération. Suivant l'exemple de son frère, Edmond a refusé de sortir de l'immédiat, préférant accumuler des notations isolées par notes rapides, fugitives. Comme dans le carnet, le lecteur a un rôle actif à jouer, celui d'organiser et de compléter ce tableau en esprit à partir des quelques éléments fournis par le texte. Mais puisqu'Edmond procède plus par suppression que par adjonction, le texte acquiert une plus grande concision. Parmi tous les détails à la fois visuels et sonores que note Jules dans le carnet, Edmond ne retient dans le récit de voyage que les sons que le tableau suggère. En éliminant un certain nombre de détails, Edmond crée un texte non pas seulement plus concis mais aussi doté d'une plus forte unité thématique.

Avec la concision et la cohésion, l'effet littéraire du texte retravaillé découle de l'usage de plusieurs procédés littéraires. Citons tout d'abord l'emploi d'un mot recherché, «obombrant,» et par l'antéposition expressive d'un adjectif dans le segment, «stridents flottements.» Comme nous le verrons plus loin, l'inversion et un vocabulaire rare constituent deux traits stylistiques qui caractérisent la prose de *L'Italie d'hier.* Ajoutons à cela l'emploi du «style substantif» où, comme il est suggéré, c'est le substantif qui l'emporte. Déjà dans le texte de Jules nous avons un rejet du verbe ou de l'adjectif au profit du nom («hennissements des chevaux» au lieu de «chevaux qui hennissent» ou «chevaux hennissants» et «pourpre de drapeaux qui se courbent» au lieu de «drapeaux pourpres qui se courbent»). Dans son remaniement du carnet Edmond ne cesse d'aller dans ce sens. Ainsi, dans la version de *L'Italie d'hier*, il écrit «flottements des drapeaux» au lieu de «drapeaux qui flottent» ou «drapeaux flottants.» Enfin, les

[31] Edmond et Jules de Goncourt, *L'Italie d'hier*, p. 93.

femmes et enfants qui jettent «en l'air leurs bras et leurs vivats» dans le carnet deviennent les «vivats jetés dans l'air par les femmes et les enfants.» De même des six participes présents du carnet il n'en reste qu'un dans le récit de voyage, «obombrant.» La présence verbale est par là atténuée. Ici il faut ouvrir une parenthèse pour rappeler que l'emploi du «style substantif» dans l'évocation des couleurs surtout, mais aussi des qualificatifs plus abstraits, a souvent été associé à l'impressionnisme. Ceci, tout d'abord, parce que tout comme dans les tableaux impressionnistes, souvent accusés d'être «esquissés,» la couleur, et, par extension, toute autre qualité, est séparée de l'objet.[32] De la sorte, on arrive à un type d'abstraction où la couleur est perçue comme plus importante que l'objet représenté. Le «style substantif» ressemble à la technique impressionniste également dans la mesure où il imite le processus psychologique de la perception: ainsi, on voit la couleur avant de l'attacher à un objet. Bally était de ceux qui ont lié impressionnisme et «style substantif» de l'«écriture artiste» quand il écrit: «Le phénomène est saisi dans une impression immédiate comme un fait simple: les causes comme les suites n'intéressent pas, c'est le mode d'aperception phénoméniste ou impressionniste. Il s'oppose à la perception logique qui considère le phénomène dans un rapport de cause à effet.»[33] De nouveau on va vers l'abstraction inhérente à l'impressionnisme où une qualité d'un objet perçu est privilégiée. Certes, le «style substantif» suggère la liberté d'improvisation. Toutefois, puisqu'il s'écarte des habitudes de la langue, il connote aussi un engagement littéraire. C'est ainsi que dans le «style substantif» la frontière entre spontanéité et finition stylistique s'estompe.[34]

Notons enfin qu'au moment d'écrire les descriptions fragmentaires du tableau sur Henri IV les deux frères ne les envisageaient que comme des aide-mémoire personnels. Mais dès qu'Edmond fait paraître ces textes apparemment privés et intimes, il accepte de présenter au lecteur une situation de lecture plus pro-

---

[32] Voir Marcel Cressot, p. 14 sq, et Stephen Ullmann, *Style in the French Novel* (Cambridge : Cambridge University Press, 1957), p. 121 sq.

[33] Bally, *Impressionisme et grammaire*, p. 261-262, cité dans Marcel Cressot, *La Phrase et le vocabulaire de J.-K. Huysmans* (Paris : Droz, 1938), p. 14.

[34] Voir Stephen Ullmann, p. 137 sq.

blématique. En rendant ce morceau d'*ekphrasis*, concis et discontinu, au public, il contribue à la fois à la modification du statut littéraire du fragment et à un changement dans l'activité exigée du lecteur.

Pour comprendre les transformations qu'en 1892 Edmond a fait subir au carnet qu'il avait rédigé avec son frère, nous allons comparer maintenant un morceau où l'élément narratif joue un rôle un peu plus important: l'anecdote. Nous proposons un court passage suivi d'un dessin qui est tout ce qui se trouve sous l'entête «Padoue.» La ville de Padoue n'est représentée que par l'expérience d'un instant fugace qui, comme on va le voir, n'est présenté que schématiquement.[35]

Pour ce qui est de la version des «Notes sur l'Italie,» elle suit le format d'un journal. En effet, la première ligne est le nom de la ville, «Padoue,» accompagné de la date de la visite, «22.23 Decembre,» en l'occurrence. Ensuite, sans commentaire, Jules a dessiné d'une tête de mort enrubannée. Suivent huit fragments se succédant avec imprévu: six de la plume de Jules, deux de la plume de son frère:

ll lignes: (Jules)	un paragraphe sur l'église de Saint-Antonio, avec une longue description de la décoration de l'autel
l ligne: (Jules)	une notation servant d'aide-mémoire: «Bibliothèque: Cagliostro Notize intorno a lui. V. Franchi Muratori. M. 349.»
17 lignes: (Jules)	une description des fresques de Giotto dans une chapelle abandonnée et en ruine
16 lignes: (Jules)	la narration d'une visite au café Pedrocchi
3 lignes: (Jules)	une description de l'université de Padoue, surtout de ses arcades
1 ligne: (Edmond)	«Padoue ville d'auvergnats qui ont un Dieu en rocaille»
7 lignes: (Jules)	la narration de la visite d'un café
2 lignes: (Edmond)	«Le garçon essuyant avec son mouchoir l'haleine des affamés qui regardent aux vitres»

---

[35] « Padoue » figure aux pages 87 et 88 des « Notes sur l'Italie. »

ESQUISSES LITTÉRAIRES

Puisque le morceau intitulé «Padoue» dans *L'Italie d'hier* traite uniquement de la visite au café Pedrocchi, nous ne reproduirons ici que le texte des paragraphes des «Notes sur l'Italie» qui traitent des visites dans les cafés. Voici une description de la visite au café Pedrocchi faite par Jules. Notez la syntaxe rompue et la ponctuation irrégulière:

> Il n'est Padouan au monde, qui ne soit fier du fameux (à Padoue) caffé Pedrocchi. Ce sont de très grandes salles fort nues, où tout le monde passe, et où il passe de vieux bonshommes aussi etranges que ceux que crayonnait Hoffmann dans son café de Berlin.-Il fait froid point de feu. Dans ce café, enveloppés dans leurs manteaux, les gens se promènent, vitement, pour se réchauffer.-Point de viande pour déjeuner. des oeufs frais.-des oeufs brouillés. impossible. Au reste les Padouans sont sobres, je veux dire qu'ils meurent de faim. L'abbé Nardi (a qui ses journaux arrivent avec une bande imprimée. (Ornatisso° abbate profes. Nardi) o superlatif! et épithètes italiennes! a donné a dejeuner à Louis pour lui Nardi et lui Louis. 3 oeufs à la coque, une tasse de café, et des baicoli, biscotes, qui se mettent à quatre pour faire une bouchée raisonnable. Au reste, lui Nardi, dejeune o veduto avec du chocolat plein un dé a coudre et un demi baicoli: aussi est-il long, maigre, long comme un jour sans viande!

Le deuxième texte des «Notes sur l'Italie» qui traite d'un café, toujours de la plume de Jules, est légèrement moins décousu que le premier:

> Dans un café petit enfant s'approchant de moi qui prends mon chocolat marmottant quelque chose que je n'entends pas, puis pigeant une mie de pain tombé dans les plis de mon paletot.-et la mangeant devant moi abbé long a n'en pas finir et maigre, maigre, maigre, trempant la moitié d'une petite biscotte dans un dé à coudre de café noir,
> Peuples de maigres qui mangent de l'idéal.

Et de la plume d'Edmond:

> Le garçon essuyant avec son mouchoir l'haleine des affamés qui regardent aux vitres.

Dans cette accumulation de notations isolées, de syntagmes incomplets, nous avons encore une fois le monde rendu dans la franchise de la perception individuelle. De ces «esquisses verbales» Edmond a «tiré» pour *L'Italie d'hier* une «esquisse littéraire.» En même temps, le référent du «je» change: de Jules, qui domine dans le carnet, on passe à son frère dans le récit de voyage. Voici donc le «Padoue» de *L'Italie d'hier*, décrit par Edmond, dont nous numérotons les phrases:

(1) Je déjeune dans le fameux café dont les Padouans sont fiers: le café Pedrocchi. (2) A côté de moi, un abbé maigre et long comme un jour sans viande, un *abbate ornatissimo* se repaît d'une biscote, trempée dans un dé à coudre de café noir, pendant qu'un enfant qui s'est approché de moi, marmotte je ne sais quoi, tout en pigeant les miettes de pain, tombées dans les plis de mon paletot, qu'il porte avidement à sa bouche, et cela, pendant que le garçon essuie sur les carreaux, avec son mouchoir, la buée de l'haleine des affamés regardant manger du dehors. (3) Padoue m'a laissé le souvenir de la ville de la faim.[36]

On le voit clairement, le texte gagne en concision d'une version à l'autre. Les expériences dans les cafés de Padoue de la part des deux frères et de leur compagnon de voyage, Louis Passy, sont réduites dans le récit de voyage à un seul déjeuner au café Pedrocchi. Edmond écarte aussi leurs visites dans les diverses églises et à l'université de Padoue. Non seulement la ville de Padoue n'est représentée que par une seule expérience, mais cette expérience n'est présentée que schématiquement et comme un instant fugace. En remaniant les «Notes sur l'Italie» Edmond procède donc tout d'abord par la réduction. De plus, il généralise. Ainsi, les détails donnés sur l'abbé Nardi sont supprimés, tout comme ceux que le carnet fournit sur les repas. Enfin, il met au net le style,

---

[36] Edmond et Jules de Goncourt, *L'Italie d'hier*, p. 53.

éliminant incorrections et répétitions, et ajoutant ponctuation et mots de liaison. Il donne ainsi forme et cohérence à son expérience de voyage.

Examinons de près le morceau «Padoue» tel qu'il se présente dans *L'Italie d'hier* pour voir jusqu'à quel point il se distingue du morceau des «Notes sur l'Italie.» A part le nom de la ville qui sert de titre, ce texte comporte quatre éléments: trois phrases de longueur différente (la première et la troisième, plus brèves, encadrent la deuxième, plus longue) et un dessin. Les deux premières phrases décrivent une situation tandis que la troisième, écrite au passé composé, résume le sens que cette situation a eu pour l'écrivain. Elle est en fait une réappropriation d'une expérience révolue. Faisons remarquer que dans «Notes sur l'Italie» le dessin *précède*, au lieu de suivre, l'entrée de journal. D'ailleurs, dans le carnet le dessin est collé sur la page, ce qui met en question l'origine exacte de cette copie probable d'une sculpture. Evidemment, il est impossible de déterminer de façon définitive la motivation du déplacement de ce dessin par Edmond du début du texte dans le carnet à la fin dans le récit de voyage. Ce qui est incontestable, c'est qu'en insérant le dessin *après* la narration de la visite d'une ville qui n'a représenté pour Edmond que la faim, le dessin acquiert dans le récit de voyage une valeur symbolique qu'il n'avait pas dans le carnet. En effet, par ce geste esthétique, Edmond crée une contiguïté du texte et du dessin qui pousse le lecteur à arriver à un nouveau syntagme signifiant. Le crâne désincarné acquiert ainsi la valeur d'emblème pour l'expérience de Padoue, qui pour Edmond était la ville de la faim.

L'immédiateté de l'expérience du voyageur est traduite tout d'abord par l'emploi de la première personne et par le fait que les verbes des deux premières phrases, qui constituent onze des douze lignes du texte, sont au présent. Cette impression d'immédiateté découle aussi de la focalisation de la narration: dans une démarche accumulative, l'écrivain semble noter naïvement tout ce qu'il observe autour de lui pendant son déjeûner au café Pedrocchi.[37]

---

[37] Notons toutefois que l'authenticité de l'anecdote que la narration au présent contribue à suggérer est quelque peu contredite par la dernière phrase. Ecrite au passé composé, cette dernière phrase coïncide avec le moment de l'écriture en 1894. Elle explique pourquoi Edmond a distillé toutes leurs expériences à Padoue pour n'en retenir qu'une seule, au café.

Edmond juxtapose ses impressions successives au lieu d'en choisir une seule, pour la présenter de façon organisée. Cette juxtaposition en apparence spontanée suggère que nous avons affaire à un document «d'après nature.»

Edmond décrit en quelques traits un certain nombre de personnages — l'abbé, l'enfant, le garçon et les affamés — sans les situer dans l'espace. Telle une esquisse dessinée sur la page blanche, ces personnages paraissent dessinés sur un fond vide. Le souci d'immédiateté chez le voyageur est de même exprimé par le fait qu'une simultanéité existe au niveau sémantique, même s'il y a succession dans le récit. En effet, si l'écrivain et le lecteur doivent faire l'expérience du contenu sémantique dans le temps — l'écriture et la lecture se déroulant dans la durée — ce qui est décrit semble intemporel. De plus, si l'action de boire ou de manger se déroule forcément dans le temps, ce n'est pas sur cette durée que l'écrivain insiste, mais plutôt sur la simultanéité de ces actions. C'est ce que souligne la répétition de «pendant que.» Narration d'une expérience éphémère, cette anecdote est donc en fait très peu narrative; statique, il serait facile de la visualiser en imagination ou de la dessiner à grands traits.

Nous avons déjà fait remarquer comment l'aspect décousu et accumulatif de la deuxième phrase, qui compose presque tout le morceau, suggère la spontanéité de sa création. Toutefois, elle n'est pas pour autant dépourvue d'organisation littéraire. Elle déploie en particulier une construction thématique selon le rythme A/A/B/A: à l'abbé (A) et à l'enfant (A), qui évoquent tous les deux le thème de la faim, succède le garçon, dont l'action d'essuyer les carreaux («B») semble interrompre la série. Toutefois, cette interruption n'est que momentanée, et a pour effet de renforcer, au lieu de l'atténuer, la force de l'image finale: les visages des affamés. Ainsi, malgré sa brièveté et l'apparente spontanéité de sa démarche accumulative, la phrase est construite avec un sens de gradation sûr afin de créer un plus grand impact. De plus, l'écrivain choisit des comparaisons pour produire un effet expressif par le contraste. Par exemple, «se repaître,» qui suggère le grand, l'expansif, est mis en opposition avec «biscote» et «dé à coudre,» qui implique son opposé. Un contraste analogue existe entre «miette» et «avidement.» Ainsi, tout concourt à créer chez le lecteur la pitié qu'a ressentie le voyageur devant la faim. Une expérience fugitive notée apparemment de façon spontanée est en réalité traduite par des techniques littéraires certaines: il s'agit bien d'une «esquisse littéraire.»

L'ITALIE D'HIER

Soulignons que notre but principal dans ce chapitre est moins d'analyser les changements stylistiques apportés par Edmond au carnet, que d'examiner la tension interne entre ordre et désordre, entre inachèvement et achèvement, entre spontanéité et travail littéraire qui sous-tend *L'Italie d'hier*. C'est ainsi que nous espérons démontrer la littérarité d'un récit de voyage qui est, toutefois, foncièrement fragmentaire.

L'Italie d'hier se compose d'une série de morceaux qui ont chacun pour titre le nom d'une ville. Leur longueur est fort variable, passant de deux petits paragraphes pour Padoue contre 82 pages pour Florence.˙ D'après la note d'Edmond, les trente pages consacrées à Rome ne sont que ce qui reste après les emprunts lors de la rédaction de *Madame Gervaisais*. Vu cette division en morceaux, la disposition du récit est donc profondément lacunaire et caractérise *L'Italie d'hier* comme esquisse. Or, les différents morceaux sont souvent subdivisés, parfois par des dates, parfois par des blancs, parfois par des en-têtes telles qu'«Un dialogue» ou «Ghirlandajo.» A titre d'exemple, citons le morceau sur Milan qui comporte sept segments séparés cinq fois par des blancs et une fois par une série de points. Or, plusieurs sujets disparates y sont traités; dans l'ordre: la boucle de cheveux de Lucrèce Borgia, une visite de la collection d'objets d'art du marquis Trivulce, une visite à une ferme où l'on fabrique du fromage, un rêve d'amour, le testament d'un peintre aux Archives de Milan et une conversation avec une grande dame milanaise. Aussi non seulement le texte est-il profondément discontinu, mais le style est fragmentaire. Comme un peintre qui esquisse sans suite sur une page une série d'objets qui attirent son regard, la démarche des deux frères semble ainsi se caractériser par la liberté la plus totale. Toutefois, tout fragmentaire qu'il soit, chaque morceau semble former un tout. Produits d'un geste artistique, ces morceaux forment ainsi des «esquisses littéraires.»

Afin de cerner de plus près le statut littéraire de *L'Italie d'hier*, nous proposons d'analyser ici dans quelques textes représentatifs les trois degrés d'achèvement différents qu'Edmond a identifiés lui-même dans une note en bas de son récit de voyage. C'est dans sa «Préface» qu'il évoque l'évolution qui s'était produite dans leurs esprits au cours de leur voyage en Italie:

d'abord, dans le nord, de longues notes toutes réelles; à Rome, un commencement d'enguirlandement du *d'après nature*; à Naples, des notes, toutes brèves et prises seulement sur les êtres et les choses, pouvant fournir une série de paragraphes, poétiques, idéaux.[38]

De ces paragraphes poétiques sur Naples et Venise, intitulés «Naples» et «Venise la nuit, rêve,» nous retiendrons les six paragraphes sur Naples. Ainsi, nous proposons d'examiner de près à la fois la partie fragmentaire, «esquissée,» de *L'Italie d'hier* et la partie «achevée.»

Le carnet du nord: portrait
De la grande variété de sujets traités dans le carnet du nord se dégage un certain nombre de catégories dominantes. Il existe tout d'abord un certain nombre d'anecdotes qui comportent un élément narratif, dont le morceau «Padoue» nous a déjà servi d'exemple. Ces anecdotes se retrouvent toutefois tout particulièrement dans la partie consacrée à Rome — beaucoup plus narrative que le reste de l'ouvrage. Toutefois, c'est bien la description qui domine le carnet du nord, à la fois celle des objets d'art, comme le tableau de Rubens que nous avons considéré plus haut, et celle des paysages champêtres et urbains. Tournons-nous vers encore une autre catégorie de description: le portrait. Nous avons choisi en exemple un des seize paragraphes du morceau «Bals de la cour» qui survient dans la partie du journal consacrée à la visite de Florence.[39] On remarquera que la prose de cet exemple est encore plus stylisée que celle que nous avons déjà considérée:

Dans ce salon cosmopolite, dans ce salon, le rendez-vous de la blonde Anglaise, de la brune Américaine, de la noire Italienne, avec leurs beautés et leurs toilettes diverses, le voluptueux spectacle, que ces valses, où tout ce qui est frais à l'oeil, où tout ce qui rit dans la gamme tendre du ton, crème, rose, bleu, mauve: les dentelles, les noeuds de rubans, les pompons, les volants, ondoient et papillonnent devant vous, où se fait un incessant et tressaillant kaléidoscope de toutes les couleurs du satin, sur lesquels ruisselle et cascade la lumière, de toutes les transparences du tulle et de la mousseline, baisant les formes juvéniles, comme un nuage amoureux, et où avec

38 Edmond et Jules de Goncourt, *L'Italie d'hier*, p. 223.
39 C'est aux pages 159-160 et à la page 184 des « Notes sur l'Italie » que l'on trouve des textes d'où Edmond de Goncourt a « tiré » ses « Bals de la cour. »

leurs voltes, leurs ondulations, leurs retroussements, leurs fuites, leurs
froissements, leurs heurts, c'est la mêlée, la bataille de fête des jupes
enivrées de danse, avec en bas, le glissage tournant des souliers de
satin blanc, avec, en haut, les milliers de feux des pendants d'oreilles,
des rivières, des aigrettes — l'orchestre, comme d'un souffle, sou-
levant légèrement les valseuses, pliant les tailles, arrondissant les
bras, déliant les corps, remuant les cous, tels que de frêles tiges de
fleurs.[40]

Retenons d'abord que le parti d'écrire cette phrase au présent
contribue à créer une impression d'immédiateté. En effet, cette
phrase semble avoir été produite par un témoin oculaire qui a noté
spontanément ce qu'il a vu. Mais en même temps la phrase forme
une unité sémantique dans la mesure où elle évoque les femmes
du bal pour l'oeil et pour l'imagination. Elle va du particulier (le
type féminin anglais, amérian et italien) au général (toutes les
femmes au bal, évoquées, comme nous le verrons, par la métonymie).

Cette phrase est remarquable par sa capacité à produire l'impression contradictoire de concision fragmentaire propre à l'esquisse
et d'ampleur propre au style épique. C'est avant tout la suppression des verbes qui est responsable du premier effet. On le voit
dès les premiers mots, où la syntaxe normale exigerait un verbe
(«est» ou «qui est») entre les segments «ce salon» et «le rendez-
vous de la blonde Anglaise.» Quelques lignes plus loin, on discerne le style nominal dans le segment «le voluptueux spectacle,
que ces valses.» Ce segment elliptique, avec son inversion du sujet
et du complément, fait un écart avec la formulation plus usuelle:
«ces valses produisent (ou «sont,» «créent,» etc.) un spectacle
voluptueux.» Cet écart est d'autant plus frappant que ce fragment
est le noyau syntaxique des 22 lignes de la phrase. En effet, les
autres verbes suivent à quatre reprises le pronom relatif «où.»
Dans le dernier segment qui va de «l'orchestre» au dernier mot de
la phrase, «fleurs,» le verbe de nouveau fait défaut.

L'impression de fragmentation produite par le style nominal
découle également du fait que les segments nominaux sont juxtaposés. Pour réécrire la phrase en respectant la syntaxe conven-
tionnelle, il faudrait faire une phrase du segment qui va de «Dans

---

[40] Edmond et Jules de Goncourt, *L'Italie d'hier*, p.117-118.

ce salon» jusqu'à «diverses.» Le segment de «le voluptueux spectacle» à «mauve» constituerait une deuxième phrase; «les dentelles» à «aigrettes» une troisième et «l'orchestre» à «fleurs» une quatrième. Nous avons affaire donc à l'ébauche de quatre «phrases» juxtaposées dont la longueur et le caractère elliptique rendent d'ailleurs problématique l'identification des limites. Ainsi, Edmond se révèle hostile à la période et à une architecture de la phrase qui suggérerait l'achèvement. Il leur préfère les bribes de phrases se succédant de manière à connoter plutôt une démarche créatrice spontanée et naturelle. Un effet de discontinuité est produit également par la juxtaposition de mots. Nous pouvons citer tout d'abord l'accumulation de substantifs (deux dans le cas de «la mêlée» et «la bataille»; trois dans le cas d'«Anglaise,» «Américaine,» «Italienne»; quatre dans celui de «dentelles,» «noeuds,» pompons, «et volants»; et jusqu'à six dans la série «voltes,» «ondulations,» «retroussements,» «fuites,» «froissements» et «heurts»). Avec les substantifs, ce sont les épithètes qui sont les plus fréquemment juxtaposées les unes aux autres: les deux épithètes qui modifient «kaléidoscope,» les quatre qui modifient «ton» ou encore les cinq participes présents à fonction verbale attachés à l'«orchestre» dans le dernier segment. Les participes présents ajoutent un certain aspect duratif à une phrase qui, vu l'ellipse de verbes, semble souvent avoir lieu dans l'instant. L'essentiel est qu'au lieu de raturer leur phrase et de choisir certains éléments pour lui donner une forme définitive, les deux frères semblent se contenter de juxtaposer.

L'accumulation de segments qui pourraient former des phrases indépendantes, de substantifs, ou encore de mots identiques, donne l'impression que l'écrivain a saisi ses impressions sur le vif et les a écrites spontanément sans songer à les construire selon les règles grammaticales. Ressemblant de ce point de vue à des notes préparatoires plutôt qu'à leur version achevée, ce paragraphe constituerait ainsi une esquisse. Mais ce paragraphe ressemble aussi à une esquisse par la participation active exigée du lecteur dans la création d'un tout. Le paragraphe commence par la mention de trois types de femmes; tout le reste du paragraphe constitue une sorte de métonymie de la femme. Ainsi, les parties du costume féminin telles «les dentelles, les noeuds de rubans, les pompons, les volants» ne font que suggérer un tout. Loin de dessiner un portrait en pied de ces différents types de femmes, les deux frères n'offrent au lecteur que des fragments. C'est au lecteur d'imaginer pour lui-même leurs portraits.

Paradoxalement, la même démarche cumulative qui crée l'impression d'une rédaction spontanée et fragmentaire propre à une oeuvre préparatoire contribue à créer un effet littéraire. De fait, la répétition de pronoms relatifs, tout en suggérant une production naïve, dote la phrase d'une structure certaine. En effet, la présence de ces pronoms relatifs laisse penser d'habitude qu'une phrase a été soigneusement construite. D'autres répétitions abondent dans cette phrase. Ainsi sont répétés par deux fois «dans ce salon,» «leurs,» «où tout ce qui,» «où,» «avec,» et «comme.» «De la» et «tout» ou «toutes» sont repétés à trois reprises, et «leurs» se retrouvent six fois de suite dans le dernier segment de la phrase. Cette répétition a l'effet double de suggérer une démarche d'écriture fidèle à la sensation instantanée et de doter le passage d'une certaine unité d'ordre musical. Faisons remarquer d'ailleurs qu'Edmond se sert de l'accumulation de substantifs et d'adjectifs pour enrichir le vocabulaire. Nous l'avons vu plus haut dans la variété de mots dont l'écrivain se sert pour décrire les costumes des femmes. C'est vrai aussi pour les quelques verbes tels que «ondoyer,» «papillonner,» «ruisseler» et «cascader.»

D'autres éléments contribuant à créer un effet littéraire semblent être plus clairement le fruit de l'intervention volontaire de l'écrivain. Relevons tout d'abord le langage imagé. Cette phrase comporte tout d'abord des comparaisons telles que «comme un nuage amoureux» ou encore «comme d'un souffle.» Si les deux dernières comparaisons sont concrètes, la première est plus abstraite et inclut deux personnifications (le «rire» des tons de la gamme et l'«enivrement» des jupes). De plus, des expressions métaphoriques parsèment la phrase, allant de la lumière qui «cascade» et «ruisselle» — une comparaison subreptice avec l'eau — à travers «la mêlée, la bataille de fête des jupes» jusqu'aux «feux,» «rivières,» et «aigrettes» des pendants d'oreilles vers la fin. Si la juxtaposition de phrases nominales donne l'impression que ces phrases ont été écrites spontanément, on soupçonne que de telles formulations d'un intérêt littéraire incontestable n'ont pas été rédigées que sur le champ et pendant le voyage lui-même. C'est ce que confirme d'ailleurs une comparaison avec la version du portrait trouvée dans «Notes sur l'Italie.» Enfin, un dernier effet littéraire est produit par le «style substantif» que l'on discerne dans cette première phrase. Il s'agit tout d'abord de la nominalisation d'un adjectif dans le segment «les transparences du tulle et de la mousseline.» Un peu plus loin dans le segment, «le glissage tournant des soulier,» c'est un verbe qui est nominalisé. Cette phrase, toute fragmentaire qu'elle soit, déploie ainsi une multiplicité de techniques stylistiques propres à créer un effet littéraire.

Le statut littéraire de cette phrase reste ainsi profondément ambigu. D'une part, les voyageurs semblent l'avoir écrite sous la dictée immédiate de la nature dans le but de fixer l'éphémère par touches discontinues. D'autre part, ils semblent avoir travaillé leur style et avoir soigné leur vocabulaire par la recherche d'expressions originales. Les figures de style, surtout le métaphores, et la syntaxe discontinue constituent un mélange d'artificiel et de naturel qui crée la même ambiance que celle produite par la contemplation des femmes décrites. C'est à cause de cette ambiguité provenant de la tension entre spontanéité et finition stylistique que cette phrase a donc le statut d'«esquisse littéraire.»

Rome

Après la tension entre inachèvement et finition stylistique dans la première partie de *L'Italie d'hier*, qu'Edmond appelle «le carnet du nord,» nous examinerons le deuxième degré d'achèvement du récit de voyage, qu'il appelle dans une note en bas de page «un commencement de l'enguirlandement du d'*après-nature*.»[41] Dans une autre note en bas de page de *L'Italie d'hier*, il explique que cet appauvrissement résulte du fait qu'ils en ont tiré beaucoup de «documentation» pour la composition de leur roman, *Madame Gervaisais*.[42] Toutefois, dans une autre note insérée quelques pages plus loin, Edmond écrit: «Ici je donne le premier travail du dimanche des Rameaux de *MADAME GERVAISAIS*, ne voulant donner que ce morceau parmi tous les morceaux employés dans ce roman, et qui font la pauvreté de cette description sur Rome.»[43] Edmond s'avoue prêt à fournir au lecteur au moins un échantillon de l'écriture de la partie de leur carnet préparatoire qu'ils avaient «achevée» lors de la rédaction de *Madame Gervai-*

---

[41] Edmond et Jules de Goncourt, *L'Italie d'hier*, p. 223.

[42] Edmond et Jules de Goncourt, *L'Italie d'hier*, p. 191.

[43] Edmond et Jules de Goncourt, *L'Italie d'hier*, p. 208-209.

sais.[44] Il n'est pas possible de savoir pourquoi il a voulu se limiter à ce seul échantillon. La pudeur quant à «la première pensée» ne peut pas être la raison de sa décision, étant donné qu'il n'hésite pas à faire paraître ce qu'il affirme être le reste de leur carnet. Une autre explication possible serait qu'il ne voulait pas faire paraître une deuxième fois ce qui avait déjà été publié. Ceci laisse présumer qu'un certain nombre de morceaux du roman avaient été empruntés presque tels quels au carnet. Mais la comparaison suivante entre l'unique exemple qu'il nous offre dans *L'Italie d'hier* de ce qu'il prétend être des notes du carnet de voyage consacrées à Rome d'une part, et le morceau du roman qui lui correspond de l'autre, démontre jusqu'à quel point les passages du récit de voyage et du roman se distinguent les uns des autres. Il s'agit de la cérémonie du Dimanche des Rameaux. Voici l'extrait de *L'Italie d'hier*:

DIMANCHE DES RAMEAUX

....

Pendant que tous, dans Saint-Pierre, sont debout, les saints rameaux à la main, présentés comme les soldats portent les armes, trois hommes s'approchent de l'Evangile ouvert, et j'entends dire autour de moi:

«Voyez, celui qui a des lunettes, c'est la *taille*, — il chante le texte.... Le grand, c'est la *basse-taille*, qui fait Jésus-Christ.... Le petit, la *haute-contre*, qui est comme bossu, et qu'on appelle la *servante*... celui-là fait les philistins, les gentils.... Quant au choeur des juifs, quant à la *tourbe*..., ce sont ceux qui sont là-bas, derrière le grillage doré... oui, oui, ils ne sont plus que deux...maintenant, vous savez, il y a la peine de l'excommunication....

Et commence alors, cet admirable et douloureux opéra de la Passion de Jésus-Christ: — le drame lyrique le plus émouvant et tous ceux qui ont été représentés sur aucun théâtre du monde, — joué, dramatisé, chanté par ces cinq voix.

La voix de la taille disant le solennel récitatif.

La voix du Christ: une voix comme roulant d'écho en écho, dans le lointain des montagnes; un chant large et balancé, ayant

---

[44] Il est à noter que la version du dimanche des Rameaux qu'il livre dans *L'Italie d'hier* n'est pas identique à la version originelle du carnet, « Notes sur l'Italie. » Voir Edmond et Jules de Goncourt, *L'Italie d'hier*, p. 191, note 50. Ce qu'il appelle ici « le premier travail du dimanche des Rameaux » ne l'est donc pas réellement.

quelque chose du bercement triste d'un enfant malade; des notes au plaintif planement au-dessus de la terre; une mélodie trémolante, où les dernières syllabes de mots de douleur, longtemps suspendues sur les lèvres du chanteur, s'exhalent dans de murmurants soupirs; des vocalises angoisseuses, où se traduit l'humaine défaillance d'un Dieu.
La voix du gentil, du pharisien, la voix de la haute-contre: une voix caricaturale, un fausset supra-aigu, un organe muant comiquement, un chant de coq fêlé. — et que la large voix du Christ enterre sous sa basse profonde.
Et les voix de la foule juive, les voix de la tourbe, rendues par les voix colères, les voix assassines des castrats.[45]

A comparer avec ce qu'Edmond appelle «le premier travail» du dimanche des Rameaux, ce segment tiré du roman traitant du même thème:

Mme Gervaisais arrivait à cet état vague et un peu troublé de faiblesse que font dans ces cérémonies la longue lassitude, l'attention fatiguée des sens. Sa contemplation était répandue et errante, quand tout à coup elle fut secouée et réveillée par un chant, tel qu'elle n'en avait jamais entendu de pareil, une plainte où gémissait la fin du monde, une musique originale et inconnue où se mêlaient les insultes d'une tourbe furieuse, un récitatif lent et solennel d'une parole lointaine de l'histoire, une basse-taille touchant aux infinis des profondeurs de l'âme.
C'était, chanté par les trois diacres, le plain-chant dramatisé de la passion de Jésus-Christ, selon l'Evangile de saint Matthieu.
Charmée nerveusement, avec de petits tressaillements derrière la tête, Mme Gervaisais demeurait, languissamment navrée sous le bruit grave de cette basse balançant la gamme des mélancolies, répandant ces notes qui semblaient le large murmure d'une immense désolation, suspendues et trémolantes des minutes entières sur des syllabes de douleur, dont les ondes sonores restaient en l'air sans vouloir mourir. Et la basse faisait encore monter, descendre et remonter, dans le sourd et le voilé de sa gorge, la lamentation du Sacrifice, d'une agonie d'Homme-Dieu, modulée, soupirée avec le timbre humain.
Pendant ce chant où retentit la mort de l'auteur de toute bénédiction, l'Eglise ne demande pas la bénédiction; pendant ce chant qui dit la nuit de la véritable lumière du monde, l'Eglise n'a pas

---

45 Edmond et Jules de Goncourt, *L'Italie d'hier*, p. 207-208.

de cierges allumés; elle n'encense pas, elle ne répond pas: *Gloria tibi, Domine.*

Mme Gervaisais écoutait toujours la basse, la basse plus pénétrante, plus déchirée d'angoisse et qui semblait la voix de Jésus disant: «Mon âme se sent plongée dans la tristesse jusqu'à la mort;» la voix de Jésus même qui fit un instant, sous les lèvres du chantre, passer à travers les poitrines le frisson de la défaillance d'un Dieu!

Et le récitatif continuait, coupé par les reprises exultantes du choeur, tout cette tempête de clameurs, le bruit caricatural, comique et féroce du peuple homicide, la joie discordante et blasphémante des foules demandant le sang d'un juste, les éclats de voix aigres au *Crucifige!* et au *Barabbas!* qu'écrasait la douloureuse basse sous un grand dédain résigné.[46]

Certes, des similarités existent entre ces deux textes dans le traitement de la voix du Christ où une idée de durée s'ajoute à celle de la spatialisation. Par exemple, dans le récit de voyage les notes du chant sont «longtemps suspendues sur les lèvres du chanteur» tandis que dans le roman les «ondes sonores» de ces notes restent «en l'air sans vouloir mourir.» De plus, il existe une similarité partielle dans le traitement d'un autre aspect de la voix du Christ, l'impression de poids qu'elle suggère. Ainsi, dans *L'Italie d'hier* «la large voix du Christ enterre sous sa basse profonde» la voix du pharisien, tandis que dans le roman la «douloureuse basse sous un grand dédain résigné» écrase la voix du choeur. Mais plus que par la ressemblance entre «le premier travail du dimanche des Rameaux» du carnet et la version «achevée» du roman, c'est surtout la différence qui frappe. Notons tout d'abord que le deuxième paragraphe du récit de voyage où les voyageurs «sténographient» les bribes de conversation entendues autour d'eux dans Saint-Pierre, ressemble à un «daguerréotype de conversation» prôné par Champfleury et que les deux frères approuvent.[47] Le reste de l'extrait du récit de voyage est écrit en style nominal; le style du roman, lui, est beaucoup plus suivi, plus composé. La structure du segment romanesque

[46] Edmond et Jules de Goncourt, *Madame Gervaisais* (Paris : Gallimard, 1982), p. 121-122.

[47] Voir à ce sujet leur *Journal* à la date du 22 juin 1869 où l'on lit : « Il y aurait un bien curieux, bien intéressant et bien nouveau volume à faire de fragments de récits de militaires, intitulé *La Guerre* et où l'on ne serait que le sténographe intelligent des choses contées.» Edmond et Jules de Goncourt, *Journal*, II, 228.

est aussi plus complexe que celle de *L'Italie d'hier*. En effet, ce dernier suit la structure la plus simple qui soit, l'énumération. Le mouvement général du segment de *Madame Gervaisais*, en revanche, dépend des réponses toujours riches de l'héroïne qui est tour à tour «[c]harmée nerveusement» et «languissamment navrée» par la voix basse. Au niveau de la phrase, le segment romanesque est aussi plus achevé, surtout en comparaison avec le grand nombre de phrases nominales dans le récit de voyage. Mais en dépit de ces différences, le récit de voyage, tout fragmentaire qu'il soit, offre un intérêt littéraire non niable. En fait, le nombre de mots du récit de voyage repris par le roman est assez restreint. Un certain nombre de ces mots répétés — tels que «la Passion de Jésus-Christ,» «récitatif,» ou «basse» — ne font que désigner le thème. Outre ces mots qui désignent le sujet, quelques autres mots, tel que «caricaturale,» servent à caractériser le thème. En dépit de ces quelques répétitions il est surtout frappant de noter jusqu'à quel point les formules dans ces deux colonnes se distinguent les unes des autres. Pour mieux illustrer ce fait examinons les formules qui servent à caractériser la voix du Christ dans les deux textes:

L'Italie d'hier	*Madame Gervaisais*
— roulant d'écho en écho, dans le lointain des montagnes	touchant aux infinis des profondeurs de l'âme
— chant large et balancé	le bruit grave de cette basse balançant la gamme des mélodies
— ayant quelque chose du bercement triste d'un enfant malade	le large murmure d'une immense désolation
— notes au plaintif planement audessus de la terre	[notes] suspendues et trémolantes des minutes entières sur des syllabes de douleur
— mélodie trémolante	ondes sonores restaient en l'air sans vouloir mourir
— dernières syllabes de mots de douleur, longtemps suspendues	la lamentation du Sacrifice, d'une agonie d'Homme-Dieu
— s'exhalent dans de murmurants soupirs	chant où retentit la mort de l'auteur de toute bénédiction
— vocalisations angoisseuses où se traduit l'humaine défaillance d'un Dieu	la basse plus pénétrante, plus déchirée d'angoisse

— la large voix du Christ enterre (le fausset) sous sa basse profonde	semblait la voix de Jésus disant: «Mon âme se sent plongée dans la tristesse jusqu'à la mort»
	voix [...] fit [...] passer à travers les poitrines le frisson de la défaillance d'un Dieu
	la douloureuse basse

Certains vocables se retrouvent dans leurs différentes formes à la fois dans le récit de voyage et dans le roman, «balancer,» «murmurer,» «trémoler,» «douleur» et «angoisse,» en l'occurrence. Toutefois, la formule «défaillance d'un Dieu» est l'unique caractérisation de la voix du Christ trouvée dans le récit de voyage qui est reproduite mot à mot dans le roman. Ainsi, loin de fournir l'ébauche d'une évocation de la voix qui ne serait que «finie» dans le roman, les deux segments semblent remarquablement indépendants l'un de l'autre. De fait, on a affaire dans les deux extraits à des techniques parallèles; seulement les mots diffèrent. Par exemple, dans le récit de voyage comme dans le roman, la douceur exprimée par la voix est traduite par une série de qualificatifs et d'images d'une même expressivité. Prenons le cas d'un autre élément stylistique qui s'écarte de la norme: l'antéposition des adjectifs. On le voit dans le roman à deux reprises («immense désolation» et «douloureuse basse») mais le procédé se retrouve à trois reprises dans le récit de voyage («plaintif planement,» «murmurants soupirs» et l'«humaine défaillance»). De même, l'emploi d'un mot inusité, l'adjectif «angoisseuses,» contribue à l'intérêt littéraire de *L'Italie d'hier.* Il est vrai que le «style substantif» est légèrement plus en évidence dans le roman que dans le «carnet du nord.» Par exemple, les «murmurants soupirs» du carnet deviennent le «murmure d'une immense désolation» du roman. Toutefois, le «style substantif» ne fait pas totalement défaut dans le récit de voyage. Ainsi, au lieu d'écrire «notes plaintives planant au-dessus de la terre,» les auteurs se plaisent à écrire «notes au plaintif planement.» De même, la formule «mots de douleur» est préférée à celle, plus faible, de «mots douloureux.» Il est donc clair que l'extrait du récit de voyage fait plus qu'offrir un schéma pour une scène qui sera plus élaborée dans le roman; il en constitue luimême un texte, tout inachevé qu'il soit — qui intéresse par sa qualité littéraire propre.[48] Une fois encore, le récit de voyage détient ce statut ambigu d'«esquisse littéraire.»

Morceaux achevés: «Naples» et Venise la nuit, rêve»

Comme nous l'avons vu plus haut, le carnet de voyage des frères Goncourt devait servir de matière première pour une oeuvre d'imagination, «un livre de rêve, donné comme le produit d'une suite de nuits hallucinatoires.»[49] C'est sans doute pourquoi les deux frères interrompent leur *Journal* à la date du 5 novembre 1855 pour ne le reprendre que le 10 mai de l'année suivante, une fois rentrés à Paris, alors qu'ils auraient pu y intégrer un journal de voyage. Or, ils ont bel et bien rédigé ce récit en prose poétique intitulé *L'Italie la nuit.* Un extrait de cet ouvrage, «Venise la nuit, rêve,» a même paru en deux articles dans *l'Artiste* des 2 et 10 mai 1857 avant de paraître dans *L'Italie d'hier.* Dans la «Préface» de *L'Italie d'hier*, Edmond décrit l'accueil fait à cet extrait, et prétend qu'il a été si négatif qu'ils n'ont même pas eu le courage d'«en demander le paiement.»[50] Ils en étaient en fait si mécontents qu'ils ont jeté au feu leur unique copie de *L'Italie la nuit.* «Venise la nuit, rêve,» quelques paragraphes sur Naples et le fragment sur l'enterrement de Watteau qui a paru dans *Idées et sensations* (1866) sont les seuls morceaux à survivre à cet *autodafe.* Dans *L'Italie d'hier* sous l'entête «Naples,» Edmond inclut les six paragraphes achevés sur la ville italienne qui ont survécu, avec «des notes, toutes brèves et prises seulement sur les êtres et les choses, pouvant fournir une série de paragraphes, poétiques, idéaux.»[51] Le morceau commence par les six paragraphes rédigés. Suit une liste de vingt-neuf sujets numerotés tels «1. La *Carolina* et le joueur de *putipu*» ou encore «3. Le vin de Falerne et la gaieté d'Horace,» auxquels succèdent souvent

[48] Il est à cet égard intéressant de noter que la description de la voix du Christ trouvée dans le vrai carnet, « Notes sur l'Italie, » comporte toute une autre série d'adjectifs. Certes, certains vocables tels « murmure » ou « balancer » se retrouvent dans les trois textes. Mais un examen des descriptions de la voix du Christ dans « Notes sur l'Italie, » faites à la fois par Jules et Edmond, révèle combien peu celles de *L'Italie d'hier* et de *Madame Gervaisais* leur doivent. Voir Edmond et Jules de Goncourt, « Notes sur l'Italie, » p. 208-209.

[49] Edmond et Jules de Goncourt, *L'Italie d'hier*, p. xxxi.

[50] Edmond et Jules de Goncourt, *L'Italie d'hier*, p. xxxii.

[51] Edmond et Jules de Goncourt, *L'Italie d'hier*, p. 223.

soit un blanc, soit une série de points.[52] A d'autres moments ces en-têtes sont suivis de brefs aide-mémoire, tels «14. Description d'un logis antique. ...Ne pas oublier le *scrinium* (l'endroit où se conservaient les manuscrits) et le *venereum* privé,» ou encore «8. Les caleçons verts des danseuses de San Carlo. Rechercher historiquement et scientifiquement la raison du choix de cette couleur aux derrières des *ballerine*, et prouver que c'est pour la conservation de la vue des vieux abonnés du théâtre.»[53] Un certain nombre de ces en-têtes sont suivis de «notes» encore plus élaborées qui décrivent un décor ou un portrait, ou encore qui racontent une brève anecdote.

D'autres segments s'inspirent directement des faits observés par les deux frères. C'est le cas pour le numéro 20, «La tarentelle,» qui est suivi par cet aide-mémoire: «Peindre la petite fille loqueteuse, que nous avons vue à Baïa... et qui dansait avec des yeux de fièvre, dans un rayon de soleil.»[54] Les sujets dans encore d'autres segments toutefois sont plus généralisés, plus fantaisistes, tel le dernier, intitulé «Finale»: «*Pulcinelleria* universelle de toute la population napolitaine, costumée en polichinelles, et qui brandit des marottes en pâte d'Italie, en demandant la *buona mano* aux *forestieri*.»[55] Plus haut dans la discussion du discours métatextuel concernant *L'Italie d'hier*, nous avons vu que pour Edmond, les frères prenaient ce type de notes en vue d'écrire «une série de paragraphes, poétiques, idéaux.»[56] Ainsi, loin d'être un simple carnet de voyage, les «notes» sous «Naples» deviennent aussi un carnet préparatoire d'un ouvrage littéraire idéaliste.

Naples

    Puisqu'il est écrit dans le même registre et le même style que le morceau plus long qui termine l'ouvrage, «Venise la nuit, rêve,» un examen des six paragraphes de description et de dialogue inti-

---

[52] Edmond et Jules de Goncourt, *L'Italie d'hier*, p. 225-226.

[53] Edmond et Jules de Goncourt, *L'Italie d'hier*, p. 229 et p. 227.

[54] Edmond et Jules de Goncourt, *L'Italie d'hier*, p. 230.

[55] Edmond et Jules de Goncourt, *L'Italie d'hier*, p. 233. Cette « finale » fantaisiste rappelle celle encore plus poétique de « Venise la nuit, rêve » qui se termine par le réveil du narrateur après un rêve fantastique et cauchemardesque.

[56] Edmond et Jules de Goncourt, *L'Italie d'hier*, p. 223.

tulé «Naples» qui nous sont parvenus de *L'Italie la nuit* nous permettra de comprendre le type de prose qu'en 1855-1856 les deux frères ont considérée comme «achevée» et donc digne d'être publiée.[57] Ces paragraphes constituent une expansion de la liste de sujets à traiter: ils concernent, en effet, «la *Carolina* et le joueur de *putipu*.» Voici ces paragraphes que nous avons numérotés:

(1) Dans la baie bleue, aux échos sonores répétant les batteries de tambours du château de l'Oeuf, dans le port tout plein de bâtiments aux mâts jaunes, à la carène rouge, soudain aux flancs de notre bateau à vapeur immobile, une musique sur une barque est venue s'accrocher: une musique folle, vive, et gesticulante et dansante.

(2) Au milieu de la barque d'harmonie, que de petites vagues courtes berçaient, en clapotant, se tenait debout un vieil homme, coiffé d'un chapeau de pitre, dont les deux coins, rabattus sur les oreilles, se balançaient de droite et de gauche, suivant le rythme, sur sa face qui n'était que rides et grimaces. Comme on bat le beurre, il battait d'une main preste, avec un petit bâton allant et venant, les musiques dormantes, ronflantes et gargouillantes dans une baratte de fer-blanc, sous son bras gauche. Et selon l'ondulation de la vague et l'air de la chanson, il pliait et se relevait sur ses jambes, roulant béatiquement les prunelles, retenant ou précipitant la mesure, son immense nez incliné sur le *putipu*, aux borborygmes tapageurs.

(3) Le vieux musicien avait pour acolytes deux aveugles aux yeux semblables à des blancs d'oeuf glaireux sur un plat de faïence, et bridés par des paupières sanguinolentes, et sur lesquels couraient de gros morceaux de sourcils qui ne se rejoignaient pas. L'un trompettait dans un cornet à piston vert-de-grisé, comme on en voit à la devanture de marchands d'habits, l'autre tirait d'une flûte cinq ou six notes lamentablement fausses.

(4) Puis les aveugles chantaient:
«J'ai vu une fille qui est une chose très gracieuse, joliment parée avec un grain de caprice. Oh! quel sucre! Quel beau visage! quel doux sourire! Tu es en paradis, quand tu es près d'elle.

«Qu'elle est belle et quel bon morceau! Un gracieux petit visage tout blanc. Elle se nomme *Carolina*. Oh! quel sucre pour moi!»

---

[57] Ce morceau a paru dans le *Napoli, giornale politico, letterario, commerciale*, numéro du 14 juin 1885, et a été reproduit dans Edmond et Jules de Goncourt, *Pages retrouvées*, p. 237 sq. avant de paraître dans *L'Italie d'hier*.

(5) Et après un *couic*, les aveugles reprenaient:
«Carolina, que tu es belle avec ta moue de cerise! Que t'ai-je fait, moi pauvret, que tu me fasses tant souffrir? Mon père disait bien: Ah! quel malheur que l'amour!

(6) Et ce petit poème d'amour, et ces galantes paroles qui font penser à une canzonette de troubadour, et cette *musiquette* si joliment soupirante, et où passe comme la brise parfumée de la côte napolitaine sur le bleu de sa mer: paroles chantantes, musiquette, petit poème, s'envolaient, estropiés et boiteux, meurtris et flétris, de ces bouches égueulées, dont le sourire s'ouvrait comme une plaie — tandis que le joueur de *putipu*, foulant et refoulant plus vivement les crépitements de sa baratte, et grimaçant de toute la sale peau parcheminée de sa vieille figure, dans une barbe jaune, accompagnait le chant des aveugles avec les *coui coui*, les *boui boui*, les *riri riri* d'une pratique de polichinelle faussée.[58]

Il existe des similarités stylistiques entre ces paragraphes «achevés» et les morceaux du «carnet du nord» que nous avons étudiés plus haut. Il faudrait signaler tout d'abord l'importance de la description dans quatre de ces six paragraphes. L'emploi de termes rares est un autre trait stylistique que l'on a vu dans la prose de certains morceaux du carnet et qui se retrouve également ici, tels le substantif «borborygmes,» l'épithète «sanguinolentes» ou l'adverbe «béatiquement.» La présence d'un langage imagé très riche constitue une autre similarité entre ces paragraphes «achevés» et les morceaux esquissés du carnet. Les comparaisons («semblables à des blancs d'oeuf glaireux,» «Comme on bat le beurre...,» «comme une plaie») et les personnifications («une musique...gesticulante et dansante,» «les musiques dormantes, ronflantes...») dominent. Ici, comme dans le carnet, la syntaxe est essentiellement accumulative. C'est surtout le cas dans la sixième phrase où, à une cascade de sept conjonctions de coordination («et»), s'ajoutent deux pronoms relatifs («où,» «dont»), une locution adverbiale («tandis que») et deux liaisons plus souples, deux-points et un tiret.

Lorsqu'on compare ces paragraphes «achevés» avec ceux de la première partie de *L'Italie d'hier*, on décèle toutefois un certain nombre de différences. Une première distinction qui frappe est l'importance accordée au discours rapporté. Même si dans ce morceau le discours n'est qu'une chanson, l'inscription de la parole ajoute

58 Edmond et Jules de Goncourt, *L'Italie d'hier*, p. 223-225.

une dimension d'intériorité qui manque souvent dans les morceaux presque entièrement descriptifs du carnet. En effet, l'ébauche d'une intrigue, un drame amoureux en l'occurrence, est tracée par le sujet de la chanson, le mal d'amour. Enfin, les êtres humains *in praesentia*, le vieux musicien et les deux aveugles qui l'accompagnent, et *in abstentia*, Carolina, fournissent une note dramatique à cause de la laideur de ceux-là et de la beauté de celle-ci. Ces paragraphes «achevés» se distinguent des esquisses du carnet également par la syntaxe. Aucune des phrases n'est nominale — ni même la sixième qui sort de l'ordinaire par sa longueur, et le nombre et la variété de ses liaisons.

Enfin, la fantaisie du morceau le démarque du réalisme cru du monde objectivement décrit du carnet. L'existence réelle du château de l'Oeuf, par exemple, est fort douteuse. Le but de ce récit fantaisiste, féerique et à certains égards même cauchemardesque, semble être de dépasser la réalité par l'imagination. Toutefois, «fantaisiste» et «réaliste» ne sont pas des termes absolument opposés, car en représentant des types insolites et excentriques, la frontière entre ces deux catégories peut devenir incertaine. Ainsi, si le château de l'Oeuf semble avoir été inventé dans un deuxième temps de création, il n'y a rien qui prouve que ces types insolites de l'aveugle et de ses «acolytes» n'aient pas été observés en voyage.[59] Ces paragraphes «achevés» se distinguent ainsi des morceaux plus «esquissés» du «carnet du nord» principalement dans la mesure où leur style est plus continu et qu'ils sont le produit autant de l'imagination que de l'observation.

Dans une note en bas de page vers la fin du carnet, Edmond affirme vouloir inclure à la suite du morceau «le *scenario* sur lequel nous voulions écrire Naples» «pour les curieux de la fabrication littéraire d'un auteur quelconque.»[60] Edmond n'hésite donc pas déclarer qu'il livre au public l'esquisse d'un ouvrage future. Il arrive, toutefois, que d'un point de vu littéraire ces «notes» sont au moins aussi intéressantes que les six paragraphes «achevés» de «Naples.» C'est le cas notamment pour la note 26 intitulée «Les heures *lazzarone*»:

---

[59] Voir Enzo Caramachi, *Réalisme et impressionnisme dans l'œuvre des frères Goncourt* (Pisa : Goliardica, 1971), p. 72 sq.

[60] Edmond et Jules de Goncourt, *L'Italie d'hier*, p. 223.

(1) Belles heures volantes, aux draperies battues du vent de la mer et nouées d'une main molle.... (2) Belles heures qui bercez la vie de visions d'azur et d'harmonies enchantées. (3) Heures d'or, heures de soleil, heures de midi, flagellées de clarté, et qui jetez le temps par-dessus votre épaule, sans regarder. (4) Heures qui guérissez de l'existence réelle, heures d'oubli et d'incurie, tombant goutte à goutte sur le coeur, ainsi que la répétition d'un humide baiser qui ne finit pas. (5) Heures, heures d'une seconde, vides et pleines d'un bonheur ailé, et où il n'y a plus dans votre tête que des apparences de rêves, des nuages d'idées. (6) Heures chatouillantes, qui flattez, comme de caresses, le dos des lézards et le front des poètes. (7) Heures, où l'homme se fond dans la mer et le ciel, dans la brise et la vague. (8) Heures où l'homme, débarrassé de la matière de son être, s'évanouit et s'incorpore dans le décor de lumière qui l'enveloppe.[61]

A première vue, les six paragraphes du poème semblent progresser selon un simple rythme accumulatif. En effet, l'unité est assurée tout d'abord par la répétition à douze reprises du mot «heures» et de certaines structures comme l'apostrophe elliptique «qui» (entendre «vous qui») suivie d'un verbe à la deuxième personne du pluriel, ou encore comme des segments nominaux tels que ceux au début du premier ou du deuxième paragraphe. Toutefois, d'autres structures encore contribuent à doter les «notes» d'une unité rigoureuse. Citons, par exemple, l'effet de chiasme qui est produit par le fait que le premier et le dernier paragraphe sont les seuls à comporter deux segments et qu'ils sont les seuls à dépeindre explicitement le paysage marin («vent de la mer» et «azur» dans le premier paragraphe et «la mer,» «le ciel,» «la brise» et «la vague» dans le dernier). Plus important que l'effet de chiasme dans la création d'une unité littéraire est celui de *crescendo* produit par le moment d'extase évoqué dans le dernier paragraphe. C'est ici en effet qu'est décrite la dissolution des limites entre la durée et l'instantané tout d'abord, mais aussi entre l'animé et l'inanimé et entre la matière et la conscience humaine. C'est un moment d'apothéose où l'«homme» disparaît dans la lumière. Ce moment d'apothéose, d'extase, a été préparé au niveau thématique par un certain nombre

---

61 Edmond et Jules de Goncourt, *L'Italie d'hier*, p. 232-233.

d'oxymorons dans les paragraphes précédents. On pense notamment aux «heures de midi» du deuxième paragraphe, et aux «heures d'une seconde» et aux heures «vides et pleines d'un bonheur ailé» du quatrième.

Un accent poétique est créé par le langage imagé de ces «notes.» Aux comparaisons du troisième paragraphe («ainsi que la répétition d'un humide baiser») et du cinquième («comme de caresses») s'ajoutent un certain nombre de métaphores («heures volantes, aux draperies battues de vent de mer...,» «flagellées de clarté,» et «bonheur ailé»). Mais si l'homme se dissout dans le monde inanimé dans le dernier paragraphe, le monde tel qu'il est décrit dans les paragraphes précédents est animé et même personnifié. Ainsi, dans le premier paragraphe les heures ne sont pas seulement «volantes,» mais détiennent aussi la capacité de bercer. Cette personnification du temps est la plus matérielle dans les paragraphes deux et quatre où le temps est doté d'une épaule et d'une tête comme du sens de la vue (deuxième paragraphe) et du toucher (paragraphe cinq). L'ambiance de rêve que cette animation et cette personnification assez sensuelle («baiser,» «caresses») contribuent à évoquer résulte aussi du choix de vocabulaire. On pourrait citer en exemple les «visions d'azur et d'harmonies enchantées» du premier paragraphe, la guérison souhaitée «de l'existence réelle» dans le troisième et les «apparences de rêves, des nuages d'idées» du quatrième. Enfin, si les ressources musicales de la langue n'ont pas été pleinement exploitées, il existe toutefois des segments de texte qui frappent par leur harmonie, les «v,» «m» et «b» du premier paragraphe et les «l» et les «p» des derniers mots du texte. Faisons remarquer enfin que les paragraphes de «notes» constituent en effet des strophes d'un poème en prose.

Mieux qu'aucun autre morceau que nous avons analysé, «Les heures *lazzarone*» illustrent, pour reprendre la thématique du texte analysé, la «dissolution» des frontières séparant les «notes» préparatoires et l'ouvrage «achevé»; il constitue par là une «esquisse littéraire.»

CONCLUSION

Pour les frères Goncourt les années 1855-1866 semblent avoir été un moment d'incertitude littéraire où la fidèle transcription d'impressions plus propres à une religion future de la vérité absolue cède le pas vers la fin à un «enguirlandement» de la réalité propre à l'idéalisation imaginaire. Les segments discontinus du «carnet du nord» fournissent au lecteur une expérience de lecture particulière qui encourage la participation du lecteur. Certes, les frères Goncourt ont rédigé leur carnet comme «aide mémoire» personnel: à l'origine ils étaient leurs propres destinataires. Toutefois, dès 1894, lorsque Edmond a décidé de rendre publique une version retravaillée de leur carnet, le destinataire change pour devenir tout lecteur de l'ouvrage *L'Italie d'hier*. Le caractère discontinu et fragmentaire de ce récit de voyage offre ainsi un défi au lecteur qui est chargé d'en faire du sens.

Au terme de notre discussion de *L'Italie d'hier*, reconnaissons que la tendance vers le discontinu, le paratactique, que l'on retrouve dans ce récit de voyage caractérise aussi bien des romans rédigés par les deux frères et par le seul Edmond.[62] Jules Lemaître est l'un des critiques de l'époque qui a estimé que les romans des deux Goncourt sont restés inachevés du point de vue de la construction. Il raconte comment ses confrères «leur ont reproché ce dédain de la composition et d'avoir l'air (surtout dans *Charles* et dans *Manette*) de vider leur portefeuille au hasard, de secouer leurs notes autour d'une maigre histoire.»[63] Toutefois, au lieu de critiquer les deux collaborateurs, Lemaître offre une appréciation plutôt positive de la discontinuité de leurs romans. En parlant des «tableaux» trouvés dans leurs romans il affirme: «Leur succession semble reproduire celle des impressions de l'artiste. Un tel livre a la vie et la variété d'un album d'études.»[64] De même, selon lui, leur style «est un continuel *essayage* d'expressions.»[65] Lemaître relève leur pratique de «nous présenter deux ou trois fois de suite la même idée ou la même image» et en offre l'exemple de la phrase suivante tirée de *Madame Gervaisais*: «Rome et ses dômes détachés, dessinés, lignés dans une nuit violette, sur une bande de ciel jaune, du jaune d'une rose-thé.»[66] Nous avons vu ce même

---

[62] Robert Ricatte parle de la « discontinuité scintillante » de l'écriture romanesque des frères Goncourt. Voir Robert Ricatte, *La création romanesque des frères Goncourt* (Paris : Armand Colin, 1953, p. 462).

[63] Jules Lemaître, « Edmond et Jules de Goncourt » dans *Les Contemporains* (Paris : Société française d'imprimerie et de librairie, s.d.), p. 52.

[64] Jules Lemaître, p. 52.

[65] Jules Lemaître, p. 82.

[66] Jules Lemaître, p. 82.

type d'«*essayage*» dans le portrait des femmes du bal que nous avons analysé plus haut où Edmond juxtapose ses mots, au lieu de les choisir. Et Lemaître poursuit en se servant d'une métaphore picturale:

On dirait souvent qu'ils nous livrent le travail préparatoire de leur style, non leur style même, parce que l'impression de l'artiste se fait sentir plus immédiate et plus vive dans l'ébauche intempérante que dans la page définitive, et qu'ils craignent, en châtiant et terminant l'ébauche, d'en amortir l'effet.[67]

Ce refus de l'achèvement se voit on ne peut plus clairement dans la disposition morcellaire de *Madame Gervaisais*. Les 205 pages du roman dans l'édition Gallimard (1982) sont divisées en 111 chapitres, ce qui donne à chaque chapitre une moyenne de deux pages! A l'époque de la parution de *Madame Gervaisais*, la critique reprochait aux deux collaborateurs ce manque de composition traditionnelle. Ainsi, dans un compte rendu, Alfred Ebelot se sert, comme Lemaître, d'une métaphore picturale pour caractériser l'aspect discontinu et fragmentaire du roman. En parlant d'Edmond et de Jules, il affirme: «Ce qu'ils nous présentent, sous le nom de roman, c'est une suite de paysages, de descriptions et de croquis.»[68] Il offre deux explications possibles pour la faiblesse de la structure narrative du roman. Ou bien on a affaire à une «esthétique nouvelle,» ou bien la discontinuité est le résultat du travail de collaboration.[69] Or, que la discontinuité soit bien due à l'esthétique nouvelle des deux frères qui vise une fidélité à la sensation immédiate, plutôt qu'aux difficultés de la collaboration, on le voit dans leur *Journal* à la date du 14 septembre 1864 où ils affirment vouloir chercher avant tout «l'imprévu, le décousu, l'illogique du vrai.»[70]

Le refus de la part des frères Goncourt d'«achever» leurs ouvrages selon les règles conventionnelles de la composition était donc intimement lié à leur perception de l'ambition de la littéra-

---

[67] Jules Lemaître, p. 82.

[68] Alfred Ebelot, « *Madame Gervaisais,* » Vol. 81, *Revue des Deux-Mondes* (15 mai 1869), p. 508.

[69] Alfred Ebelot, p. 508.

[70] Edmond et Jules de Goncourt, *Journal*, I, 1100 (14 septembre 1864).

ture moderne. Aux frères Goncourt de commenter ailleurs dans leur *Journal*: «Le caractère de la littérature ancienne est d'être une littérature de presbyte, c'est-à-dire d'ensemble. Le caractère de la littérature moderne — et son progrès — est d'être une littérature de myope, c'est-à-dire de détails.»[71] S'ils se souciaient peu de l'effet d'ensemble, c'était précisément pour respecter leur vision personnelle du modernisme littéraire. Edmond restera fidèle à cette nouvelle esthétique jusqu'à la fin de sa vie. Ainsi, il écrit quelques années avant sa mort:

> Je le répète, à l'heure présente, la lecture d'un roman, et d'un très bon roman, n'est plus pour moi une lecture captivante et il me faut un effort pour l'achever. Oui, maintenant, j'ai une espèce d'horreur de l'oeuvre imaginée, je n'aime plus que la lecture de l'histoire, des mémoires, et je trouve même que dans le roman bâti avec du vrai, la vérité est déformée par la composition.[72]

Trait marquant de leur production romanesque, Edmond reconnaît la tendance vers le discontinu comme une caractéristique encore plus fondamentale et déterminante de la stucture du récit historique et des mémoires. Et, pourrait-on ajouter, du récit de voyage, car ce genre, tout en suivant le principe d'organisation spatio-temporelle, reste fidèle au désordre de l'expérience du voyage.

On vient de voir qu'Edmond nous livre dans *L'Italie d'hier* un texte dans un état semi-achevé, un texte qui garde les traces d'une écriture prise sur le vif mais qui comporte néanmoins une certaine finition. Sa décision, en 1892, de faire paraître une version retravaillée du carnet de voyage, «Notes sur l'Italie,» version définitive, sans être pour autant complètement achevée, est significative, car elle révèle, outre un certain goût pour le document exact, une prise de conscience des possibilités littéraires d'une forme fragmentaire. Il semble donc que plus Edmond avança dans sa carrière d'écrivain, plus il accepta la notion qu'un texte puisse être à la fois profondément fragmentaire et littéraire. Mais tout en cherchant à maintenir l'illusion de la spontanéité, il travailla la composition et le style. Aussi dépassa-t-il la notion traditionnelle qu'un ouvrage littéraire doit être très structuré et très stylisé, sans nier tout à fait

---

[71] Edmond et Jules de Goncourt, *Journal*, I, 971 (5 juin 1863).

[72] Edmond et Jules de Goncourt, *Journal*, III, 698 (25 avril 1892).

la nécessité d'un certain degré d'«achèvement.» En d'autres termes, il participa à la création de l'«esquisse littéraire.»

Remarquons enfin que l'évolution du goût littéraire chez Edmond attestée par sa décision de rendre public en 1894 *L'Italie d'hier*, texte qui jusqu'alors appartenait au domaine du privé, fait écho à celle qui a lieu dans le domaine pictural. En effet, à la fin du siècle, on n'accusait plus les peintres de l'école de Barbizon ou les impressionnistes de s'être contentés de rendre publiques des esquisses. Emile Zola tient compte de cette évolution quand, dans ses lettres sur le Salon de 1878, il raconte la réception négative que la critique avait réservée à l'oeuvre picturale de Corot pendant quarante ans: «Puis un beau jour, on s'avisa que ces soi-disant esquisses étaient parfaitement achevées, que ses tableaux avaient beaucoup d'air, qu'ils représentaient la nature dans toute sa vérité.»[73] *L'Italie d'hier*, cadre d'une tension féconde entre discontinuité et achèvement, entre spontanéité et travail littéraire, marque dans le domaine parallèle de l'écrit, un jalon sur la route qui mène à une nouvelle esthétique du récit. C'est ainsi que la notion de la peinture et de l'écrit comme esquisses met en lumière la dimension historique d'un nouveau paradigme esthétique, le fragment. Comme nous le verrons dans notre dernier chapitre, l'écriture du récit de voyage au XXe siècle illustre le triomphe de ce paradigme au XXe siècle.

---

[73] Emile Zola, « Lettres de Paris » dans *Mon Salon, Manet, Ecrits sur l'art* (Paris : Garnier-Flammarion, 1970), p. 288.

CHAPITRE VII

Fortunes du récit de voyage au XXe siècle

> Ainsi l'existence de la Photographie nous
> engagerait plutôt à cesser de vouloir décrire
> ce qui peut de soi-même s'inscrire.
>
> Paul Valéry
> «Centenaire de la photographie»[1]
>
> Si je prends des fragments dans ces cahiers
> et que les mettant à la suite avec *** je les
> publie, l'ensemble fera quelque chose. Le
> lecteur — et même moi-même en formera
> une *unité*. Et cette formation sera, fera, autre
> chose, imprévue de moi jusque-là, dans un
> esprit ou le mien.
>
> Paul Valéry
> *Cahiers*[2]

Par le biais de notre étude du récit de voyage notre essai a cherché à démontrer que le XIXe siècle marque un moment de transition entre l'esthétique classique du travaillé et de l'achèvement, et
l'esthétique moderne du fragment. Nous avons vu comment chaque
auteur des récits de voyage du XIXe siècle que nous avons étudiés
est arrivé à sa propre manière à confronter les tensions qui sous-
tendent l'«esquisse littéraire.» Il reste à nous interroger brièvement

---

[1] Paul Valéry, « Centenaire de la photographie, » *Vues* (Paris : La Tableau
Ronde, 1948), p. 366.

[2] Paul Valéry, *Cahiers*, I, 10-11.

sur les fortunes du récit de voyage au XXe siècle. Dans la tension
entre informe et forme, entre fragment et totalité, beaucoup plus
que les auteurs littéraires du XXe siècle ceux du siècle précédent
gardaient la nostalgie de valeurs classiques. En effet, chez eux la
littérature implique, quoique atténuée, une certaine élaboration
formelle et une certaine finition stylistique.[3] Nous proposons
d'illustrer comment la «rhétorique du spontané,» considérée comme
une anti-rhétorique dans la perspective classique, devient au XXe
une des modalités dominantes du fragmentaire. En identifiant ainsi
la manière dont le récit de voyage forme un jalon important dans
l'histoire du fragment littéraire, nous espérons contribuer à l'histoire des sensibilités et du goût comme à l'histoire de la «littérarité.» Mais dans ce chapitre, nous tâcherons aussi de tracer un certain déclin du genre, déclin que nous attribuerons en partie à la
naissance d'une culture de l'image. Certes, une rivalité entre mot
et image marque le genre dès le XVIe siècle.[4] Mais on verra que
c'est à cause surtout de la diffusion croissante de l'image photographique qu'au XXe siècle l'image a commencé à l'emporter.
Or, les valeurs associées à l'image photographique — la spontanéité de l'impression et l'authenticité qui en découle — sont identiques à celles connotées par l'esquisse. Voilà pourquoi la photographie contribue à établir la dominance du paradigme culturel du
fragment, paradigme que les «esquisses littéraires» du XIXe siècle
que nous avons étudiées dans les chapitres précédents ont contribué à fonder.   A la fin du chapitre, nous verrons pleinement en
oeuvre ce paradigme culturel dans les récits de voyage d'auteurs
littéraires du XXe siècle où la notation fragmentaire de l'instantané joue un rôle prééminent.

Commençons donc par constater que le genre qui avait tant d'attraits pour les écrivains communément acceptés comme les auteurs
littéraires du siècle précédent, surtout ceux de la première moitié
du siècle, tend à perdre de son importance chez les auteurs du XXe.

---

[3] C' est donc probable que si Germaine de Staël avait vécu à notre époque,
elle aurait fait paraître de son vivant ses carnets de voyage restés inédits jusqu'au
XXᵉ siècle. Voir Simone Balayé, *Les carnets de voyage de Madame de Staël*
(Genève : Droz, 1971).

[4] Voir notre article, « Interartistic Dialogues : The Illustrated French Travel
Narrative, » *Rivista di Letterature moderne e comparate*, Vol. XLIII, No. 2 (aprile-
giugno 1990), p. 129-149.

Certes, les écrivains-voyageurs tels Paul Morand ou Henry de Monfried ne font pas défaut.[5] Mais chez les écrivains reconnus communément comme auteurs littéraires (et non pas uniquement comme écrivains-voyageurs) le récit de voyage perd du terrain au XXe siècle. Toutefois, sans être un genre à succès, le récit de voyage aura néanmoins sa place dans l'histoire littéraire. Sans que l'Italie perde sa place de prédilection chez les auteurs français, on voit que l'exotisme s'étend aux régions de la terre auparavant ignorés dont l'Afrique est l'exemple notable. C'est ce qu'atteste la liste suivante de récits de voyage: André Gide, *Le Renoncement au voyage* (1906), *Voyage au Congo* (1927), *Le Retour du Tchad* (1929) et le bref *Retour de l'U.R.S.S.* (1936); George Duhamel, *Le Voyage de Moscou* (1927), *Chant du Nord* (1929), *Alsace entrevue* (1931); Michel Leiris, *Fantôme d'Afrique* (1934); Jean Giono, *Voyage en Italie* (1953); Michel Tournier, *Journal d'un voyage au Canada* (1984) et Julien Gracq, *Autour des sept collines* (1988).[6] Ajoutons à cette liste *Le Génie du lieu* (1958) de Michel Butor, mais dont seulement certaines parties comportent la trame spatio-temporelle propre au récit de voyage.[7] Le déclin du genre se révèle dans le fait que si dans les premières décennies du siècle Gide et Duhamel rédigent plusieurs récits de voyage, pendant le reste du siècle les auteurs se limitent le plus souvent à n'en écrire qu'un seul.

---

[5] Henry de Monfried, par exemple, rappelle par bien des égards des écrivains-voyageurs professionnels du XIXᵉ tel que Xavier Marmier.

[6] *Équipée : voyage au pays du réel* (1929) de Victor Segalen est moins un récit de voyage qu'un essai qui propose de résoudre ce problème : « l'imaginaire déchoit-il ou se renforce quand il se confronte au réel ? » Victor Segalen, *Équipée : voyage au pays du réel* (Paris : Gallimard, 1983), p. 11. C'est à cause du fait qu'il est resté inachevé et inédit du vivant de son auteur que nous avons écarté *La Reine Albemarle ou le dernier touriste* (1991) de Jean-Paul Sartre. Nous avons aussi écarté des auteurs mineurs tels Roland Dorgelès, auteur de *Sur la route mandarine* (1925).

[7] Avec chaque ouvrage inspiré de ses voyages, Butor s'éloigne de plus en plus du récit de voyage proprement dit et, en fait, de tout modèle générique. Ainsi, quoique *Mobile* (1962), *Description de San Marco* (1963), *Où, Le Génie du lieu 2* (1971) et *Boomerang, Le Génie du lieu 3* (1978) s'inspirent de ses expériences en voyage aux États-Unis, en Italie, en Australie et en Asie, ils relèvent aussi de la littérature d'imagination. De plus, avec leur éclatement textuel et l'expérimentation avec des couleurs d'encre dans *Mobile* ces textes se situent à la frontière entre roman, récit de voyage et livre expérimental. Nous les avons donc écartés. *Transit A Transit B* (1992) est encore plus novateur dans la façon dont il explore la dimension voyageuse de la lecture. De nouveau, quoique la thématique concerne le voyage et des pays étrangers, il ne s'agit pas d'un récit de voyage.

On pourrait protester qu'il faudrait élargir cette liste pour inclure des écrivains qui ne sont pas reconnus comme des auteurs littéraires, mais qui ont néanmoins produit des récits de voyage qui comprennent une dimension littéraire certaine. Ce serait le cas, par exemple, de *Tristes tropiques* (1955) de l'anthropologue Claude Lévi-Strauss qui raconte autant une expédition scientifique qu'un voyage. Or, comme *Le Génie du lieu* de Butor, *Tristes tropiques* possède un statut littéraire ambigu que Leiris résume pour nous:

> de nombreux genres littéraires voisinent, puisque dans cet essai qui est tout aussi bien mémoires et relation de voyages, on trouve, à côté de morceaux autobiographiques et de pages ethnologiques ou spéculatives enrichies de notations pittoresques, de portraits ou de descriptions en forme, quelques brefs poèmes de tournure épigrammatique [...] et jusqu'au plan d'une tragédie.[8]

On devrait aussi reconnaître qu'avec le manque de recul temporel le canon littéraire du XXe siècle est encore chose instable, ce qui est beaucoup moins le cas pour le XIXe siècle. Compte tenu de ces réserves sur l'identité de ceux qui méritent le nom d'«auteur littéraire,» il nous semble néanmoins possible d'affirmer que sans disparaître, le récit de voyage perd chez les auteurs littéraires du XXe siècle la grande popularité qu'il a connue, nous l'avons vu, au siècle précédent.[9] Négligé ainsi par les prosateurs de premier ordre, le genre retrouve au XXe siècle son statut littéraire mineur.

Reconnaissons que le succès du récit de voyage au XIXe siècle découlait non seulement de la vision du monde personnelle des auteurs étudiés mais de tout un *Zeitgeist*. Déjà à la fin du XIXe siècle on constate un certain déclin de l'intérêt porté au récit de voyage par les auteurs littéraires. En effet, si pendant la première moitié du siècle presque tous les grands auteurs littéraires ont écrit au moins un et souvent plusieurs récits de voyage, ce nombre est beaucoup

---

[8] Michel Leiris, « A travers *Tristes tropiques* » dans *Brisées* (Paris : Mercure de France, 1966), p. 199.

[9] Selon Jean Pierrot, c'est en partie grâce à l'épanouissement de l'ethnographie qui « condamne le récit de voyage soit à devenir plus technique, et exigeant, à s'identifier au rapport scientifique, soit, à l'inverse, suivant la voie tracée par exemple dans la *Grande Garabagne* de Michaux, à clairement avouer et à valoriser son caractère purement imaginaire. » Jean Pierrot, « *L'Afrique fantôme* de Michel Leiris ou le voyage du poète et de l'ethnographe » dans *Les récits de voyage* (Paris : Nizet, 1986), p. 213.

plus restreint vers la fin du siècle. Dans les vingt dernières années du siècle, outre Edmond de Goncourt, les seuls auteurs littéraires qui rédigent des récits de voyage sont, par ordre chronologique, Maupassant,[10] Bourget[11] et Loti.[12] Notons que si Loti continue à publier pendant les premières années de ce siècle, il appartient bien au XIXe.[13] Quant au tournant du siècle, on peut citer un autre auteur qui appartient bien à cette fin-de-siècle en France, Maurice Barrès.[14] Nous pouvons expliquer cette carence de récits de voyage chez les auteurs littéraires de la fin du XIXe siècle en partie par le rôle changeant proposé au moi par la poésie et par la prose. La possibilité d'introduire le moi intime du voyageur dans un genre descriptif était pour beaucoup dans le succès du récit de voyage auprès de toute une génération d'écrivains romantiques. Souvent introspectifs, ces écrivains ont trouvé dans le voyage une manière de se regarder en regardant, et de se découvrir en découvrant. Or, le récit de voyage, genre ouvert, fournissait un nombre de formes aptes à exprimer leurs trouvailles. Traditionnellement, c'était la poésie qui traduisait le moi intime de l'auteur, mais de Lamartine à Baudelaire la poésie reste incapable de se dégager d'une rhétorique qui entravait l'expression de la subjectivité pure. La prose, en revanche, avait trouvé, dès Chateaubriand, sa manière d'exprimer le moi. Mais la poésie se libère peu à peu des règles rhétoriques, et dans la dernière partie du XIXe siècle, l'écrivain français a

---

[10] *Au Soleil* (1884), *Sur l'Eau* (1888) et *La Vie errante* (1890).

[11] *Sensations d'Italie* (1892) et *Outre-Mer (Notes sur l'Amérique)* (1895).

[12] *Propos d'exil* (1887), *Japoneries d'automne* (1889), *Au Maroc* (1889), *Fantôme d'Orient* (1892), *L'Exilée* (1893), *Le Désert* (1895), *Jérusalem* (1895), *La Galilée* (1895), *Figures et choses qui passaient* (1898). Il continue au début du XXᵉ siècle avec *Les Derniers jours de Pékin* (1901), *L'Inde (sans les Anglais)* (1903), *Vers Ispahan* (1904), *La Mort de Philae* (1907) et *Un Pèlerin d'Angkor* (1912).

[13] Rappelons qu'à cause de son égotisme, Loti a souvent été présenté comme l'héritier de Chateaubriand, sinon de Lamartine. Voir, par exemple, Léon Barraud, « Causerie littéraire : *Le Désert*, par M. Pierre Loti, » *Le Moniteur Universel* (1ᵉʳ février 1895), Henri Chantavoine, p. 568 et Charles Maurras, « M. Pierre Loti ou l'impressionnisme à l'Académie, » *La Gazette de France* (11 avril 1892), p. 1-2.

[14] Dans *Du Sang, de la Volupté et de la Mort* (1894) trois des cinq composants du livre relèvent du récit de voyage (« En Espagne, » « En Italie, » « Dans les pays du Nord »). Barrès continue au début du XXᵉ siècle avec *Amori et Dolori Sacrum* (1903), *Le Voyage de Sparte* (1906), *Greco ou le secret de Tolède* (1911), et *Une enquête aux pays du Levant* (1923), qui est illustré de photographies.

moins tendance à chercher dans la prose l'occasion de se traduire en mots. Vers la fin du siècle, en effet, c'est surtout dans la poésie qu'il faut chercher cette expression de l'intériorité intime et du désir d'un ailleurs qui pendant l'époque romantique avait été une des raisons d'être du succès du récit de voyage.

Quant à la prose, l'impersonnalité réaliste, illustrée par l'impassibilité flaubertienne, s'oppose d'une manière absolue à la participation du narrateur dans son récit. On a vu cette évolution du subjectif à l'objectif dans le cadre du récit de voyage flaubertien. Dans *Par les champs et par les grèves* (1846), voyage romantique par ses thèmes et son ton, nous avons affaire le plus souvent à un voyageur qui s'épanche devant son lecteur. Quelques années plus tard seulement, dans son *Voyage en Orient* (1850-1851), on remarque un déplacement d'accent. Ici Flaubert s'exerce à exécuter avec concision des descriptions minutieuses, dépourvues de tout engagement subjectif. Les auteurs de la fin du XIXe siècle ont d'ailleurs reconnu que la mode était passée. Par exemple, dans les premiers paragraphes de ce qu'il appelle ses «notes» de voyage, *Sensations d'Italie* (1892), Paul Bourget éprouve le besoin de se justifier ainsi devant ses lecteurs:

> Admettez-vous ce genre aujourd'hui démodé: la description d'un tableau ou d'une statue, toute littéraire et sans document sur le plus ou moins d'authenticité? Pardonnez-vous à un auteur ce «moi» qu'une sévère formule qualifie de haïssable, quoique l'apparente fatuité de la littérature personnelle a du moins cette modestie de ne pas dogmatiser nos sensations?[15]

Avec le statut amateur du voyageur et la description poétique plutôt que scientifique c'est la présence même du moi du voyageur que Bourget se sent obligé d'inclure dans son apologie de son récit de voyage.

L'avènement d'une ère de l'image peut-il expliquer, du moins en partie, ce déclin de l'intérêt porté au récit de voyage chez les auteurs littéraires de la fin du XIXe siècle et surtout du XXe? On peut le penser.[16] C'est surtout la fonction descriptive du récit de

---

15 Paul Bourget, *Sensations d'Italie* (Paris : Alphonse Lemerre, 1892), p. 2.

16 Nous étudions cette question plus en détail dans notre étude « 'Enfin Daguerre vint' : Photography, Travel and the Travel Narrative in Nineteenth-Century France, » *Rivista di Letteratura moderne e comparate*), vol. XLIX, No. 2 (aprile-giugno 1996), p. 175-201.

voyage que la photographie semble apte à remplacer. Déjà en 1842 Jules Janin affirmait dans les *Excursions daguerriennes* de Noël Lerebours que dans tous les ouvrages rendant compte de l'«ailleurs» la partie verbale devait diminuer. En effet, avec la photographie remplaçant la description, la partie verbale devait se réduire, selon lui, au commentaire des images.

> C'est donc avec toute raison que les plus habiles élèves de M. Daguerre ont été envoyés de toutes parts dans les plus belles et les plus savantes contrées de l'Europe pour en rapporter, représentés dans toute leur vérité, les plus illustres et les plus excellents chefs-d'oeuvre de l'architecture à toutes les époques des beaux-arts. Voilà véritablement comment on doit comprendre la conquête et l'envahissement; puis, la gravure, venant à l'aide de l'invention de Daguerre, et à son tour la description écrite arrivant là pour servir de commentaire à la chose gravée, il en résulte sans aucun doute de tant d'efforts si heureusement combinés, la description la plus complète et la plus parfaite de ces mêmes chefs-d'oeuvre, que jusqu'à présent les hommes même du plus grand talent n'avaient fait qu'indiquer.[17]

Cette prise de conscience de ce nouveau rapport qui se développait entre mot et image se voit également quand Philippe Burty écarte même le commentaire de la photographie pour ne garder que les légendes: «M. Graham envoie de Jérusalem un *Voyage dans les Terres Bibliques*. Que pourrions-nous écrire qui valût les simples légendes qui accompagnent ces vues?»[18] Pour le critique, devant l'image et la seule légende identificatrice, le texte n'a qu'à se taire.

En affirmant que c'était le développement d'une culture fondée sur l'image qui a contribué à diminuer aux yeux des auteurs français de la fin du XIXe siècle et du siècle suivant l'intérêt d'un genre qui a tant fasciné leurs prédécesseurs, nous allons dans le même sens que Paul Valéry. En effet, sur son interrogation de l'influence exercée sur la vie culturelle française dès la découverte de la photographie jusqu'à son époque, Valéry affirme dans un pre-

[17] Jules Janin, « La Place du Peuple (Rome) » dans Noël Lerebours, *Excursions daguerriennes. Vues et monuments les plus remarquables du globe*, 2 vol. (Paris : Rittner et Goupil, 1842), I, s.p.

[18] Philippe Burty, « Exposition de la Société française de photographie, » *Gazette des Beaux-Arts*, Vol. 2 (15 mai 1859), p. 217-218.

mier temps que la photographie semblait «diminuer l'importance
de l'art d'écrire» car «le développement de ce procédé et de ses
fonctions a pour conséquence une sorte d'éviction progressive de
la parole par l'image.»[19] Mais il précise aussitôt que plutôt que
de décourager l'art *d'écrire*, la photographie nuit à l'art de *décrire*.
Suivant le raisonnement de Valéry, l'éclosion de la photographie
serait donc une des causes du déclin du récit de voyage, genre descriptif qui a fait partie des Belles Lettres dès la fin du XVIIIe siècle.
Avons-nous exagéré l'hégémonie de cette culture de l'image
dont nous avons évoqué la naissance? Certes, il est indéniable que
les auteurs de récits de voyage du XXe siècle héritent de leurs devanciers d'une conception du voyage comme rituel personnel. Mais que
la réponse à cette question soit négative devient clair quand on tient
compte du lien étroit qui existe entre le mot et l'image photographique dans les récits de voyage du XXe siècle par des écrivains
reconnus comme auteurs littéraires. En effet, si la première édition
du *Voyage au Congo* (1927) ne comporte pas de photographies, en
1929 la Nouvelle Revue Française réunit ce récit de voyage au
Retour du Tchad pour en donner une édition de luxe, illustrée de
photographies prises par le compagnon de voyage de Gide, Marc
Allegret. De plus, Gide met souvent en scène Allegret en train de
photographier ou encore de filmer. La nouvelle alliance du mot et
de l'image se retrouve de même dans le film tourné par Allegret
lors de leur voyage au Congo, «Scènes de la vie indigène, en
Afrique équatoriale, rapportées par André Gide et Marc Allegret,»
qui a été présenté comme une illustration du récit de voyage de Gide.

    L'Afrique fantôme de Leiris est également illustré de photo-
graphies. De plus, ici l'auteur se met en scène comme photographe
et, à l'instar de Gide, raconte comment ses amis ont cinématogra-
phié certaines scènes. Il est hautement significatif qu'à un moment
donné de son voyage les scènes représentées dans les clichés photographiques semblaient plus vraies pour lui que ce qu'il voyait
autour de lui, tant «l'effet de réel» d'une photographie lui semblait
plus fort que celui créé par les seuls mots. Leiris écrit: «Il faut que
je regarde les photos qui viennent d'être développées pour m'imaginer que je suis dans quelque chose qui ressemble à l'Afrique.»[20]

---

[19] Paul Valéry, « Centenaire de la photographie » dans *Vues*, p. 366.

[20] Michel Leiris, *L'Afrique fantôme*, (Paris : Gallimard, 1981), p. 213.

Le dernier récit de voyage d'un auteur français à être illustré de photographies est le *Journal de voyage au Canada* de Tournier. Son journal de voyage est en fait le fruit d'une collaboration avec le photographe Edouard Boubat. Dans sa «Préface» Tournier explique qu'il a invité Boubat à l'accompagner car il était assuré ainsi «de voir deux fois le Canada,» d'une part de ses propres yeux, d'autre part à travers le Leica du photographe.[21] Ainsi, Tournier nous livre à la fois son journal de voyage, où il se met d'ailleurs en scène comme photographe, et les photographies de Boubat prises en voyage que Tournier commente.

La première édition du *Génie du lieu* (1958) de Butor n'est pas copieusement illustrée de photographies mais une photographie d'une statue égyptienne se trouve néanmoins en face de la page de titre. Plus significatif, la photographie est présente dans le récit dès les premiers paragraphes. Après quelques paragraphes d'introduction, Butor commence son récit à la troisième page du livre examinant les photographies qu'il a rapportées de Cordoue. Ailleurs dans le récit, quand il est en Grèce, il se met en scène comme photographe. Enfin, Butor renonce plus loin à écrire son texte sur Ferrare à cause du fait que les photographies des tableaux de certains peintres qu'il voulait traiter n'étaient pas à sa disposition. Ici l'auteur entame un dialogue avec l'image photographique d'un lieu plutôt qu'avec ce lieu lui-même.

Quant à *Tristes tropiques*, il est significatif que la couverture de l'édition Plon (1955) soit dominée par une photographie d'un jeune indigène brésilien prise par Lévi-Strauss lui-même. D'ailleurs, en s'interrogeant sur le rôle social de l'explorateur moderne, l'anthropologue se demande si les «épices morales» que les «modernes Marco Polo» rapportent pour la société ne sont pas des témoignages «sous forme de photographies, de livres et de récits.»[22] Car, selon lui, les lieux les plus reculés de la terre-l'Amazonie, le Tibet et l'Afrique — «envahissent les boutiques sous forme de livres de voyages, comptes rendus d'expéditions et albums de photographies.»[23] Le métier d'être explorateur semble pour Lévi-Strauss

---

[21] Michel Tournier, *Journal de voyage au Canada* (Paris : Robert Laffont, 1984), p. 10.

[22] Claude Lévi-Strauss, *Tristes tropiques* (Paris : Plon, 1955), p. 26.

[23] Claude Lévi-Strauss, p. 6.

se réduire «à parcourir un nombre élevé de kilomètres et à rassembler des projections fixes ou inanimées, de préférence en couleurs, grâce à quoi on remplira une salle, plusieurs jours de suite, d'une foule d'auditeurs...»[24] Dans sa vision du voyage anthropologique, le commentaire d'images visuelles remplace tout discours scientifique ou touristique.

En revanche, puisque leurs récits de voyage ne sont pas illustrés de photographies, Giono et Gracq paraissent à l'abri de l'influence du cliché photographique. Toutefois, en y regardant de plus près, on constate qu'ils n'ont pas eux non plus échappé à cette influence. Dans le cas de Giono, ceci est on ne peut plus clair au moment de sa visite à Padoue au café Pedrocchi si cher à Stendhal. De nouveau le voyageur se montre en dialogue avec des photographies des lieux visités. Giono écrit: «Il (le café) est exactement tel que le représente la photographie qui est en tête du tome cinquième du journal de Stendhal édité par Honoré Champion.»[25] Ici une image photographique est présentée comme étant si réelle que la réalité elle-même semble en être dérivée, et non le contraire. En effet, Giono ne dit pas que la photographie de l'édition Champion ressemble au café Pedrocchi telle qu'il se présente dans la réalité, mais bien le contraire. Quant à Gracq, à l'instar de Butor il lui arrive de rédiger ses impressions de voyage à partir de photographies.[26] Ainsi, même dans les récits de voyage par les écrivains reconnus comme auteurs littéraires le texte n'est plus l'unique support des impressions de voyage. D'ailleurs, les rééditions au XXe siècle de récits de voyage du passé sont souvent accompagnées de photographies. L'édition de Gabriel Fauré du *Voyage en Italie* de Chateaubriand paru en 1921 est exemplaire de cette pratique.

Il ne saurait être question de suivre ici, par le détail, le rapport entre le mot et l'image photographique dans le récit de voyage du XXe siècle, ni de déterminer jusqu'à quel point les auteurs de récits de voyage continuent ce que Théophile Gautier caractérise comme une «humble mission de touriste descripteur et de daguerréotype littéraire.»[27] Mais nous espérons avoir du moins suggéré

[24] Claude Lévi-Strauss, p. 6.

[25] Jean Giono, *Voyage en Italie* (Paris : Gallimard, 1953), p. 172-173.

[26] Julien Gracq, *Autour des sept collines* (Paris : Corti, 1989), p. 76 et p. 98.

[27] Théophile Gautier, *Voyage en Espagne* dans *Œuvres complètes*, 11 vol. (Genève : Slatkine Reprints, 1978), I, 149.

quelques pistes de réflexion concernant l'influence que cette nouvelle technologie de représentation a pu avoir sur la fortune d'un
genre qui a eu une si grande éclosion au cours du XIXe siècle. En
effet, par les valeurs qui lui sont associées — la spontanéité, et l'authenticité qu'elle suggère — à bien des égards la photographie prend
la relève de l'esquisse à la fois picturale et littéraire.

Il y a un thème que nous n'avons pas encore abordé mais qui
concerne néanmoins étroitement notre propos: c'est le rapport
entre l'esquisse, la photographie et le récit de voyage au niveau
structural. Vu le caractère discontinu et fragmentaire de la photographie instantanée, l'idée que le développement de la photographie a influencé en même temps la perception des voyageurs et la
structure des récits de voyage, elle aussi essentiellement discontinue et fragmentaire, semble à premier abord crédible. Toutefois,
comme Peter Galessi l'a démontré, certains tableaux, et surtout les
esquisses de paysages de Valenciennes, de Constable et de Corot
de la fin du XVIIIe siècle et au début du siècle suivant, présentent
les mêmes points de vue partiaux et arbitraires que l'on associe typiquement à la vision photographique.[28] Ainsi, loin de créer un
nouvel environnement artistique avec de nouvelles habitudes
visuelles et de nouveaux types discontinus de composition, la photographie semble s'ajouter à une convention picturale que les pay-
sagistes avaient commencé à développer dès le début du XIXe
siècle et qui a été continuée par les impressionnistes. Or, cette
convention valorisait le naïf, le relatif, le contingent et le fragmentaire. S'interrogeant sur l'histoire de la représentation par le
biais de la perception, Kirk Varnedoe s'en prend lui aussi à l'idée
que les points de vue obliques et partiels de maints tableaux impressionnistes ont été fortement influencés par la photographie.[29] Il
illustre la manière dont beaucoup de tableaux innovateurs de
Manet, de Caillebotte ou encore de Degas, dotés de points de vue

---

[28] Galessi écrit : « The landscape sketches (and some comparable drawings
and finished paintings [...]) present a new and fundamentally modern pictorial syntax of immediate, synoptic perceptions and discontinuous, unexpected forms. It is
the syntax of an art devoted to the singular and the contingent rather than the uni-
versal and stable. It is also the syntax of photography. » Peter Galassi, p. 25.

[29] Kirk Varnedoe, « The Artifice of Candor : Impressionism and Photography Reconsidered, » dans *Perspectives on Photography*, éd. Peter Walch et Thomas F. Barrow (Albuquerque : University of New Mexico Press, 1986), p. 99-123.

inattendus suggérant la spontanéité de la prise, ont été peints avant, et non après, la parution de l'appareil «Kodak» en 1888. Varnedoe nous rappelle qu'avant le développement du «Kodak,» la plupart des clichés photographiques avaient été très composés et ceci à partir des conventions artistiques académiques qui valorisaient l'ordre et la composition d'un tout.[30] Au moment des premiers appareils photographiques, la photographie instantanée, avec ses points de vue inattendus et son caractère discontinu, n'avait pas été recherchée mais seulement tolérée. La photographie candide, non-posée, n'a donc joué de rôle important qu'après le moment où un grand nombre d'amateurs, sans aucune formation picturale, ont pris des photographies spontanées avec leurs «Kodaks» qui résultaient en accidents de points de vue.[31] Bref, selon Varnedoe, loin de copier servilement les points de vue discontinus de la photographie à la fin du siècle, les impressionnistes les ont anticipés et ceci à cause de leur participation à une vision de la réalité comme multiplicité de détails contingents, relatifs et déterminés par une situation spatio-temporelle particulière que discute Galessi. Ainsi, pour Galessi comme pour Varnedoe, il y a autant de continuité que de rupture entre les esquisses du début du siècle, la photographie, et les tableaux impressionnistes.

Suivant ces critiques, nous ne prétendons pas que les auteurs de récits de voyage du XIXe siècle aient adapté la vision photographique à la littérature. Mais plutôt, comme Galessi et Varnedoe l'ont fait pour l'esquisse picturale, la peinture et la photographie, nous affirmons pour le récit de voyage que ce genre partage avec ces formes d'expression artistique un certain nombre de valeurs — la spontanéité, la naïveté, et l'authenticité de la sensation personnelle et limitée — valeurs privilégiées par l'avant-garde au XIXe siècle, qu'elle soit romantique ou réaliste, et qui informent profondément l'expression artistique du XXe siècle. Toutes ces formes d'expression, tant verbales que visuelles, attestent dès le début du XIXe siècle de l'établissement d'un nouveau paradigme culturel, celui du fragment. A nos yeux, dans le développement parallèle du mot d'une part, et de l'image — esquisse picturale autant que

---

[30] A ce sujet, voir aussi Jacques Aumont, *L'Œil interminable* (Paris, Séguier, 1989), p. 74-79 et p. 84-88.

[31] En fait, la grande révolution de la photographie « impromptue » a eu lieu encore plus tardivement, à partir de 1928, grâce aux travaux de l'Allemand, Salomon.

photographie — de l'autre, il y a plus coïncidence que causalité d'effets.

Un fait reste frappant: la textualité de bon nombre de récits de voyage écrits par les auteurs littéraires du XXe siècle est profondément discontinue et fragmentaire. En effet, rejetant complètement la forme épistolaire et, en grande partie, celle du récit, maints auteurs préfèrent publier leurs carnets de voyage. Par là, ils semblent nier la nécessité d'un deuxième temps dans le processus créateur où la réflexion interviendrait pour produire une forme achevée. Pour expliquer le refus des auteurs du XXe siècle de composer des portraits et des paysages dans leurs récits de voyage, on peut citer la diffusion au XXe siècle de photographies candides, ou encore la rapidité de succession des images cinématographiques. Pierre Masson pour sa part évoque les images fragmentées que l'on voit grâce à la vitesse d'un voyage en train ou en voiture pour expliquer la forme fragmentée de l'écriture en voyage de Gide.[32] Mais poursuivre cette approche historique et sociologique dépasserait les limites de cette étude.[33] Sans nier l'importance de ces faits culturels dans l'acceptation du paradigme culturel du fragment, soulignons l'essentiel de ce que nous avons essayé de démontrer dans cet essai: c'est que le désir de représenter l'instantané et l'accidentel et de capter la première impression par

[32] Voir Pierre Masson, *André Gide, voyage et écriture* (Lyon : Presses Universitaires de Lyon, 1983), p. 56-59. Pour une discussion du rôle du chemin de fer dans les changements dans la perception spatio-temporelle voir aussi Jacques Aumont, p. 44-45. C'est Osbert Sitwell, auteur de *Winters of Content and Other Discursions on Mediterranean Art and Travel* (1950) et *Discursions on Travel, Art and Life* (1952) qui offre peut-être la meilleure preuve de l'influence de la rapidité de locomotion et l'écriture. Dans sa préface il explique son néologisme affirmant qu'une « discursion » is a word of my own minting, coined from *discourse* and *discursive*, and designed to epitomize the manner in which a traveler formulates his loose impressions, as, for example, he sits in a train, looking out [the] window, and allows the sights he so rapidly glimpses, one after another, to break in upon the thread of his interior thoughts. It is an attempt, in fact, to find a new name for a particular kind of essay, that unites in the stream of travel and direction many very personal random reflections and sentiments. » Osbert Sitwell, *Winters of Content and Other Discursions on Mediterranean Art and Travel* (London : Gerald Duckworth & Co., Ltd., 1950), p. 9.

[33] A cet égard voir notre étude « 'Enfin Daguerre vint' : Photography, Travel and the Travel Narrative in Nineteenth-Century France. »

la «rhétorique du spontané,» présentée comme plus sincère que le style soigné et la forme achevée, est un trait fondateur du genre dès le XVIe siècle.

Ainsi, l'écriture en voyage de Gide ne pourra être bien comprise que mise en rapport avec celle de tous ses devanciers des siècles précédents. Dans la préface de son voyage en Algérie, *Le Renoncement au voyage* (1906), Gide se situe explicitement par rapport aux auteurs littéraires du XIXe siècle qui ont écrit des récits de voyage et qui, tout en respectant la tradition du «style simple,» cherchaient à doter leurs ouvrages d'une dimension littéraire en introduisant un certain fini, très variable nous l'avons vu, dans le style ou dans la forme. Il écrit:

> J'emportai des cahiers que je voulais remplir de documents précis, de statistiques...
>
> Sont-ce bien ces cahiers que voici?
>
> De retour en Normandie, du moins cherchai-je à les remanier en vue d'un tout plus homogène. Mais, lorsque je les relus, je compris que leur élan faisait peut-être leur seul mérite, et qu'un apprêt, si léger fût-il, y nuirait.
>
> — Je les publie donc sans presque y changer un seul mot.[34]

Le «feu,» ou, selon ses mots, l'«élan» d'un processus de création spontané propre à l'esquisse l'emporte à ses yeux sur l'ordre et l'achèvement textuel. A la lumière de ces propos, l'idéal du «tout plus homogène,» valeur classique dont les auteurs voyageurs du XIXe siècle gardaient la nostalgie, diminue au profit de celui de la sincérité. Ici Gide semble préférer l'authenticité connotée par la note brève, prise sur le vif, à l'effet esthétique produit par un récit composé et relié que recherchait le néo-classicisme. Toutefois, selon Louis-Martin Chauffier, une fois retourné en France, Gide a complètement réécrit les notes de voyage prises en Algérie.[35] Mais voici l'essentiel: il leur a gardé l'*impression* d'une rédaction spontanée. Certes, à l'instar de tous les auteurs de récits de voyage du XIXe siècle, Gide semble donc croire à un deuxième temps de création pendant lequel la prose apparemment improvisée serait

[34] André Gide, *Œuvres complètes d'André Gide*, 15 vol. (Paris : Nouvelle Revue Française, 1932), IV, 242.

[35] André Gide, IV, X.

dotée d'un certain degré de fini. Mais le *degré* de fini qui, aux yeux de Gide, était nécessaire avant que son texte ne mérite de voir le jour est moindre qu'il ne l'était pour ses prédécesseurs au XIXe siècle.

Un échantillon de l'écriture du *Renoncement au voyage* de Gide illustre jusqu'à quel point Gide était tiraillé entre l'achèvement formel et stylistique associé à une notion traditionnelle de la littérature et une «rhétorique du spontané» propre à l'esquisse:

> 7 heures
> Devant nous ces lointaines céruléennes montagnes, dont nous nous rapprochons lentement, deviennent lentement moins azuréees et semblent, flottant moins transparentes, plus réellement se poser. Et longuement l'oeil interrogateur écoute comment un ton bleu passe au rose, puis du rose au fauve, à l'ardent.
> Chotte infini du Hodna, dont l'argileuse étendue s'éraille. A peine, au loin, de-ci, de-là, quelques touffes de jonc formant verrues. Plus loin, de l'eau; du moins, sa fallacieuse apparence.
> 9 heures.
> Nuage! qui ce matin, du bord du ciel, montais comme un flocon d'étoupe, est-ce toi qui, grandi, pareil à la nuée d'Elie, maintenant envahis le ciel? — Hélas! hélas! tu porteras plus loin ton abondance d'eau, sans en rien verser sur cette terre, et la plante et la bête assoiffées ne recevront de toi, vers midi, que le rafraîchissement d'un peu d'ombre.
> 11 heures
> Sous la lumière immodérée le mirage à présent s'amplifie. Eaux vives, jardins profonds, palais, c'est, devant l'inexistante réalité, comme un poète dénué, le désert impuissant qui rêve.[36]

Malgré la textualité discontinue et le style inachevé, ces fragments sont hautement poétiques. C'est tout d'abord grâce à la personnification, présente dans les trois fragments, dominant surtout les deux derniers, que l'effet esthétique est produit. C'est aussi par l'inversion inhabituelle que Gide crée un effet poétique, comme les segments «ces lointaines céruléennes montagnes» et «l'argileuse étendue» l'attestent. Ainsi, Gide crée ici une «esquisse littéraire» où plaisir esthétique et textualité discontinue et inachevée se confondent. Il est notable toutefois que la textualité du carnet est beaucoup moins suivie que les récits de voyage du XIXe siècle que nous avons exa-

---

[36] André Gide, IV, 260-261.

minés. De la sorte, tout en recherchant un certain nombre d'effets de style, en comparaison avec ses prédécesseurs Gide manifeste une plus grande sensibilité à la puissance de suggestion de la prose lacunaire. Plus tard, dans son *Voyage au Congo* (1927), Gide affirme ne pas même avoir essayé de retoucher ou de compléter ses cahiers écrits en voyage afin de leur garder toute leur authenticité. Il s'insère encore plus explicitement dans la tradition plus ancienne du «style simple» que nous avons discutée dans notre premier chapitre. Gide écrit:

> Je laisse ces notes telles quelles et m'excuse de l'informe aspect qu'elles doivent à ma fatigue. J'ai craint en m'efforçant de les récrire, de leur faire perdre cet accent de sincérité qui sans doute fait leur seul mérite.[37]

Niant la valeur esthétique de son ouvrage encore plus complètement qu'en 1906, il souligne ici l'importance de la sincérité que l'informe et l'inachevé véhiculent. Or, la signification de ce type de remarque pour l'histoire littéraire réside dans le fait qu'à l'inverse du marin ou de l'explorateur du XVIe ou du XVIIe siècle, c'est un écrivain reconnu comme auteur littéraire qui épouse pleinement la «rhétorique du spontané.»

Un examen de l'écriture de Gide dans le *Voyage au Congo* confirme une absence apparente de recherche d'effets esthétiques. Nous reproduisons en exemple deux entrées de journal:

> Bosoum, 12 Décembre
> Ciel ineffablement pur. Il me semble que jamais, nulle part, il n'a pu faire plus *beau*. Matin très frais. Lumière argentée; on se croirait en Ecosse. Une légère brume couvre les parties les plus basses de la plaine. L'air est suave, agité doucement; sa fuite vous caresse. Je laisse Marc cinématographier un feu de brousse et reste tranquillement assis en compagnie de Goethe.
>   13 Décembre
> Toujours sans auto, sans nouvelles de Lamblin. Que faire? Attendre. Le temps est splendide; le ciel ne peut être plus pur, plus profond; la lumière plus belle; l'air plus tiède à la fois et plus vif... Achevé la première partie des *Affinités*, et parcouru quantité de *Revue de Paris*. Morel va mieux. Les vomissements ont enfin cédé à la piqûre de morphine que nous lui avons faite hier soir.[38]

---

[37] André Gide, XIV, 197.
[38] André Gide, XIII, 281.

Encore plus que dans *Le Renoncement au voyage*, cet extrait tiré du *Voyage au Congo* montre que Gide renonce aux techniques stylistiques, s'éloignant ainsi de l'esthétisme associé traditionnellement à la littérature. Par exemple, le segment «sa fuite vous caresse» dans la première entrée citée est tout ce qui reste de la technique de la personnification qui a joué un rôle si important dans l'extrait de son récit de voyage de 1906 que nous avons déjà examiné. En acceptant de rendre publiques des impressions consignées en brèves notations discontinues, Gide épouse encore plus complètement que les auteurs du XIXe siècle cette «rhétorique du spontané» selon laquelle une textualité inachevée associée à la saisie brute de sensations et de pensées l'emporte sur la finition stylistique ou l'achèvement formel. Faisant paraître de son vivant un tel texte, Gide contribue ainsi à faire disparaître cette différence entre «esquisse verbale» et «esquisse littéraire» que nous avons située au plan stylistique et formel. Cette évolution dans l'écriture de Gide va de pair avec la promotion du journal intime au statut de genre littéraire au début du XXe siècle. En effet, si l'on publie de 1860 à 1910 des journaux intimes écrits pendant la première moitié du XIXe siècle, selon Alain Girard le journal intime ne prend «définitivement les caractères d'un genre reconnu comme tel» qu'au moment où des écrivains «publient eux-mêmes des fragments étendus de leur propre journal» à partir de 1910 à 1920.[39] En partie grâce à la fortune de ce nouveau genre, au début du XXe siècle l'inachèvement et le manque d'élaboration stylistique et formel n'excluent pas, et parfois déterminent, la «littérarité» d'un ouvrage.

Avant de quitter Gide, notons entre parenthèses que dans *Le Retour au Tchad* Gide critique l'habitude de Marc Allegret de filmer les travaux et les jeux des indigènes comme autant de tableaux ou de scènes. De son optique, en arrangeant de cette manière leurs activités on perd «le geste naïf, exquis, ininventable» et «irrefaisable» et il conclut: «Tout ce que l'on dicte est contraint.»[40] Pour garder la grâce et le naturel, il aurait préféré braquer l'appareil sur les indigènes pendant qu'ils s'occupaient tout naturellement de leurs affaires. Or, cette volonté de privilégier le naturel, ce refus de l'artifice et du factice, est ce que l'on voit dans l'écriture apparemment spontanée de son journal de voyage.

[39] Alain Girard, *Le journal intime*, p. 88.
[40] André Gide, XIV, 98-99.

La perception de son récit de voyage, *L'Afrique fantôme*, que Michel Leiris donne à plusieurs reprises, fait écho aux propos de Gide et à sa pratique d'écriture en voyage par bien des égards. Dans l'«Avant-propos» écrit en 1951 à *L'Afrique fantôme*, Leiris affirme, par exemple, que le «sens» du carnet de route qu'il présente au public «est précisément d'avoir été un *premier jet*.»[41] Leiris déclare avoir publié son journal «pratiquement sans retouches»; des «coquilles, des négligences d'orthographe ou [...] de menues erreurs d'écriture» ont seules été éliminées.[42] Dans le projet de préface qu'il écrit lors de son voyage, il affirme préférer publier «ces notes,» un journal intime de ses impressions en voyage, «au lieu de faire paraître un roman d'aventures ou un essai de vulgarisation ethnographique.[43] Il refuse les développements détaillés; de plus «Je décris peu» affirme-t-il.[44] Cherchant la vérité dans l'immédiateté de l'impression, il qualifie son ouvrage de «succession de flashes relatifs à des faits subjectifs aussi bien qu'à des choses extérieures...»[45] C'est ainsi qu'il espère «parvenir au *maximum de vérité*» car, selon lui, c'est «en portant la subjectivité à son comble qu'on atteint l'objectivité.»[46] Dans *Brisées*, Leiris réexplique sa décision de ne pas composer un livre sur son expérience africaine: «soucieux avant tout de donner un document aussi objectif et sincère que possible,» il affirme préférer publier son carnet de route «où sont notés pêle-mêle les événements, observations, sentiments, rêves, idées...»[47] Evidemment, il se peut que Leiris ait en réalité revu son journal et que ce qu'il nous offre ne soit pas réellement le premier état de ses «notes.» Mais retenons l'essentiel: il tâche à de nombreuses reprises de convaincre le lecteur que celui-ci a affaire à des notes prises naïvement au jour le jour. Ainsi Leiris

---

[41] Michel Leiris, *L'Afrique fantôme*, p. 12.

[42] Michel Leiris, *L'Afrique fantôme*, p. 11.

[43] Michel Leiris, *L'Afrique fantôme*, p. 264. Il refuse de qualifier son ouvrage de récit de voyage puisque pour lui c'est un texte qui vise des touristes, « [e]n somme, travail pour les bibliothèques de gare ou pour l'agence Cook. » Michel Leiris, *L'Afrique fantôme*, p. 266.

[44] Michel Leiris, *L'Afrique fantôme*, p. 264 (projet de préface).

[45] Michel Leiris, *L'Afrique fantôme*, p. 9.

[46] Michel Leiris, *L'Afrique fantôme*, p. 264 (projet de préface).

[47] Michel Leiris, « *L'Afrique fantôme* » dans *Brisées*, p. 55.

continue cette tradition établie au XVIe siècle selon laquelle une écriture spontanée des impressions de voyage constitue le garant le plus sûr de leur authenticité, le souci d'ordre et de liaison n'ayant d'autre effet que de masquer l'auteur. Si les auteurs littéraires du XIXe siècle ont prôné dans leurs préfaces un processus de création spontané et les valeurs associées à l'«esthétique de l'esquisse,» notre étude a démontré que dans la pratique de l'écriture ils ont cherché en fait à donner à tous leurs récits du moins un certain degré d'achèvement stylistique ou formel. Mais Leiris, encore plus que Gide, se distingue d'eux dans la mesure où il fuit les effets de style et semble réellement nous livrer la notation fragmentaire de l'instantané. Cet extrait tiré de *L'Afrique fantôme* de Leiris à la date du 14 juin est exemplaire de l'écriture de ce récit de voyage:

> 7h 40: départ. Les âniers, naturellement, ayant demandé hier eux-même à partir, ce matin ne sont plus pressés. Cheminé quelque temps avec le Suisse déjà rencontré à Abay, lorsqu'il accompagnait à Gallabat son compatriote le vieux pasteur; il en revient maintenant.
>
> Tunnels de verdure. Il faut se coucher sur l'encolure, jouer à cache-cache avec les branches. M'attardant derrière mes ânes, je laisse le Suisse filer devant.
>
> Sentier à fleur de précipice, incessant serpentement. La vue perce. On circule à travers des caps et des isthmes.
>
> 12h 10: étape à Sabasguié, point d'eau. Le Suisse l'a dépassé. J'en suis content. Mais peu de temps après moi arrivent Hayla Sellasié, la femme prognathe, la chaise cannée portée à tête d'homme, la tente comique de cotonnade blanche et toute la maisonnée.
>
> Grande pluie. Déjeuner d'une conserve de poisson quelconque et d'une galette au piment faisant partie du *dergo* donné hier soir à nos gens par le chef du village voisin. Pas rasé depuis trois jours. Sentiment enivrant de vivre comme une punaise ou un termite.
>
> Pourtant, cet après midi, je vais me raser...Je me rattraperai, il est vrai, en me contentant d'un potage pour dîner. Pensé beaucoup à Z., à l'amour en général, à la poésie.
>
> Mes bottes sont boueuses, mes cheveux longs, mes ongles sales. Mais je me plais dans ce fumier, tout ce que j'aime y devenant tellement pur et tellement lointain.[48]

Dans cet extrait exemplaire, sa façon d'écrire, souvent brusque, éruptive, et dépourvue de toute finition stylistique, est apparemment dûe

[48] Michel Leiris, *L'Afrique fantôme*, p. 355-356.

à un geste spontané. Sur les seuls plans stylistiques et formels, *L'Afrique fantôme* semblerait ainsi mériter l'appellation d'«esquisse verbale.» Mais les nombreuses études de ce récit de voyage par des critiques littéraires démontrent que cet ouvrage n'est pas considéré comme étant «en deçà» de la littérature. Le fait qu'un récit de voyage dont le «style simple,» voire fragmentaire, qui rappelle celui de certains marins des siècles passés, est néanmoins accepté comme littéraire, illustre comment au XXe siècle la «littérarité» dépend moins qu'aux siècles passés de la perfection stylistique ou formel. En effet, avec l'acceptation de plus en plus généralisée de l'expression discontinue et fragmentaire, la distinction entre «esquisse verbale» et «esquisse littéraire» se situe sur d'autres plans.

Précisons. Les journaux de voyage apparemment non remaniés comme *L'Afrique fantôme* de Leiris ou encore le *Journal de voyage au Canada* de Tournier sont bien des «esquisses littéraires» et pas seulement des «esquisses verbales» pour deux raisons. D'une part, la dépréciation de la finition stylistique et de l'achèvement formel comme éléments déterminant la «littérarité» d'un texte, que les récits de voyage du XIXe siècle que nous avons étudiés préparent, permet l'élargissement du système générique. En effet, avec le journal intime, le journal de voyage, tout fragmentaire et discontinu qu'il soit, est promu à un nouveau statut pleinement littéraire. Quand des auteurs littéraires acceptent de publier des carnets de voyage apparemment dépourvus de toute mise au net en vue de la création d'une forme achevée, une autre étape vers l'établissement du fragment comme paradigme culturel est franchie.

D'autre part, les effets sémantiques s'ajoutent aux effets formels pour différencier les «esquisses verbales» des explorateurs et des marins du XVIe ou du XVIIe siècle des «esquisses littéraires» des auteurs du XXe siècle. Lire Gide ou Tournier racontant et méditant sur leurs sensations en voyage comme sur leurs rencontres et lectures constitue une expérience infiniment plus enrichissante que de lire un marin, dans la même sorte de prose spontanée, qui parle des vents et des marées.

C'est en partie sous l'influence des sciences sociales que la «littérarité» des récits de voyage tend au XXe siècle à se déplacer pour se situer davantage sur le plan sémantique. Ainsi, la dimension autobiographique, voire psychanalytique de *L'Afrique fantôme* intéresse certains critiques littéraires, tandis que la quête du sacré ou de l'altérité en préoccupent d'autres.[49] Le contenu du récit de voyage tend donc à remplacer la perfection stylistique et formelle comme élément déterminant de sa valeur littéraire. Certes, au XIXe siècle, nos analyses l'ont démontré, la valeur littéraire d'un récit de voyage dépendait aussi de sa richesse sémantique. Mais à l'encontre du XXe siècle, la perfection formelle et stylistique jouaient un rôle important en établissant leur «littérarité.»

Leiris lui-même reconnaît cette évolution dans la conception de ce qui est littéraire. En effet, il affirme être parti en Afrique «en désirant tourner le dos» à l'«esthétisme»

> ...mais il se trouve que le journal de route que je m'étais astreint à tenir [...], ce journal publié presque sans retouches peu après mon retour aura été en fait le livre à partir duquel j'ai été édité autrement que de façon quasi-confidentielle, celui en somme qui m'a situé comme écrivain professionnel. L'effort que j'avais fait pour m'éloigner de la chose littéraire aura donc eu un résultat inverse...[50]

Comme le reconnaît Leiris, non seulement la littérature du XXe siècle tolère l'expression fragmentaire: souvent elle la recherche. Leiris ne laisse pas non plus sans commentaire la dimension sémantique de son récit de voyage. C'est dans *Brisées* que l'écrivain parle de lui-même à la troisième personne en tant qu'auteur de *L'Afrique fantôme* pour caractériser d'avantage son récit de voyage. C'est après avoir avoué l'échec de sa tentative d'évasion, et sa conclusion que ce n'est qu'en Occident qu'un Occidental puisse se réaliser qu'il affirme:

> Tel est le schème de l'ouvrage que l'auteur aurait peut-être écrit, s'il n'avait préféré, soucieux avant tout de donner un document aussi objectif et sincère que possible, s'en tenir à son carnet de route et le publier simplement.

---

[49] Voir, par exemple, Michel Beaujour, « Les équivoques du sacré : Michel Leiris et *L'Afrique fantôme* » dans *L'Occhio del viaggiatore*, éd. Sandra Tevoni (Florence : Leo S. Olschki, 1986), p. 165-176 ; Vincent Kaufmann, « Michel Leiris : 'on ne part pas,' » *Revue des sciences humaines*, Vol. 90, No. 214 (avril-juin 1989), p. 145-162 ; Catherine Maubon, « Evasion et mélancolie dans *L'Afrique fantôme* » dans *L'Occhio del viaggiatore*, p. 147-163 et Jean Pierrot, « *L'Afrique fantôme* de Michel Leiris ou le voyage du poète et de l'ethnographe » dans *Les récits de voyage*, p. 189-214.

[50] Michel Leiris, *Fibrilles* (Paris : Gallimard, 1966), p. 86.

Le long de ce journal où sont notés pêle-mêle les événements, observations, sentiments, rêves, idées, ce schème est perceptible, au moins à l'état latent.

Au lecteur de découvrir les germes d'une prise de conscience achevée seulement bien après le retour, en même temps qu'il suivra l'auteur à travers hommes, sites, peripéties, de l'Atlantique à la Mer Rouge.[51]

A l'instar de Gide, Leiris affirme vouloir privilégier l'expression spontanée caractéristique à l'esquisse. Chez ces deux auteurs, en effet, la sincérité est affichée, mais à l'opposition de Gide, Leiris reconnaît explicitement le lecteur comme co-créateur du texte. En fait, c'est le lecteur qui achève le texte, en créant un ordre cohérent des fragments qui paraissent «pêle-mêle.» C'est à lui de découvrir et de compléter le schème interprétatif que l'auteur ne fait qu'ébaucher et, sans doute, d'y discerner également d'autres idées «en germe.»[52] Ainsi, l'idéal classique du tout achevé ne disparaît pas tout à fait; la différence réside dans le rôle accordé au lecteur, celui-ci étant plus passif dans l'esthétique classique, où il contemple un tout signifiant déjà accompli, et plus actif dans l'esthétique moderne du fragment, où il cherche à créer un tout lui-même.

Pour conclure ce rapide tour d'horizon de l'écriture du récit de voyage au XXe siècle, considérons brièvement le dernier récit de voyage à paraître sous la plume d'un auteur littéraire français. C'est *Autour des sept collines* (1989) de Julien Gracq. Si la forme de ce récit de voyage n'est plus celle du journal adoptée par Gide, par Leiris, et par Tournier, elle est néanmoins profondément fragmentaire. En effet, les impressions de voyage de Gracq, qu'elles soient rédigées «sur le motif» «A Rome» ou «Loin de Rome,» prennent la forme de petites bribes textuelles d'un ou de deux paragraphes séparées par des étoiles. En voici un exemple:

Via Marguetta — la rue des peintres — à l'ombre des escarpements qui bordent le Pincio. Presque déserte, avec ses ateliers,

---

[51] Michel Leiris, « *L'Afrique fantôme* » dans *Brisées*, p. 55.

[52] Jean Rousset a raison de remarquer qu'un journal de voyage, ayant un début et une fin clairement marqués, se prête encore mieux que le journal intime à une interprétation totalisante. Voir Jean Rousset, « Le *Voyage au Congo* de Gide », dans *L'Occhio del viaggiatore*, p. 51-52.

ses remises au vantail grand ouvert dans la somnolence de l'après-
midi, elle me faisait songer, non au Montmartre ou au Montparnasse
de Picasso ou de Pascin, mais plutôt, avec ses communs et des écu-
ries, aux arrières de quelque faubourg St-Germain un peu décati.
Un fragment de la Rome de 1900, de la Rome de Puccini et de Crispi,
s'est conservé dans l'ombre portée de la falaise du parc; il me
semblait que tous les fiacres de Rome devaient avoir dans cette voie
de garage silencieuse leur remise de nuit.

J'ai retrouvé dans un roman de Moravia: *L'Ennui*, l'atmosphère
de somnolence et de délaissement un peu subalterne particulière à
cette rue feutrée, si inattendue à deux pas de la place d'Espagne et
de la place du Peuple. Elle s'accorde à l'héroïne du livre, margi-
nale, de médiocre et assez commune étoffe, mais à qui son goût du
silence et sa conversation de peu de mots prêtent un piquant de mystère pauvre, et même une sorte de distinction. Et j'aurais peut-être
attaché peu de prix à ce roman, dont le principal mérite est d'être
écrit continûment *sotto voce*, si je n'en avais connu le quartier et
la rue.[53]

Diverses remarques s'imposent. Notons tout d'abord que son statut d'esquisse est déterminé par le fait que nous avons affaire à un
seul sujet — la Via Marguetta — et à une seule impression, une
atmosphère de somnolence propre à la Rome de 1900, dont la Via
Marguetta constitue un «fragment.» Dans la juxtaposition de ce
genre de bribes le récit de voyage de Gracq, non moins que les journaux de Gide, de Leiris ou de Tournier, produit un éclatement textuel où l'ensemble, le fini, sont rejetés. A sa brièveté et à son
agencement discontinu s'ajoute son style, simple, et parfois sténographique. On y constate ainsi un refus d'écrire ces morceaux
de bravoure descriptifs, détaillés, achevés, grâce auxquels tant
d'auteurs de récits de voyage du XIXe siècle ont souvent cherché
à donner une dimension esthétique à leurs récits de voyage. Ainsi
Gracq, non moins que beaucoup de ses prédécesseurs au XXe
siècle, privilégie la notation brève, voir fragmentaire, qui respecte
l'expérience contingente du vécu.

On constate depuis une quinzaine d'années un renouveau d'intérêt porté au récit de voyage.[54] En effet, de nouvelles collections

[53] Julien Gracq, p. 97-98.

[54] Les articles de journal retournent souvent à ce développement. Voir, par
exemple, Jean-Louis Perrier, « Excédent de voyages, » *Le Monde* (17 août 1991),

de rééditions et de traductions de récits d'expéditions, d'aventures et de voyages classiques foisonnent. Portant un nouvel intérêt à l'«écriture rapide, jetée, pas encore retravaillée,» on publie en particulier des carnets de voyages laissés inédits par leurs auteurs.[55] Mais la mode ne se limite pas aux récits de voyages d'antan.

Michel Le Bris s'érige en chef de file d'écrivains voyageurs qui voit dans le *travel writing* un moyen de renouveler la littérature après la déception face aux idéologies ou encore à ce que les sciences humaines ou la linguistique pouvaient leur offrir.[56] Une pléthore de nouveaux récits de voyages et de nouvelles collections ayant trait au voyage paraissent. Des maisons d'éditions spécialisées se sont créées, on lance une revue, *Gulliver*, on fonde le Festival de Saint-Malo «Etonnants voyageurs» et les librairies spécialisées se multiplient.[57] Le recul temporel qui nous permettra de juger si cette mode sera durable nous manque. Reste à voir surtout si l'écriture inspirée par la rencontre de l'Autre continuera l'«esthétique de l'esquisse,» et la «rhétorique du spontané» qui en découle, que nous avons essayé de décrire dans cette étude.

p. 8, Bertrand Le Gendre, « Le printemps des écrivains voyageurs, » *Le Monde* (7 février 1992), p. 26 et Nicole Zand, « J'écris, donc je marche, » *Le Monde* (8 mai 1992), p. 32. Pour une discussion de ce phénomène, voir Adrien Pasquali, p. 1-13.

55 Claire Paulhan à propos de la nouvelle édition des *Carnets de voyage (1856-1857)* de Herman Melville dans « Le voyage en Orient de Melville, » *Le Monde* (23 juillet 1993), p. 11.

56 « Nous savons, aujourd'hui un peu mieux qu'hier, de quoi meurt la littérature : de s'être faite la servante des idéologies, sous le prétexte de l'engagement, de se noyer dans le trop-plein de soi, sous le prétexte de psychologie, ou, à l'inverse, de se satisfaire de n'être plus que « littérature » : jeux de mots. Lui reste peut-être, pour retrouver son sens, ses énergies, après des décennies d'asservissement au Signe-Roi, à *retrouver le monde*. » Michel Le Bris dans A. Borer et al, *Pour une littérature voyageuse* (Paris : Editions Complexe, 1992), p. 140.

57 Voir Ann Crignon, « Les rayons du voyage, » *Le Monde* (12 décembre 1992), p. 30.

CONCLUSION

> Hastez-vous lentement, et sans perdre
> courage,
> Vingt fois sur le mestier remettre vostre
> ouvrage.
> Polissez-le sans cesse, et le repolissez.
> Ajoutez quelque fois et souvent effacez.
>
> Boileau
> «L'Art poétique»[1]
>
> Il y a de belles choses qui ont plus d'éclat
> quand elles demeurent imparfaites que quand
> elles sont trop achevées.
> La Rochefoucauld
> *Maximes*[2]

Par l'analyse de l'écriture de cinq récits de voyage représentatifs du XIXe siècle, et, plus brièvement, de l'écriture de récits de voyage avant et après cette époque, nous avons cherché dans les pages précédentes à définir à la fois la spécificité littéraire d'un genre et à illustrer comment le récit de voyage a préparé la valorisation moderne du fragment littéraire. La notion de la possibilité d'une exploitation littéraire du récit de voyage, née, nous l'avons vu dans notre premier chapitre, au XVIIIe siècle, a été en

---

[1] Boileau, *Œuvres complètes* (Paris : Gallimard, 1966), p. 161.

[2] François de La Rochefoucauld, *Œuvres complètes*, éd. L. Martin-Chauffier (Argenteuil : Nouvelle Revue Française, 1935), p. 347. Identifiée comme « Maxime 262 » dans l'édition des *Maximes* parue en 1665, il est notable pour l'histoire du classicisme et du fragment littéraire qu'elle sera supprimée dans les éditions ultérieures.

effet adoptée par tous les auteurs du XIXe siècle que nous avons étudiés. Mais conscients de la tradition générique plus ancienne du «style simple,» nous les avons vus tous tiraillés entre, d'une part, les valeurs de sincérité et d'authenticité inhérentes à l'«esthétique de l'esquisse,» et, de l'autre, le désir de créer une oeuvre d'art résultant d'un travail stylistique et formel soutenu. En effet, les récits de voyage de chacun de nos auteurs sont demeurés, nous l'avons vu, un lieu de tension, et parfois de coïncidence, entre forme et informe, entre discours discontinu et discours «achevé,» entre «rhétorique du spontané» et rhétorique du travail volontaire.

Cette tension entre «esquisse» et «littérature» existe tout d'abord au sein d'un seul récit de voyage. Ainsi, dans le cas de Chateaubriand nous avons vu comment «Tivoli et la Villa Adriana» est beaucoup plus formellement et stylistiquement élaboré que le fragment de journal intitulé «Promenade dans Rome au clair de lune.» De même, un fini variable existe entre les différents récits de voyage considérés. Par exemple, nos analyses de la «Lettre Trente-Huitième» du *Rhin* et des «tableaux» de Fromentin ont illustré des segments de récits de voyage qui sont soit très «esquissés,» soit très «achevés.» Notre étude a démontré que cette tension entre «esquisse» et «littérature» peut exister aussi à l'intérieur du corpus de récits de voyage d'un seul auteur. De la sorte, dans son *Voyage en Orient* Flaubert a accepté une expression spontanée et fragmentaire qu'il a refusée dans *Par les champs et par les grèves*, le récit de voyage qui de tous ceux que nous avons étudiés a sans doute coûté le plus de travail à son auteur.

Plus important que l'existence, à différents niveaux, de la tension entre «esquisse» et «littérature,» est l'évolution que nous avons discernée dans l'acceptation de la notion qu'un récit de voyage puisse être discontinu et fragmentaire, mais néanmoins définitif. Un examen du métadiscours associé aux récits de voyage étudiés a révélé que chacun de nos auteurs a accepté en principe l'écriture naturelle et spontanée propre à l'«esthétique de l'esquisse.» Mais une analyse de leur écriture a démontré que leur acceptation était de fait très variable. Chateaubriand est l'initiateur, témoignant pour les écrivains qui le suivront qu'inachèvement et littérature ne doivent pas s'opposer. Hugo est exemplaire de tous les auteurs qui, à la suite de Chateaubriand, ont accepté d'écrire et de publier des récits de voyage marqués par différents degrés d'achèvement — Nodier, Stendhal, Lamartine, Gautier et Sand, pour n'en citer que quelques-uns. L'écrivain voyageur romantique hésitera souvent entre la fidélité à la tradition d'une expression simple et le désir de faire du voyage, par l'emploi d'un langage non-instrumental, une source de jouissance esthétique. A cause de la textualité souvent discontinue et fragmentaire de leurs récits de voyage les lecteurs seront portés à croire à la spontanéité de leur production en même temps qu'ils subissent le charme de leur prose.

C'était pour Flaubert, chez qui l'art — entendre la perfection formelle — était la seule vraie religion, que la notion d'un récit de voyage «littéraire» était la plus problématique. En effet, malgré le fait que de tous les auteurs étudiés c'est lui qui a sans doute le plus travaillé son récit de voyage, *Par les champs et par les grèves*, il n'a pas toutefois estimé ce récit de voyage digne de voir le jour de son vivant, pas plus d'ailleurs que les autres récits de voyage de sa plume. Mais notre étude de l'écriture des récits de voyage de Fromentin prouve que l'exemple de Flaubert n'a pas été suivi. En dépit des hésitations devant l'expression fragmentaire nées de ses convictions néo-classiques, Fromentin, par exemple, a accepté de publier deux récits de voyage épistolaires où il est arrivé à son propre compromis entre expression spontanée d'une part, et achèvement stylistique et formel, de l'autre.

Comme dans «Promenades dans Rome au clair de lune» de Chateaubriand, Edmond de Goncourt a accepté de publier dans son récit de voyage un texte profondément fragmentaire et pourtant doté d'une dimension esthétique certaine. Si dans *L'Italie d'hier* il existe toujours une tension entre «esquisse» et «littérature,» à un niveau plus profond il y a donc coïncidence entre les deux termes. Ainsi, la textualité discontinue et fragmentaire qui caractérise la «rhétorique du spontané» n'est plus mise en compétition avec la finition stylistique et l'achèvement formel, perçus comme seuls garants de la «littérarité»: ici le fragment devient littéraire. Voilà comment se résoud cette contradiction apparente entre le degré d'élaboration formelle d'un texte et sa valeur littéraire. Dans «Promenades dans Rome au clair de lune» et dans *L'Italie d'hier* la tension binaire entre ces deux éléments s'atténue donc jusqu'à disparaître. Edmond de Goncourt se révèle donc l'héritier le plus direct de Chateaubriand et le précurseur à bien des égards des auteurs de carnets de voyage discontinus et fragmentaires au XXe siècle. Il faut souligner toutefois que l'«écriture artiste» évidente dans maints passages de *L'Italie d'hier*, tout fragmentaires qu'ils soient, révèle des préoccupations stylistiques qui sont le plus souvent absentes, nous l'avons vu, chez les auteurs de carnets de voyage au XXe siècle. Mais un fait reste incontestable: à travers tout le XIXe siècle on voit le passage d'une production littéraire inspirée par l'idéal classique de l'oeuvre harmonieuse et minutieusement achevée, à l'idéal moderne du non-fini, où la dynamique entre présence et absence est fondatrice d'une esthétique qui privilégie l'oeuvre en devenir.

Toutefois, dans une perspective plus large, pour tous les récits de voyage du XIXe siècle que nous avons étudiés les termes «esquisse» et «littérature» existent dans un rapport de *coincidentia oppositorum*. Précisons. Nous avons vu que chacun des auteurs considérés avait une idée différente du degré de finition stylistique et d'achèvement formel nécessaire avant qu'un texte ne mérite d'être publié. Mais à l'exception notable de Flaubert, tous les auteurs étudiés ont accepté de publier leurs récits de voyage qui étaient néanmoins tous, à différents degrés, «esquissés.» Ce faisant, ces textes, qui de la perspective classique ne seraient que des «esquisses verbales,» entrent pleinement dans le système de communication et de réception qu'est la littérature. Une fois publiés, ces récits de voyage quittent le domaine du privé, propre à l'étape prépratoire, pour entrer dans le domaine public, l'institution de la littérature. De ce geste les critères qui déterminent si un texte est «littéraire» ou non s'élargissent. En effet, quand des textes entrent tous dans la «littérature,» notre conception de la «littérarité» et nos attentes esthétiques se trouvent inéluctablement modifées.

Nous avons aussi approfondi notre compréhension de la «littérarité» des récits de voyage écrits par des auteurs littéraires du XIXe siècle par l'étude génétique. En effet, dans notre analyse des carnets de voyage de Hugo et de Fromentin, et du *Voyage en Orient* de Flaubert, nous avons démontré que des textes, qui pour les auteurs du XIXe étaient «en deçà» de la littérature, possèdent une dimension pleinement littéraire pour le lecteur du XXe siècle. Nous avons ainsi cherché à prendre en compte la phénoménologie de la lecture. Si notre interprétation des récits de voyage du XIXe siècle a identifié une dimension littéraire dans des textes qui pour leurs auteurs n'étaient que des «esquisses verbales,» c'est que les attitudes envers l'écriture spontanée et fragmentaire ont évolué entre le siècle passé et le nôtre. Puisque l'écriture des carnets de voyage est apte à produire, chez le lecteur du XXe siècle, des effets esthé-

tiques qu'elle n'avait pas pour le lecteur du XIXe siècle, ces car-
nets méritent l'appellation d'«esquisse littéraire.» Dans notre dernier chapitre nous avons suggéré que le développement de la photographie a sonné le glas du récit de voyage
descriptif. Dans sa capacité à s'ouvrir aux sensibilités indivi-
duelles et traduire le rapport du moi du voyageur avec le monde,
le récit de voyage attire néanmoins l'attention d'un certain nombre
d'auteurs du XXe siècle. Il est significatif que si les formes de la
lettre et du récit épisodique dominent au XIXe siècle, au XXe
siècle c'est le journal de voyage qui l'emporte. Préparés par les
expériences d'écriture des auteurs de récits de voyage au XIXe
siècle, leurs successeurs au siècle suivant semblent apprécier la
valeur et les possibilités expressives d'une forme qui permet une
liberté d'expression qui est encore plus prononcée que dans la
lettre. En effet, nous avons vu qu'ils cherchent moins à produire
un effet esthétique par l'élaboration — si atténuée soit-elle — du
style ou de la forme, qu'à *signifier* la sincérité.

C'est en traduisant à la fois les complexités d'un moi fragmenté
et d'une réalité incohérente que le récit de voyage devient un
espace textuel lui aussi discontinu et fragmentaire. Les auteurs de
récits de voyage au XXe siècle ont ainsi hérité de l'ontologie
romantique. Aux antipodes du moi classique qui se définissait par
rapport à un système de vérités abstraites transcendant l'histoire,
le moi romantique, lui, sous l'influence des bouleversements révo-
lutionnaires, épouse pleinement le devenir dans un espace lui aussi
relativisé. Le monde est donc vécu comme rupture et non pas
comme ordre continu, comme fragment, et non pas comme totalité. La seule vérité étant la réalité des perceptions, sentiments et
pensées individuels, tout moyen d'expression qui permet l'exploration et la transmission de l'expérience humaine se trouve ainsi
privilégié.[3] La lettre et le journal de voyage s'offrent aux écrivains
du XIXe siècle comme formes souples, ouvertes, permettant l'élaboration d'une nouvelle rhétorique, une «rhétorique du spontané,»
marquée par l'inachèvement et la discontinuité. L'idéal d'une
écriture qui serait transparence, telle que l'esquisse dans l'ex-

[3] Pour toute cette question du moi romantique, voir, de Georges Gusdorf, *Du
néant à Dieu dans le savoir romantique* (Paris : Payot, 1983), p. 30-74 et *Fondements du savoir romantique*, p. 400-403 et p. 447-471.

pression picturale, produit alors une modalité du fragmentaire particulière dont nous avons étudié un certain nombre de manifestations, l'«esquisse littéraire.» Or, la «rhétorique du spontané» propre à l'«esquisse littéraire» serait adoptée, nous l'avons vu, par les auteurs de récits de voyage au XXe siècle.

Nous aurions pu parler d'autres auteurs. Puisque pour Stendhal l'instant est le seul bien, il veut épouser le temps grâce à une manière de composer qui suit l'élan de la pensée au moment même de sa naissance. Dans sa *Filosofia nova* Stendhal remarque: «Il faut travailler un poème dramatique comme un tableau. Esquisser. Ebaucher, en faisant toutes les scènes dans leur ordre. Finir en faisant un rôle après l'autre [...]» et quand «la prose est finie, versifier par rôles.»[4] Le 30 Brumaire de l'an XIII Stendhal revient sur son observation pour la rejeter: «Cette méthode est ce qu'il y a de plus propre à étouffer le sentiment, par conséquent à empêcher le mérite.»[5] Ces deux citations résument l'évolution subie par Stendhal: le dramaturge volontaire cède le pas au prosateur spontané. Ainsi, ses récits de voyage illustrent excellemment cette «rhétorique du spontané» que nous avons associée à l'«esquisse littéraire.» De fait, quand dans un des projets de préface à ses *Chroniques italiennes* Stendhal avertit son lecteur qu'on «ne trouvera pas ici des paysages composés, mais des vues prises d'après nature» il aurait pu se référer à *Rome, Naples ou Florence*, aux *Promenades dans Rome* ou encore aux *Mémoires d'un Touriste*.[6] En effet, l'impression d'improvisation naturelle qui se dégage à la lecture de ces récits de voyage suggère la vitesse de la rédaction et prouve que leur auteur est resté proche de la sensation. Chez un écrivain comme Stendhal on discerne une coïncidence heureuse entre l'exigence générique d'une écriture spontanée et sa façon personnelle de rédiger. Dans tous ses récits de voyage Stendhal a donc su exploiter pleinement les virtualités artistiques de la «rhétorique du spontané» et de l'inachèvement qu'elle implique.[7]

---

[4] Stendhal, *Pensées, Filosofia nova*, éd. Henri Martineau, 2 vol. (Paris : Le Divan, 1931), I, 83.

[5] Stendhal, *Pensées, Filosofia nova*, I, 83.

[6] Stendhal, *Chroniques italiennes* (Paris : Garnier-Flammarion, 1977), p. 413.

[7] Voir Michel Arrous, « L'esthétique du fragment dans le récit de voyage chez Stendhal » dans *Stendhal et le romantisme* (Aran : Editions du Grand-Chêne,

Reconnaissons aussi que pour trouver valorisés le jaillissement au détriment de la construction, l'esquisse au détriment de
l'oeuvre finie, point n'est besoin d'attendre le XIXe siècle. En effet,
toute la notion d'«esquisse littéraire» s'insère dans un débat esthétique bien plus large qui se développe depuis l'antiquité. Les
racines de cette attitude envers l'écrit remontent à l'antiquité dans
l'idéal cicéronien de l'*ars artem celare est* selon lequel la maîtrise
artistique doit être dissimulée. Par exemple, au XVIIe siècle le Père
Lamy cite Horace (*Ludentis speciem dabit, et torquebitur...*) pour
exprimer l'idée que l'effort de l'art doit être caché.[8] Plus près de
nous, l'idée de la simplicité sans artifice revient dans l'idéal de la
sprezzatura que prône Castiglione dans *Le Parfait Courtisan*
(1528).[9] Selon lui le parfait courtisan devrait

> fuir, autant que possible, comme un écueil très acéré et dangereux,
> l'affectation, et, pour employer peut-être un mot nouveau, faire
> preuve en toute chose d'une certaine désinvolture (*sprezzatura*), qui
> cache l'art et qui montre que ce que l'on a fait et dit est venu sans
> peine et presque sans y penser.[10]

L'idéal du savant négligé et celui de la nonchalance préparent
l'«esthétique de l'esquisse» et la «rhétorique du spontané» qui la
traduit dans la mesure où ils mettent l'accent sur le naturel apparent de la création à cette différence près, qu'ils ne nient pas la
nécessité du travail volontaire. Or, comme nous l'avons vu, il n'est
pas rare que les auteurs des récits de voyage que nous avons étu-

1984), p. 241-250 ; Michel Crouzet, « Stendhal et la poétique du fragment, »
Stendhal Club, No. 94 (15 janvier 1982), p. 157-180 et Jean-Jacques Hamm, *Le Texte
stendhalien : achèvement et inachèvement* (Sherbrooke : Naaman, 1986). Voir
aussi notre étude *Stendhal et son lecteur, Essai sur les 'Promenades dans Rome'*,
p. 148-173.

[8] Ep. II, 2, v. 124. (« Un ouvrage ne doit point paraître trop travaillé ; mais
il ne saurait être trop travaillé ; et c'est souvent le travail même qui en le polissant
lui donne cette facilité tant vantée qui charme le lecteur. ») Cité dans Bernard
Tocanne, p. 401.

[9] John C. Lapp discute les origines de ce qu'il appelle une « esthétique de la
négligence » qui privilégie, entre autre, la création spontanée dans John C. Lapp,
The Esthetics of Negligence : La Fontaine's Contes (Cambridge : At the University Press, 1971), p. 1 sq.

[10] Castiglione, *Le Livre du Courtisan* (Paris : Garnier-Flammarion, 1991),
p. 54.

diés n'avouent pas le travail stylistique et formel que leur manuscrits révèlent.

En France, les *Essais* de Montaigne constituent une des premières manifestations d'un type d'écriture qui annonce la «rhétorique du spontané.»[11] Montaigne lui-même y affirme «vouloir éviter l'art et l'affection» et décrit son désir d'«un parler simple et naïf, tel sur le papier qu'à la bouche...»[12] «[T]rop serré, desordonné, couppé, particulier» son écriture est aussi inachevée, «un parler informe et sans regle, un jargon populaire et un proceder sans definition, sans partition, sans conclusion, trouble...»[13] La forme des *Essais* est également ouverte, éclatée, discontinue. Dans sa volonté d'une peinture authentique du moi Montaigne écrit spontanément, refusant la correction et préférant procéder par la simple adjonction.[14]

Montaigne se compare à la fois à un peintre de figures grotesques, par manque de symétrie, et à un peintre d'esquisses:

> Il choisit le plus bel endroit et milieu de chaque paroy, pour y loger un tableau élabouré de toute sa suffisance; et, le vuide tout au tour, il le remplit de crotesques, qui sont peintures fantasques, n'ayant grâce qu'en la variété et estrangeté. Que sont-ce icy aussi, à la verité, que crotesques et corps monstrueux, rappiecez de divers membres, sans certaine figure, n'ayants ordre, suite, ny proportion que fortuite?

[11] Comme l'affirme Jean Lafond, « Montaigne commande la tradition, si particulière, qui, du XVIe siècle aux Romantiques d'Iéna, entend être fidèle aux exigences de l'esprit en acte, plus qu'une logique qui lui serait, par après, surimposée. » Jean Lafond, « Des formes brèves de la littérature morale au XVIe et XVIIe siècles » dans *Les formes brèves de la prose et le discours discontinu (XVIe-XVIIe siècles)*, éd. Jean Lafond (Paris : J. Vrin, 1984), p. 117. Voir aussi Claude Blum, « La peinture du moi et l'écriture inachevée, » *Poétique*, No. 53 (février 1983), p. 60-71, Antoine Compagnon, « La brièveté de Montaigne » dans *Les formes brèves de la prose et le discours discontinu (XVIe-XVIIe siècles)*, p. 9-25 et Joseph-Guy Poletti, *Montaigne à batons rompus* (Paris : Corti, 1984).

[12] Montaigne, p. 621 (Livre II, chap. XVII) et p. 171 (Livre I, chap. XXVI). Rappelons aussi son admiration pour les « naïvetez et graces » de la « poësie populaire et purement naturelle » en comparaison avec « la beauté de la poësie parfaicte selon l'art... » Montaigne, p. 300 (Livre I, chap. LV).

[13] Montaigne, p. 246 (Livre I, chap. XL) et p. 620 (Livre II, Chap. XVII).

[14] « Laisse, lecteur, courir encore ce coup d'essay et ce troisiesme allongeail du reste des pieces de ma peinture. J'adjouste, mais je ne corrige pas. » Montaigne, p. 941 (Livre III, chap. IX).

Desinit in piscem mulier formos superne.

Je vay bien jusques à ce second point avec mon peintre, mais
je demeure court en l'autre et meilleure partie; car ma suffisance
ne va pas si avant que d'oser entreprendre un tableau riche, poly
et formé selon l'art.[15]

Vu le caractère informe et inachevé de ses essais, Montaigne reconnaît au lecteur le droit de les parfaire.[16] Or, c'est là le même type
de réception active qui est propre à l'esquisse.

On peut citer d'autres partisans d'un style improvisé au XVIe
siècle. Par exemple, dans l'«Epistre» ouvrant l'*Histoire comique
de Francion* (1623) Charles Sorel parle d'un processus de création
qui est spontané au point d'être inconscient:

> Ie n'ay pas composé moins de trente deux pages d'impression en
> un jour, & si, encore a ce esté, avec un esprit incessamment diverty
> à d'autres pensées ausquelles il ne s'en faloit guere que ie me don-
> nasse entierement. Aucunes fois, i'estois assoupy & à moitié
> endormy, & n'avois point d'autre mouvement que celuy de ma
> main droite. [...] Au reste à peine prenois-je la peine de relire mes
> escrits, & de les corriger, car à quel subiet me fusse-ie abstenu de
> ceste nonchalance.[17]

Au siècle suivant, il arrive à Théophile de Viau de refuser le
continu, l'achevé, en faveur d'un discours spontané et confus:

> Je ne veux point unir le fil de mon subjet,
> Diversement je laisse et reprens mon object.
> Mon ame imaginant n'a point la patience
> De bien polir les vers et ranger la science:
> La reigle me desplaist, j'escris confusément,
> Un bon esprit ne faict rien qu'aisément. [...]
> Je veux faire des vers qui ne soyent pas contraints,
> Promener mon esprit par de petits desseins...[18]

---

[15] Montaigne, p. 181-2 (Livre I, chap. XXVIII).

[16] « Un suffisant lecteur descouvre souvent ès escrits d'autruy des perfections
autres que celles que l'autheur y a mises et apperceües, et y preste des sens et des
visages plus riches.» Montaigne, p. 126 (L. I, ch. XXIV).

[17] Charles Sorel, *Histoire comique de Francion* (Genève : Slatkine, 1982),
sig. a ~iiii^V-a~iiii^r (« Epistre »).

[18] Théophile de Viau, *Œuvres complètes*, 4 vol. (Paris : Nizet, 1978-1987),
I, 352-354 (1984) ; (« XXXIV, Elégie à une dame »).

Enfin, dans l'«Avertissement» de *Polexandre*, Gomberville se déclare ennemi de l'ordre, du régulier et de l'achevé, et invite son lecteur à voir son roman moins comme «un ouvrage accomply» que comme «quelque ébauche assez hardie.»[19] Mais une telle valorisation de l'expression spontanée, courante durant la période dite «baroque,» devrait être répudiée par l'esthétique classique. Point n'est besoin de rappeler que ç'est pendant la Querelle du Cid (1637-40) que triomphe en France la croyance en l'importance des règles pour la création du beau littéraire. Dans la doctrine classique, au génie naturel de l'artiste s'ajoute, Philippe Van Tieghem nous le rappelle, la science et la technique.[20] La raison et le travail qui s'y associent l'emportent sur l'instinct et l'aléatoire pour former la conception d'une création littéraire volontaire. Or, en 1641, dans la préface d'*Ibrahim*, la même année qu'a paru l'«Avertissement» de Gomberville, Scudéry atteste les valeurs classiques qui devaient dominer en France jusqu'à l'époque romantique:

> Je ne sais quelle espèce de louange les anciens croyaient donner à ce peintre qui, ne pouvant finir son ouvrage, l'acheva fortuitement en jetant son éponge contre son tableau, mais je sais bien qu'elle ne m'aurait pas obligé... Les opérations de l'esprit sont trop importantes pour en laisser la conduite au hasard, et j'aimerais presque mieux que l'on m'accusât d'avoir failli par connaissance que d'avoir bien fait sans y songer.[21]

Toutefois, comme Bernard Tocanne l'a démontré, même au sein de la critique classique se trouve une dialectique entre la nature qui «est souplesse, spontanéité, liberté d'allure,» et l'art, qui connote «discipline et contrainte.»[22] Il existe, explique Tocanne, un «art du naturel» et Bouhours est assez typique quand il affirme qu'«une

---

[19] Gomberville, *Polexandre*, 5 vol. (Paris : Chez Augustin Courbé, 1641), V, 1331.

[20] Philippe Van Tieghem, *Les grandes doctrines littéraires en France* (Paris : Presses Universitaires de France, 1968), p. 35 sq.

[21] René Bray, *La Formation de la Doctrine Classique en France* (Paris : Hachette, 1927), p. 107.

[22] Bernard Tocanne, p. 398. Pour toute cette question du style naturel, et le problème des figures et des ornements dans la critique classique, voir Bernard Tocanne, p. 395 sq.

certaine négligence [...] est peut-être un des plus grands ornements du style.»[23] En effet, dans notre troisième chapitre nous avons vu comment l'écriture spontanée apparente et la «belle négligence» faisaient partie intégrale de l'art épistolaire au XVIIe siècle.[24] On peut enfin reconnaître dans la littérature morale des XVIe et XVIIe siècles une tendance à l'expression fragmentaire dans ses différentes modalités.[25] Citons, par exemple, la textualité discontinue du recueil de fragments bien travaillés que sont les «maximes» et les «caractères.» Comme Pascal Quignard nous le rappelle, une sorte de «querelle du livre fragmentaire» a même résulté de la publication des *Maximes* de La Bruyère en 1688.[26] Or, par leur concision et leur achèvement, les *Maximes* illustrent ce que nous avons appelé dans notre «Introduction» un «fragment centrifuge.» Les *Pensées* de Pascal, en revanche, où l'inachèvement stylistique s'ajoute à une organisation discontinue, constituent un «fragment centripète.» La réception active des *Pensées* de Pascal, telle qu'elle est envisagée par Gilbert de Choiseul, évêque de Comminges, est en effet propre à un texte «esquissé.» Dans l'approbation que Choiseul donne à l'édition de Port-Royal des *Pensées* en septembre 1669, il affirme que les pensées fragmentaires de Pascal

ne sont que des semences; mais elles produisent leurs fruits en mesme temps qu'elles sont répanduës. L'on acheve naturellement ce que ce sçavant homme avoit eu dessein de composer, & les lecteurs deviennent eux mesmes autheurs en un moment pour peu d'application qu'ils ayent.[27]

[23] Bernard Tocanne, p. 398.

[24] Comme Roger Duchêne nous le rappelle, la spontanéité est la « première règle du code épistolaire des gens du monde.» Voir Roger Duchêne, *Madame de Sévigné et la lettre d'amour*, p. 107.

[25] Pour toute cette question voir Jean Lafond, « Des formes brèves de la littérature morale au XVIᵉ et XVIIᵉ siècles » dans *Les formes brèves de la prose et le discours discontinu (XVIᵉ-XVIIᵉ siècles)*, p. 101-122 et Susan Read Baker, « Maxims, Moralists, and the Problematic of Discontinuity in Seventeenth-Century France, » dans *Discontinuity and Fragmentation in French Literature*, p. 35-43.

[26] Pascal Quignard, *Une gêne technique à l'égard des fragments* (Montpellier : Fata Morgana, 1986), p. 19. Selon lui, « on peut dater de janvier 1688 l'apparition d'une sorte de système délibéré de la fragmentation volontaire de la prose française.» Pascal Quignard, p. 37.

[27] Blaise Pascal, *Pensées de Mʳ Pascal sur la religion et sur quelques autres sujets* (Amsterdam : Chez Abraham Wolfganck, 1677), sig. **7. En 1801 l'appré-

Il importe néanmoins de souligner que la forme éclatée et inachevée des *Pensées* n'est pas le résultat d'un choix formel de la part de leur auteur, motivé par une association de la pensée naissante avec la sincérité et la vérité. Elle découle plutôt de la mort de l'auteur qui en a interrompu la rédaction. En effet, les *Pensées* forment l'ébauche d'un ouvrage clos et visant à une totalité que Pascal n'a pas pu terminer, l'*Apologie de la religion chrétienne*. Le caractère «esquissé» des *Pensées* a donc été imposé, et non pas, comme ce sera le cas chez maints auteurs au XIXe et au XXe siècles, choisi.

Entre les XVIIe et XVIIIe siècles, où dominait l'idéal classique de la totalité et de la continuité, et le XXe siècle, où l'expression fragmentaire n'exclut pas et parfois détermine l'acceptation d'un texte comme «littéraire,» un grand pas a été franchi. Le XIXe siècle, notre étude du récit de voyage l'a démontré, sert de transition entre ces deux esthétiques. Mais que la tension entre les valeurs classiques de la complétude formelle et de la finition stylistique d'une part, et de l'expression discontinue et fragmentaire de l'autre, n'a pas disparue au XXe siècle, on ne le voit pas mieux que chez Paul Valéry. Dans ce qui suit, il résume excellemment l'évolution de goût au XIXe siècle à propos de l'achèvement d'un tableau:

> *Achever* un ouvrage consiste à *faire disparaître* tout ce qui montre ou suggère sa fabrication. L'artiste ne doit, selon cette tradition surannée, s'accuser que par son style, et doit soutenir son effort jusqu'à ce que le travail ait effacé les traces du travail. Mais le souci de la personne et de l'instant l'emportant peu à peu sur celui de l'oeuvre en soi et de la durée, la condition d'achèvement a paru non seulement inutile et gênante, mais même contraire à la *vérité*, à la *sensibilité* et à la manifestation du *génie*. La personnalité parut essentielle, même au public. L'esquisse valut le tableau.[28]

---

ciation de Ballanche n'est pas moins enthousiaste. En parlant d'une phrase de Pascal il affirme : « Quelle belle ruine que cette phrase isolée ; tracée presque illisiblement sur un lambeau de papier, et jetée là, sans attention, par l'homme le plus éloquent, par l'écrivain le plus mâle et le plus profond qui ait encore été vu, par le sublime Pascal !... Lorsque je relis les esquisses si hardies de ce grand génie, je ne puis retrouver sans saisissement cette phrase, où il a dévoilé, d'un seul trait, son âme mélancolique toute entière. » P. S. Ballanche fils, *Du sentiment considéré dans ses rapports avec la littérature et les arts* (Paris : Calixte Volland, 1801), p. 125. Pour une interprétation de l'expression fragmentaire chez Pascal, voir Ralph Heyndels, p. 101 sq.

[28] Paul Valéry, « Degas Danse Dessin » dans *Œuvres*, II, 1175 (1960).

Or, Valéry condamne les modernes qui confondent «l'exercice avec l'oeuvre» et moyen pour la fin.[29] En effet, plus qu'aucun autre écrivain du XXe siècle, c'est peut-être Valéry qui a le mieux plaidé la cause de l'oeuvre finie, fruit du travail.[30] «Toute belle oeuvre est chose *fermée*. Rayonne muette» affirme-t-il dans un style paradoxalement parataxique![31] Il est donc significatif que Valéry, créateur aussi sinon plus «volontaire» que Flaubert ou Fromentin, a néanmoins accepté de publier ses cahiers.[32] Son attitude envers ses cahiers reste toutefois complexe. Les caractérisant comme des «contre-oeuvres, des contre-fini» Valéry appelle ses cahiers aussi son «vice.»[33] Son attitude ambiguë se révèle de nouveau dans cet extrait tiré d'une préface à un des cahiers: «On les [ses notes] a laissées dans leur ordre qui est un désordre. On en a respecté, — si c'est là du respect, — les incorrections, les défauts, les raccourcis.»[34] Si son dédain pour ses cahiers éclate dans ces lignes, ailleurs il est moins négatif. Reconnaissant que ses cahiers ne sont «qu'une ébauche,» il affirme qu'«[e]n ce qui concerne la «pensée,» les oeuvres sont des falsifications, puisqu'elles éliminent le provisoire et le non-réitérable, l'instantané, et le mélange pur et impur, désordre et ordre.»[35] Ailleurs Valéry admet: «Je sens bien que je suis une ébauche.»[36] Or, ce que Valéry dit de la «pensée» et de lui-même, les écrivains de récits de voyage l'ont dit de l'impression de voyage et ceci dès le XVIe siècle.

Toujours en 1962, Roland Barthes croyait nécessaire d'identifier les enjeux de la «rhétorique du spontané» et de l'inachèvement qu'elle implique dans ce qu'il a appelé «la querelle» que sus-

---

[29] Paul Valéry, « Degas Danse Dessin » dans *Œuvres*, II, 1175 (1960).

[30] Pour un examen plus détaillé du fragment chez Valéry voir Jean Louis Galay, « Problèmes de l'œuvre fragmentale : Valéry, » *Poétique*, No. 31 (septembre 1977), p. 337-367.

[31] Paul Valéry, *Cahiers*, II, 952.

[32] Il affirme par exemple : « Ce qui apparaît le plus nettement dans une œuvre de maître, c'est la *volonté*, le parti pris — pas de flottement entre les modes d'exécution — pas d'incertitude sur le but. » Paul Valéry, *Cahiers*, II, 1036.

[33] Paul Valéry, *Cahiers*, I, 11.

[34] Paul Valéry, *Cahiers B 1910*, (Paris : Gallimard, 1930), p. 10.

[35] Paul Valéry, *Cahiers*, I, 38 et II, 12.

[36] Paul Valéry, *Cahiers*, I, 38.

citait *Mobile* de Michel Butor. Selon Barthes, à l'époque où Butor écrivait la société acceptait l'«impression de voyage,» à savoir qu'«un voyage se raconte librement, au jour le jour, en toute subjectivité, à la manière d'un journal intime, des sensations et des idées» et qu'il s'écrive «en phrases elliptiques, [...] le style télégraphique étant parfaitement sanctifé par le 'naturel' du genre.»[37] Mais si depuis *Coup de dés* et *Calligrammes* les lecteurs s'habituent à une certaine «excentricité» typographique et au «désordre» rhétorique, selon Barthes aux yeux du public Butor va trop loin quand il adopte pour son ouvrage le «degré zéro» d'organisation qu'est l'ordre alphabétique, ou encore quand il détruit la notion de «partie» par la «mobilité infiniment sensible» de détails non-développés.[38] Barthes reconnaît d'ailleurs le rôle actif du lecteur qui est «invité à rapprocher lui-même les 'routines' du puzzle» qu'est ce texte discontinu.[39] *Mobile*, qui a pour sous-titre une métaphore picturale, «*Etude pour une représentation des Etats-Unis*,» ne fait que renchérir sur ces autres «esquisses littéraires» que sont les récits de voyage du XIXe siècle. Avec ce texte Butor continue donc à mettre en question les définitions courantes de la «littérarité.»[40]

On voit ainsi évoluer l'institution littéraire. Au XXe siècle, la notion de fragment que l'«esquisse verbale» et l'«esquisse littéraire» contribuent à créer, n'est plus au seuil de la littérature; la conception de ce qui est littéraire a changé, elle aussi. Pour en citer un autre exemple, si Tournier publie son *Journal de voyage au Canada* sous forme d'esquisse — c'est en fait son carnet de voyage — il arrive qu'un de ses romans, *Vendredi ou les Limbes du Pacifique* (1967), prenne lui-aussi la forme discontinue et fragmentaire de *Log-*

---

37 Roland Barthes, « Littérature et discontinu » dans *Essais critiques*, p. 175.

38 Roland Barthes, « Littérature et discontinu » dans *Essais critiques*, p. 176 et p. 181.

39 Roland Barthes, « Littérature et discontinu » dans *Essais critiques*, p. 186.

40 Evidemment, des romans conçus comme « hyperfiction, » à savoir, destinés à être lus sur l'écran de l'ordinateur, met en cause encore plus radicalement le statut de l'œuvre littéraire « achevée. » En effet, confronté à un « hypertexte, » le lecteur, au lieu de lire passivement et de façon linéaire un récit écrit une fois pour toutes par un auteur, explore de multiples possibilités narratives. Ici l'accent est mis non pas sur un produit « achevé, » mais sur le processus même de création. A notre connaissance, il n'existe pas encore de récits de voyages sous ce format informatique.

book. Le même phénomène se produit dans un prix Goncourt récent, *Un aller simple* (1994) de Didier van Cauwelaert. Genre canonique, le roman paraît ainsi sous la forme inachevée de carnet. La distinction située traditionnellement sur les plans stylistiques et formels entre ce qui est littéraire et non-littéraire, déjà atténuée par la notion ambiguë d'«esquisse littéraire,» tend donc à disparaître. Des formes auparavant réléguées à la périphérie du canon trouvent ainsi une place au centre. Or, les modalités du fragmentaire au XXe siècle sont multiples. Outre la textualité souvent discontinue du roman que nous venons d'évoquer on peut citer l'éclatement du discours poétique. Les poèmes aphoristiques d'Henri Michaux et de René Char, par exemple, semblent rejoindre l'«esthétique de l'esquisse» par leur ouverture à l'instant.[41] Il faut noter en particulier l'essor du carnet à laquelle nous avons fait allusion plus haut. Ainsi, Louis Hay parle de

> la sensation de beauté et de modernité que peut produire l'écriture du premier mouvement, le goût contemporain du fragment, du texte ouvert ... Si bien que, depuis une vingtaine d'années, des écrivains et des critiques ont exprimés leur préférence pour le carnet par rapport au livre.[42]

Carnets du grand chemin de Julien Gracq (1992) est exemplaire de cette tendance.[43] La création récente chez Plon d'une collection intitulée «Carnets,» dirigée par Alain Veinstein, est aussi à cet égard significatif. Dans une brochure publicitaire de Plon, on lit que les carnets servent à

> fixer des événements, jeter des idées, un regard, traquer le quotidien, noter des petits riens en quête d'un grand tout, lutter contre le temps, garder un tant soit peu la trace de ce qui nous a bouleversés. Et ce que nous disons, dans ces états d'urgence, a plus de prix que la manière de le dire; l'écrit l'emporte évidemment sur la qualité de l'écriture.

---

[41] A ce sujet, voir Alain Montandon, *Les formes brèves*, p. 152-159.

[42] Louis Hay, Pierre-Marc de Biasi et al., *Carnets d'écrivains* (Paris : Editions du CNRS, 1990), p. 21.

[43] Pour une discussion de cet ouvrage voir Bruno Tritsmans, « Espace de survie : la poétique du fragment dans *Carnets du grand chemin* de Julien Gracq » dans *Discontinuity and Fragmentation in French Literature*, p. 115-126.

Une telle saisie du lieu et de l'instant présents, face à l'impossibilité d'appréhender le tout, le récit de voyage au XIXe siècle n'avait pas d'autre fonction. Ainsi, se voient continuer au XXe siècle, et une ontologie privilégiant le temps dans son morcellement, et une rhétorique particulière qui l'exprime. Dans cette collection paraît un carnet de voyage, *Le voyageur égoïste* (1989) de Jean Clair, mais aussi le *Carnet de nuit* (1989) de Philippe Sollers, où, selon la même brochure publicitaire, l'auteur «noircit» son carnet «dans l'urgence, de notations rapides, intenses, débarassées de toute préoccupation littéraire» et d'où sortent «les éléments d'une ébauche de portrait d'un inconnu, nommé Philippe Sollers.» Il semblerait que l'on décrive ici une «esquisse littéraire,» fruit d'un processus d'écriture au moins apparemment spontanée, où la sincérité et la véracité des impressions l'emportent sur toute recherche de perfection formelle ou stylistique. Toutefois, à cause de l'évolution dans la philosophie et dans la perception du rapport du moi au monde et au langage le terme «esquisse littéraire» semblerait recouvrir une autre réalité au XXe siècle.

Citons pour terminer un autre pratiquant du fragment, Roland Barthes, qui affirme dans ses intéressantes réflexions sur l'écriture fragmentaire ne procéder que «par addition, non par esquisse» à cause de son «goût du détail, du fragment» et son «inhabilité à le conduire vers une 'composition.'»[44] En revanche, il semble se rapprocher de l'esquisse quand il affirme que «Non seulement le fragment est coupé de ses voisins, mais encore à l'intérieur de chaque fragment règne le parataxe» et qu'il aime «à trouver, à écrire des *débuts*.»[45] Ces quelques remarques suggèrent qu'une étude de l'écriture fragmentaire au XXe siècle dans ses différentes modalités, et dans ses rapports avec l'«esquisse littéraire» et la «rhétorique du spontané,» reste à faire.

---

[44] Roland Barthes, *Roland Barthes par Roland Barthes* (Paris : Seuil, 1975), p. 97. Pour une discussion de l'écriture fragmentaire chez Barthes, voir Ewa Sroka, « L'écriture fragmentaire ou la discontinuité de la pensée après 1968 » dans *Discontinuity and Fragmentation in French Literature*, p. 174-178.

[45] Roland Barthes, *Roland Barthes par Roland Barthes*, p. 98.

BIBLIOGRAPHIE

Ouvrages littéraires

Balayé, Simone. *Les Carnets de voyage de Madame de Staël*. Genève: Droz, 1971.

Barrès, Maurice. *Du Sang, de la Volupté et de la Mort*. Paris: G. Charpentier et E. Fasquelle, 1894.

Barrès, Maurice. *Une enquête aux pays du Levant*. 2 vol. Paris: Plon, 1923.

Barrès, Maurice. *Notes sur l'Italie*. Paris: Editions des Horizons de France, 1929.

Barrès, Maurice. *Le voyage de Sparte*. Paris: Plon-Nourrit et Cie, 1906.

Beauuau, Messire Henry de. *Relation journaliere Du Voyage au Levant*. Toul: Francois Du Bois, 1608.

Belon, Pierre. *Les observations de plvsievrs singularitez et choses memorables, trovvés en Grece, Asie, Judée, Egypte, Arabie & autres pays estranges*. Anvers: Christof le Plantin, 1555.

Boileau. *Oeuvres complètes*. Paris: Gallimard, 1966.

Bourget, Paul. *Outre-mer (Notes sur l'Amérique)*. 2 vol. Paris: Lemerre, 1895.

Bourget, Paul. *Sensations d'Italie*. Paris: Alphonse Lemerre, 1892.

Brosses, Charles de. *Histoire des navigations aux Terres Australes*. 2 vol. Paris: Chez Durand, 1761.

Bruneau, le Capitaine. *Histoire veritable de certains voiages perillevx & hazardeux sur la mer*. Niort: Thomas Porteau, 1599.

Butor, Michel. *Boomerang. Le Génie du lieu 3*. Paris: Gallimard, 1978.

Butor, Michel. *Le Génie du lieu*. Paris: Grasset, 1958.

Butor, Michel. *Mobile*. Paris: Gallimard, 1962.

Butor, Michel. *Où. Le Génie du lieu 2.* Paris: Gallimard, 1971.

Butor, Michel. *Transit A Transit B.* Paris: Gallimard, 1992.

La Caille, l'Abbé de. *Journal historique du voyage fait au cap de Bonne-Espérance.* Paris: Chez Guillyn, 1763.

Cambry, Jacques. *De Londres et de ses environs.* Amsterdam: s.l., 1789.

Cambry, Jacques. *Voyage pittoresque en Suisse et en Italie.* Paris: H. J. Jansen, 1801.

Castellan, A. L. *Lettres sur l'Italie.* Paris: N. Nepveu, 1819.

Castiglione. *Le Livre du Courtisan.* Paris: Garnier-Flammarion, 1991.

Chamfort. *Oeuvres complètes de Chamfort.* 5 vol. Genève: Slatkine Reprints, 1968.

Chateaubriand, François-René de. *Génie du christianisme.* éd. Pierre Reboul. 2 vol. Paris: Garnier-Flammarion, 1966.

Chateaubriand, François-René de. *Mémoires d'Outre-Tombe.* éd. Maurice Levaillant et Georges Moulinier. 3 vol. Paris: Gallimard, 1951.

Chateaubriand, François-René de. *Oeuvres complètes.* 36 vol. Paris: Pourrat Frères, 1836-1839.

Chateaubriand, François-René de. *Oeuvres complètes.* 20 vol. Paris: Dufour, Mulat et Boulanger, 1857-1858.

Chateaubriand, François-René de. *Oeuvres romanesques et voyages.* éd. Maurice Regard. 2 vol. Paris: Gallimard, 1969.

Chénier, André. *Oeuvres complètes.* Paris: Gallimard, 1958.

Choisy, l'Abbé de. *Journal du Voyage de Siam fait en 1685. & 1686.* 2e éd. Paris: Chez Sebastien Marbre-Cramoisy, 1687.

Colet, Louise. *L'Italie des Italiens* 4 vol. Paris: Dentu, 1862-1864.

Colet, Louise. *Pays lumineux. Voyage en Orient.* Paris: Dentu, 1879.

Coppier, Gvillavme. *Histoire et voyage des indes occidentales.* Lyon: Chez Iean Hvgvtan, 1645.

Custine, Astolphe de. *L'Espagne sous Ferdinand VII.* 4 vol. Bruxelles: Société typographie belge, 1838.

Custine, Astolphe. *Mémoires et voyages.* 2 vol. Paris: A. Vezard, 1830.

Custine, Astolphe. *La Russie en 1839.* 4 vol. Paris: Amyot, 1843.

Dampier, Guillaume. *Nouveau Voyage autour du monde.* 4 vol. Amsterdam: Chez Paul Marret, 1701.

Delacroix, Eugène. *Journal.* Paris: Union Générale d'Editions, 1963.

[Deshays de Courmenin, Louis] Le Sr D. C. *Voiage de Levant Fait par le Commandement dv Roy en l'année 1621.* Paris: Chez Adrian Tavpinart, 1624.

Diderot, Denis. *Salons.* 3 vol., 2e éd. Jean Seznec et Jean Adhémar. Oxford: Clarendon Press, 1975-1983.

Du Bos, Charles. *Journal (1921-1923).* 9 vol. Paris: Corrêa, 1946.

Du Camp, Maxime. *Egypte, Nubie, Palestine et Syrie. Dessins photographiques recueillis pendant les années 1849, 1850 et 1851.* 2 vol. Paris: Gide et J. Baudry, 1852.

Du Camp, Maxime. *Le Nil (Egypte et Nubie).* Paris: Librairie Nouvelle, 1854.

Duhamel, Georges. *Le Chant du Nord.* Paris: Editions du Sablier, 1929.

Duhamel, Georges. *Géographie cordiale de l'Europe.* Paris: Mercure de France, 1931.

Duhamel, Georges. *Le Voyage de Moscou.* Paris: Mercure de France, 1927.

Dumas, Alexandre. *Excursions sur les bords du Rhin.* 3 vol. Paris: Dumont, 1841.

Dumas, Alexandre. *Impressions de voyage: De Paris à Cadix.* 5 vol. Paris: Garnier, 1847-1848.

Dumas, Alexandre. *Impressions de voyage (Suisse).* Paris: Charpentier, 1834.

Dumas, Alexandre. *Impressions de voyage. En Russie.* 6 vol. Paris: Naumbourg/Garké, 1858.

Flaubert, Gustave. *Correspondance.* éd. Jean Bruneau. 3 vol. Paris: Gallimard, 1973-1991.

Flaubert, Gustave. *Oeuvres complètes.* 16 vol. Paris: Club de l'Honnête Homme, 1971-1975.

Flaubert, Gustave. *Voyage en Egypte.* éd. Pierre-Marc de Biasi. Paris: Bernard Grasset, 1991.

Flaubert, Gustave et Maxime Du Camp. *Par les champs et par les grèves.* éd. Adrianne J. Tooke. Genève: Droz, 1987.

Fromentin, Eugène. *Correspondance et fragments inédits.* éd. Pierre Blanchon. 3e éd. Paris: Plon-Nourrit et Cie, 1912.

Fromentin, Eugène. *Lettres de jeunesse.* éd. Pierre Blanchon. Paris: Plon-Nourrit et Cie, 1908.

Fromentin, Eugène. *Oeuvres complètes.* éd. Guy Sagnes. Paris: Gallimard, 1984.

Fromentin, Eugène. *Un été dans le Sahara.* Paris: Le Sycomore, 1981.

Gautier, Théophile. *Oeuvres complètes.* 11 vol. Genève: Slatkine Reprints, 1978.

Genlis, Mme de. *Souvenirs de Félicie, suivis des souvenirs et portraits par M. le Duc de Lévis.* Paris: Firmin-Didot, 1882.

Gide, André. *Oeuvres complètes d'André Gide*. 15 vol. Paris: Nouvelle Revue Française, 1932.

Giono, Jean. *Voyage en Italie*. Paris: Gallimard, 1953.

Gobineau, Comte de. *Trois ans en Asie (de 1855 à 1858)*. Paris: L. Hachette, 1859.

Gomberville. *Polexandre*. 5 vol. Paris: Chez Augustin Courbé, 1641.

Goncourt, Edmond. *Les frères Zemganno*. Paris: Nizet, 1981.

Goncourt, Edmond et Jules de. *L'Italie d'hier*. Paris: Editions Complexe, 1991.

Goncourt, Edmond et Jules de. *Journal, mémoires de la vie littéraire*. éd. Robert Ricatte. 3 vol. Paris: Robert Laffont, 1989.

Goncourt, Edmond et Jules de. *Madame Gervaisais*. Paris: Gallimard, 1982.

Goncourt, Edmond et Jules de. *Notes sur l'Italie*. éd. Nadeije Laneyrie-Dagen et Elisabeth Launay. Paris: Editions Desjonquères/Editions de la Réunion des Musées Nationaux, 1996.

Goncourt, Edmond et Jules de. *Pages retouvées*. Paris: G. Charpentier et Cie, 1886.

Goncourt, Jules de. *Lettres de Jules de Goncourt*. Paris: Charpentier et Cie, 1885.

Gondinet. *Voyage en Normandie et en Bretagne*. Paris: Sédillot, 1830.

Gracq, Julien. *Autour des sept collines*. Paris: Corti, 1989.

La Harpe, J. F. *Abrégé de l'histoire générale des voyages*. 24 vol. Nouvelle édition. Paris: Chez Ledentu, 1825.

Le Grand Rovtier de mer de Iean Hvgves Linschot. traduit de Flameng en François. Amsterdam: Chez Iean Evertsz Cloppenburch, 1619.

Histoire générale des voyages. trad. l'Abbé Prévost. 16 vol. Paris: Chez Didot, 1746-1757.

Horace. *Les Epîtres d'Horace*. trad. E. de Jonquières. Orléans: H. Herluison, 1879.

Hugo, Victor. *Correspondance*. 4 vol. Paris: Albin Michel, 1947.

Hugo, Victor. *Oeuvres complètes*. éd. Jean Massin. 18 vol. Paris: Le Club Français du livre, 1967-1969.

Hugo, Victor. *Le Rhin, lettres à un ami*. éd. Jean Gaudon. 2 vol. Paris: Les Lettres Françaises, Collection de l'Imprimerie Nationale, 1985.

Hugo, Victor. *Voyages, France et Belgique (1834-1837)*. Grenoble: Presses Universitaires de Grenoble, 1974.

Joubert, Joseph. *Carnets*. 2 vol. Paris: Garnier, 1938.

Joubert, Joseph. *Pensées et lettres*. Paris: Bernard Grasset, 1954.

Lahontan, le Baron de. *Nouveaux voyages de Mr. le Baron de Lahontan dans l'Amérique septentrionale*. 2 vol. La Haye: Chez les Frères l'Honoré, 1703.

Lamartine, Alphonse de. *Oeuvres complètes*. 41 vol. Paris: Chez l'Auteur, 1860-1866.

La Rochefoucauld, François de. *Oeuvres complètes*. éd. L. Martin-Chauffier. Argenteuil: Nouvelle Revue Française, 1935.

Laval, P. *Voyage de la Louisiane*. 4. vol. Paris: Chez Jean Mariette, 1728.

Leiris, Michel. *L'Afrique fantôme*. Paris: Gallimard, 1981.

Leiris, Michel. *Fibrilles*. Paris: Gallimard, 1966.

Lery, Jean de. *Histoire d'un voyage fait en la Terre dv Bresil, avtrement dite Amerique*. La Rochelle: Pour Antoine Chuppin, 1578.

Lesage, Alain-René. *Histoire de Gil Blas de Santillane*. 2 vol. Paris: Société les Belles Lettres, 1935.

Lettres dv Iappon, Perv, et Brasil. Enuoyees au R. P. General de la Societé Iesus. Lyon: Par Benoist Rigavs, 1580.

Lévi-Strauss, Claude. *Tristes tropiques*. Paris: Plon, 1955.

Long, J. *Voyages chez différentes nations sauvages de l'Amérique septentrionale*. trad. J. B. L. J. Billecocq. Paris: Chez Prault, 1794.

Loti, Pierre. *Voyages (1872-1913)*. Paris: Robert Laffont, 1991.

Lussan, Raveneau de. *Journal du Voyage fait à la mer de Sud avec les Flibustiers de l'Amérique en 1684*. Paris: Chez Jean Baptiste Coignard, 1689.

Mallarmé, Stéphane. *Oeuvres complètes*. éd. Henri Mondor et G. Jean Aubry. Paris: Gallimard, 1959.

Marmier, Xavier. *Lettres sur le nord. Danemark, Suède, Norvège. Laponie et Spitzberg*. 2 vol. Paris: H. L. Delloye, 1840.

Marmier, Xavier. *Nouveaux souvenirs de Voyages, Franche-Comté*. Paris: Charpentier, 1845.

[Martène, Edmond]. *Voyages du Sr. A. de la Motraye en Europe, Asie & Afrique*. 2 vol. La Haye: Chez T. Johnson & J. Van Duren, 1728.

Maupassant, Guy de. *Au Soleil*. Paris: Victor Havard, 1884.

Maupassant, Guy de. *Pierre et Jean*. Paris: Gallimard, 1982.

Maupassant, Guy de. *Sur l'Eau*. Paris: C. Marpon et E. Flammarion, 1888.

Maupassant, Guy de. *La Vie errante*. Paris: P. Ollendorf, 1890.

Mérimée, Prosper. *Notes d'un voyage dans l'ouest de la France*. Paris: Librairie de Fournier, 1836.

Mérimée, Prosper. *Notes d'un voyage en Auvergne.* Paris: H. Fournier, 1838.

Mérimée, Prosper. *Notes d'un voyage en Corse.* Paris: Fournier Jeune, 1840.

Misson, François-Maximilien. *Nouveau voyage d'Italie.* 4 vol. Amsterdam et Paris: Clousier, 1743.

Montaigne, Michel de. *Oeuvres complètes.* éd. Maurice Rat. Paris: Gallimard, 1962.

Montulé, Ed. de. *Voyage en Amérique, en Italie, et Sicile et en Egypte pendant les années 1816, 1817, 1818 et 1819.* 2 vol. Paris: Delaunay, 1821.

Musset, Alfred de. *Oeuvres complètes en prose.* éd. Maurice Allem et Paul Courant. Paris: Gallimard, 1960.

Navarre, Marguerite de. *L'Heptameron.* Paris: Garnier Frères, 1950.

Nerval, Gérard de. *Le Voyage en Orient.* 2 vol. Paris: Garnier-Flammarion, 1980.

Nietzsche, Friedrich. *Crépuscule des Idoles.* trad. Jean-Claude Hemery. Paris: Gallimard, 1974.

Nietzsche, Friedrich. *Werke.* 8 vol. Berlin: Walter de Gruyter, 1967 sq.

Nodier, Charles. *Promenade de Dieppe aux montagnes d'Écosse.* Paris: Firmin-Didot, 1821.

Nodier, Charles, le Baron Taylor et Alphonse de Cailleux. *Voyages pittoresques et romantiques dans l'ancienne France.* 23 vol. Paris: Gide Fils, 1820-1863.

De Non, M. *Voyage en Sicile.* Paris: Didot l'Aîné, 1788.

Pascal, Blaise. *Pensées de M. Pascal sur la religion et sur quelques autres sujets.* Amsterdam: Chez Abraham Wolfganck, 1677.

Proulx, J. B. *Voyage au lac Abbitibi ou Visite pastorale de Mgr. J. Th. Duhamel dans le Haut de l'Ottawa.* Montréal: J. Chapleau & Fils, 1882.

Quinet, Edgar. *Allemagne et Italie.* Paris: Desforges, 1838.

Quinet, Edgar. *Mes vacances en Espagne.* Paris: Comptoir des Imprimeurs Unis, 1846.

Regnaut, Anthoine. *Discovrs Du Voyage d'Outre Mer Av Sainct Sepvlcre de Iervsalem Et Autres lieux de la terre Saincte.* Lyon: aux despens de l'Autheur, 1573.

Rousseau, Jean-Jacques. *Les Confessions.* 2 vol. Paris: Gallimard, 1972.

Saint-Pierre, Bernardin de. *Voyage à l'île de France.* Paris: La Découverte/Maspero, 1983.

Sand, George. *Un hiver à Majorque.* 2 vol. Paris: H. Souverain, 1841.

Sand, George. *Lettres d'un voyageur.* Introduction par Henri Bonnet. Paris: Garnier-Flammarion, 1971.

Sartre, Jean-Paul. *La reine Albemarle ou le dernier touriste.* Paris: Gallimard, 1991.

Schlegel, Friedrich. *Charakteristiken und Kritiken I (1796-1801).* München: Verlag Ferdinand Schöningh, 1967.

Schlegel, Friedrich. *Kritische Friedrich-Schlegel-Ausgabe.* éd. Ernst Behler. 35 vol. Paderborn: Schöningh, 1958 sq.

Schlegel, Friedrich. *Werke in Zwei Bänden.* 2 vol. Berlin et Weimar: Aufbau-Verlag, 1980.

Segalen, Victor. *Equipée: voyage au pays du réel.* Paris: Gallimard, 1983.

Sévigné, Madame de. *Correspondance.* 3 vol. Paris: Gallimard, 1972-1978.

Sitwell, Osbert. *Winters of Content and Other Discursions on Mediterranean Art and Travel.* London: Gerald Duckworth & Co., Ltd., 1950.

Sorel, Charles. *Histoire comique de Francion.* Genève: Slatkine, 1982.

Spon, Jacob et George Wheler. *Voyage d'Italie, de Dalmatie, de Grece, et dv Levant, fait aux années 1675 & 1676.* Lyon: Antoine Cellier le fils, 1678.

Stendhal. *Chroniques italiennes.* Paris: Garnier-Flammarion, 1977.

Stendhal. *Mémoires d'un touriste.* 3 vol. Paris: François Maspero, 1981.

Stendhal. *Pensées, Filosofia nova.* éd. Henri Martineau, 2 vol. Paris: Le Divan, 1931.

Stendhal. *Voyages d'Italie.* éd. V. Del Litto. Paris: Gallimard, 1973.

Taine, Hippolyte. *Carnets de voyage. Notes sur la province.* Paris: Hachette, 1897.

Taine, Hippolyte. *Notes sur l'Angleterre.* Paris: Hachette, 1872.

Taine, Hippolyte. *Voyage aux Pyrénées.* Paris: Hachette, 1881.

Taine, Hippolyte. *Voyage en Italie.* 2 vol. Paris: Hachette, 1866.

Tavernier, J. B. *Les six voyages de Jean Baptiste Tavernier, ecuyer baron d'Aubonne, qu'il a fait en Turquie, en Perse, et aux Indes.* 2 vol. Paris: Gervais Clouzier, 1676-1677.

Thevet, F. André. *Cosmographie de Levant.* Lyon: Par Ian de Tovrmes et Gvil Gazeav, 1554.

Thevet, F. André. *Les singvlaritez de la France antartiqve, avtrement nommé Amerique: & de plusieurs Terres & Isle decouuertes de nostre temps.* Paris: Chez les héritiers de Maurice de la Porte, 1557.

Tournier, Michel. *Journal du voyage au Canada.* Paris: Robert Laffont, 1984.

Tristan, Flora. *Pérégrinations d'une paria.* 2 vol. Paris: Arthus Bertrand, 1838.

Tristan, Flora. *Promenades dans Londres.* Paris: H. L. Delloye, 1840.

Valéry, Paul. *Cahiers.* éd. Judith Robinson. 2 vol. Paris: Gallimard, 1973.

Valéry, Paul. *Cahier B 1910.* Paris: Gallimard, 1930.

Valéry, Paul. *Oeuvres.* éd. Jean Hytier. 2 vol. Paris: Gallimard, 1957-1960.

Vera, Gerard de. *Trois Navigations admirables faictes par les Hollandois & Zelandois au Septentrion.* Paris: Chez Guillaume Chaudiere, 1599.

Viau, Théophile de. *Oeuvres complètes.* 4 vol. Paris: Nizet, 1978-1987.

Voyage à la mer du sud fait par quelques officiers commandants le vaisseau le Wager. trad. de l'anglois. Lyon: Chez les Frères Duplain, 1716.

Voyage de Deux Français en Allemagne, Danemarck, Suède, Russie et Pologne. 5 vol. Paris: Dessenne, 1796.

Voyage des ambassadevrs de la Companie Hollandoise des Indes orientales enuoyés l'an 1656. en la Chine vers l'Empereur des Tartares dans *Relations de divers voyages curieux qui n'ont point esté publiées.* Nouvelle édition. éd. Melchisedec Thevenot. 2 vol. Paris: Chez Thomas Moette, 1696.

Voyage littéraire de deux religieux bénédictins. 2 vol. Paris: Chez Florentin Delaulne, 1717.

The Voyage of François Leguat of Bresse to Rodriguez, Mauritius, Java and the Cape of Good Hope. éd. Captain Pasfield Oliver. 2 vol. London: The Hakluyt Society, 1891.

Voyage sentimental mêlé de prose et de vers, ou les souvenirs d'un jeune émigré rentré dans sa patrie. Paris: s.l., 1803.

Voyages et avantures de François Leguat & de ses Compagnons en deux isles désertes des Indes Orientales. 2 vol. Londres: Chez David Mortier, 1708.

Voyages imaginaires, songes, visions et romans cabalistiques. éd. Charles Garnier. Paris: Rue et Hôtel Serpente, 1787-1789.

Zola, Emile. *Carnets d'enquête.* Paris: Plon, 1986.

Zola, Emile. *Mon Salon, Manet, Ecrits sur l'art.* Paris: Garnier-Flammarion, 1970.

Ouvrages théoriques et critiques

Adams, Percy. *Travel Literature and the Evolution of the Novel.* Lexington, Ky.: University Press of Kentucky, 1983.

Altman, Janet Gurkin. «The Letter Book as a Literary Institution 1539-1789: Toward a Cultural History of Published Correspondences in France.» *Yale French Studies.* No. 71 (1986), p. 17-62.

Anonyme. «M. Victor Hugo et les journaux.» *La Phalange* (16 janvier 1842), p. 110-111.

Anonyme. «Salon de 1853.» *L'Illustration.* Vol. XXII (23 juillet 1853), p. 51-52.

Anonyme. «'The Rhine' by Victor Hugo.» *The Foreign Quarterly Review.* Vol. XXIX (avril & juillet 1842), p. 139-167.

Anonyme. «Victor Hugo, Le Rhin.» *L'Artiste.* Vol. 4 (1845), p. 6-10.

Arrous, Michel. «L'esthétique du fragment dans le récit de voyage chez Stendhal» dans *Stendhal et le romantisme.* éd. V. Del Litto et Kurt Ringger. Aran: Editions du Grand-Chêne, 1984.

Artaud. «Ebauche» dans *Encyclopédie moderne. Dictionnaire abrégé des sciences, des lettres, des arts, de l'industrie, de l'agriculture et du commerce.* éd. Léon Renier. 27 vol. Nouvelle édition. Paris: Firmin Didot, 1847-1884.

Atkinson, Geoffroy. *The Extraordinary Voyage in French Literature before 1700.* New York: Columbia University Press, 1920.

Atkinson, Geoffroy. *The Extraordinary Voyage in French Literature from 1700 to 1720.* Paris: Honoré Champion, 1922.

Aumont, Jacques. *L'Œil interminable* (Paris: Séguier, 1989).

Bachelard, Gaston. *La Poétique de l'espace.* Paris: Presses Universitaires de France, 1972.

Baker, Susan Read. «Maxims, Moralists and the Problematic of Discontinuity in Seventeenth-Century France» dans *Discontinuity and Fragmentation in French Literature.* éd. Freeman G. Henry. Amsterdam-Atlanta, GA: Rodopi, 1994.

Barraud, Léon. «Causerie littéraire: Le Désert, par M. Pierre Loti,» *Le Moniteur Universel* (1er février 1895), p. 3.

Barthes, Roland. *Essais critiques.* Paris: Seuil, 1964.

Barthes, Roland. *Le plaisir du texte.* Paris: Seuil, 1973.

Barthes, Roland. *Roland Barthes par Roland Barthes*. Paris: Seuil, 1975.

Barthes, Roland. *S/Z*. Paris: Seuil, 1970.

Barthes, Roland. «La Voyageuse de nuit» dans Chateaubriand, *La Vie de Rancé*. Paris: Union générale d'éditions, 1965.

Batten, Charles L., Jr. *Pleasurable Instruction: Form and Convention in Eighteenth-Century Travel Literature*. Berkeley: Universiy of California Press, 1978.

Beaujour, Michel. «Les Equivoques du sacré: Michel Leiris et *L'Afrique fantôme*» dans *L'Occhio del viaggiatore*. éd. Sandra Tevoni. Florence: Leo S. Olschki, 1986, p. 165-176.

Bedner, J. *Le Rhin de Victor Hugo, commentaires sur un récit de voyage*. Gröningen: J. B. Wolters, 1965.

Behler, Ernst. *German Romantic Literary Theory*. Cambridge: Cambridge University Press, 1993.

Berchet, Jean-Claude. «Un voyage vers soi.» *Poétique*. No. 53 (février 1983), p. 92-108.

Beugnot, Bernard. «Débats autour du genre épistolaire, réalité et écriture.» *Revue d'Histoire littéraire de la France*. No. 2 (mars-avril 1974), p. 195-203.

Beugnot, Bernard. «Style ou styles épistolaires.» *Revue d'Histoire littéraire de la France*. No. 6 (novembre-décembre 1978), p. 939-952.

Blanchot, Maurice. *L'Entretien infini*. Paris: Gallimard, 1969.

Blanchot, Maurice. *Le Livre à venir*. Paris: Gallimard, 1959.

Blanchot, Maurice. «Recherches sur le récit de voyage.» *La Nouvelle Revue Française*. No. 28 (1er avril 1955), p. 683-691.

Blum, Claude. «La Peinture du moi et l'écriture inachevée.» *Poétique*. No. 53 (février 1983), p. 60-71.

Boime, Albert. *The Academy & French Painting in the Nineteenth Century*. New Haven: Yale University Press, 1986.

Borer, A. et al. *Pour une littérature voyageuse*. Paris: Editions Complexe, 1992.

Bory, Jean-François. *Victor Hugo: Dessins*. Paris: Henri Veyrier, 1980.

Bray, Bernard. «Quelques aspects du système épistolaire de Madame de Sévigne.» *Revue d'Histoire littéraire de la France*. No. 3-4 (mai-août 1969), p. 491-505.

Bray, René. *La Formation de la Doctrine Classique en France*. Paris: Hachette, 1927.

Brée, Germaine. «The Ambiguous Voyage: Mode or Genre.» *Genre*. Vol. I, No. 2 (avril 1968), p. 87-96.

Brée, Germaine. «The Break-up of Traditional Genres: Bataille, Leiris, Michaux.» *Bucknell Review*. Vol. XXI, No. 2-3 (1973), p. 3-13.

Burty, Philippe. «Exposition de la Société française de photographie.» *Gazette des Beaux-Arts*. Vol. 2 (15 mai 1859), p. 209-222.

Caramachi, Enzo. *Réalisme et impressionnisme dans l'oeuvre des frères Goncourt*. Pisa: Goliardica, 1971.

Chambers, Ross. *Gerard du Nerval et la poétique du voyage*. Paris: Corti, 1969.

Chantavoine, Henri. «La littérature d'impression, M. Pierre Loti.» *Le Correspondant* (10 mai 1897), p. 563-568.

Christin, Anne-Marie. *Fromentin conteur d'espace*. Paris: Le Sycomore, 1982.

Christin, Anne-Marie. *Fromentin ou les métaphores du refus*. Lille: Service de reproduction des thèses, 1975.

Christin, Anne-Marie. «Space and Convention in Eugène Fromentin: The Algerian Experience.» *New Literary History*. Vol. XV, No. 3 (1984), p. 559-574.

Chupeau, Jacques. «Les récits de voyage aux lisières du roman.» *Revue l'Histoire littéraire de la France*. No. 3-4 (mai-août 1977), p. 536-553.

Compagnon, Antoine. «La brièveté de Montaigne» dans *Les Formes brèves de la prose et le discours discontinu (XVIe-XVIIe siècles)*. éd. Jean Lafond. Paris: J. Vrin, 1984.

Connaissance de l'étranger, Mélanges offerts à la mémoire de Jean-Marie Carré. Paris: Didier, 1964.

Corbineau-Hoffmann, Angelika. «Le Livre des rencontres: pour une lecture plurielle du *Rhin* de Victor Hugo.» *Nineteenth-Century French Studies*. Vol. 17, No. 3-4 (printemps-été 1989), p. 290-298.

Cressot, Marcel. *La Phrase et le vocabulaire de J.-K. Huysmans*. Paris: Droz, 1938.

Crignon, Ann. «Les Rayons du voyage.» *Le Monde* (12 décembre 1992), p. 30.

Crouzet, Michel. «Stendhal et la poétique du fragment.» *Stendhal Club*. No. 94 (15 janvier 1982), p. 157-180.

Crouzet, Michel. «Le Voyage stendhalien et la rhétorique du naturel» dans *Le Journal de voyage et Stendhal*. éd. V. Del Litto et E. Kanceff. Genève: Slatkine, 1986, p. 147-180.

Cuvillier-Fleury. *Voyages et voyageurs, 1837-1854*. Paris: Michel Lévy-Frères, 1854.

D'Agostini, Maria Enrica. *La letteratura di viaggio*. Milan: Guerini e Associati, 1987.

Dällenbach, Lucien. «Du fragment au cosmos (*La Comédie humaine* et l'opération de lecture I).» *Poétique*. No. 40 (1979), p. 420-431.

Daniels, Graham. «Réflexions sur le thème du voyage dans *Madame Bovary*,» dans *Flaubert, la dimension du texte*. Manchester: University of Manchester Press, 1982, p. 56-85.

Debray-Genette, Raymonde. «Description, dissection, *Par les champs et par les grèves*» dans *Flaubert, la dimension du texte*. Manchester: Manchester University Press, 1982.

Debray-Genette, Raymonde. «L'Empire de la description.» *Revue d'Histoire littéraire de la France*. No. 4-5 (juillet/octobre 1981), p. 573-581.

Derrida, Jacques. *L'Ecriture et la différence*. Paris: Seuil, 1967.

Desplaces, A. «M. Hugo pair de France.» *L'Artiste*. Vol. 9 (1845) p. 36-38.

Dessins et ébauches de Victor Hugo provenant de la succession Hugo, Exposition du 16 février au 21 mars 1972. Paris: Galérie Lucie Weill, 1972.

Didier, Béatrice. *Le Journal intime*. Paris: Presses Universitaires de France, 1976.

Discontinuity and Fragmentation in French Literature. éd. Freeman G. Henry. Amsterdam-Atlanta, GA: Rodopi, 1994.

Doiron. Normand. «L'art de voyager.» *Poétique*. No. 73 (février 1988), p. 83-108.

Dottin, G. «*Le Rhin* de Victor Hugo et *L'Essay des merveilles de nature*.» *Revue d'Histoire littéraire de la France*. Vol. 10 (1903), p. 503-505.

Dubois, Jacques. *Romanciers français de l'instantané au XIXe siècle*. Bruxelles: Palais des Académies, 1963.

Du Camp, Maxime. «Souvenirs littéraires.» *Revue des Deux Mondes*. Vol. 47 (1er octobre 1881), p. 481-514.

Duchêne, Roger. *Madame de Sévigné et la lettre d'amour*. Paris: Bordas, 1970.

Duchêne, Roger. «Madame de Sévigné et le style négligé.» *Oeuvres et critiques*. No. 1 (1976), p. 113-127.

Duchêne, Roger. *Réalité vécue et art épistolaire. I. Madame de Sévigne et la lettre d'amour*. Paris: Bordas, 1970.

Duchêne, Roger. «Réalité vécue et réussite littéraire: le statut particulier de la lettre.» *Revue d'Histoire littéraire de la France*. No. 2 (mars-avril 1971), p. 177-194.

Duchesne, Alfred. «'Le Rhin' et 'Les Burgraves'.» *Revue de Belgique* (15 janvier 1902), p. 162-186.

Durand, Gilbert. *Structures anthropologiques de l'imaginaire.* Paris: Bordas, 1969.

Ebelot, Alfred. «*Madame Gervaisais*.» *Revue des Deux Mondes.* Vol. 81 (15 mai 1869), p. 507-511.

Eikhenbaum, B. «La théorie de la méthode formelle» dans *Théorie de la littérature.* Paris: Seuil, 1965, p. 31-75.

Encyclopédie, ou Dictionnaire Raisonnée des Sciences, des Arts et des Métiers. éd. M. Diderot et M. D'Alembert. 36 vol. Lausanne: Chez les Sociétés Typographiques, 1778-1779.

Esquiros, Elphonse. «Les Chemins de fer des environs de Paris.» *Revue de Paris.* No. 135 (13 mars 1845), p. 374-402.

Evans, Arthur R. *The Literary Art of Eugène Fromentin.* Baltimore: The Johns Hopkins Press, 1964.

F. G. «*Le Rhin, lettres à un ami*, par Victor Hugo.» *Le National* (12 mars 1842), s.p. («Troisième article»).

Flaubert, Gustave. «Des pierres de Carnac et de l'archéologie celtique.» *L'Artiste.* Vol. 3 (1858), p. 261-262.

Fleury, E. Lamé. «Les Voyageurs et les chemins de fer en France.» *Revue des Deux Mondes.* Vol. 71 (1er octobre 1858), p. 619-647.

Fragment und Totalität. éd. Lucien Dällenbach et Christiaan Hart Hibbrig. Frankfurt: Suhrkamp, 1984.

Fragments: Incompletion and Discontinuity. éd. Lawrence Kritzman. New York: New York Literary Forum, 1981.

Fuchs, Max. «Les Goncourt en Italie d'après les notes de voyage inédites,» *La Grande Revue* (juillet 1920), p. 84-99.

Fumaroli, Marc. «Des carnets au roman: l'ironie esthétisante des Goncourt dans *Madame Gervaisais*» dans *Romans d'archives.* éd. Raymonde Debray-Genette et Jacques Neefs. Lille: Presses Universitaires de Lille, 1987.

Fumaroli, Marc. «Genèse de l'épistographie classique: rhétorique humaniste de la lettre, de Pétrarque à Juste Lipse.» *Revue d'Histoire littéraire de la France.* No. 6 (novembre-décembre 1978), p. 886-905.

Galassi, Peter. *Before Photography.* New York: The Museum of Modern Art, 1981.

Galay, Jean-Louis. «Problèmes de l'oeuvre fragmentale: Valéry.» *Poétique.* No. 31 (septembre 1977), p. 337-367.

Gaudon, Jean. «Croquis, dessins, griffonages» dans *De la lettre au livre.* Paris: Edition du Centre National de la Recherche Scientifique, 1989.

Gautier, Jean-Maurice. *Le Style des 'Mémoires d'Outre Tombe' de Chateaubriand.* Genève: Droz, 1959.

Gautier, Théophile. «Voyages littéraires» dans *Fusains et Eaux-fortes.* Paris: G. Charpentier et Cie, 1890.

Le Gendre, Bertrand. «Le Printemps des écrivains voyageurs.» *Le Monde* (7 février 1992), p. 26.

Girard, Alain. «Evolution sociale et naissance de l'intime» dans *Intime, intimité, intimisme.* éd. Raphäel Molho et Pierre Reboul. Lille: Editions universitaires, 1976, p. 47-55.

Girard, Alain. *Le Journal intime.* Paris: Presses Universitaires de France, 1963.

Girard, Alain. *Le Journal intime et la notion de personne.* Paris: Presses Universitaires de France, 1963.

Girard, Alain. «Le Journal intime, un nouveau genre littéraire?» *Cahiers de l'Association Internationale des études françaises.* No. 17 (mars 1965), p. 99-109.

Giraud, Jean. «Victor Hugo et 'Le Monde' de Rocoles.» *Revue d'Histoire littéraire de la France.* Vol. 17 (1910), p. 497-530.

Gove, Philip Babcock. *The Imaginary Voyage in Prose Fiction.* New York: Columbia University Press, 1941.

Grant, Richard B. «Victor Hugo's *Le Rhin* and the Search for Identity.» *Nineteenth-Century French Studies.* Vol. 23, No. 3-4 (printemps-été 1995), p. 324-340.

Grunchec, Philippe. *The Grand Prix de Rome.* Washington, D.C.: International Exhibitions Foundation, 1984.

Guentner, Wendelin. «L'art épistolaire de Chateaubriand: les lettres à Joubert.» (à paraître).

Guentner, Wendelin. «Aspects du récit de voyage français: l'*utile dulci*.» *Australian Journal of French Studies.* Vol. XXXII, No. 2 (1995), p. 131-154.

Guentner, Wendelin. «British Aesthetic Discourse 1780-1830, The Sketch, the *Non-Finito* and the Imagination.» *Art Journal.* Vol. 52, No. 2 (été 1993), p. 40-47.

Guentner, Wendelin. «'Enfin Daguerre vint': Photography, Travel, and the Travel Narrative in Nineteenth-Century France siècle.» *Rivista di Letterature moderne e comparate* . Vol. XLIX, N°. 2 (aprile-giugno 1996), p. 175-201.

Guentner, Wendelin. «Interartistic Dialogues: The Illustrated French Travel Narrative.» *Rivisita di Letterature moderne e comparate.* Vol. XLIII, No. 2 (aprile-giugno 1990), p. 129-149.

Guentner, Wendelin. *Stendhal et son lecteur*. Tübingen: Gunter Narr Verlag, 1990.

Gusdorf, Georges. *Fondements du savoir romantique*. Paris: Payot, 1982.

Gusdorf, Georges. *Du néant à Dieu dans le savoir romantique*. Paris: Payot, 1983.

Hall, H. Gaston. «Observation and Imagination in French Seventeenth-Century Travel Literature.» *Journal of European Studies*. Vol. XIV (1984), p. 117-139.

Hamm, Jean-Jacques. *Le Texte stendhalien: achèvement et inachèvement*. Sherbrooke: Naaman, 1986.

Hay, Louis. «L'Amont de l'écriture» dans *Carnets d'écrivains*. éd. Louis Hay, Pierre-Marc Biasi et al. Paris: Editions du CNRS, 1990.

Hay, Louis et al. *De la lettre au livre*. Paris: Editions du CNRS, 1989.

Hazard, Paul. *La Crise de la conscience européenne (1680-1715)*. Paris: Fayard, 1961.

Janin, Jules. «La Place du Peuple (Rome)» dans Lerebours, N. P. *Excursions daguerriennes. Vues et monuments les plus remarquables du globe*. 2 vol. Paris: Rittner et Goupil, 1842.

Le Herpeux, Madame. «Flaubert et son voyage en Bretagne.» *Annales de Bretagne*. Vol. XLVII (1940), p. 1-152.

Heyndels, Ralph. *La pensée fragmentée*. Bruxelles: Pierre Mardaga, 1985.

Huet, Pierre-Daniel. *Lettre-traité de Pierre-Daniel Huet sur l'origine des romans*. éd. Fabienne Gegou. Paris: Nizet, 1971 [1666].

Jauss, Hans Robert. «Littérature médiévale et théorie des genres.» *Poétique*. No. 1 (1970), p. 79-99.

Jauss, Hans Robert. *Pour une esthétique de la réception*. trad. Claude Maillard. Paris: Gallimard, 1978.

Le journal intime et ses formes littéraires, Actes du Colloque de septembre 1975. éd. V. Del Litto. Genève: Droz, 1978.

Kauffman, Vincent. «Michel Leiris: on ne part pas.» *Revue des sciences humaines*. Vol. 90, No. 214 (avril-juin 1989), p. 145-162.

Lacoue-Labarthe, Ph. et J.-L. Nancy. *L'Absolu littéraire*. Paris: Seuil, 1978.

Lafargue, Jacqueline. *Victor Hugo, dessins et lavis*. Paris: Henri Screpel, 1983.

Lafond, Jean. «Des formes brèves de la littérature morale au XVIe et XVIIe siècles» dans *Les formes brèves de la prose et le discours discontinu (XVIe-XVIIe siècles)*. éd. Jean Lafond. Paris: J. Vrin, 1984.

Lapp, John C. *The Esthetics of Negligence: La Fontaine's Contes.* Cambridge: At the University Press, 1971.

Larousse, Pierre. *Grand Dictionnaire universel du XIXe siècle.* 15 vol. Genève: Slatkine, 1982 [1866-1879].

Lataye, Eugène. «Revue littéraire, romans et voyages.» *Revue des Deux Mondes.* Vol. 35 (15 septembre 1861), p. 515-516.

Lavollée, C. «Les Paquebots transocéaniens.» *Revue des Deux Mondes.* Vol. 71 (15 octobre 1868), p. 984-1014.

Lecomte, George. «Les Goncourt, critiques d'art.» *Revue de Paris.* Vol. IV (juillet-août 1894), p. 202-224.

Leiris, Michel. *«L'Afrique fantôme»* dans *Brisées.* Paris: Mercure de France, 1966.

Leiris, Michel. «A travers *Tristes tropiques»* dans *Brisées.* Paris: Mercure de France, 1966.

Leleu, Michèle. *Les Journaux intimes.* Paris: Presses Universitaires de France, 1952.

Lemaître, Jules. «Edmond et Jules de Goncourt» dans *Les Contemporains.* Paris: Société française d'imprimerie et de librairie, s.d.

Lerminier. «Poètes et romanciers contemporains, Seconde phase. II. -M. Victor Hugo. *Le Rhin, lettres à un ami.»* *Revue des Deux Mondes.* Vol. 10 (1er avril 1845), p. 821-840.

Le manuscrit inachevé: écriture, création, communication. Paris: Editions du CNRS, 1986.

Lorin, Claude. *L'Inachevé.* Paris: Grasset, 1984.

M. A. «*LE RHIN*, lettres à un ami, par Victor Hugo.» *Le Courrier Français* (14 février 1842), s.p.

Marmier, Xavier. «*Allemagne et Italie* par M. Edgar Quinet.» *Revue de Paris.* Vol. 4 (avril 1839), p. 49-55.

Mars, V. de. «*Travels and Discoveries in North and Central Africa*, by H. Barth: tomes IV and V. Longman, 1858.» *Revue des Deux Mondes.* Vol. 20 (15 mars 1859), p. 253-256.

Martino, Pierre. «Les Descriptions de Fromentin, Deuxième partie.» *Revue africaine.* No. 279 (1910), p. 343-392.

Masson, Pierre. *André Gide, voyage et écriture.* Lyon: Presses Universitaires de Lyon, 1983.

Maubon, Catherine. «Evasion et mélancolie dans *L'Afrique fantôme»* dans *L'Occhio del viaggiatore.* éd. Sandra Teroni. Florence: Leo S. Olschki, 1986.

Maurras, Charles. «M. Pierre Loti ou l'impressionnisme à l'Académie,» *La Gazette de France* (11 avril 1892), p. 1-2.

BIBLIOGRAPHIE 311

Métamorphoses du récit de voyage, Actes du Colloque de la Sorbonne et du Sénat (2 mars 1985) recueillis par François Moureau. Paris-Genève: Champion-Slatkine, 1986.

Meurice, Paul. «*Le Rhin par M. Victor Hugo. Les Lettres.*» *L'Artiste*, Vol. 1 (1842), p. 106-109.

Michaud, Ginette. *Lire le fragment.* Québec: Hurtubise, 1989.

Montandon, Alain. *Les Formes brèves.* Paris: Hachette, 1992.

Montandon, Alain. «Le fragment est-il une forme brève?» dans *Fragments et Formes Brèves, Actes du IIe Colloque International. décembre 1988.* Aix-Marseille: Publications de l'Université de Provence, 1990, p. 117-130.

Moulin. «La Photographie en Algérie.» *La Lumière.* No. 12 (22 mars 1856), p. 45-46.

Mourot, Jean. *Le Génie d'un style.* Paris: Armand Colin, 1969.

Murphy, James J. *Three Medieval Rhetorical Arts.* Berkeley: University of California Press, 1971.

Neefs, Jaques. «L'Ecriture des confins» dans *Flaubert, l'autre.* éd. F. Lecercle et S. Messina. Lyon: Presses Universitaires de Lyon, 1989, p. 55-72.

Neubert, Fritz. *Die französichen Versprosa-Reisebrieferzälungen und der kleine Reiseroman des 17. und 18. Jahrhunderts.* Jena: Verlag von Wilhelm Gronau, 1923.

Parvi, Jerzy. «La composition et l'art du paysage dans *Par les champs et par les grèves* de Flaubert.» *Kwartalnik Neofilologiczny.* Vol. XII, No. 1 (1965), p. 8-15.

Pasquali, Adrien. *Le Tour des horizons.* Paris: Klincksieck, 1994.

Paulhan, Claire. «Le Voyage en Orient de Melville.» *Le Monde* (23 juillet 1993), p. 11.

Paulson, William R. «Fragment et autobiographie dans l'oeuvre de Ballanche: étude et textes inédits.» *Nineteenth-Century French Studies.* Vol. 15 (1986-87), p. 14-28.

Perrier, Jean-Louis. «Excédent de voyages.» *Le Monde* (17 août 1991), p. 8.

Pierrot, Jean. «*L'Afrique fantôme* de Michel Leiris ou le voyage du poète et de l'ethnographe,» dans *Les Récits de voyage.* éd. Centre d'étude et de recherche d'histoire des idées et de la sensibilité. Paris: Nizet, 1986, p. 186-214.

Poletti, Joseph-Guy. *Montaigne à batons rompus.* Paris: Corti, 1984.

Pons, Emile. «Le 'Voyage,' genre littéraire au XVIIIe siècle.» *Bulletin de la Faculté des Lettres de Strasbourg.* No. 3 (1er janvier 1926), p. 97-101, p. 144-149, p. 201-207.

Porter, Charles A. *Chateaubriand, Composition, Imagination and Poetry.* Saratoga, Calif.: Anma Libri, 1978.

Porter, Laurence M. «Le Voyage initiatique de Gérard de Nerval.» *Oeuvres & Critiques.* Vol. IX, No. 2 (1984), p. 61-73.

Quignard, Pascal. *Une gêne technique à l'égard des fragments.* Montpellier: Fata Morgana, 1986.

Rannaud, Gérald. «Le journal de voyage: forme littéraire ou fait culturel?» dans *Le Journal de voyage et Stendhal.* éd. V. Del Litto et E. Kanceff. Genève: Slatkine, 1986, p. 137-146.

Rannaud, Gérald. «Le Journal intime: de la rédaction à la publication, essai d'approche sociologique d'un genre littéraire» dans *Le journal intime et ses formes littéraires.* éd. V. Del Litto. Genève: Droz, 1978, p. 277-287.

Le Rhin, Le voyage de Victor Hugo en 1840. éd. Jean Gaudon. Paris: Les Musées de la Ville de Paris, 1985.

«'The Rhine'» By Victor Hugo.» *The Foreign Quarterly Review.* Vol. XXIX (avril et juillet 1842), p. 139-167.

Ricatte, Robert. *La création romanesque des frères Goncourt.* Paris: Armand Colin, 1953.

Richard, Jean-Pierre. *Paysage de Chateaubriand.* Paris: Seuil, 1967.

Richard, Jean-Pierre. «Paysages de Fromentin» dans *Littérature et sensation.* Paris: Seuil, 1954, p. 223-262.

Robert, Guy. *ART et non finito.* Montréal: Editions France-Amérique, 1984.

Rosso, C. *La «Maxime.»* Naples: E.S.I., 1968.

Rousset, Jean. *Forme et signification.* Paris: Corti, 1962.

Rousset, Jean. «Le *Voyage au Congo* de Gide» dans *L'Occhio del viaggiatore.* éd. Sandra Tevoni. Florence: Leo S. Olschki, 1986, p. 51-62.

Sabatier, Robert. *L'Esthétique des Goncourt.* Paris: Librairie Hachette, 1920.

Sainte-Beuve, C.-A. *Chateaubriand et son groupe littéraire sous l'Empire.* 2 vol. Paris: Michel Levy Frères, 1872.

Sand, George. «*Une Année dans le Sahel,* Journal d'un absent par M. Eugène de Fromentin.» *La Presse* (10 mars 1859), s.p.

Schaeffer, Gerard. *Le Voyage en Orient de Nerval: Etudes de structures.* Neuchâtel: La Baconnière, 1967.

Sève, Bernard. «Chateaubriand, la vanité du monde et la mélancholie.» *Romantisme*. Vol. 23 (1979), p. 31-42.

Soleil d'encre. Paris: Paris Musées/Bibliothèque Nationale, 1985.

Sroka, Ewa. «L'écriture fragmentaire ou la discontinuité de la pensée après 1968» dans *Discontinuity and Fragmentation in French Literature*. éd. Freeman G. Henry. Amsterdam-Atlanta, GA: Rodopi, 1994.

Swinburne, Algernon Charles. «Victor Hugo, Notes of Travel.» *The Fortnightly Review* (1892), p. 485-492.

Thibaudet, Albert. «Réflexions sur la littérature. Le style du voyage.» *La Nouvelle Revue Française*. No. 166 (1er juillet 1927), p. 377-385.

Tocanne, Bernard. *L'Idée de nature en France dans la seconde moitié du XVIIe siècle*. Paris: Klincksieck, 1978.

Todorov, Tzvetan. *Les Genres du discours*. Paris: Seuil, 1978.

Tritsmans, Bruno. «Espace de survie: la poétique du frgment dans *Carnets du grand chemin* de Julien Gracq» dans *Discontinuity and Fragmentation in French Literature*. éd. Freeman G. Henry. Amsterdam-Atlanta, GA: Rodopi, 1994.

Tritsmans, Bruno. «Silences de l'Orient: A propos des récits de voyage de Fromentin.» *Michigan Romance Studies*. Vol. VII (1989), p. 129-142.

Ullmann, Stephen. *Style in the French Novel*. Cambridge: Cambridge University Press, 1957.

Valéry, Paul. «Centenaire de la photographie» dans *Vues*. Paris: La Table Ronde, 1948.

Van Tieghem, Philippe. *Les Grandes doctrines littéraires en France*. Paris: Presses Universitaires de France, 1968.

Varnedoe, Kirk. «The Artifice of Candor: Impressionism and Photography Reconsidered» dans *Perspectives on Photography*. éd. Peter Walch et Thomas R. Barrow. Albuquerque: University of New Mexico Press, 1986, p. 99-123.

Versani, Laurent. *Le Roman épistolaire*. Paris: Presses Universitaires de France, 1979.

Veuillot, Louis. «*Le Rhin* par M. V. Hugo, 3e article.» *L'Univers* (2 juin 1842), s.p.

Viala, Alain. «La Genèse des formes épistolaires en français et leurs sources latines et européennes.» *Revue de littérature comparée*. Vol. 218 (1981), p. 168-183.

Wetzel, Andreas. *Partir sans partir*. Toronto: Paratexte, 1992.

Wiegand, Horst Jürgen. *Victor Hugo und der Rhein.* Bonn: Bouvier Verlag Herbert Grundmann, 1982.

Wolfzettel, Friedrich. *Ce désir de vagabondage cosmopolite.* Tübingen: Max Niemeyer Verlag, 1986.

Zand, Nicole. «J'écris, donc je marche.» *Le Monde* (8 mai 1992), p. 32.

TABLE DES MATIÈRES

ACHEVÉ D'IMPRIMER
E N   JUIN   1997
PAR L'IMPRIMERIE
DE LA MANUTENTION
À MAYENNE
N° 208-97

Dépôt légal : 2ᵉ trimestre 1997